סידור קורן לתשעה באב • נוסח ספרד

סידור קורן לתשעה באב

זכר ה׳ מה היה לנו

מוגה ומבואר בידי
הרב דוד פוקס

•

הוצאת קוֹרֵן ירושלים

סידור קורן לתשעה באב
מהדורה ראשונה © 2016
הוצאת קורן ירושלים
ת״ד 4044 ירושלים 91040
www.korenpub.com

ספרד, מהדורה אישית, כריכה רכה, מסת״ב: 978-965-301-855-6

הקדמה

"מִי־יִתְּנֵנִי כְיַרְחֵי־קֶדֶם, כִּימֵי אֱלוֹהַּ יִשְׁמְרֵנִי" (איוב כט, ב)
"אֲשַׁוַּע אֵלֶיךָ וְלֹא תַעֲנֵנִי, עָמַדְתִּי, וַתִּתְבֹּנֶן בִּי" (איוב ל, כ)

בכל ספר הרואה אור בהוצאתנו מושקעות שעות רבות של עמל, בירור וליטוש. כדי להעניק לציבור דבר נאה ומתקבל, נדרש להתחיל את המלאכה כשנה לפני מועד היציאה לאור העולם. מציאות זו העמידה אותנו בפני התלבטות: בכל יום אנו מתפללים על שיבת ה׳ לציון, הכיצד זה נשקיע זמן ומאמצים רבים כל כך בספר שכלל לא ייקרא בפי הציבור אם נזכה שה׳ ייענה לתפילותינו אלה? האם ניגע לריק? לעומת זה, האין מוטל עלינו לשרת את הציבור ולהגיש לו את סדר הקינות השייכות ליום החורבן, הנהוג כבר אלפיים שנה ואולי אף יותר?

מסתבר שההתלבטות, אם להשקיע מאמצים אף שייתכן שמהלך הגאולה יושלם בקרוב, נוגעת לתחומים רבים אחרים בחיינו, ובעיקר לשיקולים העומדים לפנינו בעת קבלת החלטות. אילו היה לנו ברור שבתוך זמן מועט תגיע הגאולה השלמה, האם היינו בוחרים בקריירה אחרת? האם היינו מייעדים כסף לקרבנות? האם היינו מקצים מקום בבתינו לחפירת מקווה טהרה? ואם התשובה לכל אלה היא שלילית, האם יצאנו מגדר "מצפים לישועה" (שבת לא ע"א)? לעומת זה, האין מוטל עלינו לעצב את אורח חיינו על פי המציאות שבה אנו חיים?

לשאלות אלה אין מענה. אין הסבר מתקבל על הדעת שיפשר כיאות בין הציפייה לעתיד להשלמה עם ההווה. למתח זה מתווספת המורכבות של הקינות הנאמרות בתשעה באב. מהי מהותן? האם אנחנו זועקים בהן על מצבנו הדל מתוך כאב נואש? האם אנחנו מעלים לפני ה׳ ולפנינו את זיכרון החורבן? האם אנחנו מתחננים לגאולה ולתיקון המעוות? נראה שאף כאן אין הכרעה. כשם שהקינות נכתבו במהלך אלפיים השנים האחרונות בציפייה והשלמה, בזעקה ותקווה, בזיכרון ותחינה – כן הן נאמרות גם בימינו.

העריכה של הקינות והכתיבה של המבואות נעשתה בראש ובראשונה בידיו הנאמנות של הרב דוד פוקס. הטקסט לקוח מסדר הקינות עם פירוש הרי"ד סולובייצ'יק שיצא לאור בהוצאתנו לפני חמש שנים, אז הוכן בידי פנחס רוט בבירור קפדני של הנוסח המקורי של כל הקינות מתוך כתבי יד ודפוסים ישנים, והוגה בידי חנן אריאל וישראל אליצור. את ההגהה לקינות ולמבואות עשתה אפרת גרוס,

והעיצוב המוקפד הוא מעשה ידיה של אסתר באר, על פי העקרונות שקבע אליהו קורן ז״ל. על ההפקה אמון אבישי מגנצא. תקוותנו בעת כתיבת שורות אלה היא שלא יהיה עוד צורך להשתמש בספר זה, מלבד להיזכר כבחלום בימים עָבָרו: ״שיר המעלות בשוב ה׳ את שיבת ציון היינו כחולמים״ (תהלים קכו, א).

בדור שבו אפשר לקבל תשובות לכל שאלה ובקשה בלחיצת כפתור, מציאות של תהייה וסתירות אינה דבר מצוי. אך בתשעה באב הנחת היסוד היא שאין לנו פתרון, ופנייתנו אל ה׳ מורכבת מקריאות רבות שנכתבו במהלך הדורות. שלב זה של זעקה, תעייה וחיפוש נואש ככל הנראה הוא חלק מתהליך הגאולה.

עת אראה יפיֵךְ / אקרא משוררים בשיר
עת אחוזה ענֵיךְ / אקרא מקוננֵךְ
(מתוך הקינה ׳ציון עטרת צביִ׳).

יהושע מילר
ערב בין המצרים התשע״ו
שנת החמישים לאיחוד ירושלים

ערבית לתשעה באב

ערבית לתשעה באב

״בְּלֵיל זֶה יִבְכָּיוּן וְיֵלִילוּ בָּנַי״.

במוצאי שבת נוהגים לחלוץ את הנעליים אחרי ׳בָּרְכוּ׳, אך שליח הציבור חולץ לפני ׳בָּרְכוּ׳ ואומר ׳בָּרוּךְ הַמַּבְדִּיל׳. ויש נוהגים לדחות את התפילה עד אחר יציאת השבת, ושכל אחד מהקהל אומר ׳בָּרוּךְ הַמַּבְדִּיל׳ וחולץ נעליים בביתו.

בָּרוּךְ הַמַּבְדִּיל בֵּין קֹדֶשׁ לְחוֹל

נוהגים לומר מזמור קלד ופסוקים אחריו כדי להגיע לקריאת שמע מתוך דברי תורה (פסקי ריא״ז ריש ברכות). בבתי כנסת המתפללים בנוסח אשכנז, מתחילים ׳וְהוּא רַחוּם׳ בעמוד הבא, וגם בקרב מתפללי נוסח ספרד, יש המדלגים על ׳שִׁיר הַמַּעֲלוֹת׳ ומתחילים ׳וְהוּא רַחוּם׳ במוצאי שבת (ליקוטי מהרי״ח).

שִׁיר הַמַּעֲלוֹת, הִנֵּה בָּרְכוּ אֶת־יהוה כָּל־עַבְדֵי יהוה תהלים קלד
הָעֹמְדִים בְּבֵית־יהוה בַּלֵּילוֹת:
שְׂאוּ־יְדֵכֶם קֹדֶשׁ, וּבָרְכוּ אֶת־יהוה:
יְבָרֶכְךָ יהוה מִצִּיּוֹן, עֹשֵׂה שָׁמַיִם וָאָרֶץ:

אומרים כל פסוק שלוש פעמים:

יהוה צְבָאוֹת עִמָּנוּ, מִשְׂגָּב לָנוּ אֱלֹהֵי יַעֲקֹב סֶלָה: תהלים מו
יהוה צְבָאוֹת, אַשְׁרֵי אָדָם בֹּטֵחַ בָּךְ: תהלים פד
יהוה הוֹשִׁיעָה, הַמֶּלֶךְ יַעֲנֵנוּ בְיוֹם־קָרְאֵנוּ: תהלים כ

הוֹשִׁיעָה אֶת־עַמֶּךָ וּבָרֵךְ אֶת־נַחֲלָתֶךָ, וּרְעֵם וְנַשְּׂאֵם עַד־הָעוֹלָם: תהלים כח
מִי יִתֵּן מִצִּיּוֹן יְשׁוּעַת יִשְׂרָאֵל, בְּשׁוּב יהוה שְׁבוּת עַמּוֹ תהלים יד
יָגֵל יַעֲקֹב, יִשְׂמַח יִשְׂרָאֵל:
בְּשָׁלוֹם יַחְדָּו אֶשְׁכְּבָה וְאִישָׁן, כִּי־אַתָּה יהוה לְבָדָד, לָבֶטַח תּוֹשִׁיבֵנִי: תהלים ד
יוֹמָם יְצַוֶּה יהוה חַסְדּוֹ, וּבַלַּיְלָה שִׁירֹה עִמִּי, תְּפִלָּה לְאֵל חַיָּי: תהלים מב
וּתְשׁוּעַת צַדִּיקִים מֵיהוה, מָעוּזָּם בְּעֵת צָרָה: תהלים לז
וַיַּעְזְרֵם יהוה וַיְפַלְּטֵם, יְפַלְּטֵם מֵרְשָׁעִים וְיוֹשִׁיעֵם כִּי־חָסוּ בוֹ:

האר״י הנהיג לומר חצי קדיש לפני תפילת ערבית. יש שכתבו לומר אותו אחרי ׳וְהוּא רַחוּם׳ (סידור בעל התניא, ׳אשל אברהם׳), ובסידורים של תלמידי האר״י הוא מובא לפני ׳וְהוּא רַחוּם׳.

חצי קדיש

ש״ץ: יִתְגַּדַּל וְיִתְקַדַּשׁ שְׁמֵהּ רַבָּא (קהל: אָמֵן)
בְּעָלְמָא דִּי בְרָא כִרְעוּתֵהּ
וְיַמְלִיךְ מַלְכוּתֵהּ וְיַצְמַח פֻּרְקָנֵהּ וִיקָרֵב מְשִׁיחֵהּ (קהל: אָמֵן)
בְּחַיֵּיכוֹן וּבְיוֹמֵיכוֹן וּבְחַיֵּי דְכָל בֵּית יִשְׂרָאֵל
בַּעֲגָלָא וּבִזְמַן קָרִיב, וְאִמְרוּ אָמֵן. (קהל: אָמֵן)

קהל וש״ץ: יְהֵא שְׁמֵהּ רַבָּא מְבָרַךְ לְעָלַם וּלְעָלְמֵי עָלְמַיָּא.

ש״ץ: יִתְבָּרַךְ וְיִשְׁתַּבַּח וְיִתְפָּאַר וְיִתְרוֹמַם וְיִתְנַשֵּׂא
וְיִתְהַדָּר וְיִתְעַלֶּה וְיִתְהַלָּל, שְׁמֵהּ דְּקֻדְשָׁא בְּרִיךְ הוּא (קהל: אָמֵן)
לְעֵלָּא מִן כָּל בִּרְכָתָא וְשִׁירָתָא, תֻּשְׁבְּחָתָא וְנֶחֱמָתָא
דַּאֲמִירָן בְּעָלְמָא, וְאִמְרוּ אָמֵן. (קהל: אָמֵן)

שליח הציבור אומר ׳וְהוּא רַחוּם׳ (סדר רב עמרם גאון)
מכיוון שבערבית אין קרבנות ציבור שיכפרו עלינו, כבשחרית ובמנחה (מחזור ויטרי).

תהלים עח וְהוּא רַחוּם, יְכַפֵּר עָוֹן וְלֹא־יַשְׁחִית
וְהִרְבָּה לְהָשִׁיב אַפּוֹ, וְלֹא־יָעִיר כָּל־חֲמָתוֹ:
תהלים כ יהוה הוֹשִׁיעָה, הַמֶּלֶךְ יַעֲנֵנוּ בְיוֹם־קָרְאֵנוּ:

קריאת שמע וברכותיה

שליח הציבור כורע בתיבת ׳בָּרְכוּ׳ וזוקף בשם.
הקהל כורע בתיבת ׳בָּרוּךְ׳ וזוקף בשם. ושליח הציבור כורע שוב כאשר הוא חוזר אחריהם.

ש״ץ: **בָּרְכוּ**
אֶת יהוה הַמְבֹרָךְ.
קהל: בָּרוּךְ יהוה הַמְבֹרָךְ לְעוֹלָם וָעֶד.
ש״ץ: בָּרוּךְ יהוה הַמְבֹרָךְ לְעוֹלָם וָעֶד.

במוצאי שבת המתפללים חולצים את נעליהם כאן.

מזכירים את היום בלילה ואת הלילה ביום (ברכות יא ע״ב),
והאבחנה בין היום ללילה היא עדות על נאמנות הקב״ה בדבריו
ועל קיום בריתו עם ישראל (סידור הרוקח על פי ירמיה לא, לד).

בָּרוּךְ אַתָּה יהוה אֱלֹהֵינוּ מֶלֶךְ הָעוֹלָם
אֲשֶׁר בִּדְבָרוֹ מַעֲרִיב עֲרָבִים
בְּחָכְמָה פּוֹתֵחַ שְׁעָרִים
וּבִתְבוּנָה מְשַׁנֶּה עִתִּים וּמַחֲלִיף אֶת הַזְּמַנִּים
וּמְסַדֵּר אֶת הַכּוֹכָבִים בְּמִשְׁמְרוֹתֵיהֶם בָּרָקִיעַ כִּרְצוֹנוֹ.
בּוֹרֵא יוֹם וָלָיְלָה
גּוֹלֵל אוֹר מִפְּנֵי חֹשֶׁךְ וְחֹשֶׁךְ מִפְּנֵי אוֹר
◂ וּמַעֲבִיר יוֹם וּמֵבִיא לָיְלָה
וּמַבְדִּיל בֵּין יוֹם וּבֵין לָיְלָה
יהוה צְבָאוֹת שְׁמוֹ.
אֵל חַי וְקַיָּם תָּמִיד, יִמְלֹךְ עָלֵינוּ לְעוֹלָם וָעֶד.
בָּרוּךְ אַתָּה יהוה, הַמַּעֲרִיב עֲרָבִים.

אַהֲבַת עוֹלָם בֵּית יִשְׂרָאֵל עַמְּךָ אָהָבְתָּ
תּוֹרָה וּמִצְוֹת, חֻקִּים וּמִשְׁפָּטִים, אוֹתָנוּ לִמַּדְתָּ
עַל כֵּן יהוה אֱלֹהֵינוּ
בְּשָׁכְבֵנוּ וּבְקוּמֵנוּ נָשִׂיחַ בְּחֻקֶּיךָ
וְנִשְׂמַח בְּדִבְרֵי תַלְמוּד תּוֹרָתֶךָ וּבְמִצְוֹתֶיךָ לְעוֹלָם וָעֶד
◂ כִּי הֵם חַיֵּינוּ וְאֹרֶךְ יָמֵינוּ
וּבָהֶם נֶהְגֶּה יוֹמָם וָלָיְלָה.
וְאַהֲבָתְךָ אַל תָּסִיר מִמֶּנּוּ לְעוֹלָמִים.
בָּרוּךְ אַתָּה יהוה, אוֹהֵב עַמּוֹ יִשְׂרָאֵל.

"יקרא קריאת שמע בכוונה – באימה, ביראה, ברתת וזיע" (שו"ע סא, א).

המתפלל ביחידות אומר:

אֵל מֶלֶךְ נֶאֱמָן

מכסה את עיניו בידו ואומר בכוונה ובקול רם:

דברים ו **שְׁמַע יִשְׂרָאֵל, יְהֹוָה אֱלֹהֵינוּ, יְהֹוָה ׀ אֶחָד:**

בלחש: בָּרוּךְ שֵׁם כְּבוֹד מַלְכוּתוֹ לְעוֹלָם וָעֶד.

דברים ו וְאָהַבְתָּ אֵת יְהֹוָה אֱלֹהֶיךָ, בְּכׇל־לְבָבְךָ וּבְכׇל־נַפְשְׁךָ וּבְכׇל־
מְאֹדֶךָ: וְהָיוּ הַדְּבָרִים הָאֵלֶּה, אֲשֶׁר אָנֹכִי מְצַוְּךָ הַיּוֹם, עַל־לְבָבֶךָ:
וְשִׁנַּנְתָּם לְבָנֶיךָ וְדִבַּרְתָּ בָּם, בְּשִׁבְתְּךָ בְּבֵיתֶךָ וּבְלֶכְתְּךָ בַדֶּרֶךְ,
וּבְשׇׁכְבְּךָ וּבְקוּמֶךָ: וּקְשַׁרְתָּם לְאוֹת עַל־יָדֶךָ, וְהָיוּ לְטֹטָפֹת בֵּין
עֵינֶיךָ: וּכְתַבְתָּם עַל־מְזֻזוֹת בֵּיתֶךָ וּבִשְׁעָרֶיךָ:

דברים יא וְהָיָה אִם־שָׁמֹעַ תִּשְׁמְעוּ אֶל־מִצְוֺתַי אֲשֶׁר אָנֹכִי מְצַוֶּה אֶתְכֶם
הַיּוֹם, לְאַהֲבָה אֶת־יְהֹוָה אֱלֹהֵיכֶם וּלְעׇבְדוֹ, בְּכׇל־לְבַבְכֶם וּבְכׇל־
נַפְשְׁכֶם: וְנָתַתִּי מְטַר־אַרְצְכֶם בְּעִתּוֹ, יוֹרֶה וּמַלְקוֹשׁ, וְאָסַפְתָּ
דְגָנֶךָ וְתִירֹשְׁךָ וְיִצְהָרֶךָ: וְנָתַתִּי עֵשֶׂב בְּשָׂדְךָ לִבְהֶמְתֶּךָ, וְאָכַלְתָּ
וְשָׂבָעְתָּ: הִשָּׁמְרוּ לָכֶם פֶּן־יִפְתֶּה לְבַבְכֶם, וְסַרְתֶּם וַעֲבַדְתֶּם
אֱלֹהִים אֲחֵרִים וְהִשְׁתַּחֲוִיתֶם לָהֶם: וְחָרָה אַף־יְהֹוָה בָּכֶם, וְעָצַר
אֶת־הַשָּׁמַיִם וְלֹא־יִהְיֶה מָטָר, וְהָאֲדָמָה לֹא תִתֵּן אֶת־יְבוּלָהּ,
וַאֲבַדְתֶּם מְהֵרָה מֵעַל הָאָרֶץ הַטֹּבָה אֲשֶׁר יְהֹוָה נֹתֵן לָכֶם:
וְשַׂמְתֶּם אֶת־דְּבָרַי אֵלֶּה עַל־לְבַבְכֶם וְעַל־נַפְשְׁכֶם, וּקְשַׁרְתֶּם
אֹתָם לְאוֹת עַל־יֶדְכֶם, וְהָיוּ לְטוֹטָפֹת בֵּין עֵינֵיכֶם: וְלִמַּדְתֶּם
אֹתָם אֶת־בְּנֵיכֶם לְדַבֵּר בָּם, בְּשִׁבְתְּךָ בְּבֵיתֶךָ וּבְלֶכְתְּךָ בַדֶּרֶךְ,

וּבְשָׁכְבְּךָ וּבְקוּמֶךָ: וּכְתַבְתָּם עַל־מְזֻזוֹת בֵּיתֶךָ וּבִשְׁעָרֶיךָ: לְמַעַן
יִרְבּוּ יְמֵיכֶם וִימֵי בְנֵיכֶם עַל הָאֲדָמָה אֲשֶׁר נִשְׁבַּע יהוה לַאֲבֹתֵיכֶם
לָתֵת לָהֶם, כִּימֵי הַשָּׁמַיִם עַל־הָאָרֶץ:

וַיֹּאמֶר יהוה אֶל־מֹשֶׁה לֵּאמֹר: דַּבֵּר אֶל־בְּנֵי יִשְׂרָאֵל וְאָמַרְתָּ במדבר טו
אֲלֵהֶם, וְעָשׂוּ לָהֶם צִיצִת עַל־כַּנְפֵי בִגְדֵיהֶם לְדֹרֹתָם, וְנָתְנוּ
עַל־צִיצִת הַכָּנָף פְּתִיל תְּכֵלֶת: וְהָיָה לָכֶם לְצִיצִת, וּרְאִיתֶם אֹתוֹ
וּזְכַרְתֶּם אֶת־כָּל־מִצְוֹת יהוה וַעֲשִׂיתֶם אֹתָם, וְלֹא תָתוּרוּ אַחֲרֵי
לְבַבְכֶם וְאַחֲרֵי עֵינֵיכֶם, אֲשֶׁר־אַתֶּם זֹנִים אַחֲרֵיהֶם: לְמַעַן תִּזְכְּרוּ
וַעֲשִׂיתֶם אֶת־כָּל־מִצְוֹתָי, וִהְיִיתֶם קְדֹשִׁים לֵאלֹהֵיכֶם: אֲנִי יהוה
אֱלֹהֵיכֶם, אֲשֶׁר הוֹצֵאתִי אֶתְכֶם מֵאֶרֶץ מִצְרַיִם, לִהְיוֹת לָכֶם
לֵאלֹהִים, אֲנִי יהוה אֱלֹהֵיכֶם:

אֱמֶת

שליח הציבור חוזר ואומר:

◂ יהוה אֱלֹהֵיכֶם אֱמֶת

וֶאֱמוּנָה כָּל זֹאת וְקַיָּם עָלֵינוּ
כִּי הוּא יהוה אֱלֹהֵינוּ וְאֵין זוּלָתוֹ
וַאֲנַחְנוּ יִשְׂרָאֵל עַמּוֹ.
הַפּוֹדֵנוּ מִיַּד מְלָכִים
מַלְכֵּנוּ הַגּוֹאֲלֵנוּ מִכַּף כָּל הֶעָרִיצִים.
הָאֵל הַנִּפְרָע לָנוּ מִצָּרֵינוּ
הַמְשַׁלֵּם גְּמוּל לְכָל אוֹיְבֵי נַפְשֵׁנוּ.

הָעוֹשֶׂה גְדוֹלוֹת עַד אֵין חֵקֶר
נִסִּים וְנִפְלָאוֹת עַד אֵין מִסְפָּר.
תהלים סו הַשָּׂם נַפְשֵׁנוּ בַּחַיִּים, וְלֹא־נָתַן לַמּוֹט רַגְלֵנוּ:
הַמַּדְרִיכֵנוּ עַל בָּמוֹת אוֹיְבֵינוּ
וַיָּרֶם קַרְנֵנוּ עַל כָּל שׂוֹנְאֵינוּ.
הָעוֹשֶׂה לָּנוּ נִסִּים וּנְקָמָה בְּפַרְעֹה
אוֹתוֹת וּמוֹפְתִים בְּאַדְמַת בְּנֵי חָם.
הַמַּכֶּה בְעֶבְרָתוֹ כָּל בְּכוֹרֵי מִצְרָיִם
וַיּוֹצֵא אֶת עַמּוֹ יִשְׂרָאֵל מִתּוֹכָם לְחֵרוּת עוֹלָם.
הַמַּעֲבִיר בָּנָיו בֵּין גִּזְרֵי יַם סוּף
אֶת רוֹדְפֵיהֶם וְאֶת שׂוֹנְאֵיהֶם בִּתְהוֹמוֹת טִבַּע
וְרָאוּ בָנָיו גְּבוּרָתוֹ, שִׁבְּחוּ וְהוֹדוּ לִשְׁמוֹ
◂ וּמַלְכוּתוֹ בְּרָצוֹן קִבְּלוּ עֲלֵיהֶם.
מֹשֶׁה וּבְנֵי יִשְׂרָאֵל, לְךָ עָנוּ שִׁירָה בְּשִׂמְחָה רַבָּה
וְאָמְרוּ כֻלָּם

שמות טו מִי־כָמֹכָה בָּאֵלִם יהוה
מִי כָּמֹכָה נֶאְדָּר בַּקֹּדֶשׁ
נוֹרָא תְהִלֹּת עֹשֵׂה פֶלֶא:

◂ מַלְכוּתְךָ רָאוּ בָנֶיךָ, בּוֹקֵעַ יָם לִפְנֵי מֹשֶׁה
זֶה אֵלִי עָנוּ, וְאָמְרוּ
שמות טו יהוה יִמְלֹךְ לְעֹלָם וָעֶד:
◂ וְנֶאֱמַר
ירמיה לא כִּי־פָדָה יהוה אֶת־יַעֲקֹב, וּגְאָלוֹ מִיַּד חָזָק מִמֶּנּוּ:
בָּרוּךְ אַתָּה יהוה, גָּאַל יִשְׂרָאֵל.

הַשְׁכִּיבֵנוּ יהוה אֱלֹהֵינוּ לְשָׁלוֹם
וְהַעֲמִידֵנוּ מַלְכֵּנוּ לְחַיִּים טוֹבִים וּלְשָׁלוֹם
וּפְרֹשׂ עָלֵינוּ סֻכַּת שְׁלוֹמֶךָ
וְתַקְּנֵנוּ בְּעֵצָה טוֹבָה מִלְּפָנֶיךָ
וְהוֹשִׁיעֵנוּ מְהֵרָה לְמַעַן שְׁמֶךָ.
וְהָגֵן בַּעֲדֵנוּ, וְהָסֵר מֵעָלֵינוּ אוֹיֵב, דֶּבֶר וְחֶרֶב וְרָעָב וְיָגוֹן
וְהָסֵר שָׂטָן מִלְּפָנֵינוּ וּמֵאַחֲרֵינוּ
וּבְצֵל כְּנָפֶיךָ תַּסְתִּירֵנוּ.
כִּי אֵל שׁוֹמְרֵנוּ וּמַצִּילֵנוּ אָתָּה
כִּי אֵל מֶלֶךְ חַנּוּן וְרַחוּם אָתָּה.
◂ וּשְׁמֹר צֵאתֵנוּ וּבוֹאֵנוּ לְחַיִּים וּלְשָׁלוֹם מֵעַתָּה וְעַד עוֹלָם.
בָּרוּךְ אַתָּה יהוה, שׁוֹמֵר עַמּוֹ יִשְׂרָאֵל לָעַד.

בארץ ישראל ממשיכים את התפילה בחצי קדיש בעמוד הבא. בחו״ל יש אומרים:

בָּרוּךְ יהוה לְעוֹלָם, אָמֵן וְאָמֵן: בָּרוּךְ יהוה מִצִּיּוֹן, שֹׁכֵן יְרוּשָׁלָיִם, תהלים פט תהלים קלה
הַלְלוּיָהּ: בָּרוּךְ יהוה אֱלֹהִים אֱלֹהֵי יִשְׂרָאֵל, עֹשֵׂה נִפְלָאוֹת לְבַדּוֹ: תהלים עב
וּבָרוּךְ שֵׁם כְּבוֹדוֹ לְעוֹלָם, וְיִמָּלֵא כְבוֹדוֹ אֶת־כָּל־הָאָרֶץ, אָמֵן וְאָמֵן:
יְהִי כְבוֹד יהוה לְעוֹלָם, יִשְׂמַח יהוה בְּמַעֲשָׂיו: יְהִי שֵׁם יהוה מְבֹרָךְ תהלים קד תהלים קיג
מֵעַתָּה וְעַד־עוֹלָם: כִּי לֹא־יִטֹּשׁ יהוה אֶת־עַמּוֹ בַּעֲבוּר שְׁמוֹ הַגָּדוֹל, כִּי שמואל א׳ יב
הוֹאִיל יהוה לַעֲשׂוֹת אֶתְכֶם לוֹ לְעָם: וַיַּרְא כָּל־הָעָם וַיִּפְּלוּ עַל־פְּנֵיהֶם, מלכים א׳ יח
וַיֹּאמְרוּ, יהוה הוּא הָאֱלֹהִים, יהוה הוּא הָאֱלֹהִים: וְהָיָה יהוה לְמֶלֶךְ זכריה יד
עַל־כָּל־הָאָרֶץ, בַּיּוֹם הַהוּא יִהְיֶה יהוה אֶחָד וּשְׁמוֹ אֶחָד: יְהִי־חַסְדְּךָ תהלים לג
יהוה עָלֵינוּ, כַּאֲשֶׁר יִחַלְנוּ לָךְ:

הוֹשִׁיעֵנוּ יהוה אֱלֹהֵינוּ, וְקַבְּצֵנוּ מִן־הַגּוֹיִם, לְהוֹדוֹת לְשֵׁם קָדְשֶׁךָ, תהלים קו
לְהִשְׁתַּבֵּחַ בִּתְהִלָּתֶךָ: כָּל־גּוֹיִם אֲשֶׁר עָשִׂיתָ, יָבוֹאוּ וְיִשְׁתַּחֲווּ לְפָנֶיךָ, אֲדֹנָי תהלים פו

וִיכַבְּדוּ לִשְׁמֶךָ: כִּי־גָדוֹל אַתָּה וְעֹשֵׂה נִפְלָאוֹת, אַתָּה אֱלֹהִים לְבַדֶּךָ:
תהלים עט וַאֲנַחְנוּ עַמְּךָ וְצֹאן מַרְעִיתֶךָ, נוֹדֶה לְּךָ לְעוֹלָם, לְדוֹר וָדֹר נְסַפֵּר תְּהִלָּתֶךָ:

בָּרוּךְ יהוה בַּיּוֹם, בָּרוּךְ יהוה בַּלָּיְלָה. בָּרוּךְ יהוה בְּשָׁכְבֵנוּ, בָּרוּךְ יהוה
איוב יב בְּקוּמֵנוּ. כִּי בְיָדְךָ נַפְשׁוֹת הַחַיִּים וְהַמֵּתִים. אֲשֶׁר בְּיָדוֹ נֶפֶשׁ כָּל־חָי, וְרוּחַ
תהלים לא כָּל־בְּשַׂר־אִישׁ: בְּיָדְךָ אַפְקִיד רוּחִי, פָּדִיתָה אוֹתִי יהוה אֵל אֱמֶת: אֱלֹהֵינוּ
שֶׁבַּשָּׁמַיִם, יַחֵד שִׁמְךָ וְקַיֵּם מַלְכוּתְךָ תָּמִיד, וּמְלֹךְ עָלֵינוּ לְעוֹלָם וָעֶד.

יִרְאוּ עֵינֵינוּ וְיִשְׂמַח לִבֵּנוּ, וְתָגֵל נַפְשֵׁנוּ בִּישׁוּעָתְךָ בֶּאֱמֶת, בֶּאֱמֹר לְצִיּוֹן מָלַךְ אֱלֹהָיִךְ. יהוה מֶלֶךְ, יהוה מָלָךְ, יהוה יִמְלֹךְ לְעֹלָם וָעֶד. • כִּי הַמַּלְכוּת שֶׁלְּךָ הִיא, וּלְעוֹלְמֵי עַד תִּמְלֹךְ בְּכָבוֹד, כִּי אֵין לָנוּ מֶלֶךְ אֶלָּא אָתָּה. בָּרוּךְ אַתָּה יהוה, הַמֶּלֶךְ בִּכְבוֹדוֹ תָּמִיד, יִמְלֹךְ עָלֵינוּ לְעוֹלָם וָעֶד, וְעַל כָּל מַעֲשָׂיו.

חצי קדיש

ש״ץ: יִתְגַּדַּל וְיִתְקַדַּשׁ שְׁמֵהּ רַבָּא (קהל: אָמֵן)
בְּעָלְמָא דִּי בְרָא כִרְעוּתֵהּ
וְיַמְלִיךְ מַלְכוּתֵהּ
וְיַצְמַח פֻּרְקָנֵהּ וִיקָרֵב מְשִׁיחֵהּ (קהל: אָמֵן)
בְּחַיֵּיכוֹן וּבְיוֹמֵיכוֹן וּבְחַיֵּי דְכָל בֵּית יִשְׂרָאֵל
בַּעֲגָלָא וּבִזְמַן קָרִיב, וְאִמְרוּ אָמֵן. (קהל: אָמֵן)

קהל וש״ץ: יְהֵא שְׁמֵהּ רַבָּא מְבָרַךְ לְעָלַם וּלְעָלְמֵי עָלְמַיָּא.

ש״ץ: יִתְבָּרַךְ וְיִשְׁתַּבַּח וְיִתְפָּאַר וְיִתְרוֹמַם וְיִתְנַשֵּׂא
וְיִתְהַדָּר וְיִתְעַלֶּה וְיִתְהַלָּל
שְׁמֵהּ דְּקֻדְשָׁא בְּרִיךְ הוּא (קהל: אָמֵן)
לְעֵלָּא מִן כָּל בִּרְכָתָא וְשִׁירָתָא, תֻּשְׁבְּחָתָא וְנֶחֱמָתָא
דַּאֲמִירָן בְּעָלְמָא, וְאִמְרוּ אָמֵן. (קהל: אָמֵן)

עמידה

״ומתפללים בנחת ודרך בכי כאבלים״ (רמ״א, תקנט, א).

״המתפלל צריך שיכוין בלבו פירוש המלות שמוציא בשפתיו; ויחשוב כאלו שכינה כנגדו ויסיר כל המחשבות הטורדות אותו עד שתשאר מחשבתו וכוונתו זכה בתפלתו״ (שו״ע צח, א).

פוסע שלוש פסיעות לפנים כמי שנכנס לפני המלך.
עומד ומתפלל בלחש מכאן ועד ׳וּכְשָׁנִים קַדְמֹנִיּוֹת׳ בעמ׳ 18.

כורע במקומות המסומנים ב', קד לפנים במילה הבאה וזוקף בשם.

אֲדֹנָי, שְׂפָתַי תִּפְתָּח, וּפִי יַגִּיד תְּהִלָּתֶךָ: תהלים נא

אבות

ּבָּרוּךְ אַתָּה יהוה, אֱלֹהֵינוּ וֵאלֹהֵי אֲבוֹתֵינוּ
אֱלֹהֵי אַבְרָהָם, אֱלֹהֵי יִצְחָק, וֵאלֹהֵי יַעֲקֹב
הָאֵל הַגָּדוֹל הַגִּבּוֹר וְהַנּוֹרָא, אֵל עֶלְיוֹן
גּוֹמֵל חֲסָדִים טוֹבִים, קוֹנֵה הַכֹּל
וְזוֹכֵר חַסְדֵי אָבוֹת
וּמֵבִיא גוֹאֵל לִבְנֵי בְנֵיהֶם לְמַעַן שְׁמוֹ בְּאַהֲבָה.
מֶלֶךְ עוֹזֵר וּמוֹשִׁיעַ וּמָגֵן.
ּבָּרוּךְ אַתָּה יהוה, מָגֵן אַבְרָהָם.

גבורות

אַתָּה גִּבּוֹר לְעוֹלָם, אֲדֹנָי
מְחַיֵּה מֵתִים אַתָּה, רַב לְהוֹשִׁיעַ
בארץ ישראל: מוֹרִיד הַטָּל
מְכַלְכֵּל חַיִּים בְּחֶסֶד, מְחַיֵּה מֵתִים בְּרַחֲמִים רַבִּים
סוֹמֵךְ נוֹפְלִים, וְרוֹפֵא חוֹלִים, וּמַתִּיר אֲסוּרִים
וּמְקַיֵּם אֱמוּנָתוֹ לִישֵׁנֵי עָפָר.
מִי כָמוֹךָ, בַּעַל גְּבוּרוֹת, וּמִי דּוֹמֶה לָּךְ
מֶלֶךְ, מֵמִית וּמְחַיֶּה וּמַצְמִיחַ יְשׁוּעָה.

וְנֶאֱמָן אַתָּה לְהַחֲיוֹת מֵתִים.
בָּרוּךְ אַתָּה יהוה, מְחַיֵּה הַמֵּתִים.

קדושת השם

אַתָּה קָדוֹשׁ וְשִׁמְךָ קָדוֹשׁ
וּקְדוֹשִׁים בְּכָל יוֹם יְהַלְלוּךָ סֶּלָה
כִּי אֵל מֶלֶךְ גָּדוֹל וְקָדוֹשׁ אָתָּה.
בָּרוּךְ אַתָּה יהוה, הָאֵל הַקָּדוֹשׁ.

דעת

אַתָּה חוֹנֵן לְאָדָם דַּעַת
וּמְלַמֵּד לֶאֱנוֹשׁ בִּינָה.

במוצאי שבת:

אַתָּה חוֹנַנְתָּנוּ לְמַדַּע תּוֹרָתֶךָ, וַתְּלַמְּדֵנוּ לַעֲשׂוֹת חֻקֵּי רְצוֹנֶךָ,
וַתַּבְדֵּל יהוה אֱלֹהֵינוּ בֵּין קֹדֶשׁ לְחֹל, בֵּין אוֹר לְחֹשֶׁךְ, בֵּין
יִשְׂרָאֵל לָעַמִּים, בֵּין יוֹם הַשְּׁבִיעִי לְשֵׁשֶׁת יְמֵי הַמַּעֲשֶׂה.
אָבִינוּ מַלְכֵּנוּ, הָחֵל עָלֵינוּ הַיָּמִים הַבָּאִים לִקְרָאתֵנוּ לְשָׁלוֹם,
חֲשׂוּכִים מִכָּל חֵטְא וּמְנֻקִּים מִכָּל עָוֹן וּמְדֻבָּקִים בְּיִרְאָתֶךָ. וְ

חָנֵּנוּ מֵאִתְּךָ חָכְמָה בִּינָה וָדָעַת.
בָּרוּךְ אַתָּה יהוה, חוֹנֵן הַדָּעַת.

תשובה

הֲשִׁיבֵנוּ אָבִינוּ לְתוֹרָתֶךָ
וְקָרְבֵנוּ מַלְכֵּנוּ לַעֲבוֹדָתֶךָ
וְהַחֲזִירֵנוּ בִּתְשׁוּבָה שְׁלֵמָה לְפָנֶיךָ.
בָּרוּךְ אַתָּה יהוה, הָרוֹצֶה בִּתְשׁוּבָה.

סליחה

נוהגים להכות כנגד הלב במקומות המסומנים ב°.

סְלַח לָנוּ אָבִינוּ כִּי °חָטָאנוּ
מְחַל לָנוּ מַלְכֵּנוּ כִּי °פָשָׁעְנוּ
כִּי אֵל טוֹב וְסַלָּח אָתָּה.
בָּרוּךְ אַתָּה יהוה
חַנּוּן הַמַּרְבֶּה לִסְלֹחַ.

גאולה

רְאֵה נָא בְעָנְיֵנוּ, וְרִיבָה רִיבֵנוּ
וּגְאָלֵנוּ גְּאֻלָּה שְׁלֵמָה מְהֵרָה לְמַעַן שְׁמֶךָ
כִּי אֵל גּוֹאֵל חָזָק אָתָּה.
בָּרוּךְ אַתָּה יהוה, גּוֹאֵל יִשְׂרָאֵל.

רפואה

רְפָאֵנוּ יהוה וְנֵרָפֵא, הוֹשִׁיעֵנוּ וְנִוָּשֵׁעָה
כִּי תְהִלָּתֵנוּ אָתָּה
וְהַעֲלֵה אֲרוּכָה וּמַרְפֵּא לְכָל תַּחֲלוּאֵינוּ וּלְכָל מַכְאוֹבֵינוּ
וּרְפוּאָה שְׁלֵמָה לְכָל מַכּוֹתֵינוּ

המתפלל על חולה מוסיף:

יְהִי רָצוֹן מִלְּפָנֶיךָ יהוה אֱלֹהַי וֵאלֹהֵי אֲבוֹתַי, שֶׁתִּשְׁלַח מְהֵרָה רְפוּאָה שְׁלֵמָה מִן הַשָּׁמַיִם, רְפוּאַת הַנֶּפֶשׁ וּרְפוּאַת הַגּוּף, לַחוֹלֶה/לַחוֹלָה פלוני/ת בֶּן/בַּת פלונית בְּתוֹךְ שְׁאָר חוֹלֵי יִשְׂרָאֵל.

כִּי אֵל מֶלֶךְ רוֹפֵא נֶאֱמָן וְרַחֲמָן אָתָּה.
בָּרוּךְ אַתָּה יהוה, רוֹפֵא חוֹלֵי עַמּוֹ יִשְׂרָאֵל.

ברכת השנים

בָּרֵךְ עָלֵינוּ יהוה אֱלֹהֵינוּ אֶת הַשָּׁנָה הַזֹּאת

וְאֶת כָּל מִינֵי תְבוּאָתָהּ, לְטוֹבָה

וְתֵן בְּרָכָה עַל פְּנֵי הָאֲדָמָה

וְשַׂבְּעֵנוּ מִטּוּבָהּ

וּבָרֵךְ שְׁנָתֵנוּ כַּשָּׁנִים הַטּוֹבוֹת לִבְרָכָה

כִּי אֵל טוֹב וּמֵטִיב אַתָּה, וּמְבָרֵךְ הַשָּׁנִים.

בָּרוּךְ אַתָּה יהוה, מְבָרֵךְ הַשָּׁנִים.

קיבוץ גלויות

תְּקַע בְּשׁוֹפָר גָּדוֹל לְחֵרוּתֵנוּ

וְשָׂא נֵס לְקַבֵּץ גָּלֻיּוֹתֵינוּ

וְקַבְּצֵנוּ יַחַד מְהֵרָה מֵאַרְבַּע כַּנְפוֹת הָאָרֶץ לְאַרְצֵנוּ.

בָּרוּךְ אַתָּה יהוה, מְקַבֵּץ נִדְחֵי עַמּוֹ יִשְׂרָאֵל.

השבת המשפט

הָשִׁיבָה שׁוֹפְטֵינוּ כְּבָרִאשׁוֹנָה

וְיוֹעֲצֵינוּ כְּבַתְּחִלָּה

וְהָסֵר מִמֶּנּוּ יָגוֹן וַאֲנָחָה

וּמְלֹךְ עָלֵינוּ מְהֵרָה אַתָּה יהוה לְבַדְּךָ

בְּחֶסֶד וּבְרַחֲמִים

בְּצֶדֶק וּבְמִשְׁפָּט.

בָּרוּךְ אַתָּה יהוה, מֶלֶךְ אוֹהֵב צְדָקָה וּמִשְׁפָּט.

ברכת המינים

וְלַמַּלְשִׁינִים אַל תְּהִי תִקְוָה
וְכָל הַמִּינִים כְּרֶגַע יֹאבֵדוּ
וְכָל אוֹיְבֵי עַמְּךָ מְהֵרָה יִכָּרֵתוּ
וְהַזֵּדִים מְהֵרָה תְעַקֵּר וּתְשַׁבֵּר וּתְמַגֵּר
וּתְכַלֵּם וְתַשְׁפִּילֵם וְתַכְנִיעֵם בִּמְהֵרָה בְיָמֵינוּ.
בָּרוּךְ אַתָּה יהוה, שׁוֹבֵר אוֹיְבִים וּמַכְנִיעַ זֵדִים.

על הצדיקים

עַל הַצַּדִּיקִים וְעַל הַחֲסִידִים
וְעַל זִקְנֵי שְׁאֵרִית עַמְּךָ בֵּית יִשְׂרָאֵל, וְעַל פְּלֵיטַת בֵּית סוֹפְרֵיהֶם
וְעַל גֵּרֵי הַצֶּדֶק, וְעָלֵינוּ
יֶהֱמוּ נָא רַחֲמֶיךָ, יהוה אֱלֹהֵינוּ
וְתֵן שָׂכָר טוֹב לְכָל הַבּוֹטְחִים בְּשִׁמְךָ בֶּאֱמֶת
וְשִׂים חֶלְקֵנוּ עִמָּהֶם
וּלְעוֹלָם לֹא נֵבוֹשׁ, כִּי בְךָ בָּטָחְנוּ
וְעַל חַסְדְּךָ הַגָּדוֹל בֶּאֱמֶת נִשְׁעָנְנוּ.
בָּרוּךְ אַתָּה יהוה, מִשְׁעָן וּמִבְטָח לַצַּדִּיקִים.

בניין ירושלים

וְלִירוּשָׁלַיִם עִירְךָ בְּרַחֲמִים תָּשׁוּב, וְתִשְׁכֹּן בְּתוֹכָהּ כַּאֲשֶׁר דִּבַּרְתָּ
וּבְנֵה אוֹתָהּ בְּקָרוֹב בְּיָמֵינוּ בִּנְיַן עוֹלָם
וְכִסֵּא דָוִד עַבְדְּךָ מְהֵרָה לְתוֹכָהּ תָּכִין.
בָּרוּךְ אַתָּה יהוה, בּוֹנֵה יְרוּשָׁלָיִם.

מלכות בית דוד

אֶת צֶמַח דָּוִד עַבְדְּךָ מְהֵרָה תַצְמִיחַ
וְקַרְנוֹ תָּרוּם בִּישׁוּעָתֶךָ
כִּי לִישׁוּעָתְךָ קִוִּינוּ כָּל הַיּוֹם.
בָּרוּךְ אַתָּה יהוה, מַצְמִיחַ קֶרֶן יְשׁוּעָה.

שומע תפילה

אָב הָרַחֲמָן
שְׁמַע קוֹלֵנוּ יהוה אֱלֹהֵינוּ
חוּס וְרַחֵם עָלֵינוּ
וְקַבֵּל בְּרַחֲמִים וּבְרָצוֹן אֶת תְּפִלָּתֵנוּ
כִּי אֵל שׁוֹמֵעַ תְּפִלּוֹת וְתַחֲנוּנִים אָתָּה
וּמִלְּפָנֶיךָ מַלְכֵּנוּ רֵיקָם אַל תְּשִׁיבֵנוּ
חָנֵּנוּ וַעֲנֵנוּ וּשְׁמַע תְּפִלָּתֵנוּ
כִּי אַתָּה שׁוֹמֵעַ תְּפִלַּת כָּל פֶּה.
בָּרוּךְ אַתָּה יהוה, שׁוֹמֵעַ תְּפִלָּה.

עבודה

רְצֵה יהוה אֱלֹהֵינוּ בְּעַמְּךָ יִשְׂרָאֵל, וְלִתְפִלָּתָם שְׁעֵה
וְהָשֵׁב אֶת הָעֲבוֹדָה לִדְבִיר בֵּיתֶךָ
וְאִשֵּׁי יִשְׂרָאֵל וּתְפִלָּתָם, מְהֵרָה בְּאַהֲבָה תְקַבֵּל בְּרָצוֹן
וּתְהִי לְרָצוֹן תָּמִיד עֲבוֹדַת יִשְׂרָאֵל עַמֶּךָ.
וְתֶחֱזֶינָה עֵינֵינוּ בְּשׁוּבְךָ לְצִיּוֹן בְּרַחֲמִים.
בָּרוּךְ אַתָּה יהוה, הַמַּחֲזִיר שְׁכִינָתוֹ לְצִיּוֹן.

הודאה

כורע ב׳מוֹדִים׳ ואינו זוקף עד אמירת השם (סידור השל״ה).

ˇמוֹדִים אֲנַחְנוּ לָךְ

שָׁאַתָּה הוּא יהוה אֱלֹהֵינוּ וֵאלֹהֵי אֲבוֹתֵינוּ לְעוֹלָם וָעֶד.

צוּר חַיֵּינוּ, מָגֵן יִשְׁעֵנוּ אַתָּה הוּא לְדוֹר וָדוֹר.

נוֹדֶה לְּךָ וּנְסַפֵּר תְּהִלָּתֶךָ

עַל חַיֵּינוּ הַמְּסוּרִים בְּיָדֶךָ, וְעַל נִשְׁמוֹתֵינוּ הַפְּקוּדוֹת לָךְ

וְעַל נִסֶּיךָ שֶׁבְּכָל יוֹם עִמָּנוּ, וְעַל נִפְלְאוֹתֶיךָ וְטוֹבוֹתֶיךָ

שֶׁבְּכָל עֵת, עֶרֶב וָבֹקֶר וְצָהֳרָיִם.

הַטּוֹב, כִּי לֹא כָלוּ רַחֲמֶיךָ, וְהַמְרַחֵם, כִּי לֹא תַמּוּ חֲסָדֶיךָ

כִּי מֵעוֹלָם קִוִּינוּ לָךְ.

וְעַל כֻּלָּם

יִתְבָּרַךְ וְיִתְרוֹמַם וְיִתְנַשֵּׂא שִׁמְךָ מַלְכֵּנוּ תָּמִיד לְעוֹלָם וָעֶד.

וְכֹל הַחַיִּים יוֹדוּךָ סֶּלָה

וִיהַלְלוּ וִיבָרְכוּ אֶת שִׁמְךָ הַגָּדוֹל בֶּאֱמֶת לְעוֹלָם כִּי טוֹב

הָאֵל יְשׁוּעָתֵנוּ וְעֶזְרָתֵנוּ סֶלָה, הָאֵל הַטּוֹב.

ˇבָּרוּךְ אַתָּה יהוה, הַטּוֹב שִׁמְךָ וּלְךָ נָאֶה לְהוֹדוֹת.

שלום

יש אומרים ׳שִׂים שָׁלוֹם׳ (עמ׳ 102).

שָׁלוֹם רָב עַל יִשְׂרָאֵל עַמְּךָ תָּשִׂים לְעוֹלָם

כִּי אַתָּה הוּא מֶלֶךְ אָדוֹן לְכָל הַשָּׁלוֹם.

וְטוֹב יִהְיֶה בְּעֵינֶיךָ לְבָרְכֵנוּ, וּלְבָרֵךְ אֶת כָּל עַמְּךָ יִשְׂרָאֵל

בְּכָל עֵת וּבְכָל שָׁעָה בִּשְׁלוֹמֶךָ.

בָּרוּךְ אַתָּה יהוה, הַמְבָרֵךְ אֶת עַמּוֹ יִשְׂרָאֵל בַּשָּׁלוֹם.

יש מוסיפים:

תהלים יט יִהְיוּ לְרָצוֹן אִמְרֵי פִי וְהֶגְיוֹן לִבִּי לְפָנֶיךָ, יהוה צוּרִי וְגֹאֲלִי:

ברכות יז. אֱלֹהַי

נְצֹר לְשׁוֹנִי מֵרָע וּשְׂפָתַי מִדַּבֵּר מִרְמָה

וְלִמְקַלְלַי נַפְשִׁי תִדֹּם, וְנַפְשִׁי כֶּעָפָר לַכֹּל תִּהְיֶה.

פְּתַח לִבִּי בְּתוֹרָתֶךָ וְאַחֲרֵי מִצְוֹתֶיךָ תִּרְדֹּף נַפְשִׁי.

וְכָל הַקָּמִים וְהַחוֹשְׁבִים עָלַי רָעָה

מְהֵרָה הָפֵר עֲצָתָם וְקַלְקֵל מַחֲשַׁבְתָּם.

יש המוסיפים תחינה זו (קיצור של"ה, 'אור הישר'):

יְהִי רָצוֹן מִלְּפָנֶיךָ, יהוה אֱלֹהַי וֵאלֹהֵי אֲבוֹתַי

שֶׁלֹּא תַעֲלֶה קִנְאַת אָדָם עָלַי, וְלֹא קִנְאָתִי עַל אֲחֵרִים

וְשֶׁלֹּא אֶכְעֹס הַיּוֹם, וְשֶׁלֹּא אַכְעִיסֶךָ

וְתַצִּילֵנִי מִיֵּצֶר הָרָע, וְתֵן בְּלִבִּי הַכְנָעָה וַעֲנָוָה.

מַלְכֵּנוּ וֵאלֹהֵינוּ, יַחֵד שִׁמְךָ בְּעוֹלָמֶךָ

בְּנֵה עִירְךָ, יַסֵּד בֵּיתְךָ וְשַׁכְלֵל הֵיכָלֶךָ

וְקַבֵּץ קִבּוּץ גָּלֻיּוֹת, וּפְדֵה צֹאנֶךָ וְשַׂמַּח עֲדָתֶךָ.

עֲשֵׂה לְמַעַן שְׁמֶךָ, עֲשֵׂה לְמַעַן יְמִינֶךָ

עֲשֵׂה לְמַעַן תּוֹרָתֶךָ, עֲשֵׂה לְמַעַן קְדֻשָּׁתֶךָ.

תהלים ס לְמַעַן יֵחָלְצוּן יְדִידֶיךָ, הוֹשִׁיעָה יְמִינְךָ וַעֲנֵנִי:

תהלים יט יִהְיוּ לְרָצוֹן אִמְרֵי פִי וְהֶגְיוֹן לִבִּי לְפָנֶיךָ, יהוה צוּרִי וְגֹאֲלִי:

כורע ופוסע שלוש פסיעות לאחור. קד לשמאל, לימין ולפנים באמירת:

עֹשֶׂה שָׁלוֹם בִּמְרוֹמָיו

הוּא יַעֲשֶׂה שָׁלוֹם, עָלֵינוּ וְעַל כָּל יִשְׂרָאֵל, וְאִמְרוּ אָמֵן.

יְהִי רָצוֹן מִלְּפָנֶיךָ יהוה אֱלֹהֵינוּ וֵאלֹהֵי אֲבוֹתֵינוּ

שֶׁיִּבָּנֶה בֵּית הַמִּקְדָּשׁ בִּמְהֵרָה בְיָמֵינוּ

וְתֵן חֶלְקֵנוּ בְּתוֹרָתֶךָ

וְשָׁם נַעֲבָדְךָ בְּיִרְאָה כִּימֵי עוֹלָם וּכְשָׁנִים קַדְמוֹנִיּוֹת.

מלאכי ג וְעָרְבָה לַיהוה מִנְחַת יְהוּדָה וִירוּשָׁלָםִ כִּימֵי עוֹלָם וּכְשָׁנִים קַדְמֹנִיּוֹת:

קדיש שלם

ש״ץ: יִתְגַּדַּל וְיִתְקַדַּשׁ שְׁמֵהּ רַבָּא (קהל: אָמֵן)
בְּעָלְמָא דִּי בְרָא כִרְעוּתֵהּ
וְיַמְלִיךְ מַלְכוּתֵהּ
וְיַצְמַח פֻּרְקָנֵהּ וִיקָרֵב מְשִׁיחֵהּ (קהל: אָמֵן)
בְּחַיֵּיכוֹן וּבְיוֹמֵיכוֹן וּבְחַיֵּי דְכָל בֵּית יִשְׂרָאֵל
בַּעֲגָלָא וּבִזְמַן קָרִיב, וְאִמְרוּ אָמֵן. (קהל: אָמֵן)

קהל וש״ץ: יְהֵא שְׁמֵהּ רַבָּא מְבָרַךְ לְעָלַם וּלְעָלְמֵי עָלְמַיָּא.

ש״ץ: יִתְבָּרַךְ וְיִשְׁתַּבַּח וְיִתְפָּאַר וְיִתְרוֹמַם וְיִתְנַשֵּׂא
וְיִתְהַדָּר וְיִתְעַלֶּה וְיִתְהַלָּל
שְׁמֵהּ דְּקֻדְשָׁא בְּרִיךְ הוּא (קהל: אָמֵן)
לְעֵלָּא מִן כָּל בִּרְכָתָא וְשִׁירָתָא, תֻּשְׁבְּחָתָא וְנֶחֱמָתָא
דַּאֲמִירָן בְּעָלְמָא, וְאִמְרוּ אָמֵן. (קהל: אָמֵן)

תִּתְקַבַּל צְלוֹתְהוֹן וּבָעוּתְהוֹן דְּכָל בֵּית יִשְׂרָאֵל
קֳדָם אֲבוּהוֹן דִּי בִשְׁמַיָּא, וְאִמְרוּ אָמֵן. (קהל: אָמֵן)

יְהֵא שְׁלָמָא רַבָּא מִן שְׁמַיָּא
וְחַיִּים טוֹבִים עָלֵינוּ וְעַל כָּל יִשְׂרָאֵל, וְאִמְרוּ אָמֵן. (קהל: אָמֵן)

כורע ופוסע שלוש פסיעות לאחור. קד לשמאל, לימין ולפנים באמירת:
עֹשֶׂה שָׁלוֹם בִּמְרוֹמָיו
הוּא יַעֲשֶׂה שָׁלוֹם
עָלֵינוּ וְעַל כָּל יִשְׂרָאֵל, וְאִמְרוּ אָמֵן. (קהל: אָמֵן)

במוצאי שבת נוהגים לומר כאן ברכת הבדלה (משנ״ב תקנו, א):

בָּרוּךְ אַתָּה יהוה אֱלֹהֵינוּ מֶלֶךְ הָעוֹלָם
בּוֹרֵא מְאוֹרֵי הָאֵשׁ.

מגילת איכה

יושבים על הארץ וקוראים איכה.

אם קוראים מתוך מגילה, נוהגים לברך (משנ״ב תצ, ח):

בָּרוּךְ אַתָּה יהוה אֱלֹהֵינוּ מֶלֶךְ הָעוֹלָם
אֲשֶׁר קִדְּשָׁנוּ בְּמִצְוֹתָיו וְצִוָּנוּ עַל מִקְרָא מְגִלָּה.

א א אֵיכָה ׀ יָשְׁבָה בָדָד הָעִיר רַבָּתִי עָם הָיְתָה כְּאַלְמָנָה רַבָּתִי בַגּוֹיִם
ב שָׂרָתִי בַּמְּדִינוֹת הָיְתָה לָמַס: בָּכוֹ תִבְכֶּה בַּלַּיְלָה וְדִמְעָתָהּ עַל
לֶחֱיָהּ אֵין־לָהּ מְנַחֵם מִכָּל־אֹהֲבֶיהָ כָּל־רֵעֶיהָ בָּגְדוּ בָהּ הָיוּ לָהּ
ג לְאֹיְבִים: גָּלְתָה יְהוּדָה מֵעֹנִי וּמֵרֹב עֲבֹדָה הִיא יָשְׁבָה בַגּוֹיִם לֹא
ד מָצְאָה מָנוֹחַ כָּל־רֹדְפֶיהָ הִשִּׂיגוּהָ בֵּין הַמְּצָרִים: דַּרְכֵי צִיּוֹן אֲבֵלוֹת
מִבְּלִי בָּאֵי מוֹעֵד כָּל־שְׁעָרֶיהָ שׁוֹמֵמִין כֹּהֲנֶיהָ נֶאֱנָחִים בְּתוּלֹתֶיהָ
ה נוּגוֹת וְהִיא מַר־לָהּ: הָיוּ צָרֶיהָ לְרֹאשׁ אֹיְבֶיהָ שָׁלוּ כִּי־יְהוָה הוֹגָהּ
ו עַל־רֹב פְּשָׁעֶיהָ עוֹלָלֶיהָ הָלְכוּ שְׁבִי לִפְנֵי־צָר: וַיֵּצֵא מִן בַּת־צִיּוֹן מִבַּת־
כָּל־הֲדָרָהּ הָיוּ שָׂרֶיהָ כְּאַיָּלִים לֹא־מָצְאוּ מִרְעֶה וַיֵּלְכוּ בְלֹא־
ז כֹחַ לִפְנֵי רוֹדֵף: זָכְרָה יְרוּשָׁלִַם יְמֵי עָנְיָהּ וּמְרוּדֶיהָ כֹּל מַחֲמֻדֶיהָ
אֲשֶׁר הָיוּ מִימֵי קֶדֶם בִּנְפֹל עַמָּהּ בְּיַד־צָר וְאֵין עוֹזֵר לָהּ רָאוּהָ
ח צָרִים שָׂחֲקוּ עַל־מִשְׁבַּתֶּהָ: חֵטְא חָטְאָה יְרוּשָׁלִַם עַל־כֵּן לְנִידָה
הָיָתָה כָּל־מְכַבְּדֶיהָ הִזִּילוּהָ כִּי־רָאוּ עֶרְוָתָהּ גַּם־הִיא נֶאֶנְחָה
ט וַתָּשָׁב אָחוֹר: טֻמְאָתָהּ בְּשׁוּלֶיהָ לֹא זָכְרָה אַחֲרִיתָהּ וַתֵּרֶד
י פְּלָאִים אֵין מְנַחֵם לָהּ רְאֵה יְהוָה אֶת־עָנְיִי כִּי הִגְדִּיל אוֹיֵב: יָדוֹ
פָּרַשׂ צָר עַל כָּל־מַחֲמַדֶּיהָ כִּי־רָאֲתָה גוֹיִם בָּאוּ מִקְדָּשָׁהּ אֲשֶׁר
יא צִוִּיתָה לֹא־יָבֹאוּ בַקָּהָל לָךְ: כָּל־עַמָּהּ נֶאֱנָחִים מְבַקְּשִׁים לֶחֶם
נָתְנוּ מחמודיהם בְּאֹכֶל לְהָשִׁיב נָפֶשׁ רְאֵה יְהוָה וְהַבִּיטָה כִּי מַחֲמַדֵּיהֶם
יב הָיִיתִי זוֹלֵלָה: לוֹא אֲלֵיכֶם כָּל־עֹבְרֵי דֶרֶךְ הַבִּיטוּ וּרְאוּ אִם־יֵשׁ
מַכְאוֹב כְּמַכְאֹבִי אֲשֶׁר עוֹלַל לִי אֲשֶׁר הוֹגָה יְהוָה בְּיוֹם חֲרוֹן

יג אַפּוֹ׃ מִמָּרוֹם שָׁלַח־אֵשׁ בְּעַצְמֹתַי וַיִּרְדֶּנָּה פָּרַשׂ רֶשֶׁת לְרַגְלַי
יד הֱשִׁיבַנִי אָחוֹר נְתָנַנִי שֹׁמֵמָה כָּל־הַיּוֹם דָּוָה׃ נִשְׂקַד עֹל פְּשָׁעַי
בְּיָדוֹ יִשְׂתָּרְגוּ עָלוּ עַל־צַוָּארִי הִכְשִׁיל כֹּחִי נְתָנַנִי אֲדֹנָי בִּידֵי
טו לֹא־אוּכַל קוּם׃ סִלָּה כָל־אַבִּירַי ׀ אֲדֹנָי בְּקִרְבִּי קָרָא עָלַי מוֹעֵד
טז לִשְׁבֹּר בַּחוּרָי גַּת דָּרַךְ אֲדֹנָי לִבְתוּלַת בַּת־יְהוּדָה׃ עַל־אֵלֶּה ׀
אֲנִי בוֹכִיָּה עֵינִי ׀ עֵינִי יֹרְדָה מַּיִם כִּי־רָחַק מִמֶּנִּי מְנַחֵם מֵשִׁיב
יז נַפְשִׁי הָיוּ בָנַי שׁוֹמֵמִים כִּי גָבַר אוֹיֵב׃ פֵּרְשָׂה צִיּוֹן בְּיָדֶיהָ אֵין
מְנַחֵם לָהּ צִוָּה יְהוָה לְיַעֲקֹב סְבִיבָיו צָרָיו הָיְתָה יְרוּשָׁלַםִ לְנִדָּה
יח בֵּינֵיהֶם׃ צַדִּיק הוּא יְהוָה כִּי פִיהוּ מָרִיתִי שִׁמְעוּ־נָא כָל־עַמִּים הָעַמִּים
יט וּרְאוּ מַכְאֹבִי בְּתוּלֹתַי וּבַחוּרַי הָלְכוּ בַשֶּׁבִי׃ קָרָאתִי לַמְאַהֲבַי
הֵמָּה רִמּוּנִי כֹּהֲנַי וּזְקֵנַי בָּעִיר גָּוָעוּ כִּי־בִקְשׁוּ אֹכֶל לָמוֹ וְיָשִׁיבוּ
כ אֶת־נַפְשָׁם׃ רְאֵה יְהוָה כִּי־צַר־לִי מֵעַי חֳמַרְמָרוּ נֶהְפַּךְ לִבִּי
כא בְּקִרְבִּי כִּי מָרוֹ מָרִיתִי מִחוּץ שִׁכְּלָה־חֶרֶב בַּבַּיִת כַּמָּוֶת׃ שָׁמְעוּ
כִּי נֶאֱנָחָה אָנִי אֵין מְנַחֵם לִי כָּל־אֹיְבַי שָׁמְעוּ רָעָתִי שָׂשׂוּ כִּי אַתָּה
כב עָשִׂיתָ הֵבֵאתָ יוֹם־קָרָאתָ וְיִהְיוּ כָמֹנִי׃ תָּבֹא כָל־רָעָתָם לְפָנֶיךָ
וְעוֹלֵל לָמוֹ כַּאֲשֶׁר עוֹלַלְתָּ לִי עַל כָּל־פְּשָׁעָי כִּי־רַבּוֹת אַנְחֹתַי
וְלִבִּי דַוָּי׃
ב א אֵיכָה יָעִיב בְּאַפּוֹ ׀ אֲדֹנָי אֶת־בַּת־צִיּוֹן הִשְׁלִיךְ מִשָּׁמַיִם אֶרֶץ
ב תִּפְאֶרֶת יִשְׂרָאֵל וְלֹא־זָכַר הֲדֹם־רַגְלָיו בְּיוֹם אַפּוֹ׃ בִּלַּע אֲדֹנָי
לֹא חָמַל אֵת כָּל־נְאוֹת יַעֲקֹב הָרַס בְּעֶבְרָתוֹ מִבְצְרֵי בַת־ וְלֹא
ג יְהוּדָה הִגִּיעַ לָאָרֶץ חִלֵּל מַמְלָכָה וְשָׂרֶיהָ׃ גָּדַע בָּחֳרִי־אַף כֹּל
קֶרֶן יִשְׂרָאֵל הֵשִׁיב אָחוֹר יְמִינוֹ מִפְּנֵי אוֹיֵב וַיִּבְעַר בְּיַעֲקֹב כְּאֵשׁ
ד לֶהָבָה אָכְלָה סָבִיב׃ דָּרַךְ קַשְׁתּוֹ כְּאוֹיֵב נִצָּב יְמִינוֹ כְּצָר וַיַּהֲרֹג
ה כֹּל מַחֲמַדֵּי־עָיִן בְּאֹהֶל בַּת־צִיּוֹן שָׁפַךְ כָּאֵשׁ חֲמָתוֹ׃ הָיָה אֲדֹנָי ׀

כְּאוֹיֵב בִּלַּע יִשְׂרָאֵל בִּלַּע כָּל־אַרְמְנוֹתֶיהָ שִׁחֵת מִבְצָרָיו וַיֶּרֶב
ו בְּבַת־יְהוּדָה תַּאֲנִיָּה וַאֲנִיָּה׃ וַיַּחְמֹס כַּגַּן שֻׂכּוֹ שִׁחֵת מֹעֲדוֹ שִׁכַּח
ז יְהוָה ׀ בְּצִיּוֹן מוֹעֵד וְשַׁבָּת וַיִּנְאַץ בְּזַעַם־אַפּוֹ מֶלֶךְ וְכֹהֵן׃ זָנַח
אֲדֹנָי ׀ מִזְבְּחוֹ נִאֵר מִקְדָּשׁוֹ הִסְגִּיר בְּיַד־אוֹיֵב חוֹמֹת אַרְמְנוֹתֶיהָ
ח קוֹל נָתְנוּ בְּבֵית־יְהוָה כְּיוֹם מוֹעֵד׃ חָשַׁב יְהוָה ׀ לְהַשְׁחִית חוֹמַת
בַּת־צִיּוֹן נָטָה קָו לֹא־הֵשִׁיב יָדוֹ מִבַּלֵּעַ וַיַּאֲבֶל־חֵל וְחוֹמָה יַחְדָּו
ט אֻמְלָלוּ׃ טָבְעוּ בָאָרֶץ שְׁעָרֶיהָ אִבַּד וְשִׁבַּר בְּרִיחֶיהָ מַלְכָּהּ וְשָׂרֶיהָ
י בַגּוֹיִם אֵין תּוֹרָה גַּם־נְבִיאֶיהָ לֹא־מָצְאוּ חָזוֹן מֵיְהוָה׃ יֵשְׁבוּ לָאָרֶץ
יִדְּמוּ זִקְנֵי בַת־צִיּוֹן הֶעֱלוּ עָפָר עַל־רֹאשָׁם חָגְרוּ שַׂקִּים הוֹרִידוּ
יא לָאָרֶץ רֹאשָׁן בְּתוּלֹת יְרוּשָׁלִָם׃ כָּלוּ בַדְּמָעוֹת עֵינַי חֳמַרְמְרוּ
מֵעַי נִשְׁפַּךְ לָאָרֶץ כְּבֵדִי עַל־שֶׁבֶר בַּת־עַמִּי בֵּעָטֵף עוֹלֵל וְיוֹנֵק
יב בִּרְחֹבוֹת קִרְיָה׃ לְאִמֹּתָם יֹאמְרוּ אַיֵּה דָּגָן וָיָיִן בְּהִתְעַטְּפָם כֶּחָלָל
יג בִּרְחֹבוֹת עִיר בְּהִשְׁתַּפֵּךְ נַפְשָׁם אֶל־חֵיק אִמֹּתָם׃ מָה־אעודך אֲעִידֵךְ
מָה אֲדַמֶּה־לָּךְ הַבַּת יְרוּשָׁלִַם מָה אַשְׁוֶה־לָּךְ וַאֲנַחֲמֵךְ בְּתוּלַת
יד בַּת־צִיּוֹן כִּי־גָדוֹל כַּיָּם שִׁבְרֵךְ מִי יִרְפָּא־לָךְ׃ נְבִיאַיִךְ חָזוּ לָךְ שָׁוְא
וְתָפֵל וְלֹא־גִלּוּ עַל־עֲוֺנֵךְ לְהָשִׁיב שביתך וַיֶּחֱזוּ לָךְ מַשְׂאוֹת שְׁבוּתֵךְ
טו שָׁוְא וּמַדּוּחִים׃ סָפְקוּ עָלַיִךְ כַּפַּיִם כָּל־עֹבְרֵי דֶרֶךְ שָׁרְקוּ וַיָּנִעוּ
רֹאשָׁם עַל־בַּת יְרוּשָׁלִָם הֲזֹאת הָעִיר שֶׁיֹּאמְרוּ כְּלִילַת יֹפִי מָשׂוֹשׂ
טז לְכָל־הָאָרֶץ׃ פָּצוּ עָלַיִךְ פִּיהֶם כָּל־אוֹיְבַיִךְ שָׁרְקוּ וַיַּחַרְקוּ־שֵׁן
יז אָמְרוּ בִּלָּעְנוּ אַךְ זֶה הַיּוֹם שֶׁקִּוִּינֻהוּ מָצָאנוּ רָאִינוּ׃ עָשָׂה יְהוָה
אֲשֶׁר זָמָם בִּצַּע אֶמְרָתוֹ אֲשֶׁר צִוָּה מִימֵי־קֶדֶם הָרַס וְלֹא חָמָל
יח וַיְשַׂמַּח עָלַיִךְ אוֹיֵב הֵרִים קֶרֶן צָרָיִךְ׃ צָעַק לִבָּם אֶל־אֲדֹנָי חוֹמַת
בַּת־צִיּוֹן הוֹרִידִי כַנַּחַל דִּמְעָה יוֹמָם וָלַיְלָה אַל־תִּתְּנִי פוּגַת לָךְ
יט אַל־תִּדֹּם בַּת־עֵינֵךְ׃ קוּמִי ׀ רֹנִּי בַלַּיְלָה לְרֹאשׁ אַשְׁמֻרוֹת שִׁפְכִי

כַמַּיִם לִבֵּךְ נֹכַח פְּנֵי אֲדֹנָי שְׂאִי אֵלָיו כַּפַּיִךְ עַל־נֶפֶשׁ עוֹלָלַיִךְ
כ הָעֲטוּפִים בְּרָעָב בְּרֹאשׁ כָּל־חוּצוֹת׃ רְאֵה יְהוָה וְהַבִּיטָה לְמִי
עוֹלַלְתָּ כֹּה אִם־תֹּאכַלְנָה נָשִׁים פִּרְיָם עֹלְלֵי טִפֻּחִים אִם־יֵהָרֵג
כא בְּמִקְדַּשׁ אֲדֹנָי כֹּהֵן וְנָבִיא׃ שָׁכְבוּ לָאָרֶץ חוּצוֹת נַעַר וְזָקֵן בְּתוּלֹתַי
כב וּבַחוּרַי נָפְלוּ בֶחָרֶב הָרַגְתָּ בְּיוֹם אַפֶּךָ טָבַחְתָּ לֹא חָמָלְתָּ׃ תִּקְרָא
כְיוֹם מוֹעֵד מְגוּרַי מִסָּבִיב וְלֹא הָיָה בְּיוֹם אַף־יְהוָה פָּלִיט וְשָׂרִיד
אֲשֶׁר־טִפַּחְתִּי וְרִבִּיתִי אֹיְבִי כִלָּם׃
ג א ב אֲנִי הַגֶּבֶר רָאָה עֳנִי בְּשֵׁבֶט עֶבְרָתוֹ׃ אוֹתִי נָהַג וַיֹּלַךְ חֹשֶׁךְ וְלֹא־
ג ד אוֹר׃ אַךְ בִּי יָשֻׁב יַהֲפֹךְ יָדוֹ כָּל־הַיּוֹם׃ בִּלָּה בְשָׂרִי וְעוֹרִי שִׁבַּר
ה ו עַצְמוֹתָי׃ בָּנָה עָלַי וַיַּקַּף רֹאשׁ וּתְלָאָה׃ בְּמַחֲשַׁכִּים הוֹשִׁיבַנִי
ז ח כְּמֵתֵי עוֹלָם׃ גָּדַר בַּעֲדִי וְלֹא אֵצֵא הִכְבִּיד נְחָשְׁתִּי׃ גַּם כִּי אֶזְעַק
ט י וַאֲשַׁוֵּעַ שָׂתַם תְּפִלָּתִי׃ גָּדַר דְּרָכַי בְּגָזִית נְתִיבֹתַי עִוָּה׃ דֹּב אֹרֵב
יא הוּא לִי אריה בְּמִסְתָּרִים׃ דְּרָכַי סוֹרֵר וַיְפַשְּׁחֵנִי שָׂמַנִי שֹׁמֵם׃ אֲרִי
יב יג דָּרַךְ קַשְׁתּוֹ וַיַּצִּיבֵנִי כַּמַּטָּרָא לַחֵץ׃ הֵבִיא בְּכִלְיוֹתָי בְּנֵי אַשְׁפָּתוֹ׃
יד טו הָיִיתִי שְּׂחֹק לְכָל־עַמִּי נְגִינָתָם כָּל־הַיּוֹם׃ הִשְׂבִּיעַנִי בַמְּרוֹרִים
טז יז הִרְוַנִי לַעֲנָה׃ וַיַּגְרֵס בֶּחָצָץ שִׁנָּי הִכְפִּישַׁנִי בָּאֵפֶר׃ וַתִּזְנַח מִשָּׁלוֹם
יח יט נַפְשִׁי נָשִׁיתִי טוֹבָה׃ וָאֹמַר אָבַד נִצְחִי וְתוֹחַלְתִּי מֵיְהוָה׃ זְכָר־
כ כא עָנְיִי וּמְרוּדִי לַעֲנָה וָרֹאשׁ׃ זָכוֹר תִּזְכּוֹר ותשיח עָלַי נַפְשִׁי׃ זֹאת וְתָשׁוֹחַ
כב אָשִׁיב אֶל־לִבִּי עַל־כֵּן אוֹחִיל׃ חַסְדֵי יְהוָה כִּי לֹא־תָמְנוּ כִּי
כג כד לֹא־כָלוּ רַחֲמָיו׃ חֲדָשִׁים לַבְּקָרִים רַבָּה אֱמוּנָתֶךָ׃ חֶלְקִי יְהוָה
כה אָמְרָה נַפְשִׁי עַל־כֵּן אוֹחִיל לוֹ׃ טוֹב יְהוָה לְקֹוָו לְנֶפֶשׁ תִּדְרְשֶׁנּוּ׃
כו כז טוֹב וְיָחִיל וְדוּמָם לִתְשׁוּעַת יְהוָה׃ טוֹב לַגֶּבֶר כִּי־יִשָּׂא עֹל
כח כט בִּנְעוּרָיו׃ יֵשֵׁב בָּדָד וְיִדֹּם כִּי נָטַל עָלָיו׃ יִתֵּן בֶּעָפָר פִּיהוּ אוּלַי
ל לא יֵשׁ תִּקְוָה׃ יִתֵּן לְמַכֵּהוּ לֶחִי יִשְׂבַּע בְּחֶרְפָּה׃ כִּי לֹא יִזְנַח לְעוֹלָם

לב לג אֲדֹנָי׃ כִּי אִם־הוֹגָה וְרִחַם כְּרֹב חֲסָדָו׃ כִּי לֹא עִנָּה מִלִּבּוֹ וַיַּגֶּה
לד לה בְּנֵי־אִישׁ׃ לְדַכֵּא תַּחַת רַגְלָיו כֹּל אֲסִירֵי אָרֶץ׃ לְהַטּוֹת מִשְׁפַּט־
לו לז גָּבֶר נֶגֶד פְּנֵי עֶלְיוֹן׃ לְעַוֵּת אָדָם בְּרִיבוֹ אֲדֹנָי לֹא רָאָה׃ מִי זֶה
לח אָמַר וַתֶּהִי אֲדֹנָי לֹא צִוָּה׃ מִפִּי עֶלְיוֹן לֹא תֵצֵא הָרָעוֹת וְהַטּוֹב׃
לט מ מַה־יִּתְאוֹנֵן אָדָם חָי גֶּבֶר עַל־חֲטָאָו׃ נַחְפְּשָׂה דְרָכֵינוּ וְנַחְקֹרָה
מא וְנָשׁוּבָה עַד־יְהוָה׃ נִשָּׂא לְבָבֵנוּ אֶל־כַּפָּיִם אֶל־אֵל בַּשָּׁמָיִם׃
מב מג נַחְנוּ פָשַׁעְנוּ וּמָרִינוּ אַתָּה לֹא סָלָחְתָּ׃ סַכֹּתָה בָאַף וַתִּרְדְּפֵנוּ
מד מה הָרַגְתָּ לֹא חָמָלְתָּ׃ סַכּוֹתָה בֶעָנָן לָךְ מֵעֲבוֹר תְּפִלָּה׃ סְחִי וּמָאוֹס
מו מז תְּשִׂימֵנוּ בְּקֶרֶב הָעַמִּים׃ פָּצוּ עָלֵינוּ פִּיהֶם כָּל־אֹיְבֵינוּ׃ פַּחַד
מח וָפַחַת הָיָה לָנוּ הַשֵּׁאת וְהַשָּׁבֶר׃ פַּלְגֵי־מַיִם תֵּרַד עֵינִי עַל־שֶׁבֶר
מט נ בַּת־עַמִּי׃ עֵינִי נִגְּרָה וְלֹא תִדְמֶה מֵאֵין הֲפֻגוֹת׃ עַד־יַשְׁקִיף וְיֵרֶא
נא נב יְהוָה מִשָּׁמָיִם׃ עֵינִי עוֹלְלָה לְנַפְשִׁי מִכֹּל בְּנוֹת עִירִי׃ צוֹד צָדוּנִי
נג נד כַּצִּפּוֹר אֹיְבַי חִנָּם׃ צָמְתוּ בַבּוֹר חַיָּי וַיַּדּוּ־אֶבֶן בִּי׃ צָפוּ־מַיִם עַל־
נה רֹאשִׁי אָמַרְתִּי נִגְזָרְתִּי׃ קָרָאתִי שִׁמְךָ יְהוָה מִבּוֹר תַּחְתִּיּוֹת׃
נו נז קוֹלִי שָׁמָעְתָּ אַל־תַּעְלֵם אָזְנְךָ לְרַוְחָתִי לְשַׁוְעָתִי׃ קָרַבְתָּ בְּיוֹם
נח אֶקְרָאֶךָּ אָמַרְתָּ אַל־תִּירָא׃ רַבְתָּ אֲדֹנָי רִיבֵי נַפְשִׁי גָּאַלְתָּ חַיָּי׃
נט ס רָאִיתָה יְהוָה עַוָּתָתִי שָׁפְטָה מִשְׁפָּטִי׃ רָאִיתָה כָּל־נִקְמָתָם
סא כָּל־מַחְשְׁבֹתָם לִי׃ שָׁמַעְתָּ חֶרְפָּתָם יְהוָה כָּל־מַחְשְׁבֹתָם עָלָי׃
סב סג שִׂפְתֵי קָמַי וְהֶגְיוֹנָם עָלַי כָּל־הַיּוֹם׃ שִׁבְתָּם וְקִימָתָם הַבִּיטָה
סד סה אֲנִי מַנְגִּינָתָם׃ תָּשִׁיב לָהֶם גְּמוּל יְהוָה כְּמַעֲשֵׂה יְדֵיהֶם׃ תִּתֵּן
סו לָהֶם מְגִנַּת־לֵב תַּאֲלָתְךָ לָהֶם׃ תִּרְדֹּף בְּאַף וְתַשְׁמִידֵם מִתַּחַת
שְׁמֵי יְהוָה׃
ד א אֵיכָה יוּעַם זָהָב יִשְׁנֶא הַכֶּתֶם הַטּוֹב תִּשְׁתַּפֵּכְנָה אַבְנֵי־קֹדֶשׁ
ב בְּרֹאשׁ כָּל־חוּצוֹת׃ בְּנֵי צִיּוֹן הַיְקָרִים הַמְסֻלָּאִים בַּפָּז אֵיכָה

ג נֶחְשְׁבוּ לְנִבְלֵי־חֶרֶשׂ מַעֲשֵׂה יְדֵי יוֹצֵר׃ גַּם־תַּנִּין חָלְצוּ שַׁד הֵינִיקוּ תַּנִּים
ד גּוּרֵיהֶן בַּת־עַמִּי לְאַכְזָר כִּי עֱנִים בַּמִּדְבָּר׃ דָּבַק לְשׁוֹן יוֹנֵק אֶל־חִכּוֹ כַּיְעֵנִים
ה בַּצָּמָא עוֹלָלִים שָׁאֲלוּ לֶחֶם פֹּרֵשׂ אֵין לָהֶם׃ הָאֹכְלִים לְמַעֲדַנִּים
ו נָשַׁמּוּ בַּחוּצוֹת הָאֱמֻנִים עֲלֵי תוֹלָע חִבְּקוּ אַשְׁפַּתּוֹת׃ וַיִּגְדַּל עֲוֺן
בַּת־עַמִּי מֵחַטַּאת סְדֹם הַהֲפוּכָה כְמוֹ־רָגַע וְלֹא־חָלוּ בָהּ יָדָיִם׃
ז זַכּוּ נְזִירֶיהָ מִשֶּׁלֶג צַחוּ מֵחָלָב אָדְמוּ עֶצֶם מִפְּנִינִים סַפִּיר גִּזְרָתָם׃
ח חָשַׁךְ מִשְּׁחוֹר תָּאֳרָם לֹא נִכְּרוּ בַּחוּצוֹת צָפַד עוֹרָם עַל־עַצְמָם
ט יָבֵשׁ הָיָה כָעֵץ׃ טוֹבִים הָיוּ חַלְלֵי־חֶרֶב מֵחַלְלֵי רָעָב שֶׁהֵם יָזוּבוּ
י מְדֻקָּרִים מִתְּנוּבֹת שָׂדָי׃ יְדֵי נָשִׁים רַחֲמָנִיּוֹת בִּשְּׁלוּ יַלְדֵיהֶן הָיוּ
יא לְבָרוֹת לָמוֹ בְּשֶׁבֶר בַּת־עַמִּי׃ כִּלָּה יהוה אֶת־חֲמָתוֹ שָׁפַךְ חֲרוֹן
יב אַפּוֹ וַיַּצֶּת־אֵשׁ בְּצִיּוֹן וַתֹּאכַל יְסוֹדֹתֶיהָ׃ לֹא הֶאֱמִינוּ מַלְכֵי־אֶרֶץ
יג וכל יֹשְׁבֵי תֵבֵל כִּי יָבֹא צַר וְאוֹיֵב בְּשַׁעֲרֵי יְרוּשָׁלִָם׃ מֵחַטֹּאת כֹּל
יד נְבִיאֶיהָ עֲוֺנֹת כֹּהֲנֶיהָ הַשֹּׁפְכִים בְּקִרְבָּהּ דַּם צַדִּיקִים׃ נָעוּ עִוְרִים
טו בַּחוּצוֹת נְגֹאֲלוּ בַּדָּם בְּלֹא יוּכְלוּ יִגְּעוּ בִּלְבֻשֵׁיהֶם׃ סוּרוּ טָמֵא
קָרְאוּ לָמוֹ סוּרוּ סוּרוּ אַל־תִּגָּעוּ כִּי נָצוּ גַּם־נָעוּ אָמְרוּ בַּגּוֹיִם לֹא
טז יוֹסִפוּ לָגוּר׃ פְּנֵי יהוה חִלְּקָם לֹא יוֹסִיף לְהַבִּיטָם פְּנֵי כֹהֲנִים לֹא
יז נָשָׂאוּ זקנים לֹא חָנָנוּ׃ עודינה תִּכְלֶינָה עֵינֵינוּ אֶל־עֶזְרָתֵנוּ הָבֶל וּזְקֵנִים עוֹדֵינוּ
יח בְּצִפִּיָּתֵנוּ צִפִּינוּ אֶל־גּוֹי לֹא יוֹשִׁעַ׃ צָדוּ צְעָדֵינוּ מִלֶּכֶת בִּרְחֹבֹתֵינוּ
יט קָרַב קִצֵּנוּ מָלְאוּ יָמֵינוּ כִּי־בָא קִצֵּנוּ׃ קַלִּים הָיוּ רֹדְפֵינוּ מִנִּשְׁרֵי
כ שָׁמָיִם עַל־הֶהָרִים דְּלָקֻנוּ בַּמִּדְבָּר אָרְבוּ לָנוּ׃ רוּחַ אַפֵּינוּ מְשִׁיחַ
כא יהוה נִלְכַּד בִּשְׁחִיתוֹתָם אֲשֶׁר אָמַרְנוּ בְּצִלּוֹ נִחְיֶה בַגּוֹיִם׃ שִׂישִׂי
וְשִׂמְחִי בַּת־אֱדוֹם יושבתי בְּאֶרֶץ עוּץ גַּם־עָלַיִךְ תַּעֲבָר־כּוֹס יוֹשֶׁבֶת
כב תִּשְׁכְּרִי וְתִתְעָרִי׃ תַּם־עֲוֺנֵךְ בַּת־צִיּוֹן לֹא יוֹסִיף לְהַגְלוֹתֵךְ פָּקַד
עֲוֺנֵךְ בַּת־אֱדוֹם גִּלָּה עַל־חַטֹּאתָיִךְ׃

ה א ב זְכֹר יְהוָה מֶה־הָיָה לָנוּ הַבִּיטָ וּרְאֵה אֶת־חֶרְפָּתֵנוּ׃ נַחֲלָתֵנוּ
ג נֶהֶפְכָה לְזָרִים בָּתֵּינוּ לְנָכְרִים׃ יְתוֹמִים הָיִינוּ אֵין אָב אִמֹּתֵינוּ וְאֵין
ד ה כְּאַלְמָנוֹת׃ מֵימֵינוּ בְּכֶסֶף שָׁתִינוּ עֵצֵינוּ בִּמְחִיר יָבֹאוּ׃ עַל צַוָּארֵנוּ
ו נִרְדָּפְנוּ יָגַעְנוּ לֹא הוּנַח־לָנוּ׃ מִצְרַיִם נָתַנּוּ יָד אַשּׁוּר לִשְׂבֹּעַ וְלֹא
ז ח לָחֶם׃ אֲבֹתֵינוּ חָטְאוּ אֵינָם אֲנַחְנוּ עֲוֹנֹתֵיהֶם סָבָלְנוּ׃ עֲבָדִים וְאֵינָם וַאֲנַחְנוּ
ט מָשְׁלוּ בָנוּ פֹּרֵק אֵין מִיָּדָם׃ בְּנַפְשֵׁנוּ נָבִיא לַחְמֵנוּ מִפְּנֵי חֶרֶב
י יא הַמִּדְבָּר׃ עוֹרֵנוּ כְּתַנּוּר נִכְמָרוּ מִפְּנֵי זַלְעֲפוֹת רָעָב׃ נָשִׁים בְּצִיּוֹן
יב עִנּוּ בְּתֻלֹת בְּעָרֵי יְהוּדָה׃ שָׂרִים בְּיָדָם נִתְלוּ פְּנֵי זְקֵנִים לֹא נֶהְדָּרוּ׃
יג יד בַּחוּרִים טְחוֹן נָשָׂאוּ וּנְעָרִים בָּעֵץ כָּשָׁלוּ׃ זְקֵנִים מִשַּׁעַר שָׁבָתוּ
טו בַּחוּרִים מִנְּגִינָתָם׃ שָׁבַת מְשׂוֹשׂ לִבֵּנוּ נֶהְפַּךְ לְאֵבֶל מְחֹלֵנוּ׃
טז יז נָפְלָה עֲטֶרֶת רֹאשֵׁנוּ אוֹי־נָא לָנוּ כִּי חָטָאנוּ׃ עַל־זֶה הָיָה דָוֶה
יח לִבֵּנוּ עַל־אֵלֶּה חָשְׁכוּ עֵינֵינוּ׃ עַל הַר־צִיּוֹן שֶׁשָּׁמֵם שׁוּעָלִים
יט כ הִלְּכוּ־בוֹ׃ אַתָּה יְהוָה לְעוֹלָם תֵּשֵׁב כִּסְאֲךָ לְדוֹר וָדוֹר׃ לָמָּה לָנֶצַח
כא תִּשְׁכָּחֵנוּ תַּעַזְבֵנוּ לְאֹרֶךְ יָמִים׃ הֲשִׁיבֵנוּ יְהוָה ׀ אֵלֶיךָ וְנָשׁוּב חַדֵּשׁ
כב יָמֵינוּ כְּקֶדֶם׃ כִּי אִם־מָאֹס מְאַסְתָּנוּ קָצַפְתָּ עָלֵינוּ עַד־מְאֹד׃

נוהגים שהקהל אומר את הפסוק 'הֲשִׁיבֵנוּ' בקול רם (רמ"א תקנט, א).
והיום מקובל לומר בקול רם רק 'הֲשִׁיבֵנוּ' לאחר הקריאה,
ושליח הציבור חוזר ואומר אותו שוב אחרי הקהל:

השיבנו יהוה אליך ונשובה חדש ימינו כקדם

קינות לערב תשעה באב

א | זכור ה׳ מה היה לנו

לאחר קריאת איכה שליח הציבור חוזר על פרק ה, המתאר את האומה האבלה לאחר שחלף זמן מאז החורבן, והיא מקוננת על מצבה השפל. שליח הציבור קורא פסוק פסוק, והקהל עונה ׳אוי׳ (כבפסוק טז) וחוזר על חלק מהפסוק הראשון ׳מֶה־הָיָה לָנוּ׳. פסוק יט ״אַתָּה ה׳ לְעוֹלָם תֵּשֵׁב״ כבר אינו קינה, אלא תפילה. מפסוק זה והלאה שליח הציבור אומר בקול והקהל אינו עונה (מחזור ויטרי, רסד). במנהג אשכנו המזרחי נהגו לומר רק את חציו הראשון של כל פסוק, ובמקום חציו השני אמרו שורה המתחרזת עם הראשונה, לעתים מקבילה לה בתוכנה לעתים מפתחת את הרעיון הגלום בה.

זְכֹר יהוה מֶה־הָיָה לָנוּ	אוֹי.
הַבִּיטָה וּרְאֵה אֶת־חֶרְפָּתֵנוּ	אוֹי מֶה הָיָה לָנוּ.
נַחֲלָתֵנוּ נֶהֶפְכָה לְזָרִים	אוֹי.
בָּתֵּינוּ לְנָכְרִים	אוֹי מֶה הָיָה לָנוּ.
יְתוֹמִים הָיִינוּ וְאֵין אָב	אוֹי.
וְאִמּוֹתֵינוּ מְקוֹנְנוֹת בְּחֹדֶשׁ אָב	אוֹי מֶה הָיָה לָנוּ.
מֵימֵינוּ בְּכֶסֶף שָׁתִינוּ	אוֹי.
כִּי נִסּוּךְ הַמַּיִם בָּזִינוּ	אוֹי מֶה הָיָה לָנוּ.
עַל צַוָּארֵנוּ נִרְדָּפְנוּ	אוֹי.
כִּי שִׂנְאַת חִנָּם רָדָפְנוּ	אוֹי מֶה הָיָה לָנוּ.
מִצְרַיִם נָתַנּוּ יָד	אוֹי.
וְאַשּׁוּר צָדָנוּ כְּצַיִד	אוֹי מֶה הָיָה לָנוּ.
אֲבֹתֵינוּ חָטְאוּ וְאֵינָם	אוֹי.
וַאֲנַחְנוּ סוֹבְלִים אֶת עֲוֹנָם	אוֹי מֶה הָיָה לָנוּ.
עֲבָדִים מָשְׁלוּ בָנוּ	אוֹי.
כִּי שִׁלּוּחַ עֲבָדִים בִּטַּלְנוּ	אוֹי מֶה הָיָה לָנוּ.
בְּנַפְשֵׁנוּ נָבִיא לַחְמֵנוּ	אוֹי.
כִּי קָפַצְנוּ מֵעָנִי יָדֵינוּ	אוֹי מֶה הָיָה לָנוּ.

עוֹרֵנוּ כְּתַנּוּר נִכְמָרוּ אוֹי.

כִּי כְבוֹדָם בְּקָלוֹן הֵמִירוּ אוֹי מֶה הָיָה לָנוּ.

נָשִׁים בְּצִיּוֹן עִנּוּ אוֹי.

כִּי אֵשֶׁת אִישׁ טִמְּאוּ וְזִנּוּ אוֹי מֶה הָיָה לָנוּ.

שָׂרִים בְּיָדָם נִתְלוּ אוֹי.

כִּי גְּזֵלַת הֶעָנִי חָמְסוּ וְגָזָלוּ אוֹי מֶה הָיָה לָנוּ.

בַּחוּרִים טְחוֹן נָשָׂאוּ אוֹי.

כִּי בְּבֵית זוֹנָה נִמְצָאוּ אוֹי מֶה הָיָה לָנוּ.

זְקֵנִים מִשַּׁעַר שָׁבָתוּ אוֹי.

כִּי מִשְׁפַּט יָתוֹם וְאַלְמָנָה עִוְּתוּ אוֹי מֶה הָיָה לָנוּ.

שָׁבַת מְשׂוֹשׂ לִבֵּנוּ אוֹי.

כִּי נִבְטְלוּ עוֹלֵי רְגָלֵינוּ אוֹי מֶה הָיָה לָנוּ.

נָפְלָה עֲטֶרֶת רֹאשֵׁנוּ אוֹי.

כִּי נִשְׂרַף בֵּית מִקְדָּשֵׁנוּ אוֹי מֶה הָיָה לָנוּ.

עַל זֶה הָיָה דָוֶה לִבֵּנוּ אוֹי.

כִּי נִטַּל כְּבוֹד בֵּית מַאֲוַיֵּינוּ אוֹי מֶה הָיָה לָנוּ.

עַל הַר צִיּוֹן שֶׁשָּׁמֵם אוֹי.

כִּי נִתַּן עָלָיו שִׁקּוּץ מְשׁוֹמֵם אוֹי מֶה הָיָה לָנוּ.

שליח הציבור:

איכה ה אַתָּה יהוה לְעוֹלָם תֵּשֵׁב, כִּסְאֲךָ לְדוֹר וָדוֹר:
לָמָּה לָנֶצַח תִּשְׁכָּחֵנוּ, תַּעַזְבֵנוּ לְאֹרֶךְ יָמִים:
הֲשִׁיבֵנוּ יהוה אֵלֶיךָ וְנָשׁוּבָ, חַדֵּשׁ יָמֵינוּ כְּקֶדֶם:

כִּי אִם־מָאֹס מְאַסְתָּנוּ, קָצַפְתָּ עָלֵינוּ עַד־מְאֹד:
הֲשִׁיבֵנוּ יהוה אֵלֶיךָ וְנָשׁוּבָ, חַדֵּשׁ יָמֵינוּ כְּקֶדֶם:

ב | איך מפי בן ובת

אם תשעה באב חל במוצאי שבת, אין אומרים ׳וִיהִי נֹעַם׳
(סדר רב עמרם גאון; ראה עמ׳ 40), ונוהגים לומר קינה זו:

אֵיךְ מִפִּי בֵּן וּבַת / הֲגוֹת קִינוֹת רַבַּת
תְּמוּר שִׁירִים וְחֶדְוַת
וִיהִי נֹעַם נִשְׁבַּת, בְּמוֹצָאֵי שַׁבָּת.

אוֹי כִּי נִגְזְרָה גְּזֵרָה / בָּחֳרִי אַף וְגַם בְּעֶבְרָה
וְאַפּוֹ בָּנוּ חָרָה / וּבָעֲרָה חֲמָתוֹ כְּלַבַּת
וִיהִי נֹעַם נִשְׁבַּת, בְּמוֹצָאֵי שַׁבָּת.

אוֹי כִּי בָּתֵּינוּ שַׁנּוּ / וּבְתוּלוֹתֵינוּ עֻנּוּ
וּפָנֵינוּ נִשְׁתַּנּוּ / וְגַם הֻשְׁחֲרוּ כְּמַחֲבַת
וִיהִי נֹעַם נִשְׁבַּת, בְּמוֹצָאֵי שַׁבָּת.

אוֹי כִּי שַׁדּוּנוּ צָרִים / וְגַם נָפְלוּ בִי שָׂרִים
בְּנֵי צִיּוֹן הַיְקָרִים: / הָיוּ נְצוּרִים כְּבָבַת איכה ד
וִיהִי נֹעַם נִשְׁבַּת, בְּמוֹצָאֵי שַׁבָּת.

אוֹי כִּי נָפְלָה עֲטֶרֶת / וְגָבְרָה כָּתֵף סוֹרֶרֶת
וְחָדַל הוֹד וְתִפְאֶרֶת / צִמְצוּם שֶׁמֶן חִבַּת
וִיהִי נֹעַם נִשְׁבַּת, בְּמוֹצָאֵי שַׁבָּת.

אוֹי כִּי נִטְּלָה מְנוֹרָה / וּקְטֹרֶת לְבוֹנָה הַטְּהוֹרָה
וְנִבְזֶה גָּזִית מְיֻקָּרָה / אֲבֵלָה אֶרֶץ זָבַת
וִיהִי נֹעַם נִשְׁבַּת, בְּמוֹצָאֵי שַׁבָּת.

ג | בליל זה יבכיון

״תשיעי סמוך לחשכה הציתו בו את האור והיה דולק והולך כל היום כולו״ (תענית כט ע״א). בשני הבתים הראשונים המשורר האלמוני מתאר את הגלות. תחילה הוא מדמה את עם ישראל לבת שנשבתה מבית אביה, ואחר כך לאישה נואפת שגורשה מבית בעלה. בשני הבתים הבאים הוא מתאר את תשעה באב כיום מועד לפורענות, כדברי הגמרא (שם) ״מגלגלין זכות ליום זכאי וחובה ליום חייב״.

בְּלֵיל זֶה יִבְכָּיוּן וְיֵלִילוּ בָנַי / לֵיל חָרַב קָדְשִׁי וְנִשְׂרְפוּ אַרְמוֹנַי.
וְכָל בֵּית יִשְׂרָאֵל יֶהְגּוּ בִיגוֹנִי / וְיִבְכּוּ אֶת־הַשְּׂרֵפָה אֲשֶׁר שָׂרַף יהוה: ויקרא י
בְּלֵיל זֶה יִבְכָּיוּן וְיֵלִילוּ בָנָי.

בְּלֵיל זֶה תְּיֵלִיל מַר עֲנִיָּה נֶחְדֶּלֶת / וּמִבֵּית אָבִיהָ בְּחַיִּים מֻבְדֶּלֶת.
וְיָצְאָה מִבֵּיתוֹ וְנִסְגַּר הַדֶּלֶת / וְהָלְכָה בַּשִּׁבְיָה, בְּכָל פֶּה נֶאֱכֶלֶת.
בְּיוֹם שֻׁלְּחָה, בְּאֵשׁ בּוֹעֶרֶת וְאוֹכֶלֶת / וְאֵשׁ עִם גַּחֶלֶת יָצְאָה מֵאֵת יהוה.
בְּלֵיל זֶה יִבְכָּיוּן וְיֵלִילוּ בָנָי.

בְּלֵיל זֶה הַגַּלְגַּל סִבֵּב הַחוֹבָה / רִאשׁוֹן גַּם שֵׁנִי, בֵּיתִי נֶחֱרָבָה.
וְעוֹד לֹא רֻחֲמָה בַּת הַשּׁוֹבֵבָה / הִשְׁקְתָה מֵי רֹאשׁ, וְאֶת בִּטְנָהּ צָבָה.
וְשֻׁלְּחָה מִבֵּיתוֹ, וְגַם נָשְׁתָה טוֹבָה / גְּדוֹלָה הַשִּׂנְאָה מֵאֵת אֲשֶׁר אֲהֵבָהּ.
וּבְאַלְמְנוּת חַיּוּת כְּאִשָּׁה נֶעֱזָבָה / וַתֹּאמֶר צִיּוֹן עֲזָבַנִי יהוה: ישעיה מט
בְּלֵיל זֶה יִבְכָּיוּן וְיֵלִילוּ בָנָי.

בְּלֵיל זֶה קָדַרְתִּי וְחָשְׁכוּ הַמְּאוֹרוֹת / לְחָרְבַּן בֵּית קָדְשִׁי, וּבִטּוּל מִשְׁמָרוֹת.
בְּלֵיל זֶה סַבְּבוּנִי, אֲפָפוּנִי צָרוֹת / וְגַם קָרָא מוֹעֵד, בְּדִין חָמֵשׁ גְּזֵרוֹת.
בְּכִי חִנָּם בָּכוּ, וְנִקְבַּע לַדּוֹרוֹת / יַעַן, כִּי־הָיְתָה סִבָּה מֵאֵת יהוה: מלכים א׳ יב
בְּלֵיל זֶה יִבְכָּיוּן וְיֵלִילוּ בָנָי.

בְּלֵיל זֶה, אֵרְעוּ בוֹ חָמֵשׁ מְאֹרָעוֹת / גָּזַר עַל אָבוֹת, בִּפְרֹעַ פְּרָעוֹת.
וְדָבְקוּ בוֹ צָרוֹת מְצֵרוֹת וְגַם רָעוֹת / יוֹם מוּכָן הָיָה, בְּפֶגַע פְּגָעוֹת.
וְהֶעֱמִיד הָאוֹיֵב, וְהֵרִים קוֹל זְוָעוֹת / קוּם, כִּי זֶה הַיּוֹם אֲשֶׁר אָמַר יהוה.
בְּלֵיל זֶה יִבְכָּיוּן וְיֵלִילוּ בָנָי.

ד | שומרון קול תיתן

ביחזקאל פרק כג הנביא מדמה את שומרון וירושלים לשתי אחיות, הקרויות במשל אהלה ואהליבה, ומתאר כיצד בגדו בה׳ ונענשו על כך. המשורר (ר׳ שלמה אבן גבירול) מתאר שיחה ביניהן לאחר החורבן, משווה בין סבלן של שתיהן, ומסיים בתפילה שהקב״ה ירחם עליהן.
יש נוהגים לומר קינה זו ואת הבאה אחריה גם בסוף הקינות של שחרית, ויש האומרים רק את הבית הראשון ׳שׁוֹמְרוֹן קוֹל תִּתֵּן, ׳עַד אָנָה׳ (בעמוד הבא) ואת סוף הקינה הבאה, מ׳תְּרַחֵם צִיּוֹן כַּאֲשֶׁר אָמַרְתָּ׳ (עמ׳ 39).

סימן שלמה

שׁוֹמְרוֹן קוֹל תִּתֵּן, מְצָאוּנִי עֲוֹנַי / לְאֶרֶץ אַחֶרֶת יְצָאוּנִי בָנַי.
וְאָהֳלִיבָה תִּזְעַק נִשְׂרְפוּ אַרְמוֹנַי / וַתֹּאמֶר צִיּוֹן עֲזָבַנִי יהוה: ישעיה מט

לֹא לָךְ אָהֳלִיבָה, חֲשׁוֹב עָנְיֵךְ כְּעָנְיִי / הֲתַמְשִׁילִי שִׁבְרֵךְ לְשִׁבְרִי וּלְחָלְיִי.
אֲנִי אָהֳלָה, סוֹרָה בָּגַדְתִּי בְקָשְׁיִי / וְקָם עָלַי כַּחֲשִׁי, וְעָנָה בִי מֶרְיִי.
וּלְמִקְצַת הַיָּמִים שִׁלַּמְתִּי נִשְׁיִי / וְתִגְלַת פִּלְאֶסֶר אָכַל אֶת פִּרְיִי.
חֲמוּדוֹתַי הִפְשִׁיט, וְהִצִּיל אֶת עֶדְיִי / וְלַחְלַח וְחָבוֹר נָשָׂא אֶת שִׁבְיִי.
דֹּמִּי אָהֳלִיבָה, וְאַל תִּבְכִּי כְּבִכְיִי / שְׁנוֹתַיִךְ אָרְכוּ, וְלֹא אָרְכוּ שָׁנָי.
וְאָהֳלִיבָה תִּזְעַק נִשְׂרְפוּ אַרְמוֹנַי / וַתֹּאמֶר צִיּוֹן עֲזָבַנִי יהוה:

מְשִׁיבָה אָהֳלִיבָה, אֲנִי כֵּן נֶעֱקַשְׁתִּי / וּבְאַלּוּף נְעוּרַי כְּאָהֳלָה בָּגָדְתִּי.
דֹּמִּי אָהֳלָה, כִּי יְגוֹנִי זָכַרְתִּי / נָדַדְתְּ אַתְּ אַחַת, וְרַבּוֹת נָדַדְתִּי.
הִנֵּה בְּיַד כַּשְׂדִּים פַּעֲמַיִם נִלְכַּדְתִּי / וּשְׁבִיָּה עֲנִיָּה לְבָבֶל יָרַדְתִּי.
וְנִשְׂרַף הַהֵיכָל אֲשֶׁר בּוֹ נִכְבַּדְתִּי / וּלְשִׁבְעִים שָׁנָה בְּבָבֶל נִפְקַדְתִּי.
וְשַׁבְתִּי לְצִיּוֹן עוֹד, וְהֵיכָל יָסַדְתִּי / גַּם זֹאת הַפַּעַם, מְעַט לֹא עָמַדְתִּי.
עַד לְקָחַנִי אֱדוֹם, וּכְמְעַט אָבַדְתִּי / וְעַל כָּל הָאֲרָצוֹת נָפוֹצוּ הֲמוֹנַי.
וְאָהֳלִיבָה תִּזְעַק נִשְׂרְפוּ אַרְמוֹנַי / וַתֹּאמֶר צִיּוֹן עֲזָבַנִי יהוה:

הַחוֹמֵל עַל דַּל, חֲמוֹל עַל דַּלּוּתָם / וּרְאֵה שׁוֹמְמוּתָם וְאֹרֶךְ גָּלוּתָם.
וְאַל תִּקְצֹף עַד מְאֹד, וּרְאֵה שִׁפְלוּתָם / וְאַל לָעַד תִּזְכֹּר עֲוֹנָם וְסִכְלוּתָם.
רְפָא נָא אֶת שִׁבְרָם, וְנַחֵם אֲבֵלוּתָם / כִּי אַתָּה סִבְרָם וְאַתָּה אֱיָלוּתָם.
חַדֵּשׁ יָמֵינוּ כִּימֵי קַדְמוֹנַי / כְּנָאָמְךָ: בּוֹנֵה יְרוּשָׁלַםִ יהוה: תהלים קמז

ה | עד אנה בכייה בציון

לפני סיום הקינות נוהגים לומר 'עַד אָנָה' כתפילה לה' שיגאל את ישראל.
המקובלים נוהגים לומר בקשה זו בכל יום, בסוף תיקון חצות.

עַד אָנָה בְּכִיָּה בְּצִיּוֹן, וּמִסְפֵּד בִּירוּשָׁלָיִם.
תהלים קב תְּרַחֵם צִיּוֹן וְתִבְנֶה חוֹמוֹת יְרוּשָׁלָיִם:

"בָּכוֹ תִבְכֶּה בַּלַּיְלָה" (איכה א, ב) – בוכה ומבכה מלאכי השרת עימה... בוכה ומבכה שמש וירח עימה... בוכה ומבכה כוכבים ומזלות עימה, שנאמר (יואל ב, י): "וְכוֹכָבִים אָסְפוּ נָגְהָם" (איכה רבה א, כג). פיוט זה, שעל פי סגנונו הוא הקדום מהקינות הנאמרות בתשעה באב, מתאר את קינת צבא השמים כמקבילה לקינת ישראל על החורבן. את הפיוט אומרים גם בקהילות הספרדים בהבדלי נוסח לא מעטים.

סימן א"ב

אָז בַּחֲטָאֵינוּ חָרַב מִקְדָּשׁ / וּבַעֲוֹנוֹתֵינוּ נִשְׂרַף הֵיכָל.
בָּאֶרֶץ חֻבְּרָה לָהּ, קָשְׁרָה מִסְפֵּד / וּצְבָא הַשָּׁמַיִם נָשְׂאוּ קִינָה.
גַּם בָּכוּ בְּמֶרֶר שִׁבְטֵי יַעֲקֹב / וְאַף מַזָּלוֹת יִזְּלוּ דִמְעָה.
דִּגְלֵי יְשֻׁרוּן חָפוּ רֹאשָׁם / וְכִימָה וּכְסִיל קָדְרוּ פְּנֵיהֶם.
הֶעְתִּירוּ אָבוֹת, וְאֵל כְּלֹא שׁוֹמֵעַ / צָעֲקוּ בָנִים וְלֹא עָנָה אָב.
וְקוֹל הַתּוֹר נִשְׁמַע בַּמָּרוֹם / וְרוֹעֶה נֶאֱמָן לֹא הִטָּה אֹזֶן.
זֶרַע קֹדֶשׁ לָבְשׁוּ שַׂקִּים / וּצְבָא הַשָּׁמַיִם גַּם הֵם, שַׂק הוּשַׂם כְּסוּתָם.
חָשַׁךְ הַשֶּׁמֶשׁ וְיָרֵחַ קָדַר / וְכוֹכָבִים וּמַזָּלוֹת אָסְפוּ נָגְהָם.

יש שכתבו שעדיף לדלג על השורות הבאות,
מכיוון שהן מאנישות מדי את המזלות (זבחי צדק, החדשות כב):

טָלֶה רִאשׁוֹן בָּכָה בְּמַר נֶפֶשׁ / עַל כִּי כְבָשָׂיו לַטֶּבַח הוּבָלוּ.
יְלָלָה הִשְׁמִיעַ שׁוֹר בַּמְּרוֹמִים / כִּי עַל צַוָּארֵנוּ נִרְדַּפְנוּ כֻּלָּנוּ.
כּוֹכַב תְּאוֹמִים נִרְאָה חָלוּק / כִּי דַם אַחִים נִשְׁפַּךְ כַּמַּיִם.
לָאָרֶץ בִּקֵּשׁ לִנְפּוֹל סַרְטָן / כִּי הִתְעַלַּפְנוּ מִפְּנֵי צָמָא.
מָרוֹם נִבְעַת מִקּוֹל אַרְיֵה / כִּי שַׁאֲגָתֵנוּ לֹא עָלְתָה לַמָּרוֹם.
נֶהֶרְגוּ בְתוּלוֹת וְגַם בַּחוּרִים / עַל כֵּן בְּתוּלָה קָדְרָה פָנֶיהָ.
סֻבַּב מֹאזְנַיִם וּבִקֵּשׁ תְּחִנָּה / כִּי נִבְחַר לָמוֹ מָוֶת מֵחַיִּים.

עֲקָרֵב לְבֵשׁ פַּחַד וּרְעָדָה / כִּי בְחֶרֶב וּבְרָעָב שְׁפָטָנוּ צוּרֵנוּ.
פַּלְגֵי מַיִם הוֹרִידוּ דִמְעָה כַּנַּחַל / כִּי אוֹת בַּקֶּשֶׁת לֹא נִתַּן לָנוּ.
צָפוּ מַיִם עַל רֹאשֵׁנוּ / וּבִדְלִי מָלֵא חִכֵּנוּ יָבֵשׁ.
קָרַבְנוּ קָרְבָּן וְלֹא נִתְקַבַּל / וּגְדִי פָּסַק שְׂעִיר חַטָּאתֵנוּ.
רַחֲמָנִיּוֹת בִּשְּׁלוּ יַלְדֵיהֶן / וּמַזַּל דָּגִים הֶעְלִים עֵינָיו.
שָׁכַחְנוּ שַׁבָּת בְּלִבּוֹת שׁוֹבָבִים / שַׁדַּי שָׁכַח כָּל צִדְקוֹתֵינוּ.
תִּקַנֵּא לְצִיּוֹן קִנְאָה גְדוֹלָה / וְתָאִיר לְרַבָּתִי עַם מְאוֹר נָגְהֶךָ.

הקהל עומד ושליח הציבור אומר:

תְּרַחֵם צִיּוֹן כַּאֲשֶׁר אָמַרְתָּ / וּתְכוֹנְנֶהָ כַּאֲשֶׁר דִּבַּרְתָּ
תְּמַהֵר יְשׁוּעָה וְתָחִישׁ גְּאֻלָּה / וְתָשׁוּב לִירוּשָׁלַיִם בְּרַחֲמִים רַבִּים.

כַּכָּתוּב עַל יַד נְבִיאֶךָ:
לָכֵן כֹּה־אָמַר יהוה, שַׁבְתִּי לִירוּשָׁלַםִ בְּרַחֲמִים זכריה א
בֵּיתִי יִבָּנֶה בָּהּ, נְאֻם יהוה צְבָאוֹת
וְקָו יִנָּטֶה עַל־יְרוּשָׁלָםִ:
וְנֶאֱמַר:
עוֹד קְרָא לֵאמֹר, כֹּה אָמַר יהוה צְבָאוֹת שם
עוֹד תְּפוּצֶנָה עָרַי מִטּוֹב
וְנִחַם יהוה עוֹד אֶת־צִיּוֹן, וּבָחַר עוֹד בִּירוּשָׁלָםִ:
וְנֶאֱמַר:
כִּי־נִחַם יהוה צִיּוֹן, נִחַם כָּל־חָרְבֹתֶיהָ ישעיה נא
וַיָּשֶׂם מִדְבָּרָהּ כְּעֵדֶן, וְעַרְבָתָהּ כְּגַן־יהוה
שָׂשׂוֹן וְשִׂמְחָה יִמָּצֵא בָהּ, תּוֹדָה וְקוֹל זִמְרָה:

ממשיכים ׳וְאַתָּה קָדוֹשׁ׳ בעמוד הבא.
בשחרית ממשיכים ׳אַשְׁרֵי׳ בעמ׳ 205.

בסדר רב עמרם כתב שאין אומרים לא ׳וִיהִי נֹעַם׳ ולא ׳וְאַתָּה קָדוֹשׁ׳ בליל תשעה באב,
אפילו אם חל במוצאי שבת. והיום נוהגים לומר ׳וְאַתָּה קָדוֹשׁ׳ (מחזור ויטרי, רנא;
ספר המנהיג עמ׳ רצו), אך אין אומרים ׳וִיהִי נֹעַם׳ – מפני שאמירתו נתקנה
על המעבר משבת לששת ימי המעשה, ואילו תשעה באב נקרא מועד,
ואין עושים בו מלאכה (ראבי״ה ג, תתצ), ועוד שמזמור צא נאמר על בניית
המשכן, ואין ראוי לאומרו בליל חורבן הבית (סדר טרויש על פי רש״י).

תהלים כב ישעיה ו ◄ וְאַתָּה קָדוֹשׁ יוֹשֵׁב תְּהִלּוֹת יִשְׂרָאֵל: וְקָרָא זֶה אֶל־זֶה וְאָמַר
קָדוֹשׁ, קָדוֹשׁ, קָדוֹשׁ, יהוה צְבָאוֹת, מְלֹא כָל־הָאָרֶץ כְּבוֹדוֹ:

תרגום יונתן ישעיה ו וּמְקַבְּלִין דֵּין מִן דֵּין וְאָמְרִין, קַדִּישׁ בִּשְׁמֵי מְרוֹמָא עִלָּאָה בֵּית שְׁכִינְתֵהּ
קַדִּישׁ עַל אַרְעָא עוֹבַד גְּבוּרְתֵהּ, קַדִּישׁ לְעָלַם וּלְעָלְמֵי עָלְמַיָּא יהוה
צְבָאוֹת, מַלְיָא כָל אַרְעָא זִיו יְקָרֵהּ.

יחזקאל ג ◄ וַתִּשָּׂאֵנִי רוּחַ, וָאֶשְׁמַע אַחֲרַי קוֹל רַעַשׁ גָּדוֹל
בָּרוּךְ כְּבוֹד־יהוה מִמְּקוֹמוֹ:

תרגום יונתן יחזקאל ג וּנְטָלַתְנִי רוּחָא, וּשְׁמָעִית בַּתְרַי קָל זִיעַ סַגִּיא, דִּמְשַׁבְּחִין וְאָמְרִין
בְּרִיךְ יְקָרָא דַיהוה מֵאֲתַר בֵּית שְׁכִינְתֵהּ.

שמות טו יהוה יִמְלֹךְ לְעֹלָם וָעֶד:

תרגום אונקלוס שמות טו יהוה מַלְכוּתֵהּ קָאֵם לְעָלַם וּלְעָלְמֵי עָלְמַיָּא.

דברי הימים א׳ כט יהוה אֱלֹהֵי אַבְרָהָם יִצְחָק וְיִשְׂרָאֵל אֲבֹתֵינוּ, שָׁמְרָה־זֹּאת לְעוֹלָם
תהלים עח לְיֵצֶר מַחְשְׁבוֹת לְבַב עַמֶּךָ, וְהָכֵן לְבָבָם אֵלֶיךָ: וְהוּא רַחוּם יְכַפֵּר
תהלים פו עָוֹן וְלֹא־יַשְׁחִית, וְהִרְבָּה לְהָשִׁיב אַפּוֹ, וְלֹא־יָעִיר כָּל־חֲמָתוֹ: כִּי־
תהלים קיט אַתָּה אֲדֹנָי טוֹב וְסַלָּח, וְרַב־חֶסֶד לְכָל־קֹרְאֶיךָ: צִדְקָתְךָ צֶדֶק
מיכה ז לְעוֹלָם וְתוֹרָתְךָ אֱמֶת: תִּתֵּן אֱמֶת לְיַעֲקֹב, חֶסֶד לְאַבְרָהָם, אֲשֶׁר־
תהלים סח נִשְׁבַּעְתָּ לַאֲבֹתֵינוּ מִימֵי קֶדֶם: בָּרוּךְ אֲדֹנָי יוֹם יוֹם יַעֲמָס־לָנוּ, הָאֵל
תהלים מו יְשׁוּעָתֵנוּ סֶלָה: יהוה צְבָאוֹת עִמָּנוּ, מִשְׂגָּב לָנוּ אֱלֹהֵי יַעֲקֹב סֶלָה:
תהלים פד תהלים כ יהוה צְבָאוֹת, אַשְׁרֵי אָדָם בֹּטֵחַ בָּךְ: יהוה הוֹשִׁיעָה, הַמֶּלֶךְ יַעֲנֵנוּ
בְיוֹם־קָרְאֵנוּ:

בָּרוּךְ הוּא אֱלֹהֵינוּ שֶׁבְּרָאָנוּ לִכְבוֹדוֹ, וְהִבְדִּילָנוּ מִן הַתּוֹעִים, וְנָתַן לָנוּ תּוֹרַת אֱמֶת, וְחַיֵּי עוֹלָם נָטַע בְּתוֹכֵנוּ. הוּא יִפְתַּח לִבֵּנוּ בְּתוֹרָתוֹ, וְיָשֵׂם בְּלִבֵּנוּ אַהֲבָתוֹ וְיִרְאָתוֹ וְלַעֲשׂוֹת רְצוֹנוֹ וּלְעָבְדוֹ בְּלֵבָב שָׁלֵם, לְמַעַן לֹא נִיגַע לָרִיק וְלֹא נֵלֵד לַבֶּהָלָה.

יְהִי רָצוֹן מִלְּפָנֶיךָ יהוה אֱלֹהֵינוּ וֵאלֹהֵי אֲבוֹתֵינוּ, שֶׁנִּשְׁמֹר חֻקֶּיךָ
בָּעוֹלָם הַזֶּה, וְנִזְכֶּה וְנִחְיֶה וְנִרְאֶה וְנִירַשׁ טוֹבָה וּבְרָכָה, לִשְׁנֵי יְמוֹת
הַמָּשִׁיחַ וּלְחַיֵּי הָעוֹלָם הַבָּא. לְמַעַן יְזַמֶּרְךָ כָבוֹד וְלֹא יִדֹּם, יהוה תהלים ל
אֱלֹהַי, לְעוֹלָם אוֹדֶךָּ: בָּרוּךְ הַגֶּבֶר אֲשֶׁר יִבְטַח בַּיהוה, וְהָיָה יהוה ירמיה יז
מִבְטַחוֹ: בִּטְחוּ בַיהוה עֲדֵי־עַד, כִּי בְּיָהּ יהוה צוּר עוֹלָמִים: ◂ וְיִבְטְחוּ ישעיה כו תהלים ט
בְךָ יוֹדְעֵי שְׁמֶךָ, כִּי לֹא־עָזַבְתָּ דֹרְשֶׁיךָ, יהוה: יהוה חָפֵץ לְמַעַן ישעיה מב
צִדְקוֹ, יַגְדִּיל תּוֹרָה וְיַאְדִּיר:

אומרים קדיש שלם שוב, אך אין אומרים בו 'תִּתְקַבַּל צְלוֹתְהוֹן'
(רמ"א תקנט, ד בשם ראבי"ה).

קדיש שלם

ש"ץ: יִתְגַּדַּל וְיִתְקַדַּשׁ שְׁמֵהּ רַבָּא (קהל: אָמֵן)
בְּעָלְמָא דִּי בְרָא כִרְעוּתֵהּ
וְיַמְלִיךְ מַלְכוּתֵהּ
וְיַצְמַח פֻּרְקָנֵהּ וִיקָרֵב מְשִׁיחֵהּ (קהל: אָמֵן)
בְּחַיֵּיכוֹן וּבְיוֹמֵיכוֹן וּבְחַיֵּי דְכָל בֵּית יִשְׂרָאֵל
בַּעֲגָלָא וּבִזְמַן קָרִיב
וְאִמְרוּ אָמֵן. (קהל: אָמֵן)

קהל וש"ץ: יְהֵא שְׁמֵהּ רַבָּא מְבָרַךְ לְעָלַם וּלְעָלְמֵי עָלְמַיָּא.

ש״ץ: יִתְבָּרַךְ וְיִשְׁתַּבַּח וְיִתְפָּאַר וְיִתְרוֹמַם וְיִתְנַשֵּׂא
וְיִתְהַדָּר וְיִתְעַלֶּה וְיִתְהַלָּל
שְׁמֵהּ דְּקֻדְשָׁא בְּרִיךְ הוּא (קהל: אָמֵן)
לְעֵלָּא מִן כָּל בִּרְכָתָא וְשִׁירָתָא, תֻּשְׁבְּחָתָא וְנֶחֱמָתָא
דַּאֲמִירָן בְּעָלְמָא, וְאִמְרוּ אָמֵן. (קהל: אָמֵן)

יְהֵא שְׁלָמָא רַבָּא מִן שְׁמַיָּא
וְחַיִּים טוֹבִים עָלֵינוּ וְעַל כָּל יִשְׂרָאֵל, וְאִמְרוּ אָמֵן. (קהל: אָמֵן)

כורע ופוסע שלוש פסיעות לאחור. קד לשמאל, לימין ולפנים באמירת:

עֹשֶׂה שָׁלוֹם בִּמְרוֹמָיו
הוּא יַעֲשֶׂה שָׁלוֹם
עָלֵינוּ וְעַל כָּל יִשְׂרָאֵל, וְאִמְרוּ אָמֵן. (קהל: אָמֵן)

בבתי כנסת המתפללים בנוסח אשכנז,
אין אומרים 'שִׁיר לַמַּעֲלוֹת' ולא את הקדיש שאחריו.

תהלים קכא שִׁיר לַמַּעֲלוֹת, אֶשָּׂא עֵינַי אֶל־הֶהָרִים, מֵאַיִן יָבֹא עֶזְרִי: עֶזְרִי מֵעִם
יהוה, עֹשֵׂה שָׁמַיִם וָאָרֶץ: אַל־יִתֵּן לַמּוֹט רַגְלֶךָ, אַל־יָנוּם שֹׁמְרֶךָ:
הִנֵּה לֹא־יָנוּם וְלֹא יִישָׁן שׁוֹמֵר יִשְׂרָאֵל: יהוה שֹׁמְרֶךָ, יהוה צִלְּךָ
עַל־יַד יְמִינֶךָ: יוֹמָם הַשֶּׁמֶשׁ לֹא־יַכֶּכָּה, וְיָרֵחַ בַּלָּיְלָה: יהוה יִשְׁמָרְךָ
מִכָּל־רָע, יִשְׁמֹר אֶת־נַפְשֶׁךָ: יהוה יִשְׁמָר־צֵאתְךָ וּבוֹאֶךָ, מֵעַתָּה
וְעַד־עוֹלָם:

קדיש יתום

אבל: יִתְגַּדַּל וְיִתְקַדַּשׁ שְׁמֵהּ רַבָּא (קהל: אָמֵן)
בְּעָלְמָא דִּי בְרָא כִרְעוּתֵהּ
וְיַמְלִיךְ מַלְכוּתֵהּ וְיַצְמַח פֻּרְקָנֵהּ וִיקָרֵב מְשִׁיחֵהּ (קהל: אָמֵן)
בְּחַיֵּיכוֹן וּבְיוֹמֵיכוֹן וּבְחַיֵּי דְכָל בֵּית יִשְׂרָאֵל
בַּעֲגָלָא וּבִזְמַן קָרִיב, וְאִמְרוּ אָמֵן. (קהל: אָמֵן)

קהל ואבל: יְהֵא שְׁמֵהּ רַבָּא מְבָרַךְ לְעָלַם וּלְעָלְמֵי עָלְמַיָּא.

אבל: יִתְבָּרַךְ וְיִשְׁתַּבַּח וְיִתְפָּאַר וְיִתְרוֹמַם וְיִתְנַשֵּׂא
וְיִתְהַדָּר וְיִתְעַלֶּה וְיִתְהַלָּל
שְׁמֵהּ דְּקֻדְשָׁא בְּרִיךְ הוּא (קהל: אָמֵן)
לְעֵלָּא מִן כָּל בִּרְכָתָא וְשִׁירָתָא, תֻּשְׁבְּחָתָא וְנֶחֱמָתָא
דַּאֲמִירָן בְּעָלְמָא
וְאִמְרוּ אָמֵן. (קהל: אָמֵן)

יְהֵא שְׁלָמָא רַבָּא מִן שְׁמַיָּא
וְחַיִּים טוֹבִים עָלֵינוּ וְעַל כָּל יִשְׂרָאֵל
וְאִמְרוּ אָמֵן. (קהל: אָמֵן)

כורע ופוסע שלוש פסיעות לאחור. קד לשמאל, לימין ולפנים באמירת:
עֹשֶׂה שָׁלוֹם בִּמְרוֹמָיו
הוּא יַעֲשֶׂה שָׁלוֹם, עָלֵינוּ וְעַל כָּל יִשְׂרָאֵל
וְאִמְרוּ אָמֵן. (קהל: אָמֵן)

האומר קדיש, מוסיף ('ברכי יוסף' בשם האר"י):
בָּרְכוּ אֶת יהוה הַמְבֹרָךְ.
הקהל עונה: בָּרוּךְ יהוה הַמְבֹרָךְ לְעוֹלָם וָעֶד.
והאומר קדיש חוזר: בָּרוּךְ יהוה הַמְבֹרָךְ לְעוֹלָם וָעֶד.

אומרים 'עָלֵינוּ' בעמידה (טור, קלג) ומשתחווים במקום המסומן ב°.
עָלֵינוּ לְשַׁבֵּחַ לַאֲדוֹן הַכֹּל, לָתֵת גְּדֻלָּה לְיוֹצֵר בְּרֵאשִׁית
שֶׁלֹּא עָשָׂנוּ כְּגוֹיֵי הָאֲרָצוֹת, וְלֹא שָׂמָנוּ כְּמִשְׁפְּחוֹת הָאֲדָמָה
שֶׁלֹּא שָׂם חֶלְקֵנוּ כָּהֶם וְגוֹרָלֵנוּ כְּכָל הֲמוֹנָם.
שֶׁהֵם מִשְׁתַּחֲוִים לְהֶבֶל וָרִיק וּמִתְפַּלְּלִים אֶל אֵל לֹא יוֹשִׁיעַ.

וַאֲנַחְנוּ כּוֹרְעִים וּמִשְׁתַּחֲוִים וּמוֹדִים
לִפְנֵי מֶלֶךְ מַלְכֵי הַמְּלָכִים, הַקָּדוֹשׁ בָּרוּךְ הוּא
שֶׁהוּא נוֹטֶה שָׁמַיִם וְיוֹסֵד אָרֶץ
וּמוֹשַׁב יְקָרוֹ בַּשָּׁמַיִם מִמַּעַל, וּשְׁכִינַת עֻזּוֹ בְּגָבְהֵי מְרוֹמִים.
הוּא אֱלֹהֵינוּ, אֵין עוֹד.
אֱמֶת מַלְכֵּנוּ, אֶפֶס זוּלָתוֹ
דברים ד כַּכָּתוּב בְּתוֹרָתוֹ, וְיָדַעְתָּ הַיּוֹם וַהֲשֵׁבֹתָ אֶל־לְבָבֶךָ
כִּי יהוה הוּא הָאֱלֹהִים בַּשָּׁמַיִם מִמַּעַל וְעַל־הָאָרֶץ מִתָּחַת, אֵין עוֹד:

וְעַל כֵּן נְקַוֶּה לְּךָ יהוה אֱלֹהֵינוּ, לִרְאוֹת מְהֵרָה בְּתִפְאֶרֶת עֻזֶּךָ
לְהַעֲבִיר גִּלּוּלִים מִן הָאָרֶץ, וְהָאֱלִילִים כָּרוֹת יִכָּרֵתוּן
לְתַקֵּן עוֹלָם בְּמַלְכוּת שַׁדַּי.
וְכָל בְּנֵי בָשָׂר יִקְרְאוּ בִשְׁמֶךָ, לְהַפְנוֹת אֵלֶיךָ כָּל רִשְׁעֵי אָרֶץ.
יַכִּירוּ וְיֵדְעוּ כָּל יוֹשְׁבֵי תֵבֵל
כִּי לְךָ תִּכְרַע כָּל בֶּרֶךְ, תִּשָּׁבַע כָּל לָשׁוֹן.
לְפָנֶיךָ יהוה אֱלֹהֵינוּ יִכְרְעוּ וְיִפֹּלוּ, וְלִכְבוֹד שִׁמְךָ יְקָר יִתֵּנוּ
וִיקַבְּלוּ כֻלָּם אֶת עֹל מַלְכוּתֶךָ
וְתִמְלֹךְ עֲלֵיהֶם מְהֵרָה לְעוֹלָם וָעֶד.
כִּי הַמַּלְכוּת שֶׁלְּךָ הִיא וּלְעוֹלְמֵי עַד תִּמְלֹךְ בְּכָבוֹד
שמות טו כַּכָּתוּב בְּתוֹרָתֶךָ, יהוה יִמְלֹךְ לְעֹלָם וָעֶד:
זכריה יד ◂ וְנֶאֱמַר, וְהָיָה יהוה לְמֶלֶךְ עַל־כָּל־הָאָרֶץ
בַּיּוֹם הַהוּא יִהְיֶה יהוה אֶחָד וּשְׁמוֹ אֶחָד:

יש מוסיפים:

משלי ג אַל־תִּירָא מִפַּחַד פִּתְאֹם וּמִשֹּׁאַת רְשָׁעִים כִּי תָבֹא:
ישעיה ח עֻצוּ עֵצָה וְתֻפָר, דַּבְּרוּ דָבָר וְלֹא יָקוּם, כִּי עִמָּנוּ אֵל:
ישעיה מו וְעַד־זִקְנָה אֲנִי הוּא, וְעַד־שֵׂיבָה אֲנִי אֶסְבֹּל, אֲנִי עָשִׂיתִי וַאֲנִי אֶשָּׂא וַאֲנִי אֶסְבֹּל וַאֲמַלֵּט:

קדיש יתום (עמ׳ 42)

שחרית לתשעה באב

שחרית

"ה' בֹּקֶר תִּשְׁמַע קוֹלִי, בֹּקֶר אֶעֱרָךְ־לְךָ וַאֲצַפֶּה" (תהלים ה, ד).

השכמת הבוקר

"יתגבר כארי לעמוד בבוקר לעבודת בוראו" (שו"ע א, א).

מיד כשמתעורר אדם משנתו, עוד בטרם נוטל את ידיו,
כשעדיין אינו יכול לברך או לומר פסוקים, אומר:

מוֹדֶה/ נשים אומרות: מוֹדָה/ אֲנִי לְפָנֶיךָ מֶלֶךְ חַי וְקַיָּם
שֶׁהֶחֱזַרְתָּ בִּי נִשְׁמָתִי בְּחֶמְלָה
רַבָּה אֱמוּנָתֶךָ.

נוטל את ידיו עד קשרי האצבעות ומברך:

בָּרוּךְ אַתָּה יהוה אֱלֹהֵינוּ מֶלֶךְ הָעוֹלָם
אֲשֶׁר קִדְּשָׁנוּ בְּמִצְוֹתָיו וְצִוָּנוּ עַל נְטִילַת יָדָיִם.

בָּרוּךְ אַתָּה יהוה אֱלֹהֵינוּ מֶלֶךְ הָעוֹלָם
אֲשֶׁר יָצַר אֶת הָאָדָם בְּחָכְמָה
וּבָרָא בוֹ נְקָבִים נְקָבִים, חֲלוּלִים חֲלוּלִים.
גָּלוּי וְיָדוּעַ לִפְנֵי כִסֵּא כְבוֹדֶךָ
שֶׁאִם יִפָּתֵחַ אֶחָד מֵהֶם אוֹ יִסָּתֵם אֶחָד מֵהֶם
אִי אֶפְשָׁר לְהִתְקַיֵּם וְלַעֲמֹד לְפָנֶיךָ אֲפִלּוּ שָׁעָה אֶחָת.
בָּרוּךְ אַתָּה יהוה, רוֹפֵא כָל בָּשָׂר וּמַפְלִיא לַעֲשׂוֹת.

הגמרא בברכות ס ע"ב מזכירה ברכה זו שצריך לאומרה מיד כשמתעורר.
הגאונים תיקנו לאומרה אחרי ברכת 'אֲשֶׁר יָצַר',
כיוון שאינה פותחת בתיבות 'בָּרוּךְ אַתָּה ה'' (רב נטרונאי גאון).

אֱלֹהַי
נְשָׁמָה שֶׁנָּתַתָּ בִּי טְהוֹרָה הִיא.
אַתָּה בְרָאתָהּ, אַתָּה יְצַרְתָּהּ, אַתָּה נְפַחְתָּהּ בִּי
וְאַתָּה מְשַׁמְּרָהּ בְּקִרְבִּי
וְאַתָּה עָתִיד לִטְּלָהּ מִמֶּנִּי
וּלְהַחֲזִירָהּ בִּי לֶעָתִיד לָבוֹא.
כָּל זְמַן שֶׁהַנְּשָׁמָה בְקִרְבִּי, מוֹדֶה/ נשים אומרות: מוֹדָה/ אֲנִי לְפָנֶיךָ
יהוה אֱלֹהַי וֵאלֹהֵי אֲבוֹתַי
רִבּוֹן כָּל הַמַּעֲשִׂים, אֲדוֹן כָּל הַנְּשָׁמוֹת.
בָּרוּךְ אַתָּה יהוה, הַמַּחֲזִיר נְשָׁמוֹת לִפְגָרִים מֵתִים.

לבישת ציצית
"נוהגים שלא להניח תפילין בתשעה באב שחרית ולא טלית,
אלא לובשים טלית קטן תחת בגדיהם בלא ברכה" (שו"ע תקנה, א).
והמשנה ברורה (שם, ב) כתב שיש נוהגים לברך:

בָּרוּךְ אַתָּה יהוה אֱלֹהֵינוּ מֶלֶךְ הָעוֹלָם
אֲשֶׁר קִדְּשָׁנוּ בְּמִצְוֹתָיו
וְצִוָּנוּ עַל מִצְוַת צִיצִית.

אחרי שלבש, אומר:

יְהִי רָצוֹן מִלְּפָנֶיךָ, יהוה אֱלֹהַי וֵאלֹהֵי אֲבוֹתַי
שֶׁתְּהֵא חֲשׁוּבָה מִצְוַת צִיצִית לְפָנֶיךָ
כְּאִלּוּ קִיַּמְתִּיהָ בְּכָל פְּרָטֶיהָ וְדִקְדּוּקֶיהָ וְכַוָּנוֹתֶיהָ
וְתַרְיַ"ג מִצְוֹת הַתְּלוּיוֹת בָּהּ
אָמֵן סֶלָה.

ברכות התורה

"ואסור לקרות בתורה בנביאים ובכתובים, ולשנות במשנה בתלמוד ובמדרש בהלכות ובאגדות... ותינוקות של בית רבן בטלין, משום שנאמר (תהלים יט, ט): ׳פִּקּוּדֵי ה׳ יְשָׁרִים מְשַׂמְּחֵי־לֵב׳" (תענית ל ע"א). אך הפוסקים כתבו שמותר לומר את סדר היום הקבוע (שו"ע תקנד, ד על פי הרמב"ן).

בָּרוּךְ אַתָּה יהוה אֱלֹהֵינוּ מֶלֶךְ הָעוֹלָם
אֲשֶׁר קִדְּשָׁנוּ בְּמִצְוֹתָיו וְצִוָּנוּ לַעֲסֹק בְּדִבְרֵי תוֹרָה.
וְהַעֲרֶב נָא יהוה אֱלֹהֵינוּ אֶת דִּבְרֵי תוֹרָתְךָ
בְּפִינוּ וּבְפִיּוֹת עַמְּךָ בֵּית יִשְׂרָאֵל
וְנִהְיֶה אֲנַחְנוּ וְצֶאֱצָאֵינוּ וְצֶאֱצָאֵי צֶאֱצָאֵינוּ
וְצֶאֱצָאֵי עַמְּךָ בֵּית יִשְׂרָאֵל
כֻּלָּנוּ יוֹדְעֵי שְׁמֶךָ וְלוֹמְדֵי תוֹרָתְךָ לִשְׁמָהּ.
בָּרוּךְ אַתָּה יהוה, הַמְלַמֵּד תּוֹרָה לְעַמּוֹ יִשְׂרָאֵל.

בָּרוּךְ אַתָּה יהוה אֱלֹהֵינוּ מֶלֶךְ הָעוֹלָם
אֲשֶׁר בָּחַר בָּנוּ מִכָּל הָעַמִּים וְנָתַן לָנוּ אֶת תּוֹרָתוֹ.
בָּרוּךְ אַתָּה יהוה, נוֹתֵן הַתּוֹרָה.

וַיְדַבֵּר יהוה אֶל־מֹשֶׁה לֵּאמֹר: במדבר ו
דַּבֵּר אֶל־אַהֲרֹן וְאֶל־בָּנָיו לֵאמֹר
כֹּה תְבָרְכוּ אֶת־בְּנֵי יִשְׂרָאֵל
אָמוֹר לָהֶם:
יְבָרֶכְךָ יהוה וְיִשְׁמְרֶךָ:
יָאֵר יהוה פָּנָיו אֵלֶיךָ וִיחֻנֶּךָּ:
יִשָּׂא יהוה פָּנָיו אֵלֶיךָ וְיָשֵׂם לְךָ שָׁלוֹם:
וְשָׂמוּ אֶת־שְׁמִי עַל־בְּנֵי יִשְׂרָאֵל, וַאֲנִי אֲבָרְכֵם:

משנה, פאה א,א אֵלּוּ דְבָרִים שֶׁאֵין לָהֶם שִׁעוּר
הַפֵּאָה וְהַבִּכּוּרִים וְהָרֵאָיוֹן
וּגְמִילוּת חֲסָדִים וְתַלְמוּד תּוֹרָה.

שבת קכז. אֵלּוּ דְבָרִים שֶׁאָדָם אוֹכֵל פֵּרוֹתֵיהֶם בָּעוֹלָם הַזֶּה
וְהַקֶּרֶן קַיֶּמֶת לוֹ לָעוֹלָם הַבָּא
וְאֵלּוּ הֵן
כִּבּוּד אָב וָאֵם
וּגְמִילוּת חֲסָדִים
וְהַשְׁכָּמַת בֵּית הַמִּדְרָשׁ שַׁחֲרִית וְעַרְבִית
וְהַכְנָסַת אוֹרְחִים
וּבִקּוּר חוֹלִים
וְהַכְנָסַת כַּלָּה
וּלְוָיַת הַמֵּת
וְעִיּוּן תְּפִלָּה
וַהֲבָאַת שָׁלוֹם בֵּין אָדָם לַחֲבֵרוֹ, וּבֵין אִישׁ לְאִשְׁתּוֹ
וְתַלְמוּד תּוֹרָה כְּנֶגֶד כֻּלָּם.

עטיפת טלית והנחת תפילין

נוהגים שלא להתעטף בטלית ולא להניח תפילין בבוקר תשעה באב (שו"ע תקנה, א בשם מהר"ם). יש מהמקובלים שנוהגים להניח תפילין, וחולצים אותן לפני אמירת הקינות (בה"ט שם, א בשם מהר"ם גלנטי); אך המנהג המקובל הוא להניח במנחה (עמ' 213), וב'מעשה רב', ר מובא שהגר"א הניח תפילין מיד לאחר אמירת הקינות.

הכנה לתפילה

"יכנס שיעור שני פתחים ואחר כך יתפלל" (שו"ע צ, כ).

כאשר נכנס לבית הכנסת, אומר:

מַה־טֹּבוּ במדבר כד

אֹהָלֶיךָ יַעֲקֹב, מִשְׁכְּנֹתֶיךָ יִשְׂרָאֵל:

וַאֲנִי בְּרֹב חַסְדְּךָ אָבוֹא בֵיתֶךָ תהלים ה

אֶשְׁתַּחֲוֶה אֶל־הֵיכַל־קָדְשְׁךָ

בְּיִרְאָתֶךָ:

יהוה אָהַבְתִּי מְעוֹן בֵּיתֶךָ תהלים כו

וּמְקוֹם מִשְׁכַּן כְּבוֹדֶךָ:

וַאֲנִי אֶשְׁתַּחֲוֶה

וְאֶכְרָעָה

אֶבְרְכָה לִפְנֵי יהוה עֹשִׂי.

וַאֲנִי תְפִלָּתִי־לְךָ יהוה תהלים סט

עֵת רָצוֹן

אֱלֹהִים בְּרָב־חַסְדֶּךָ

עֲנֵנִי בֶּאֱמֶת יִשְׁעֶךָ:

"לְהַגִּיד בַּבֹּקֶר חַסְדֶּךָ וֶאֱמוּנָתְךָ בַּלֵּילוֹת" (תהלים צב, ג).

פיוט עתיק זה מיוחס לר' שלמה אבן גבירול (ויש המקדימים את זמנו לתקופת הגאונים). רבים נוהגים לאומרו פעמיים ביום: לפני תפילת שחרית ובקריאת שמע שעל המיטה.

אֲדוֹן עוֹלָם

אֲשֶׁר מָלַךְ בְּטֶרֶם כָּל־יְצִיר נִבְרָא.

לְעֵת נַעֲשָׂה בְחֶפְצוֹ כֹּל אֲזַי מֶלֶךְ שְׁמוֹ נִקְרָא.

וְאַחֲרֵי כִּכְלוֹת הַכֹּל לְבַדּוֹ יִמְלֹךְ נוֹרָא.

וְהוּא הָיָה וְהוּא הֹוֶה וְהוּא יִהְיֶה בְּתִפְאָרָה.

וְהוּא אֶחָד וְאֵין שֵׁנִי לְהַמְשִׁיל לוֹ לְהַחְבִּירָה.

בְּלִי רֵאשִׁית בְּלִי תַכְלִית וְלוֹ הָעֹז וְהַמִּשְׂרָה.

וְהוּא אֵלִי וְחַי גּוֹאֲלִי וְצוּר חֶבְלִי בְּעֵת צָרָה.

וְהוּא נִסִּי וּמָנוֹס לִי מְנָת כּוֹסִי בְּיוֹם אֶקְרָא.

בְּיָדוֹ אַפְקִיד רוּחִי בְּעֵת אִישַׁן וְאָעִירָה.

וְעִם רוּחִי גְּוִיָּתִי יהוה לִי וְלֹא אִירָא.

׳יִגְדַּל׳ מיוסד על שלושה עשר עיקרי האמונה שמָּנה הרמב״ם.

יִגְדַּל

אֱלֹהִים חַי וְיִשְׁתַּבַּח, נִמְצָא וְאֵין עֵת אֶל מְצִיאוּתוֹ.

אֶחָד וְאֵין יָחִיד כְּיִחוּדוֹ, נֶעְלָם וְגַם אֵין סוֹף לְאַחְדוּתוֹ.

אֵין לוֹ דְּמוּת הַגּוּף וְאֵינוֹ גוּף, לֹא נַעֲרֹךְ אֵלָיו קְדֻשָּׁתוֹ.

קַדְמוֹן לְכָל דָּבָר אֲשֶׁר נִבְרָא, רִאשׁוֹן וְאֵין רֵאשִׁית לְרֵאשִׁיתוֹ.

הִנּוֹ אֲדוֹן עוֹלָם, וְכָל נוֹצָר יוֹרֶה גְדֻלָּתוֹ וּמַלְכוּתוֹ.

שֶׁפַע נְבוּאָתוֹ נְתָנוֹ אֶל־אַנְשֵׁי סְגֻלָּתוֹ וְתִפְאַרְתּוֹ.

לֹא קָם בְּיִשְׂרָאֵל כְּמֹשֶׁה עוֹד נָבִיא וּמַבִּיט אֶת תְּמוּנָתוֹ.

תּוֹרַת אֱמֶת נָתַן לְעַמּוֹ אֵל עַל יַד נְבִיאוֹ נֶאֱמַן בֵּיתוֹ.

לֹא יַחֲלִיף הָאֵל וְלֹא יָמִיר דָּתוֹ לְעוֹלָמִים לְזוּלָתוֹ.

צוֹפֶה וְיוֹדֵעַ סְתָרֵינוּ, מַבִּיט לְסוֹף דָּבָר בְּקַדְמָתוֹ.

גּוֹמֵל לְאִישׁ חֶסֶד כְּמִפְעָלוֹ, נוֹתֵן לְרָשָׁע רָע כְּרִשְׁעָתוֹ.

יִשְׁלַח לְקֵץ יָמִין מְשִׁיחֵנוּ לִפְדּוֹת מְחַכֵּי קֵץ יְשׁוּעָתוֹ.

מֵתִים יְחַיֶּה אֵל בְּרֹב חַסְדּוֹ, בָּרוּךְ עֲדֵי עַד שֵׁם תְּהִלָּתוֹ.

ברכות השחר

ברכות השחר נתקנו כדי שהאדם יאמרן במקביל למעשיו הראשונים
כשמתעורר בבוקר (ברכות ס ע״ב). אך כבר בימי הראשונים נהגו שהציבור
כולו אומרן יחד בבית הכנסת (פתיחה לסידור רב עמרם גאון).

בבתי כנסת רבים שליח הציבור מתחיל כאן. יש מקומות שבהם נוהגים ששליח הציבור
מתחיל בברייתא דרבי ישמעאל (עמ׳ 68) או ב׳הוֹדוּ לַה׳ קִרְאוּ בִשְׁמוֹ׳ (עמ׳ 71).

בָּרוּךְ אַתָּה יהוה אֱלֹהֵינוּ מֶלֶךְ הָעוֹלָם
אֲשֶׁר נָתַן לַשֶּׂכְוִי בִינָה
לְהַבְחִין בֵּין יוֹם וּבֵין לָיְלָה.
בָּרוּךְ אַתָּה יהוה אֱלֹהֵינוּ מֶלֶךְ הָעוֹלָם
שֶׁלֹּא עָשַׂנִי גּוֹי.
בָּרוּךְ אַתָּה יהוה אֱלֹהֵינוּ מֶלֶךְ הָעוֹלָם
שֶׁלֹּא עָשַׂנִי עָבֶד.
בָּרוּךְ אַתָּה יהוה אֱלֹהֵינוּ מֶלֶךְ הָעוֹלָם
גברים: שֶׁלֹּא עָשַׂנִי אִשָּׁה. / נשים: שֶׁעָשַׂנִי כִּרְצוֹנוֹ.
בָּרוּךְ אַתָּה יהוה אֱלֹהֵינוּ מֶלֶךְ הָעוֹלָם
פּוֹקֵחַ עִוְרִים.
בָּרוּךְ אַתָּה יהוה אֱלֹהֵינוּ מֶלֶךְ הָעוֹלָם
מַלְבִּישׁ עֲרֻמִּים.
בָּרוּךְ אַתָּה יהוה אֱלֹהֵינוּ מֶלֶךְ הָעוֹלָם
מַתִּיר אֲסוּרִים.
בָּרוּךְ אַתָּה יהוה אֱלֹהֵינוּ מֶלֶךְ הָעוֹלָם
זוֹקֵף כְּפוּפִים.
בָּרוּךְ אַתָּה יהוה אֱלֹהֵינוּ מֶלֶךְ הָעוֹלָם
רוֹקַע הָאָרֶץ עַל הַמָּיִם.
בָּרוּךְ אַתָּה יהוה אֱלֹהֵינוּ מֶלֶךְ הָעוֹלָם
הַמֵּכִין מִצְעֲדֵי גָבֶר.

יש שאינם אומרים ברכה זו, שנתקנה על נעילת הנעליים (ברכות ס ע״ב), עד שנועל נעליו במוצאי הצום (וכך מובא בשם הגר״א), אך המנהג המקובל לברך כרגיל (משנ״ב תקנד, לא).

בָּרוּךְ אַתָּה יהוה אֱלֹהֵינוּ מֶלֶךְ הָעוֹלָם
שֶׁעָשָׂה לִי כָּל צְרָכִּי.
בָּרוּךְ אַתָּה יהוה אֱלֹהֵינוּ מֶלֶךְ הָעוֹלָם
אוֹזֵר יִשְׂרָאֵל בִּגְבוּרָה.

יש נוהגים לדחות ברכה זו עד לאחר הנחת תפילין במנחה (עבודת ישראל).

בָּרוּךְ אַתָּה יהוה אֱלֹהֵינוּ מֶלֶךְ הָעוֹלָם
עוֹטֵר יִשְׂרָאֵל בְּתִפְאָרָה.
בָּרוּךְ אַתָּה יהוה אֱלֹהֵינוּ מֶלֶךְ הָעוֹלָם
הַנּוֹתֵן לַיָּעֵף כֹּחַ.

בָּרוּךְ אַתָּה יהוה אֱלֹהֵינוּ מֶלֶךְ הָעוֹלָם, הַמַּעֲבִיר שֵׁנָה מֵעֵינַי וּתְנוּמָה מֵעַפְעַפָּי. וִיהִי רָצוֹן מִלְּפָנֶיךָ יהוה אֱלֹהֵינוּ וֵאלֹהֵי אֲבוֹתֵינוּ, שֶׁתַּרְגִּילֵנוּ בְּתוֹרָתֶךָ, וְדַבְּקֵנוּ בְּמִצְוֹתֶיךָ, וְאַל תְּבִיאֵנוּ לֹא לִידֵי חֵטְא, וְלֹא לִידֵי עֲבֵרָה וְעָוֹן, וְלֹא לִידֵי נִסָּיוֹן וְלֹא לִידֵי בִזָּיוֹן, וְאַל תַּשְׁלֶט בָּנוּ יֵצֶר הָרָע, וְהַרְחִיקֵנוּ מֵאָדָם רָע וּמֵחָבֵר רָע, וְדַבְּקֵנוּ בְּיֵצֶר הַטּוֹב וּבְמַעֲשִׂים טוֹבִים, וְכֹף אֶת יִצְרֵנוּ לְהִשְׁתַּעְבֶּד לָךְ, וּתְנֵנוּ הַיּוֹם וּבְכָל יוֹם לְחֵן וּלְחֶסֶד וּלְרַחֲמִים, בְּעֵינֶיךָ, וּבְעֵינֵי כָל רוֹאֵינוּ, ‹ וְתִגְמְלֵנוּ חֲסָדִים טוֹבִים. בָּרוּךְ אַתָּה יהוה, גּוֹמֵל חֲסָדִים טוֹבִים לְעַמּוֹ יִשְׂרָאֵל.

יְהִי רָצוֹן מִלְּפָנֶיךָ יהוה אֱלֹהַי וֵאלֹהֵי אֲבוֹתַי, שֶׁתַּצִּילֵנִי הַיּוֹם וּבְכָל יוֹם מֵעַזֵּי ברכות טז:
פָנִים וּמֵעַזּוּת פָּנִים, מֵאָדָם רָע, מִיֵּצֶר רָע, וּמֵחָבֵר רָע, וּמִשָּׁכֵן רָע, וּמִפֶּגַע רָע, מֵעַיִן הָרָע, מִלָּשׁוֹן הָרָע, מִמַּלְשִׁינוּת, מֵעֵדוּת שֶׁקֶר, מִשִּׂנְאַת הַבְּרִיּוֹת, מֵעֲלִילָה, מִמִּיתָה מְשֻׁנָּה, מֵחֳלָיִים רָעִים, מִמִּקְרִים רָעִים, וּמִשָּׂטָן הַמַּשְׁחִית, מִדִּין קָשֶׁה, וּמִבַּעַל דִּין קָשֶׁה בֵּין שֶׁהוּא בֶן בְּרִית וּבֵין שֶׁאֵינוֹ בֶן בְּרִית, וּמִדִּינָהּ שֶׁל גֵּיהִנֹּם.

פרשת העקדה

אין לומדים תורה בתשעה באב, פרט לסדר היום (שו״ע תקנד, ד).
המשנ״ב (שם, ז) כתב שאומרים רק את פרשת התמיד, פרק ׳אֵיזֶהוּ מְקוֹמָן׳
ובריתא דר׳ ישמעאל; ולדעת ׳ערוך השולחן׳ (שם, ו) אומרים גם את
פרשת העקדה, ואת כל סדר התפילה שאומרים בכל יום.

אֱלֹהֵינוּ וֵאלֹהֵי אֲבוֹתֵינוּ, זָכְרֵנוּ בְּזִכָּרוֹן טוֹב לְפָנֶיךָ, וּפָקְדֵנוּ בִּפְקֻדַּת יְשׁוּעָה וְרַחֲמִים מִשְּׁמֵי שְׁמֵי קֶדֶם, וּזְכָר לָנוּ יהוה אֱלֹהֵינוּ, אַהֲבַת הַקַּדְמוֹנִים אַבְרָהָם יִצְחָק וְיִשְׂרָאֵל עֲבָדֶיךָ, אֶת הַבְּרִית וְאֶת הַחֶסֶד וְאֶת הַשְּׁבוּעָה שֶׁנִּשְׁבַּעְתָּ לְאַבְרָהָם אָבִינוּ בְּהַר הַמּוֹרִיָּה, וְאֶת הָעֲקֵדָה שֶׁעָקַד אֶת יִצְחָק בְּנוֹ עַל גַּבֵּי הַמִּזְבֵּחַ, כַּכָּתוּב בְּתוֹרָתֶךָ:

בראשית כב וַיְהִי אַחַר הַדְּבָרִים הָאֵלֶּה, וְהָאֱלֹהִים נִסָּה אֶת־אַבְרָהָם, וַיֹּאמֶר אֵלָיו אַבְרָהָם, וַיֹּאמֶר הִנֵּנִי: וַיֹּאמֶר קַח־נָא אֶת־בִּנְךָ אֶת־יְחִידְךָ אֲשֶׁר־אָהַבְתָּ, אֶת־יִצְחָק, וְלֶךְ־לְךָ אֶל־אֶרֶץ הַמֹּרִיָּה, וְהַעֲלֵהוּ שָׁם לְעֹלָה עַל אַחַד הֶהָרִים אֲשֶׁר אֹמַר אֵלֶיךָ: וַיַּשְׁכֵּם אַבְרָהָם בַּבֹּקֶר, וַיַּחֲבֹשׁ אֶת־חֲמֹרוֹ, וַיִּקַּח אֶת־שְׁנֵי נְעָרָיו אִתּוֹ וְאֵת יִצְחָק בְּנוֹ, וַיְבַקַּע עֲצֵי עֹלָה, וַיָּקָם וַיֵּלֶךְ אֶל־הַמָּקוֹם אֲשֶׁר־אָמַר־לוֹ הָאֱלֹהִים: בַּיּוֹם הַשְּׁלִישִׁי וַיִּשָּׂא אַבְרָהָם אֶת־עֵינָיו וַיַּרְא אֶת־הַמָּקוֹם מֵרָחֹק: וַיֹּאמֶר אַבְרָהָם אֶל־נְעָרָיו, שְׁבוּ־לָכֶם פֹּה עִם־הַחֲמוֹר, וַאֲנִי וְהַנַּעַר נֵלְכָה עַד־כֹּה, וְנִשְׁתַּחֲוֶה וְנָשׁוּבָה אֲלֵיכֶם: וַיִּקַּח אַבְרָהָם אֶת־עֲצֵי הָעֹלָה וַיָּשֶׂם עַל־יִצְחָק בְּנוֹ, וַיִּקַּח בְּיָדוֹ אֶת־הָאֵשׁ וְאֶת־הַמַּאֲכֶלֶת, וַיֵּלְכוּ שְׁנֵיהֶם יַחְדָּו: וַיֹּאמֶר יִצְחָק אֶל־אַבְרָהָם אָבִיו, וַיֹּאמֶר אָבִי, וַיֹּאמֶר הִנֶּנִּי בְנִי, וַיֹּאמֶר, הִנֵּה הָאֵשׁ וְהָעֵצִים, וְאַיֵּה הַשֶּׂה לְעֹלָה: וַיֹּאמֶר אַבְרָהָם, אֱלֹהִים יִרְאֶה־לּוֹ הַשֶּׂה לְעֹלָה, בְּנִי, וַיֵּלְכוּ שְׁנֵיהֶם יַחְדָּו: וַיָּבֹאוּ אֶל־הַמָּקוֹם אֲשֶׁר אָמַר־לוֹ

הָאֱלֹהִים, וַיִּבֶן שָׁם אַבְרָהָם אֶת־הַמִּזְבֵּחַ וַיַּעֲרֹךְ אֶת־הָעֵצִים,
וַיַּעֲקֹד אֶת־יִצְחָק בְּנוֹ, וַיָּשֶׂם אֹתוֹ עַל־הַמִּזְבֵּחַ מִמַּעַל לָעֵצִים:
וַיִּשְׁלַח אַבְרָהָם אֶת־יָדוֹ, וַיִּקַּח אֶת־הַמַּאֲכֶלֶת, לִשְׁחֹט אֶת־
בְּנוֹ: וַיִּקְרָא אֵלָיו מַלְאַךְ יהוה מִן־הַשָּׁמַיִם, וַיֹּאמֶר אַבְרָהָם
אַבְרָהָם, וַיֹּאמֶר הִנֵּנִי: וַיֹּאמֶר אַל־תִּשְׁלַח יָדְךָ אֶל־הַנַּעַר,
וְאַל־תַּעַשׂ לוֹ מְאוּמָה, כִּי עַתָּה יָדַעְתִּי כִּי־יְרֵא אֱלֹהִים אַתָּה,
וְלֹא חָשַׂכְתָּ אֶת־בִּנְךָ אֶת־יְחִידְךָ מִמֶּנִּי: וַיִּשָּׂא אַבְרָהָם אֶת־
עֵינָיו, וַיַּרְא וְהִנֵּה־אַיִל, אַחַר נֶאֱחַז בַּסְּבַךְ בְּקַרְנָיו, וַיֵּלֶךְ
אַבְרָהָם וַיִּקַּח אֶת־הָאַיִל, וַיַּעֲלֵהוּ לְעֹלָה תַּחַת בְּנוֹ: וַיִּקְרָא
אַבְרָהָם שֵׁם־הַמָּקוֹם הַהוּא יהוה יִרְאֶה, אֲשֶׁר יֵאָמֵר הַיּוֹם
בְּהַר יהוה יֵרָאֶה: וַיִּקְרָא מַלְאַךְ יהוה אֶל־אַבְרָהָם שֵׁנִית
מִן־הַשָּׁמָיִם: וַיֹּאמֶר, בִּי נִשְׁבַּעְתִּי נְאֻם־יהוה, כִּי יַעַן אֲשֶׁר
עָשִׂיתָ אֶת־הַדָּבָר הַזֶּה, וְלֹא חָשַׂכְתָּ אֶת־בִּנְךָ אֶת־יְחִידֶךָ:
כִּי־בָרֵךְ אֲבָרֶכְךָ, וְהַרְבָּה אַרְבֶּה אֶת־זַרְעֲךָ כְּכוֹכְבֵי הַשָּׁמַיִם,
וְכַחוֹל אֲשֶׁר עַל־שְׂפַת הַיָּם, וְיִרַשׁ זַרְעֲךָ אֵת שַׁעַר אֹיְבָיו:
וְהִתְבָּרְכוּ בְזַרְעֲךָ כֹּל גּוֹיֵי הָאָרֶץ, עֵקֶב אֲשֶׁר שָׁמַעְתָּ בְּקֹלִי:
וַיָּשָׁב אַבְרָהָם אֶל־נְעָרָיו, וַיָּקֻמוּ וַיֵּלְכוּ יַחְדָּו אֶל־בְּאֵר שָׁבַע,
וַיֵּשֶׁב אַבְרָהָם בִּבְאֵר שָׁבַע:

רִבּוֹנוֹ שֶׁל עוֹלָם, כְּמוֹ שֶׁכָּבַשׁ אַבְרָהָם אָבִינוּ אֶת רַחֲמָיו לַעֲשׂוֹת רְצוֹנְךָ בְּלֵבָב
שָׁלֵם, כֵּן יִכְבְּשׁוּ רַחֲמֶיךָ אֶת כַּעַסְךָ מֵעָלֵינוּ וְיִגֹּלּוּ רַחֲמֶיךָ עַל מִדּוֹתֶיךָ. וְתִתְנַהֵג
עִמָּנוּ יהוה אֱלֹהֵינוּ בְּמִדַּת הַחֶסֶד וּבְמִדַּת הָרַחֲמִים, וּבְטוּבְךָ הַגָּדוֹל יָשׁוּב
חֲרוֹן אַפְּךָ מֵעַמְּךָ וּמֵעִירְךָ וּמֵאַרְצְךָ וּמִנַּחֲלָתֶךָ. וְקַיֶּם לָנוּ יהוה אֱלֹהֵינוּ אֶת
הַדָּבָר שֶׁהִבְטַחְתָּנוּ בְּתוֹרָתֶךָ עַל יְדֵי מֹשֶׁה עַבְדֶּךָ, כָּאָמוּר: וְזָכַרְתִּי אֶת־בְּרִיתִי ויקרא כו
יַעֲקוֹב וְאַף אֶת־בְּרִיתִי יִצְחָק, וְאַף אֶת־בְּרִיתִי אַבְרָהָם אֶזְכֹּר, וְהָאָרֶץ אֶזְכֹּר:

ויקרא כו וְנֶאֱמַר: וְאַף גַּם־זֹאת בִּהְיוֹתָם בְּאֶרֶץ אֹיְבֵיהֶם, לֹא־מְאַסְתִּים וְלֹא־גְעַלְתִּים
לְכַלֹּתָם, לְהָפֵר בְּרִיתִי אִתָּם, כִּי אֲנִי יהוה אֱלֹהֵיהֶם: וְנֶאֱמַר: וְזָכַרְתִּי לָהֶם
בְּרִית רִאשֹׁנִים, אֲשֶׁר הוֹצֵאתִי־אֹתָם מֵאֶרֶץ מִצְרַיִם לְעֵינֵי הַגּוֹיִם, לִהְיוֹת
דברים ל לָהֶם לֵאלֹהִים, אֲנִי יהוה: וְנֶאֱמַר: וְשָׁב יהוה אֱלֹהֶיךָ אֶת־שְׁבוּתְךָ וְרִחֲמֶךָ,
וְשָׁב וְקִבֶּצְךָ מִכָּל־הָעַמִּים, אֲשֶׁר הֱפִיצְךָ יהוה אֱלֹהֶיךָ שָׁמָּה: אִם־יִהְיֶה נִדַּחֲךָ
בִּקְצֵה הַשָּׁמָיִם, מִשָּׁם יְקַבֶּצְךָ יהוה אֱלֹהֶיךָ, וּמִשָּׁם יִקָּחֶךָ: וְנֶאֱמַר: וֶהֱבִיאֲךָ
יהוה אֱלֹהֶיךָ אֶל־הָאָרֶץ אֲשֶׁר־יָרְשׁוּ אֲבֹתֶיךָ וִירִשְׁתָּהּ, וְהֵיטִבְךָ וְהִרְבְּךָ
ישעיה לג מֵאֲבֹתֶיךָ: וְנֶאֱמַר עַל יְדֵי נְבִיאֶךָ: יהוה חָנֵּנוּ, לְךָ קִוִּינוּ, הֱיֵה זְרֹעָם לַבְּקָרִים
ירמיה ל אַף־יְשׁוּעָתֵנוּ בְּעֵת צָרָה: וְנֶאֱמַר: וְעֵת־צָרָה הִיא לְיַעֲקֹב וּמִמֶּנָּה יִוָּשֵׁעַ: וְנֶאֱמַר:
ישעיה סג בְּכָל־צָרָתָם לוֹ צָר, וּמַלְאַךְ פָּנָיו הוֹשִׁיעָם, בְּאַהֲבָתוֹ וּבְחֶמְלָתוֹ הוּא גְאָלָם,
מיכה ז וַיְנַטְּלֵם וַיְנַשְּׂאֵם כָּל־יְמֵי עוֹלָם: וְנֶאֱמַר: מִי־אֵל כָּמוֹךָ נֹשֵׂא עָוֹן וְעֹבֵר עַל־פֶּשַׁע
לִשְׁאֵרִית נַחֲלָתוֹ, לֹא־הֶחֱזִיק לָעַד אַפּוֹ, כִּי־חָפֵץ חֶסֶד הוּא: יָשׁוּב יְרַחֲמֵנוּ
יִכְבֹּשׁ עֲוֹנֹתֵינוּ, וְתַשְׁלִיךְ בִּמְצֻלוֹת יָם כָּל־חַטֹּאתָם: תִּתֵּן אֱמֶת לְיַעֲקֹב, חֶסֶד
ישעיה נו לְאַבְרָהָם, אֲשֶׁר־נִשְׁבַּעְתָּ לַאֲבֹתֵינוּ מִימֵי קֶדֶם: וְנֶאֱמַר: וַהֲבִיאוֹתִים אֶל־הַר
קָדְשִׁי, וְשִׂמַּחְתִּים בְּבֵית תְּפִלָּתִי, עוֹלֹתֵיהֶם וְזִבְחֵיהֶם לְרָצוֹן עַל־מִזְבְּחִי, כִּי
בֵיתִי בֵּית־תְּפִלָּה יִקָּרֵא לְכָל־הָעַמִּים:

קבלת עול מלכות שמים

תפילה לאומית, הפותחת בחולשת ההווה, ממשיכה בקריאת שמע ומסיימת בתפילה לגאולה ובהכרה כלל עולמית במלכות ה׳ (רש״ר הירש).

תפילה זו נזכרה כבר ב׳תנא דבי אליהו׳ יט, ז. ככל הנראה נקבעה בתקופת הרדיפות, כאשר היה אסור לקרוא קריאת שמע בציבור (ספר הפרדס, ׳שיבולי הלקט׳).

לְעוֹלָם יְהֵא אָדָם יְרֵא שָׁמַיִם בְּסֵתֶר וּבְגָלוּי
וּמוֹדֶה עַל הָאֱמֶת, וְדוֹבֵר אֱמֶת בִּלְבָבוֹ
וְיַשְׁכֵּם וְיֹאמַר

רִבּוֹן כָּל הָעוֹלָמִים וַאֲדוֹנֵי הָאֲדוֹנִים
דניאל ט לֹא עַל־צִדְקֹתֵינוּ אֲנַחְנוּ מַפִּילִים תַּחֲנוּנֵינוּ לְפָנֶיךָ
כִּי עַל־רַחֲמֶיךָ הָרַבִּים:

מָה אָנוּ, מֶה חַיֵּינוּ, מֶה חַסְדֵּנוּ, מַה צִּדְקוֹתֵינוּ
מַה יְשׁוּעָתֵנוּ, מַה כֹּחֵנוּ, מַה גְּבוּרָתֵנוּ
מַה נֹּאמַר לְפָנֶיךָ יהוה אֱלֹהֵינוּ וֵאלֹהֵי אֲבוֹתֵינוּ
הֲלֹא כָּל הַגִּבּוֹרִים כְּאַיִן לְפָנֶיךָ
וְאַנְשֵׁי הַשֵּׁם כְּלֹא הָיוּ
וַחֲכָמִים כִּבְלִי מַדָּע
וּנְבוֹנִים כִּבְלִי הַשְׂכֵּל
כִּי רֹב מַעֲשֵׂיהֶם תֹּהוּ
וִימֵי חַיֵּיהֶם הֶבֶל לְפָנֶיךָ
וּמוֹתַר הָאָדָם מִן־הַבְּהֵמָה אָיִן קהלת ג
כִּי הַכֹּל הָבֶל:
לְבַד הַנְּשָׁמָה הַטְּהוֹרָה
שֶׁהִיא עֲתִידָה לִתֵּן דִּין וְחֶשְׁבּוֹן לִפְנֵי כִּסֵּא כְבוֹדֶךָ.
וְכָל הַגּוֹיִם כְּאַיִן נֶגְדֶּךָ
שֶׁנֶּאֱמַר
הֵן גּוֹיִם כְּמַר מִדְּלִי, וּכְשַׁחַק מֹאזְנַיִם נֶחְשָׁבוּ ישעיה מ
הֵן אִיִּים כַּדַּק יִטּוֹל:

אֲבָל אֲנַחְנוּ עַמְּךָ בְּנֵי בְרִיתֶךָ
בְּנֵי אַבְרָהָם אֹהַבְךָ שֶׁנִּשְׁבַּעְתָּ לּוֹ בְּהַר הַמּוֹרִיָּה
זֶרַע יִצְחָק יְחִידוֹ שֶׁנֶּעֱקַד עַל גַּבֵּי הַמִּזְבֵּחַ
עֲדַת יַעֲקֹב בִּנְךָ בְּכוֹרֶךָ
שֶׁמֵּאַהֲבָתְךָ שֶׁאָהַבְתָּ אוֹתוֹ, וּמִשִּׂמְחָתְךָ שֶׁשָּׂמַחְתָּ בּוֹ
קָרָאתָ אֶת שְׁמוֹ יִשְׂרָאֵל וִישֻׁרוּן.

לְפִיכָךְ אֲנַחְנוּ חַיָּבִים
לְהוֹדוֹת לְךָ וּלְשַׁבֵּחֲךָ וּלְפָאֶרְךָ
וּלְבָרֵךְ וּלְקַדֵּשׁ וְלָתֵת שֶׁבַח וְהוֹדָיָה לִשְׁמֶךָ.
אַשְׁרֵינוּ, מַה טּוֹב חֶלְקֵנוּ, וּמַה נָּעִים גּוֹרָלֵנוּ, וּמַה יָּפָה יְרֻשָּׁתֵנוּ.

אַשְׁרֵינוּ, שֶׁאֲנוּ מַשְׁכִּימִים וּמַעֲרִיבִים
בְּבָתֵּי כְנֵסִיּוֹת וּבְבָתֵּי מִדְרָשׁוֹת
וּמְיַחֲדִים שִׁמְךָ בְּכָל יוֹם תָּמִיד
וְאוֹמְרִים פַּעֲמַיִם בְּאַהֲבָה

דברים ו שְׁמַע יִשְׂרָאֵל, יהוה אֱלֹהֵינוּ, יהוה אֶחָד:
בלחש: בָּרוּךְ שֵׁם כְּבוֹד מַלְכוּתוֹ לְעוֹלָם וָעֶד.

נוהגים לקרוא את הפרשה הראשונה של קריאת שמע (מהרש״ל),
ויש הממשיכים ׳אַתָּה הוּא עַד שֶׁלֹּא נִבְרָא הָעוֹלָם׳.
אם חושש שיעבור זמן קריאת שמע, קורא את כל שלוש הפרשות (עמ׳ 90).

דברים ו וְאָהַבְתָּ אֵת יהוה אֱלֹהֶיךָ, בְּכָל־לְבָבְךָ, וּבְכָל־נַפְשְׁךָ, וּבְכָל־
מְאֹדֶךָ: וְהָיוּ הַדְּבָרִים הָאֵלֶּה, אֲשֶׁר אָנֹכִי מְצַוְּךָ הַיּוֹם, עַל־לְבָבֶךָ:
וְשִׁנַּנְתָּם לְבָנֶיךָ, וְדִבַּרְתָּ בָּם, בְּשִׁבְתְּךָ בְּבֵיתֶךָ וּבְלֶכְתְּךָ בַדֶּרֶךְ,
וּבְשָׁכְבְּךָ וּבְקוּמֶךָ: וּקְשַׁרְתָּם לְאוֹת עַל־יָדֶךָ, וְהָיוּ לְטֹטָפֹת בֵּין
עֵינֶיךָ: וּכְתַבְתָּם עַל־מְזֻזוֹת בֵּיתֶךָ וּבִשְׁעָרֶיךָ:

אַתָּה הוּא עַד שֶׁלֹּא נִבְרָא הָעוֹלָם
אַתָּה הוּא מִשֶּׁנִּבְרָא הָעוֹלָם.
אַתָּה הוּא בָּעוֹלָם הַזֶּה
וְאַתָּה הוּא לָעוֹלָם הַבָּא.
קַדֵּשׁ אֶת שִׁמְךָ עַל מַקְדִּישֵׁי שְׁמֶךָ
וְקַדֵּשׁ אֶת שִׁמְךָ בְּעוֹלָמֶךָ

וּבִישׁוּעָתְךָ תָּרוּם וְתַגְבִּיהַּ קַרְנֵנוּ לְמַעְלָה
וְהוֹשִׁיעֵנוּ בְּקָרוֹב לְמַעַן שְׁמֶךָ.
בָּרוּךְ הַמְקַדֵּשׁ שְׁמוֹ בָּרַבִּים.

אַתָּה הוּא יהוה אֱלֹהֵינוּ בַּשָּׁמַיִם וּבָאָרֶץ
וּבִשְׁמֵי הַשָּׁמַיִם הָעֶלְיוֹנִים.
אֱמֶת, אַתָּה הוּא רִאשׁוֹן וְאַתָּה הוּא אַחֲרוֹן
וּמִבַּלְעָדֶיךָ אֵין אֱלֹהִים.
קַבֵּץ נְפוּצוֹת קוֶֹיךָ מֵאַרְבַּע כַּנְפוֹת הָאָרֶץ.
יַכִּירוּ וְיֵדְעוּ כָּל בָּאֵי עוֹלָם
כִּי אַתָּה־הוּא הָאֱלֹהִים לְבַדֶּךָ, עֶלְיוֹן לְכֹל מַמְלְכוֹת הָאָרֶץ מלכים ב׳ יט
אַתָּה עָשִׂיתָ אֶת־הַשָּׁמַיִם וְאֶת־הָאָרֶץ:
אֶת־הַיָּם וְאֶת־כָּל־אֲשֶׁר־בָּם: שמות כ
וּמִי בְּכָל מַעֲשֵׂי יָדֶיךָ בָּעֶלְיוֹנִים וּבַתַּחְתּוֹנִים
שֶׁיֹּאמַר לְךָ מַה תַּעֲשֶׂה וּמַה תִּפְעָל.

אָבִינוּ שֶׁבַּשָּׁמַיִם, חַי וְקַיָּם
עֲשֵׂה עִמָּנוּ צְדָקָה וָחֶסֶד
בַּעֲבוּר שִׁמְךָ הַגָּדוֹל הַגִּבּוֹר וְהַנּוֹרָא שֶׁנִּקְרָא עָלֵינוּ
וְקַיֶּם לָנוּ יהוה אֱלֹהֵינוּ אֶת הַדָּבָר
שֶׁהִבְטַחְתָּנוּ עַל יְדֵי צְפַנְיָה חוֹזָךְ
כָּאָמוּר
בָּעֵת הַהִיא אָבִיא אֶתְכֶם, וּבָעֵת קַבְּצִי אֶתְכֶם צפניה ג
כִּי־אֶתֵּן אֶתְכֶם לְשֵׁם וְלִתְהִלָּה בְּכֹל עַמֵּי הָאָרֶץ
בְּשׁוּבִי אֶת־שְׁבוּתֵיכֶם לְעֵינֵיכֶם
אָמַר יהוה:

סדר הקרבנות

"אמר אברהם: רבונו של עולם! שמא ישראל חוטאין לפניך... בזמן שאין בית המקדש קיים, מה תהא עליהם? – אמר לו: כבר תקנתי להם סדר קרבנות, בזמן שקוראין בהן לפני – מעלה אני עליהם כאילו הקריבום לפני, ואני מוחל להם על כל עונותיהם" (תענית כז ע"ב).

יש לומר את פרשת קרבן התמיד (בעמוד הבא) בכל יום.
ונוהגים לומר לפניה את פרשות הכיור ותרומת הדשן,
ולאחריה את פרשת הקטורת (שו"ע א, ט).

פרשת הכיור

שמות ל וַיְדַבֵּר יהוה אֶל־מֹשֶׁה לֵּאמֹר: וְעָשִׂיתָ כִּיוֹר נְחֹשֶׁת וְכַנּוֹ נְחֹשֶׁת לְרָחְצָה, וְנָתַתָּ אֹתוֹ בֵּין־אֹהֶל מוֹעֵד וּבֵין הַמִּזְבֵּחַ, וְנָתַתָּ שָׁמָּה מָיִם: וְרָחֲצוּ אַהֲרֹן וּבָנָיו מִמֶּנּוּ אֶת־יְדֵיהֶם וְאֶת־רַגְלֵיהֶם: בְּבֹאָם אֶל־אֹהֶל מוֹעֵד יִרְחֲצוּ־מַיִם, וְלֹא יָמֻתוּ, אוֹ בְגִשְׁתָּם אֶל־הַמִּזְבֵּחַ לְשָׁרֵת, לְהַקְטִיר אִשֶּׁה לַיהוה: וְרָחֲצוּ יְדֵיהֶם וְרַגְלֵיהֶם וְלֹא יָמֻתוּ, וְהָיְתָה לָהֶם חָק־עוֹלָם, לוֹ וּלְזַרְעוֹ לְדֹרֹתָם:

פרשת תרומת הדשן

ויקרא ו וַיְדַבֵּר יהוה אֶל־מֹשֶׁה לֵּאמֹר: צַו אֶת־אַהֲרֹן וְאֶת־בָּנָיו לֵאמֹר, זֹאת תּוֹרַת הָעֹלָה, הִוא הָעֹלָה עַל מוֹקְדָה עַל־הַמִּזְבֵּחַ כָּל־הַלַּיְלָה עַד־הַבֹּקֶר, וְאֵשׁ הַמִּזְבֵּחַ תּוּקַד בּוֹ: וְלָבַשׁ הַכֹּהֵן מִדּוֹ בַד, וּמִכְנְסֵי־בַד יִלְבַּשׁ עַל־בְּשָׂרוֹ, וְהֵרִים אֶת־הַדֶּשֶׁן אֲשֶׁר תֹּאכַל הָאֵשׁ אֶת־הָעֹלָה, עַל־הַמִּזְבֵּחַ, וְשָׂמוֹ אֵצֶל הַמִּזְבֵּחַ: וּפָשַׁט אֶת־בְּגָדָיו, וְלָבַשׁ בְּגָדִים אֲחֵרִים, וְהוֹצִיא אֶת־הַדֶּשֶׁן אֶל־מִחוּץ לַמַּחֲנֶה, אֶל־מָקוֹם טָהוֹר: וְהָאֵשׁ עַל־הַמִּזְבֵּחַ תּוּקַד־בּוֹ, לֹא תִכְבֶּה, וּבִעֵר עָלֶיהָ הַכֹּהֵן עֵצִים בַּבֹּקֶר בַּבֹּקֶר, וְעָרַךְ עָלֶיהָ הָעֹלָה, וְהִקְטִיר עָלֶיהָ חֶלְבֵי הַשְּׁלָמִים: אֵשׁ, תָּמִיד תּוּקַד עַל־הַמִּזְבֵּחַ, לֹא תִכְבֶּה:

יְהִי רָצוֹן מִלְּפָנֶיךָ יהוה אֱלֹהֵינוּ וֵאלֹהֵי אֲבוֹתֵינוּ, שֶׁתְּרַחֵם עָלֵינוּ, וְתִמְחֹל לָנוּ עַל כָּל חַטֹּאתֵינוּ וּתְכַפֵּר לָנוּ עַל כָּל עֲוֹנוֹתֵינוּ וְתִסְלַח לָנוּ עַל כָּל פְּשָׁעֵינוּ, וְשֶׁיִּבָּנֶה בֵּית הַמִּקְדָּשׁ בִּמְהֵרָה בְיָמֵינוּ, וְנַקְרִיב לְפָנֶיךָ קָרְבַּן הַתָּמִיד שֶׁיְּכַפֵּר בַּעֲדֵנוּ, כְּמוֹ שֶׁכָּתַבְתָּ עָלֵינוּ בְּתוֹרָתֶךָ עַל יְדֵי מֹשֶׁה עַבְדֶּךָ מִפִּי כְבוֹדֶךָ, כָּאָמוּר

פרשת קרבן התמיד

במדבר כח וַיְדַבֵּר יהוה אֶל־מֹשֶׁה לֵּאמֹר: צַו אֶת־בְּנֵי יִשְׂרָאֵל וְאָמַרְתָּ אֲלֵהֶם, אֶת־קָרְבָּנִי לַחְמִי לְאִשַּׁי, רֵיחַ נִיחֹחִי, תִּשְׁמְרוּ לְהַקְרִיב לִי בְּמוֹעֲדוֹ: וְאָמַרְתָּ לָהֶם, זֶה הָאִשֶּׁה אֲשֶׁר תַּקְרִיבוּ לַיהוה, כְּבָשִׂים בְּנֵי־שָׁנָה תְמִימִם שְׁנַיִם לַיּוֹם, עֹלָה תָמִיד: אֶת־הַכֶּבֶשׂ אֶחָד תַּעֲשֶׂה בַבֹּקֶר, וְאֵת הַכֶּבֶשׂ הַשֵּׁנִי תַּעֲשֶׂה בֵּין הָעַרְבָּיִם: וַעֲשִׂירִית הָאֵיפָה סֹלֶת לְמִנְחָה, בְּלוּלָה בְּשֶׁמֶן כָּתִית רְבִיעִת הַהִין: עֹלַת תָּמִיד, הָעֲשֻׂיָה בְּהַר סִינַי, לְרֵיחַ נִיחֹחַ אִשֶּׁה לַיהוה: וְנִסְכּוֹ רְבִיעִת הַהִין לַכֶּבֶשׂ הָאֶחָד, בַּקֹּדֶשׁ הַסֵּךְ נֶסֶךְ שֵׁכָר לַיהוה: וְאֵת הַכֶּבֶשׂ הַשֵּׁנִי תַּעֲשֶׂה בֵּין הָעַרְבָּיִם, כְּמִנְחַת הַבֹּקֶר וּכְנִסְכּוֹ תַּעֲשֶׂה, אִשֵּׁה רֵיחַ נִיחֹחַ לַיהוה:

ויקרא א וְשָׁחַט אֹתוֹ עַל יֶרֶךְ הַמִּזְבֵּחַ צָפֹנָה לִפְנֵי יהוה, וְזָרְקוּ בְּנֵי אַהֲרֹן הַכֹּהֲנִים אֶת־דָּמוֹ עַל־הַמִּזְבֵּחַ, סָבִיב:

יְהִי רָצוֹן מִלְּפָנֶיךָ, יהוה אֱלֹהֵינוּ וֵאלֹהֵי אֲבוֹתֵינוּ, שֶׁתְּהֵא אֲמִירָה זוּ חֲשׁוּבָה וּמְקֻבֶּלֶת וּמְרֻצָּה לְפָנֶיךָ, כְּאִלּוּ הִקְרַבְנוּ קָרְבַּן הַתָּמִיד בְּמוֹעֲדוֹ וּבִמְקוֹמוֹ וּכְהִלְכָתוֹ.

הנוהגים כדעת המשנ״ב (לעיל עמ׳ 56), ממשיכים ׳אֵיזֶהוּ מְקוֹמָן שֶׁל זְבָחִים׳ בעמ׳ 66.

אַתָּה הוּא יהוה אֱלֹהֵינוּ שֶׁהִקְטִירוּ אֲבוֹתֵינוּ לְפָנֶיךָ אֶת קְטֹרֶת הַסַּמִּים בִּזְמַן שֶׁבֵּית הַמִּקְדָּשׁ הָיָה קַיָּם, כַּאֲשֶׁר צִוִּיתָ אוֹתָם עַל יְדֵי מֹשֶׁה נְבִיאֶךָ, כַּכָּתוּב בְּתוֹרָתֶךָ:

פרשת הקטורת

שמות ל וַיֹּאמֶר יהוה אֶל־מֹשֶׁה, קַח־לְךָ סַמִּים נָטָף וּשְׁחֵלֶת וְחֶלְבְּנָה, סַמִּים וּלְבֹנָה זַכָּה, בַּד בְּבַד יִהְיֶה: וְעָשִׂיתָ אֹתָהּ קְטֹרֶת, רֹקַח מַעֲשֵׂה רוֹקֵחַ, מְמֻלָּח, טָהוֹר קֹדֶשׁ: וְשָׁחַקְתָּ מִמֶּנָּה הָדֵק, וְנָתַתָּה מִמֶּנָּה לִפְנֵי הָעֵדֻת בְּאֹהֶל מוֹעֵד אֲשֶׁר אִוָּעֵד לְךָ שָׁמָּה, קֹדֶשׁ קָדָשִׁים תִּהְיֶה לָכֶם:

וְנֶאֱמַר

וְהִקְטִיר עָלָיו אַהֲרֹן קְטֹרֶת סַמִּים, בַּבֹּקֶר בַּבֹּקֶר בְּהֵיטִיבוֹ
אֶת־הַנֵּרֹת יַקְטִירֶנָּה: וּבְהַעֲלֹת אַהֲרֹן אֶת־הַנֵּרֹת בֵּין הָעַרְבַּיִם
יַקְטִירֶנָּה, קְטֹרֶת תָּמִיד לִפְנֵי יהוה לְדֹרֹתֵיכֶם:

כריתות ו תָּנוּ רַבָּנָן: פִּטּוּם הַקְּטֹרֶת כֵּיצַד, שְׁלֹשׁ מֵאוֹת וְשִׁשִּׁים וּשְׁמוֹנָה מָנִים הָיוּ בָהּ. שְׁלֹשׁ מֵאוֹת וְשִׁשִּׁים וַחֲמִשָּׁה כְּמִנְיַן יְמוֹת הַחַמָּה, מָנֶה לְכָל יוֹם, פְּרַס בְּשַׁחֲרִית וּפְרַס בֵּין הָעַרְבַּיִם, וּשְׁלֹשָׁה מָנִים יְתֵרִים שֶׁמֵּהֶם מַכְנִיס כֹּהֵן גָּדוֹל מְלֹא חָפְנָיו בְּיוֹם הַכִּפּוּרִים, וּמַחֲזִירָן לְמַכְתֶּשֶׁת בְּעֶרֶב יוֹם הַכִּפּוּרִים וְשׁוֹחֲקָן יָפֶה יָפֶה, כְּדֵי שֶׁתְּהֵא דַקָּה מִן הַדַּקָּה. וְאַחַד עָשָׂר סַמָּנִים הָיוּ בָהּ, וְאֵלּוּ הֵן: הַצֳּרִי, וְהַצִּפֹּרֶן, וְהַחֶלְבְּנָה, וְהַלְּבוֹנָה מִשְׁקַל שִׁבְעִים שִׁבְעִים מָנֶה, מוֹר, וּקְצִיעָה, שִׁבֹּלֶת נֵרְדְּ, וְכַרְכֹּם מִשְׁקַל שִׁשָּׁה עָשָׂר שִׁשָּׁה עָשָׂר מָנֶה, הַקֹּשְׁטְ שְׁנֵים עָשָׂר, קִלּוּפָה שְׁלֹשָׁה, וְקִנָּמוֹן תִּשְׁעָה, בֹּרִית כַּרְשִׁינָה תִּשְׁעָה קַבִּין, יֵין קַפְרִיסִין סְאִין תְּלָת וְקַבִּין תְּלָתָא, וְאִם אֵין לוֹ יֵין קַפְרִיסִין, מֵבִיא חֲמַר חִוַּרְיָן עַתִּיק. מֶלַח סְדוֹמִית רֹבַע, מַעֲלֶה עָשָׁן כָּל שֶׁהוּא. רַבִּי נָתָן הַבַּבְלִי אוֹמֵר: אַף כִּפַּת הַיַּרְדֵּן כָּל שֶׁהוּא, וְאִם נָתַן בָּהּ דְּבַשׁ פְּסָלָהּ, וְאִם חִסַּר אַחַד מִכָּל סַמָּנֶיהָ, חַיָּב מִיתָה.

רַבָּן שִׁמְעוֹן בֶּן גַּמְלִיאֵל אוֹמֵר: הַצֳּרִי אֵינוֹ אֶלָּא שְׂרָף הַנּוֹטֵף מֵעֲצֵי הַקְּטָף. בֹּרִית כַּרְשִׁינָה שֶׁשָּׁפִין בָּהּ אֶת הַצִּפֹּרֶן כְּדֵי שֶׁתְּהֵא נָאָה, יֵין קַפְרִיסִין שֶׁשּׁוֹרִין בּוֹ אֶת הַצִּפֹּרֶן כְּדֵי שֶׁתְּהֵא עַזָּה, וַהֲלֹא מֵי רַגְלַיִם יָפִין לָהּ, אֶלָּא שֶׁאֵין מַכְנִיסִין מֵי רַגְלַיִם בַּמִּקְדָּשׁ מִפְּנֵי הַכָּבוֹד.

תַּנְיָא, רַבִּי נָתָן אוֹמֵר: כְּשֶׁהוּא שׁוֹחֵק אוֹמֵר, הָדֵק הֵיטֵב הֵיטֵב הָדֵק, מִפְּנֵי שֶׁהַקּוֹל יָפֶה לַבְּשָׂמִים. פִּטְּמָהּ לַחֲצָאִין כְּשֵׁרָה, לִשְׁלִישׁ וְלִרְבִיעַ לֹא שָׁמַעְנוּ. אָמַר רַבִּי יְהוּדָה: זֶה הַכְּלָל, אִם כְּמִדָּתָהּ כְּשֵׁרָה לַחֲצָאִין, וְאִם חִסַּר אַחַד מִכָּל סַמָּנֶיהָ חַיָּב מִיתָה.

ירושלמי יומא ד, הלכה ה תַּנְיָא, בַּר קַפָּרָא אוֹמֵר: אַחַת לְשִׁשִּׁים אוֹ לְשִׁבְעִים שָׁנָה הָיְתָה בָאָה שֶׁל שִׁירַיִם לַחֲצָאִין. וְעוֹד תָּנֵי בַּר קַפָּרָא: אִלּוּ הָיָה נוֹתֵן בָּהּ קוֹרְטוֹב שֶׁל דְּבַשׁ אֵין אָדָם יָכוֹל לַעֲמֹד מִפְּנֵי רֵיחָהּ, וְלָמָּה אֵין מְעָרְבִין בָּהּ דְּבַשׁ, מִפְּנֵי שֶׁהַתּוֹרָה אָמְרָה: כִּי ויקרא ב כָל־שְׂאֹר וְכָל־דְּבַשׁ לֹא־תַקְטִירוּ מִמֶּנּוּ אִשֶּׁה לַיהוה:

נוהגים לומר שלושה פסוקים אלה אחרי פרשת הקטורת (׳שער הכוונות׳, על פי הירושלמי במסכת ברכות). והשל״ה כתב לומר כל פסוק שלוש פעמים.

יהוה צְבָאוֹת עִמָּנוּ, מִשְׂגָּב לָנוּ אֱלֹהֵי יַעֲקֹב סֶלָה: תהלים מו

יהוה צְבָאוֹת, אַשְׁרֵי אָדָם בֹּטֵחַ בָּךְ: תהלים פד

יהוה הוֹשִׁיעָה, הַמֶּלֶךְ יַעֲנֵנוּ בְיוֹם־קָרְאֵנוּ: תהלים כ

אַתָּה סֵתֶר לִי, מִצַּר תִּצְּרֵנִי, רָנֵּי פַלֵּט תְּסוֹבְבֵנִי סֶלָה: תהלים לב

וְעָרְבָה לַיהוה מִנְחַת יְהוּדָה וִירוּשָׁלָםִ מלאכי ג

כִּימֵי עוֹלָם וּכְשָׁנִים קַדְמֹנִיּוֹת:

סדר המערכה

אַבַּיֵי הֲוָה מְסַדֵּר סֵדֶר הַמַּעֲרָכָה מִשְּׁמָא דִגְמָרָא, וְאַלִּבָּא דְאַבָּא שָׁאוּל: יומא לג.
מַעֲרָכָה גְדוֹלָה קוֹדֶמֶת לְמַעֲרָכָה שְׁנִיָּה שֶׁל קְטֹרֶת, וּמַעֲרָכָה שְׁנִיָּה שֶׁל
קְטֹרֶת קוֹדֶמֶת לְסִדּוּר שְׁנֵי גִזְרֵי עֵצִים, וְסִדּוּר שְׁנֵי גִזְרֵי עֵצִים קוֹדֵם לְדִשּׁוּן
מִזְבֵּחַ הַפְּנִימִי, וְדִשּׁוּן מִזְבֵּחַ הַפְּנִימִי קוֹדֵם לַהֲטָבַת חָמֵשׁ נֵרוֹת, וַהֲטָבַת
חָמֵשׁ נֵרוֹת קוֹדֶמֶת לְדַם הַתָּמִיד, וְדַם הַתָּמִיד קוֹדֵם לַהֲטָבַת שְׁתֵּי נֵרוֹת,
וַהֲטָבַת שְׁתֵּי נֵרוֹת קוֹדֶמֶת לִקְטֹרֶת, וּקְטֹרֶת קוֹדֶמֶת לְאֵבָרִים, וְאֵבָרִים
לְמִנְחָה, וּמִנְחָה לַחֲבִתִּין, וַחֲבִתִּין לִנְסָכִין, וּנְסָכִין לְמוּסָפִין, וּמוּסָפִין לְבָזִיכִין,
וּבָזִיכִין קוֹדְמִין לְתָמִיד שֶׁל בֵּין הָעַרְבָּיִם. שֶׁנֶּאֱמַר: וְעָרַךְ עָלֶיהָ הָעֹלָה, ויקרא ו
וְהִקְטִיר עָלֶיהָ חֶלְבֵי הַשְּׁלָמִים: עָלֶיהָ הַשְׁלֵם כָּל הַקָּרְבָּנוֹת כֻּלָּם.

האר״י והמקובלים הנהיגו לומר פיוט עתיק זה
המיוחס לתנא ר׳ נחוניה בן הקנה, כהכנה לתפילה (שער הכוונות).

אָנָּא, בְּכֹחַ גְּדֻלַּת יְמִינְךָ, תַּתִּיר צְרוּרָה.
קַבֵּל רִנַּת עַמְּךָ, שַׂגְּבֵנוּ, טַהֲרֵנוּ, נוֹרָא.
נָא גִבּוֹר, דּוֹרְשֵׁי יִחוּדְךָ כְּבָבַת שָׁמְרֵם.
בָּרְכֵם, טַהֲרֵם, רַחֲמֵי צִדְקָתְךָ תָּמִיד גָּמְלֵם.
חֲסִין קָדוֹשׁ, בְּרֹב טוּבְךָ נַהֵל עֲדָתֶךָ.
יָחִיד גֵּאֶה, לְעַמְּךָ פְּנֵה, זוֹכְרֵי קְדֻשָּׁתֶךָ.
שַׁוְעָתֵנוּ קַבֵּל וּשְׁמַע צַעֲקָתֵנוּ, יוֹדֵעַ תַּעֲלוּמוֹת.
בָּרוּךְ שֵׁם כְּבוֹד מַלְכוּתוֹ לְעוֹלָם וָעֶד.

רִבּוֹן הָעוֹלָמִים, אַתָּה צִוִּיתָנוּ לְהַקְרִיב קָרְבַּן הַתָּמִיד בְּמוֹעֲדוֹ וְלִהְיוֹת כֹּהֲנִים בַּעֲבוֹדָתָם וּלְוִיִּם בְּדוּכָנָם וְיִשְׂרָאֵל בְּמַעֲמָדָם. וְעַתָּה בַּעֲוֹנוֹתֵינוּ חָרַב בֵּית הַמִּקְדָּשׁ וּבֻטַּל הַתָּמִיד וְאֵין לָנוּ לֹא כֹהֵן בַּעֲבוֹדָתוֹ וְלֹא לֵוִי בְּדוּכָנוֹ וְלֹא יִשְׂרָאֵל בְּמַעֲמָדוֹ. וְאַתָּה אָמַרְתָּ: וּנְשַׁלְּמָה פָרִים שְׂפָתֵינוּ:

הושע יד

לָכֵן יְהִי רָצוֹן מִלְּפָנֶיךָ יהוה אֱלֹהֵינוּ וֵאלֹהֵי אֲבוֹתֵינוּ, שֶׁיְּהֵא שִׂיחַ שִׂפְתוֹתֵינוּ חָשׁוּב וּמְקֻבָּל וּמְרֻצֶּה לְפָנֶיךָ כְּאִלּוּ הִקְרַבְנוּ קָרְבַּן הַתָּמִיד בְּמוֹעֲדוֹ וְעָמַדְנוּ עַל מַעֲמָדוֹ.

וְנֶאֱמַר: זֹאת הַתּוֹרָה לָעֹלָה לַמִּנְחָה וְלַחַטָּאת וְלָאָשָׁם וְלַמִּלּוּאִים וּלְזֶבַח הַשְּׁלָמִים:

ויקרא ז

לְאַחַר פְּסוּקֵי הַקְּרבנות אומרים פרק משנה ואת הברייתא הפותחת את מדרש תורת כהנים כדי ללמוד בכל יום מקרא, משנה וגמרא (תוספות, קידושין ל ע"א).

חכמים בחרו את פרק ה במסכת זבחים, כיון שכולו הלכה פסוקה בלי מחלוקת (משנ"ב נ, ב).

דיני זבחים

זבחים פרק ה

אֵיזֶהוּ מְקוֹמָן שֶׁל זְבָחִים. קָדְשֵׁי קָדָשִׁים שְׁחִיטָתָן בַּצָּפוֹן. פַּר וְשָׂעִיר שֶׁל יוֹם הַכִּפּוּרִים, שְׁחִיטָתָן בַּצָּפוֹן, וְקִבּוּל דָּמָן בִּכְלִי שָׁרֵת בַּצָּפוֹן, וְדָמָן טָעוּן הַזָּיָה עַל בֵּין הַבַּדִּים, וְעַל הַפָּרֹכֶת, וְעַל מִזְבַּח הַזָּהָב. מַתָּנָה אַחַת מֵהֶן מְעַכָּבֶת. שְׁיָרֵי הַדָּם הָיָה שׁוֹפֵךְ עַל יְסוֹד מַעֲרָבִי שֶׁל מִזְבֵּחַ הַחִיצוֹן, אִם לֹא נָתַן לֹא עִכֵּב.

פָּרִים הַנִּשְׂרָפִים וּשְׂעִירִים הַנִּשְׂרָפִים, שְׁחִיטָתָן בַּצָּפוֹן, וְקִבּוּל דָּמָן בִּכְלִי שָׁרֵת בַּצָּפוֹן, וְדָמָן טָעוּן הַזָּיָה עַל הַפָּרֹכֶת וְעַל מִזְבַּח הַזָּהָב. מַתָּנָה אַחַת מֵהֶן מְעַכָּבֶת. שְׁיָרֵי הַדָּם הָיָה שׁוֹפֵךְ עַל יְסוֹד מַעֲרָבִי שֶׁל מִזְבֵּחַ הַחִיצוֹן, אִם לֹא נָתַן לֹא עִכֵּב. אֵלּוּ וָאֵלּוּ נִשְׂרָפִין בְּבֵית הַדֶּשֶׁן.

חַטֹּאת הַצִּבּוּר וְהַיָּחִיד. אֵלּוּ הֵן חַטֹּאת הַצִּבּוּר: שְׂעִירֵי רָאשֵׁי חֳדָשִׁים וְשֶׁל מוֹעֲדוֹת. שְׁחִיטָתָן בַּצָּפוֹן, וְקִבּוּל דָּמָן בִּכְלִי שָׁרֵת בַּצָּפוֹן, וְדָמָן טָעוּן אַרְבַּע מַתָּנוֹת עַל אַרְבַּע קְרָנוֹת. כֵּיצַד, עָלָה בַכֶּבֶשׁ, וּפָנָה לַסּוֹבֵב, וּבָא לוֹ לְקֶרֶן דְּרוֹמִית מִזְרָחִית, מִזְרָחִית צְפוֹנִית, צְפוֹנִית מַעֲרָבִית, מַעֲרָבִית דְּרוֹמִית. שְׁיָרֵי הַדָּם הָיָה שׁוֹפֵךְ עַל יְסוֹד דְּרוֹמִי. וְנֶאֱכָלִין לִפְנִים מִן הַקְּלָעִים, לְזִכְרֵי כְהֻנָּה, בְּכָל מַאֲכָל, לְיוֹם וָלַיְלָה עַד חֲצוֹת.

יְהִי רָצוֹן מִלְּפָנֶיךָ, יהוה אֱלֹהֵינוּ וֵאלֹהֵי אֲבוֹתֵינוּ, אִם נִתְחַיַּבְתִּי חַטָּאת, שֶׁתְּהֵא אֲמִירָה זוֹ מְרֻצָּה לְפָנֶיךָ כְּאִלּוּ הִקְרַבְתִּי חַטָּאת.

הָעוֹלָה קֹדֶשׁ קָדָשִׁים. שְׁחִיטָתָהּ בַּצָּפוֹן, וְקִבּוּל דָּמָהּ בִּכְלִי שָׁרֵת בַּצָּפוֹן, וְדָמָהּ טָעוּן שְׁתֵּי מַתָּנוֹת שֶׁהֵן אַרְבַּע, וּטְעוּנָה הֶפְשֵׁט וְנִתּוּחַ, וְכָלִיל לָאִשִּׁים.

יְהִי רָצוֹן כְּאִלּוּ הִקְרַבְתִּי עוֹלָה.

זִבְחֵי שַׁלְמֵי צִבּוּר וַאֲשָׁמוֹת. אֵלּוּ הֵן אֲשָׁמוֹת: אֲשַׁם גְּזֵלוֹת, אֲשַׁם מְעִילוֹת, אֲשַׁם שִׁפְחָה חֲרוּפָה, אֲשַׁם נָזִיר, אֲשַׁם מְצֹרָע, אָשָׁם תָּלוּי. שְׁחִיטָתָן בַּצָּפוֹן, וְקִבּוּל דָּמָן בִּכְלִי שָׁרֵת בַּצָּפוֹן, וְדָמָן טָעוּן שְׁתֵּי מַתָּנוֹת שֶׁהֵן אַרְבַּע. וְנֶאֱכָלִין לִפְנִים מִן הַקְּלָעִים, לְזִכְרֵי כְהֻנָּה, בְּכָל מַאֲכָל, לְיוֹם וָלַיְלָה עַד חֲצוֹת.

יְהִי רָצוֹן מִלְּפָנֶיךָ, יהוה אֱלֹהֵינוּ וֵאלֹהֵי אֲבוֹתֵינוּ, אִם נִתְחַיַּבְתִּי אָשָׁם, שֶׁתְּהֵא אֲמִירָה זוֹ מְרֻצָּה לְפָנֶיךָ כְּאִלּוּ הִקְרַבְתִּי אָשָׁם.

הַתּוֹדָה וְאֵיל נָזִיר קָדָשִׁים קַלִּים. שְׁחִיטָתָן בְּכָל מָקוֹם בָּעֲזָרָה, וְדָמָן טָעוּן שְׁתֵּי מַתָּנוֹת שֶׁהֵן אַרְבַּע, וְנֶאֱכָלִין בְּכָל הָעִיר, לְכָל אָדָם, בְּכָל מַאֲכָל, לְיוֹם וָלַיְלָה עַד חֲצוֹת. הַמּוּרָם מֵהֶם כַּיּוֹצֵא בָהֶם, אֶלָּא שֶׁהַמּוּרָם נֶאֱכָל לַכֹּהֲנִים, לִנְשֵׁיהֶם, וְלִבְנֵיהֶם וּלְעַבְדֵיהֶם.

יְהִי רָצוֹן כְּאִלּוּ הִקְרַבְתִּי תּוֹדָה.

שְׁלָמִים קָדָשִׁים קַלִּים. שְׁחִיטָתָן בְּכָל מָקוֹם בָּעֲזָרָה, וְדָמָן טָעוּן שְׁתֵּי מַתָּנוֹת שֶׁהֵן אַרְבַּע, וְנֶאֱכָלִין בְּכָל הָעִיר, לְכָל אָדָם, בְּכָל מַאֲכָל, לִשְׁנֵי יָמִים וְלַיְלָה אֶחָד. הַמּוּרָם מֵהֶם כַּיּוֹצֵא בָהֶם, אֶלָּא שֶׁהַמּוּרָם נֶאֱכָל לַכֹּהֲנִים, לִנְשֵׁיהֶם, וְלִבְנֵיהֶם וּלְעַבְדֵיהֶם.

יְהִי רָצוֹן כְּאִלּוּ הִקְרַבְתִּי שְׁלָמִים.

הַבְּכוֹר וְהַמַּעֲשֵׂר וְהַפֶּסַח קָדָשִׁים קַלִּים. שְׁחִיטָתָן בְּכָל מָקוֹם בָּעֲזָרָה, וְדָמָן טָעוּן מַתָּנָה אֶחָת, וּבִלְבָד שֶׁיִּתֵּן כְּנֶגֶד הַיְסוֹד. שִׁנָּה בַּאֲכִילָתָן, הַבְּכוֹר נֶאֱכָל לַכֹּהֲנִים וְהַמַּעֲשֵׂר לְכָל אָדָם, וְנֶאֱכָלִין בְּכָל הָעִיר, בְּכָל מַאֲכָל, לִשְׁנֵי יָמִים וְלַיְלָה אֶחָד. הַפֶּסַח אֵינוֹ נֶאֱכָל אֶלָּא בַלַּיְלָה, וְאֵינוֹ נֶאֱכָל אֶלָּא עַד חֲצוֹת, וְאֵינוֹ נֶאֱכָל אֶלָּא לִמְנוּיָיו, וְאֵינוֹ נֶאֱכָל אֶלָּא צָלִי.

יש בתי כנסת המתחילים את התפילה בציבור כאן.

ברייתא דרבי ישמעאל

רַבִּי יִשְׁמָעֵאל אוֹמֵר: בִּשְׁלֹשׁ עֶשְׂרֵה מִדּוֹת הַתּוֹרָה נִדְרֶשֶׁת

א מִקַּל וָחֹמֶר

ב וּמִגְּזֵרָה שָׁוָה

ג מִבִּנְיַן אָב מִכָּתוּב אֶחָד, וּמִבִּנְיַן אָב מִשְּׁנֵי כְתוּבִים

ד מִכְּלָל וּפְרָט

ה מִפְּרָט וּכְלָל

ו כְּלָל וּפְרָט וּכְלָל, אִי אַתָּה דָן אֶלָּא כְּעֵין הַפְּרָט

ז מִכְּלָל שֶׁהוּא צָרִיךְ לִפְרָט, וּמִפְּרָט שֶׁהוּא צָרִיךְ לִכְלָל

ח כָּל דָּבָר שֶׁהָיָה בִּכְלָל, וְיָצָא מִן הַכְּלָל לְלַמֵּד
לֹא לְלַמֵּד עַל עַצְמוֹ יָצָא
אֶלָּא לְלַמֵּד עַל הַכְּלָל כֻּלּוֹ יָצָא

ט כָּל דָּבָר שֶׁהָיָה בִּכְלָל, וְיָצָא לִטְעֹן טֹעַן אֶחָד שֶׁהוּא כְעִנְיָנוֹ
יָצָא לְהָקֵל וְלֹא לְהַחֲמִיר

י כָּל דָּבָר שֶׁהָיָה בִּכְלָל, וְיָצָא לִטְעֹן טֹעַן אַחֵר שֶׁלֹּא כְעִנְיָנוֹ
יָצָא לְהָקֵל וּלְהַחֲמִיר

יא כָּל דָּבָר שֶׁהָיָה בִּכְלָל, וְיָצָא לִדּוֹן בַּדָּבָר הֶחָדָשׁ
אִי אַתָּה יָכוֹל לְהַחֲזִירוֹ לִכְלָלוֹ
עַד שֶׁיַּחֲזִירֶנּוּ הַכָּתוּב לִכְלָלוֹ בְּפֵרוּשׁ

יב דָּבָר הַלָּמֵד מֵעִנְיָנוֹ, וְדָבָר הַלָּמֵד מִסּוֹפוֹ

יג וְכֵן שְׁנֵי כְתוּבִים הַמַּכְחִישִׁים זֶה אֶת זֶה
עַד שֶׁיָּבוֹא הַכָּתוּב הַשְּׁלִישִׁי וְיַכְרִיעַ בֵּינֵיהֶם.

יְהִי רָצוֹן מִלְּפָנֶיךָ, יהוה אֱלֹהֵינוּ וֵאלֹהֵי אֲבוֹתֵינוּ, שֶׁיִּבָּנֶה בֵּית הַמִּקְדָּשׁ בִּמְהֵרָה בְיָמֵינוּ, וְתֵן חֶלְקֵנוּ בְּתוֹרָתֶךָ, וְשָׁם נַעֲבָדְךָ בְּיִרְאָה כִּימֵי עוֹלָם וּכְשָׁנִים קַדְמוֹנִיּוֹת.

קדיש דרבנן

אם יש מניין, האבלים עומדים ואומרים קדיש דרבנן.

אבל:

יתגדל ויתקדש שמו הגדול	יִתְגַּדַּל וְיִתְקַדַּשׁ שְׁמֵהּ רַבָּא (קהל: אָמֵן)
בעולם אשר ברא כרצונו	בְּעָלְמָא דִּי בְרָא כִרְעוּתֵהּ
וימליך מלכותו	וְיַמְלִיךְ מַלְכוּתֵהּ
ויצמיח ישועתו ויקרב משיחו	וְיַצְמַח פֻּרְקָנֵהּ וִיקָרֵב מְשִׁיחֵהּ (קהל: אָמֵן)
בחייכם ובימיכם	בְּחַיֵּיכוֹן וּבְיוֹמֵיכוֹן
ובחיי כל בית ישראל	וּבְחַיֵּי דְכָל בֵּית יִשְׂרָאֵל
במהרה ובזמן קרוב	בַּעֲגָלָא וּבִזְמַן קָרִיב
ואמרו אמן.	וְאִמְרוּ אָמֵן. (קהל: אָמֵן)

קהל ואבל:

יהא שמו הגדול מבורך	יְהֵא שְׁמֵהּ רַבָּא מְבָרַךְ
לעולם ולעולמי עולמים	לְעָלַם וּלְעָלְמֵי עָלְמַיָּא.

אבל:

יתברך וישתבח ויתפאר	יִתְבָּרַךְ וְיִשְׁתַּבַּח וְיִתְפָּאַר
ויתרומם ויתנשא	וְיִתְרוֹמַם וְיִתְנַשֵּׂא
ויתהדר ויתעלה ויתהלל	וְיִתְהַדָּר וְיִתְעַלֶּה וְיִתְהַלָּל
שמו של הקדוש ברוך הוא	שְׁמֵהּ דְּקֻדְשָׁא בְּרִיךְ הוּא (קהל: אָמֵן)
למעלה מכל הברכות	לְעֵלָּא מִן כָּל בִּרְכָתָא
והשירות,	וְשִׁירָתָא
התשבחות והנחמות	תֻּשְׁבְּחָתָא וְנֶחֱמָתָא
האמורות בעולם	דַּאֲמִירָן בְּעָלְמָא
ואמרו אמן.	וְאִמְרוּ אָמֵן. (קהל: אָמֵן)

עַל יִשְׂרָאֵל וְעַל רַבָּנָן	על ישראל ועל רבותינו
וְעַל תַּלְמִידֵיהוֹן	ועל תלמידיהם
וְעַל כָּל תַּלְמִידֵי תַלְמִידֵיהוֹן	ועל כל תלמידי תלמידיהם
וְעַל כָּל מָאן דְּעָסְקִין בְּאוֹרַיְתָא	ועל כל מי שעוסקים בתורה
דִּי בְּאַתְרָא קַדִּישָׁא הָדֵין	שבמקום הקדוש הזה
וְדִי בְּכָל אֲתַר וַאֲתַר	ושבכל מקום ומקום
יְהֵא לְהוֹן וּלְכוֹן שְׁלָמָא רַבָּא	יהא להם ולכם שלום רב
חִנָּא וְחִסְדָּא, וְרַחֲמֵי	חן וחסד, ורחמים
וְחַיֵּי אֲרִיכֵי	וחיים ארוכים
וּמְזוֹנֵי רְוִיחֵי	ומזונות רווחים
וּפֻרְקָנָא מִן קֳדָם אֲבוּהוֹן	וישועה מלפני אביהם
דִּי בִשְׁמַיָּא וְאַרְעָא	שבשמים ובארץ
וְאִמְרוּ אָמֵן. (קהל: אָמֵן)	ואמרו אמן.
יְהֵא שְׁלָמָא רַבָּא מִן שְׁמַיָּא	יהא שלום רב מן השמים
וְחַיִּים טוֹבִים עָלֵינוּ	וחיים טובים עלינו
וְעַל כָּל יִשְׂרָאֵל	ועל כל ישראל
וְאִמְרוּ אָמֵן. (קהל: אָמֵן)	ואמרו אמן.

כורע ופוסע שלוש פסיעות לאחור.
קד לשמאל, לימין ולפנים באמירת:

עֹשֶׂה שָׁלוֹם בִּמְרוֹמָיו
הוּא בְּרַחֲמָיו יַעֲשֶׂה שָׁלוֹם
עָלֵינוּ וְעַל כָּל יִשְׂרָאֵל
וְאִמְרוּ אָמֵן. (קהל: אָמֵן)

תפילות השחר

בשעה שהעלו את ארון ה׳ לירושלים, אמרו הלוויים מזמור זה (רד״ק).

ב׳סדר עולם רבה׳ מסופר, שקודם לבניית המקדש אמרו הלוויים לפני ארון ה׳ את חלקו הראשון של מזמור זה מ׳הוֹדוּ לַיהוה׳ עד ׳וּבִנְבִיאַי אַל־תָּרֵעוּ׳ בעת הקרבת תמיד של שחר.

בשעת הקרבת תמיד של בין הערביים אמרו מ׳שִׁירוּ לַיהוה כָּל־הָאָרֶץ׳ עד ׳אָמֵן, וְהַלֵּל לַיהוה׳.

אחרי המזמור מדברי הימים נהגו להוסיף פסוקים המזכירים את חסדי ה׳ (ספר האשכול).

בבתי כנסת המתפללים בנוסח אשכנז, הסדר הוא:
׳מִזְמוֹר שִׁיר־חֲנֻכַּת הַבַּיִת לְדָוִד׳ (עמ׳ 73), קדיש יתום (עמ׳ 209), ׳בָּרוּךְ שֶׁאָמַר׳ (עמ׳ 75),
׳הוֹדוּ לַה׳ קִרְאוּ בִשְׁמוֹ׳, ׳מִזְמוֹר לְתוֹדָה׳ (עמ׳ 76), וממשיכים כרגיל.

הוֹדוּ לַיהוה קִרְאוּ בִשְׁמוֹ, הוֹדִיעוּ בָעַמִּים עֲלִילֹתָיו: שִׁירוּ לוֹ, דברי הימים א׳ טז
זַמְּרוּ־לוֹ, שִׂיחוּ בְּכָל־נִפְלְאוֹתָיו: הִתְהַלְלוּ בְּשֵׁם קָדְשׁוֹ, יִשְׂמַח
לֵב מְבַקְשֵׁי יהוה: דִּרְשׁוּ יהוה וְעֻזּוֹ, בַּקְּשׁוּ פָנָיו תָּמִיד: זִכְרוּ
נִפְלְאֹתָיו אֲשֶׁר עָשָׂה, מֹפְתָיו וּמִשְׁפְּטֵי־פִיהוּ: זֶרַע יִשְׂרָאֵל עַבְדּוֹ,
בְּנֵי יַעֲקֹב בְּחִירָיו: הוּא יהוה אֱלֹהֵינוּ בְּכָל־הָאָרֶץ מִשְׁפָּטָיו: זִכְרוּ
לְעוֹלָם בְּרִיתוֹ, דָּבָר צִוָּה לְאֶלֶף דּוֹר: אֲשֶׁר כָּרַת אֶת־אַבְרָהָם,
וּשְׁבוּעָתוֹ לְיִצְחָק: וַיַּעֲמִידֶהָ לְיַעֲקֹב לְחֹק, לְיִשְׂרָאֵל בְּרִית עוֹלָם:
לֵאמֹר, לְךָ אֶתֵּן אֶרֶץ־כְּנָעַן, חֶבֶל נַחֲלַתְכֶם: בִּהְיוֹתְכֶם מְתֵי
מִסְפָּר, כִּמְעַט וְגָרִים בָּהּ: וַיִּתְהַלְּכוּ מִגּוֹי אֶל־גּוֹי, וּמִמַּמְלָכָה
אֶל־עַם אַחֵר: לֹא־הִנִּיחַ לְאִישׁ לְעָשְׁקָם, וַיּוֹכַח עֲלֵיהֶם מְלָכִים:
אַל־תִּגְּעוּ בִּמְשִׁיחָי, וּבִנְבִיאַי אַל־תָּרֵעוּ: שִׁירוּ לַיהוה כָּל־
הָאָרֶץ, בַּשְּׂרוּ מִיּוֹם־אֶל־יוֹם יְשׁוּעָתוֹ: סַפְּרוּ בַגּוֹיִם אֶת־כְּבוֹדוֹ,
בְּכָל־הָעַמִּים נִפְלְאֹתָיו: כִּי גָדוֹל יהוה וּמְהֻלָּל מְאֹד, וְנוֹרָא
הוּא עַל־כָּל־אֱלֹהִים: ◂ כִּי כָּל־אֱלֹהֵי הָעַמִּים אֱלִילִים, וַיהוה
שָׁמַיִם עָשָׂה:

הוֹד וְהָדָר לְפָנָיו, עֹז וְחֶדְוָה בִּמְקֹמוֹ: הָבוּ לַיהוה מִשְׁפְּחוֹת
עַמִּים, הָבוּ לַיהוה כָּבוֹד וָעֹז: הָבוּ לַיהוה כְּבוֹד שְׁמוֹ, שְׂאוּ מִנְחָה
וּבֹאוּ לְפָנָיו, הִשְׁתַּחֲווּ לַיהוה בְּהַדְרַת־קֹדֶשׁ: חִילוּ מִלְּפָנָיו כָּל־
הָאָרֶץ, אַף־תִּכּוֹן תֵּבֵל בַּל־תִּמּוֹט: יִשְׂמְחוּ הַשָּׁמַיִם וְתָגֵל הָאָרֶץ,
וְיֹאמְרוּ בַגּוֹיִם יהוה מָלָךְ: יִרְעַם הַיָּם וּמְלוֹאוֹ, יַעֲלֹץ הַשָּׂדֶה
וְכָל־אֲשֶׁר־בּוֹ: אָז יְרַנְּנוּ עֲצֵי הַיָּעַר, מִלִּפְנֵי יהוה, כִּי־בָא לִשְׁפּוֹט
אֶת־הָאָרֶץ: הוֹדוּ לַיהוה כִּי טוֹב, כִּי לְעוֹלָם חַסְדּוֹ: וְאִמְרוּ,
הוֹשִׁיעֵנוּ אֱלֹהֵי יִשְׁעֵנוּ, וְקַבְּצֵנוּ וְהַצִּילֵנוּ מִן־הַגּוֹיִם, לְהֹדוֹת
לְשֵׁם קָדְשֶׁךָ, לְהִשְׁתַּבֵּחַ בִּתְהִלָּתֶךָ: בָּרוּךְ יהוה אֱלֹהֵי יִשְׂרָאֵל
מִן־הָעוֹלָם וְעַד־הָעֹלָם, וַיֹּאמְרוּ כָל־הָעָם אָמֵן, וְהַלֵּל לַיהוה:

תהלים צט רוֹמְמוּ יהוה אֱלֹהֵינוּ וְהִשְׁתַּחֲווּ לַהֲדֹם רַגְלָיו, קָדוֹשׁ הוּא:
רוֹמְמוּ יהוה אֱלֹהֵינוּ וְהִשְׁתַּחֲווּ לְהַר קָדְשׁוֹ, כִּי־קָדוֹשׁ יהוה
אֱלֹהֵינוּ:

תהלים עח וְהוּא רַחוּם, יְכַפֵּר עָוֹן וְלֹא־יַשְׁחִית, וְהִרְבָּה לְהָשִׁיב אַפּוֹ,
תהלים מ וְלֹא־יָעִיר כָּל־חֲמָתוֹ: אַתָּה יהוה לֹא־תִכְלָא רַחֲמֶיךָ מִמֶּנִּי, חַסְדְּךָ
תהלים כה וַאֲמִתְּךָ תָּמִיד יִצְּרוּנִי: זְכֹר־רַחֲמֶיךָ יהוה וַחֲסָדֶיךָ, כִּי מֵעוֹלָם
תהלים סח הֵמָּה: תְּנוּ עֹז לֵאלֹהִים, עַל־יִשְׂרָאֵל גַּאֲוָתוֹ, וְעֻזּוֹ בַּשְּׁחָקִים:
נוֹרָא אֱלֹהִים מִמִּקְדָּשֶׁיךָ, אֵל יִשְׂרָאֵל הוּא נֹתֵן עֹז וְתַעֲצֻמוֹת
תהלים צד לָעָם, בָּרוּךְ אֱלֹהִים: אֵל־נְקָמוֹת יהוה, אֵל נְקָמוֹת הוֹפִיעַ:
תהלים ג הִנָּשֵׂא שֹׁפֵט הָאָרֶץ, הָשֵׁב גְּמוּל עַל־גֵּאִים: לַיהוה הַיְשׁוּעָה,
תהלים מו עַל־עַמְּךָ בִרְכָתֶךָ סֶּלָה: יהוה צְבָאוֹת עִמָּנוּ, מִשְׂגָּב לָנוּ אֱלֹהֵי
תהלים פד תהלים כ יַעֲקֹב סֶלָה: יהוה צְבָאוֹת, אַשְׁרֵי אָדָם בֹּטֵחַ בָּךְ: יהוה הוֹשִׁיעָה,
הַמֶּלֶךְ יַעֲנֵנוּ בְיוֹם־קָרְאֵנוּ:

תהלים כח הוֹשִׁיעָה אֶת־עַמֶּךָ, וּבָרֵךְ אֶת־נַחֲלָתֶךָ, וּרְעֵם וְנַשְּׂאֵם עַד־

תהלים לג הָעוֹלָם: נַפְשֵׁנוּ חִכְּתָה לַיהוה, עֶזְרֵנוּ וּמָגִנֵּנוּ הוּא: כִּי־בוֹ יִשְׂמַח

לִבֵּנוּ, כִּי בְשֵׁם קָדְשׁוֹ בָטָחְנוּ: יְהִי־חַסְדְּךָ יהוה עָלֵינוּ, כַּאֲשֶׁר

תהלים פה
תהלים מד יִחַלְנוּ לָךְ: הַרְאֵנוּ יהוה חַסְדֶּךָ, וְיֶשְׁעֲךָ תִּתֶּן־לָנוּ: קוּמָה עֶזְרָתָה

תהלים פא לָּנוּ, וּפְדֵנוּ לְמַעַן חַסְדֶּךָ: אָנֹכִי יהוה אֱלֹהֶיךָ הַמַּעַלְךָ מֵאֶרֶץ

תהלים קמד מִצְרָיִם, הַרְחֶב־פִּיךָ וַאֲמַלְאֵהוּ: ‹ אַשְׁרֵי הָעָם שֶׁכָּכָה לּוֹ, אַשְׁרֵי

תהלים יג הָעָם שֶׁיהוה אֱלֹהָיו: וַאֲנִי בְּחַסְדְּךָ בָטַחְתִּי, יָגֵל לִבִּי בִּישׁוּעָתֶךָ,

אָשִׁירָה לַיהוה, כִּי גָמַל עָלָי:

דוד לא זכה לבנות את בית המקדש, אך מכיוון שמסר את נפשו על המקדש,
נקרא על שמו (במדבר רבה יב, ט).

בסידורי ספרד הישנים פרק זה נאמר כהמשך לפסוקי ההודיה שבסוף 'הודו'.

תהלים ל מִזְמוֹר שִׁיר־חֲנֻכַּת הַבַּיִת לְדָוִד: אֲרוֹמִמְךָ יהוה כִּי

דִלִּיתָנִי, וְלֹא־שִׂמַּחְתָּ אֹיְבַי לִי: יהוה אֱלֹהָי, שִׁוַּעְתִּי

אֵלֶיךָ וַתִּרְפָּאֵנִי: יהוה, הֶעֱלִיתָ מִן־שְׁאוֹל נַפְשִׁי, חִיִּיתַנִי

מִיָּרְדִי־בוֹר: זַמְּרוּ לַיהוה חֲסִידָיו, וְהוֹדוּ לְזֵכֶר קָדְשׁוֹ: כִּי

רֶגַע בְּאַפּוֹ, חַיִּים בִּרְצוֹנוֹ, בָּעֶרֶב יָלִין בֶּכִי וְלַבֹּקֶר רִנָּה:

וַאֲנִי אָמַרְתִּי בְשַׁלְוִי, בַּל־אֶמּוֹט לְעוֹלָם: יהוה, בִּרְצוֹנְךָ

הֶעֱמַדְתָּה לְהַרְרִי עֹז, הִסְתַּרְתָּ פָנֶיךָ הָיִיתִי נִבְהָל: אֵלֶיךָ

יהוה אֶקְרָא, וְאֶל־אֲדֹנָי אֶתְחַנָּן: מַה־בֶּצַע בְּדָמִי, בְּרִדְתִּי

אֶל שָׁחַת, הֲיוֹדְךָ עָפָר, הֲיַגִּיד אֲמִתֶּךָ: שְׁמַע־יהוה וְחָנֵּנִי,

יהוה הֱיֵה־עֹזֵר לִי: ‹ הָפַכְתָּ מִסְפְּדִי לְמָחוֹל לִי, פִּתַּחְתָּ

שַׂקִּי, וַתְּאַזְּרֵנִי שִׂמְחָה: לְמַעַן יְזַמֶּרְךָ כָבוֹד וְלֹא יִדֹּם,

יהוה אֱלֹהָי, לְעוֹלָם אוֹדֶךָ:

במדרש מתואר כיצד בכל בוקר עומד מלאך ברקיע ואומר ״ה׳ מלך, ה׳ מלך, ה׳ ימלך לעולם ועד״, ולכן נהגו לומר פסוקים אלה בשבת בבוקר קודם מזמור יט ׳הַשָּׁמַיִם מְסַפְּרִים כְּבוֹד־אֵל׳ (שיבולי הלקט). ובספרד נהגו לומר פסוק זה פעמיים בכל יום (בית יוסף, נ) ולהוסיף אחריו פסוקים העוסקים בגאולה העתידה, ובקיבוץ גלויות (סידור הרמ״ק).

עומדים ואומרים:

יהוה מֶלֶךְ, יהוה מָלָךְ, יהוה יִמְלֹךְ לְעֹלָם וָעֶד.
יהוה מֶלֶךְ, יהוה מָלָךְ, יהוה יִמְלֹךְ לְעֹלָם וָעֶד.

זכריה יד וְהָיָה יהוה לְמֶלֶךְ עַל־כָּל־הָאָרֶץ
בַּיּוֹם הַהוּא יִהְיֶה יהוה אֶחָד וּשְׁמוֹ אֶחָד:

תהלים קו הוֹשִׁיעֵנוּ יהוה אֱלֹהֵינוּ
וְקַבְּצֵנוּ מִן־הַגּוֹיִם
לְהוֹדוֹת לְשֵׁם קָדְשֶׁךָ, לְהִשְׁתַּבֵּחַ בִּתְהִלָּתֶךָ:
בָּרוּךְ יהוה אֱלֹהֵי יִשְׂרָאֵל מִן־הָעוֹלָם וְעַד הָעוֹלָם
וְאָמַר כָּל־הָעָם אָמֵן, הַלְלוּיָהּ:
תהלים קנ כֹּל הַנְּשָׁמָה תְּהַלֵּל יָהּ, הַלְלוּיָהּ:

מזמור זה כונה בספרי הראשונים ׳מזמור המנורה׳, והיו שנהגו לאומרו בכל יום אחר שיר של יום (אבודרהם). והאר״י נהג לאומרו לפני ׳בָּרוּךְ שֶׁאָמַר׳ (שער הכוונות).

תהלים סז לַמְנַצֵּחַ בִּנְגִינֹת, מִזְמוֹר שִׁיר: אֱלֹהִים יְחָנֵּנוּ וִיבָרְכֵנוּ,
יָאֵר פָּנָיו אִתָּנוּ סֶלָה: לָדַעַת בָּאָרֶץ דַּרְכֶּךָ, בְּכָל־גּוֹיִם
יְשׁוּעָתֶךָ: יוֹדוּךָ עַמִּים אֱלֹהִים, יוֹדוּךָ עַמִּים כֻּלָּם: יִשְׂמְחוּ
וִירַנְּנוּ לְאֻמִּים, כִּי־תִשְׁפֹּט עַמִּים מִישֹׁר, וּלְאֻמִּים בָּאָרֶץ
תַּנְחֵם סֶלָה: יוֹדוּךָ עַמִּים אֱלֹהִים, יוֹדוּךָ עַמִּים כֻּלָּם:
› אֶרֶץ נָתְנָה יְבוּלָהּ, יְבָרְכֵנוּ אֱלֹהִים אֱלֹהֵינוּ: יְבָרְכֵנוּ
אֱלֹהִים, וְיִירְאוּ אוֹתוֹ כָּל־אַפְסֵי־אָרֶץ:

פסוקי דזמרה

לפני פסוקי דזמרה אומרים את ברכת 'בָּרוּךְ שֶׁאָמַר' (שמקורה בספר היכלות),
ואחריהם את ברכת 'יִשְׁתַּבַּח'.

מ׳בָּרוּךְ שֶׁאָמַר׳ ואילך אסור לדבר בדברי חול עד סוף התפילה.

נהוג לומר 'בָּרוּךְ שֶׁאָמַר' בעמידה,
והמתפלל אוחז שתי ציציות לפניו (משנ״ב נא, א).

הֲרֵינִי מְזַמֵּן אֶת פִּי לְהוֹדוֹת וּלְהַלֵּל וּלְשַׁבֵּחַ אֶת בּוֹרְאִי
לְשֵׁם יִחוּד קֻדְשָׁא בְּרִיךְ הוּא וּשְׁכִינְתֵּהּ
עַל יְדֵי הַהוּא טָמִיר וְנֶעְלָם בְּשֵׁם כָּל יִשְׂרָאֵל.

בָּרוּךְ
שֶׁאָמַר

וְהָיָה הָעוֹלָם, בָּרוּךְ הוּא.
בָּרוּךְ אוֹמֵר וְעוֹשֶׂה
בָּרוּךְ גּוֹזֵר וּמְקַיֵּם
בָּרוּךְ עוֹשֶׂה בְרֵאשִׁית
בָּרוּךְ מְרַחֵם עַל הָאָרֶץ
בָּרוּךְ מְרַחֵם עַל הַבְּרִיּוֹת
בָּרוּךְ מְשַׁלֵּם שָׂכָר טוֹב לִירֵאָיו
בָּרוּךְ חַי לָעַד וְקַיָּם לָנֶצַח
בָּרוּךְ פּוֹדֶה וּמַצִּיל
בָּרוּךְ שְׁמוֹ

בָּרוּךְ אַתָּה יהוה אֱלֹהֵינוּ מֶלֶךְ הָעוֹלָם
הָאֵל הָאָב הָרַחֲמָן, הַמְהֻלָּל בְּפֶה עַמּוֹ
מְשֻׁבָּח וּמְפֹאָר בִּלְשׁוֹן חֲסִידָיו וַעֲבָדָיו
וּבְשִׁירֵי דָוִד עַבְדֶּךָ, נְהַלֶּלְךָ יהוה אֱלֹהֵינוּ.
בִּשְׁבָחוֹת וּבִזְמִירוֹת נְגַדֶּלְךָ וּנְשַׁבֵּחֲךָ וּנְפָאֶרְךָ
וְנַמְלִיכְךָ וְנַזְכִּיר שִׁמְךָ מַלְכֵּנוּ אֱלֹהֵינוּ, › יָחִיד חֵי הָעוֹלָמִים
מֶלֶךְ, מְשֻׁבָּח וּמְפֹאָר עֲדֵי עַד שְׁמוֹ הַגָּדוֹל
בָּרוּךְ אַתָּה יהוה, מֶלֶךְ מְהֻלָּל בַּתִּשְׁבָּחוֹת.

מזמור זה נאמר בכינור ובנבלים בשעת קידוש ירושלים (׳מלאה הארץ דעה׳, על פי רש״י, שבועות טו ע״ב). אין אומרים ׳מִזְמוֹר לְתוֹדָה׳ בימים שאין מקריבים בהם קרבן תודה (סידור רש״י), אך בתשעה באב אומרים, שהרי הקריבו בו תודה, ולכשייבנה המקדש יהפוך לששון ולשמחה (שו״ת מהרש״ל, סד על פי ראש השנה יח ע״ב).

נחלקו המקובלים אם מוטב לאומרו בישיבה או בעמידה, והמנהג הנפוץ לאומרו בעמידה.

תהלים ק מִזְמוֹר לְתוֹדָה, הָרִיעוּ לַיהוה כָּל־הָאָרֶץ: עִבְדוּ אֶת־יהוה בְּשִׂמְחָה, בֹּאוּ לְפָנָיו בִּרְנָנָה: דְּעוּ כִּי־יהוה הוּא אֱלֹהִים, הוּא עָשָׂנוּ וְלוֹ אֲנַחְנוּ, עַמּוֹ וְצֹאן מַרְעִיתוֹ: בֹּאוּ שְׁעָרָיו בְּתוֹדָה, חֲצֵרֹתָיו בִּתְהִלָּה, הוֹדוּ לוֹ, בָּרְכוּ שְׁמוֹ: › כִּי־טוֹב יהוה, לְעוֹלָם חַסְדּוֹ, וְעַד־דֹּר וָדֹר אֱמוּנָתוֹ:

לקט פסוקים על גדולת ה׳ ועל השבחים שהבריאה כולה משבחת אותו. המקובלים ראו בפסוקים אלו רמז לעולמות העליונים המשתתפים עם העולם הזה בשבח (יסוד ושורש העבודה).

תהלים קד יְהִי כְבוֹד יהוה לְעוֹלָם, יִשְׂמַח יהוה בְּמַעֲשָׂיו: יְהִי שֵׁם יהוה
תהלים קיג מְבֹרָךְ, מֵעַתָּה וְעַד־עוֹלָם: מִמִּזְרַח־שֶׁמֶשׁ עַד־מְבוֹאוֹ, מְהֻלָּל
תהלים קלה שֵׁם יהוה: רָם עַל־כָּל־גּוֹיִם יהוה, עַל הַשָּׁמַיִם כְּבוֹדוֹ: יהוה
תהלים קג שִׁמְךָ לְעוֹלָם, יהוה זִכְרְךָ לְדֹר־וָדֹר: יהוה בַּשָּׁמַיִם הֵכִין כִּסְאוֹ,
דברי הימים א׳ טז וּמַלְכוּתוֹ בַּכֹּל מָשָׁלָה: יִשְׂמְחוּ הַשָּׁמַיִם וְתָגֵל הָאָרֶץ, וְיֹאמְרוּ

בַּגּוֹיִם יהוה מֶלֶךְ, יהוה מָלָךְ, יהוה יִמְלֹךְ לְעוֹלָם וָעֶד.
יהוה מֶלֶךְ עוֹלָם וָעֶד, אָבְדוּ גוֹיִם מֵאַרְצוֹ: יהוה הֵפִיר עֲצַת־גּוֹיִם, תהלים י תהלים לג
הֵנִיא מַחְשְׁבוֹת עַמִּים: רַבּוֹת מַחֲשָׁבוֹת בְּלֶב־אִישׁ, וַעֲצַת יהוה
הִיא תָקוּם: עֲצַת יהוה לְעוֹלָם תַּעֲמֹד, מַחְשְׁבוֹת לִבּוֹ לְדֹר וָדֹר: משלי יט תהלים לג
כִּי הוּא אָמַר וַיֶּהִי, הוּא־צִוָּה וַיַּעֲמֹד: כִּי־בָחַר יהוה בְּצִיּוֹן, אִוָּהּ תהלים קלב
לְמוֹשָׁב לוֹ: כִּי־יַעֲקֹב בָּחַר לוֹ יָהּ, יִשְׂרָאֵל לִסְגֻלָּתוֹ: כִּי לֹא־יִטֹּשׁ תהלים קלה תהלים צד
יהוה עַמּוֹ, וְנַחֲלָתוֹ לֹא יַעֲזֹב: › וְהוּא רַחוּם, יְכַפֵּר עָוֹן וְלֹא־יַשְׁחִית, תהלים עח
וְהִרְבָּה לְהָשִׁיב אַפּוֹ, וְלֹא־יָעִיר כָּל־חֲמָתוֹ: יהוה הוֹשִׁיעָה, הַמֶּלֶךְ תהלים כ
יַעֲנֵנוּ בְיוֹם־קָרְאֵנוּ:

״אמר ר׳ יוסי: יהי חלקי מגומרי הלל בכל יום״ (שבת קיח ע״ב),
והכוונה לששת המזמורים האחרונים בספר תהלים.
הראשון שבהם פותח ב׳תְּהִלָּה לְדָוִד׳, וכל מזמור אחר כך פותח ומסתיים ב׳הַלְלוּיָהּ׳ (רי״ף).
בברכות ד ע״ב נאמר ״כל האומר תְּהִלָּה לְדָוִד בכל יום שלש פעמים – מובטח לו שהוא
בן העולם הבא... משום דאית ביה ׳פּוֹתֵחַ אֶת־יָדֶךָ׳״,
ומשום כך יש לכוון במיוחד בפסוק זה, ואם לא התכוון צריך לחזור ולאומרו שנית
(תלמידי ר׳ יונה, ברכות כג ע״א).

אַשְׁרֵי יוֹשְׁבֵי בֵיתֶךָ, עוֹד יְהַלְלוּךָ סֶּלָה: תהלים פד
אַשְׁרֵי הָעָם שֶׁכָּכָה לּוֹ, אַשְׁרֵי הָעָם שֶׁיהוה אֱלֹהָיו: תהלים קמד
תְּהִלָּה לְדָוִד תהלים קמה
אֲרוֹמִמְךָ אֱלוֹהַי הַמֶּלֶךְ, וַאֲבָרְכָה שִׁמְךָ לְעוֹלָם וָעֶד:
בְּכָל־יוֹם אֲבָרְכֶךָּ, וַאֲהַלְלָה שִׁמְךָ לְעוֹלָם וָעֶד:
גָּדוֹל יהוה וּמְהֻלָּל מְאֹד, וְלִגְדֻלָּתוֹ אֵין חֵקֶר:
דּוֹר לְדוֹר יְשַׁבַּח מַעֲשֶׂיךָ, וּגְבוּרֹתֶיךָ יַגִּידוּ:
הֲדַר כְּבוֹד הוֹדֶךָ, וְדִבְרֵי נִפְלְאֹתֶיךָ אָשִׂיחָה:
וֶעֱזוּז נוֹרְאֹתֶיךָ יֹאמֵרוּ, וּגְדוּלָּתְךָ אֲסַפְּרֶנָּה:

זֵכֶר רַב־טוּבְךָ יַבִּיעוּ, וְצִדְקָתְךָ יְרַנֵּנוּ:
חַנּוּן וְרַחוּם יהוה, אֶרֶךְ אַפַּיִם וּגְדָל־חָסֶד:
טוֹב־יהוה לַכֹּל, וְרַחֲמָיו עַל־כָּל־מַעֲשָׂיו:
יוֹדוּךָ יהוה כָּל־מַעֲשֶׂיךָ, וַחֲסִידֶיךָ יְבָרְכוּכָה:
כְּבוֹד מַלְכוּתְךָ יֹאמֵרוּ, וּגְבוּרָתְךָ יְדַבֵּרוּ:
לְהוֹדִיעַ לִבְנֵי הָאָדָם גְּבוּרֹתָיו, וּכְבוֹד הֲדַר מַלְכוּתוֹ:
מַלְכוּתְךָ מַלְכוּת כָּל־עֹלָמִים, וּמֶמְשַׁלְתְּךָ בְּכָל־דּוֹר וָדֹר:
סוֹמֵךְ יהוה לְכָל־הַנֹּפְלִים, וְזוֹקֵף לְכָל־הַכְּפוּפִים:
עֵינֵי־כֹל אֵלֶיךָ יְשַׂבֵּרוּ, וְאַתָּה נוֹתֵן־לָהֶם אֶת־אָכְלָם בְּעִתּוֹ:
פּוֹתֵחַ אֶת־יָדֶךָ, וּמַשְׂבִּיעַ לְכָל־חַי רָצוֹן:
צַדִּיק יהוה בְּכָל־דְּרָכָיו, וְחָסִיד בְּכָל־מַעֲשָׂיו:
קָרוֹב יהוה לְכָל־קֹרְאָיו, לְכֹל אֲשֶׁר יִקְרָאֻהוּ בֶאֱמֶת:
רְצוֹן־יְרֵאָיו יַעֲשֶׂה, וְאֶת־שַׁוְעָתָם יִשְׁמַע, וְיוֹשִׁיעֵם:
שׁוֹמֵר יהוה אֶת־כָּל־אֹהֲבָיו, וְאֵת כָּל־הָרְשָׁעִים יַשְׁמִיד:
› תְּהִלַּת יהוה יְדַבֶּר פִּי, וִיבָרֵךְ כָּל־בָּשָׂר שֵׁם קָדְשׁוֹ לְעוֹלָם וָעֶד:
תהלים קטו וַאֲנַחְנוּ נְבָרֵךְ יָהּ מֵעַתָּה וְעַד־עוֹלָם, הַלְלוּיָהּ:

תהלים קמו הַלְלוּיָהּ, הַלְלִי נַפְשִׁי אֶת־יהוה: אֲהַלְלָה יהוה בְּחַיָּי, אֲזַמְּרָה
לֵאלֹהַי בְּעוֹדִי: אַל־תִּבְטְחוּ בִנְדִיבִים, בְּבֶן־אָדָם שֶׁאֵין לוֹ תְשׁוּעָה:
תֵּצֵא רוּחוֹ, יָשֻׁב לְאַדְמָתוֹ, בַּיּוֹם הַהוּא אָבְדוּ עֶשְׁתֹּנֹתָיו: אַשְׁרֵי
שֶׁאֵל יַעֲקֹב בְּעֶזְרוֹ, שִׂבְרוֹ עַל־יהוה אֱלֹהָיו: עֹשֶׂה שָׁמַיִם וָאָרֶץ,
אֶת־הַיָּם וְאֶת־כָּל־אֲשֶׁר־בָּם, הַשֹּׁמֵר אֱמֶת לְעוֹלָם: עֹשֶׂה מִשְׁפָּט
לָעֲשׁוּקִים, נֹתֵן לֶחֶם לָרְעֵבִים, יהוה מַתִּיר אֲסוּרִים: יהוה פֹּקֵחַ
עִוְרִים, יהוה זֹקֵף כְּפוּפִים, יהוה אֹהֵב צַדִּיקִים: › יהוה שֹׁמֵר

אֶת־גֵּרִים, יָתוֹם וְאַלְמָנָה יְעוֹדֵד, וְדֶרֶךְ רְשָׁעִים יְעַוֵּת: יִמְלֹךְ יהוה לְעוֹלָם, אֱלֹהַיִךְ צִיּוֹן לְדֹר וָדֹר, הַלְלוּיָהּ:

תהלים קמז הַלְלוּיָהּ, כִּי־טוֹב זַמְּרָה אֱלֹהֵינוּ, כִּי־נָעִים נָאוָה תְהִלָּה: בּוֹנֵה יְרוּשָׁלַםִ יהוה, נִדְחֵי יִשְׂרָאֵל יְכַנֵּס: הָרוֹפֵא לִשְׁבוּרֵי לֵב, וּמְחַבֵּשׁ לְעַצְּבוֹתָם: מוֹנֶה מִסְפָּר לַכּוֹכָבִים, לְכֻלָּם שֵׁמוֹת יִקְרָא: גָּדוֹל אֲדוֹנֵינוּ וְרַב־כֹּחַ, לִתְבוּנָתוֹ אֵין מִסְפָּר: מְעוֹדֵד עֲנָוִים יהוה, מַשְׁפִּיל רְשָׁעִים עֲדֵי־אָרֶץ: עֱנוּ לַיהוה בְּתוֹדָה, זַמְּרוּ לֵאלֹהֵינוּ בְכִנּוֹר: הַמְכַסֶּה שָׁמַיִם בְּעָבִים, הַמֵּכִין לָאָרֶץ מָטָר, הַמַּצְמִיחַ הָרִים חָצִיר: נוֹתֵן לִבְהֵמָה לַחְמָהּ, לִבְנֵי עֹרֵב אֲשֶׁר יִקְרָאוּ: לֹא בִגְבוּרַת הַסּוּס יֶחְפָּץ, לֹא־בְשׁוֹקֵי הָאִישׁ יִרְצֶה: רוֹצֶה יהוה אֶת־יְרֵאָיו, אֶת־הַמְיַחֲלִים לְחַסְדּוֹ: שַׁבְּחִי יְרוּשָׁלַםִ אֶת־יהוה, הַלְלִי אֱלֹהַיִךְ צִיּוֹן: כִּי־חִזַּק בְּרִיחֵי שְׁעָרָיִךְ, בֵּרַךְ בָּנַיִךְ בְּקִרְבֵּךְ: הַשָּׂם־גְּבוּלֵךְ שָׁלוֹם, חֵלֶב חִטִּים יַשְׂבִּיעֵךְ: הַשֹּׁלֵחַ אִמְרָתוֹ אָרֶץ, עַד־מְהֵרָה יָרוּץ דְּבָרוֹ: הַנֹּתֵן שֶׁלֶג כַּצָּמֶר, כְּפוֹר כָּאֵפֶר יְפַזֵּר: מַשְׁלִיךְ קַרְחוֹ כְפִתִּים, לִפְנֵי קָרָתוֹ מִי יַעֲמֹד: יִשְׁלַח דְּבָרוֹ וְיַמְסֵם, יַשֵּׁב רוּחוֹ יִזְּלוּ־מָיִם: ◂ מַגִּיד דְּבָרָו לְיַעֲקֹב, חֻקָּיו וּמִשְׁפָּטָיו לְיִשְׂרָאֵל: לֹא עָשָׂה כֵן לְכָל־גּוֹי, וּמִשְׁפָּטִים בַּל־יְדָעוּם, הַלְלוּיָהּ:

תהלים קמח הַלְלוּיָהּ, הַלְלוּ אֶת־יהוה מִן־הַשָּׁמַיִם, הַלְלוּהוּ בַּמְּרוֹמִים: הַלְלוּהוּ כָל־מַלְאָכָיו, הַלְלוּהוּ כָּל־צְבָאָו: הַלְלוּהוּ שֶׁמֶשׁ וְיָרֵחַ, הַלְלוּהוּ כָּל־כּוֹכְבֵי אוֹר: הַלְלוּהוּ שְׁמֵי הַשָּׁמָיִם, וְהַמַּיִם אֲשֶׁר מֵעַל הַשָּׁמָיִם: יְהַלְלוּ אֶת־שֵׁם יהוה, כִּי הוּא צִוָּה וְנִבְרָאוּ: וַיַּעֲמִידֵם

לָעַד לְעוֹלָם, חָק־נָתַן וְלֹא יַעֲבוֹר: הַלְלוּ אֶת־יהוה מִן־הָאָרֶץ,
תַּנִּינִים וְכָל־תְּהֹמוֹת: אֵשׁ וּבָרָד שֶׁלֶג וְקִיטוֹר, רוּחַ סְעָרָה עֹשָׂה
דְבָרוֹ: הֶהָרִים וְכָל־גְּבָעוֹת, עֵץ פְּרִי וְכָל־אֲרָזִים: הַחַיָּה וְכָל־
בְּהֵמָה, רֶמֶשׂ וְצִפּוֹר כָּנָף: מַלְכֵי־אֶרֶץ וְכָל־לְאֻמִּים, שָׂרִים וְכָל־
שֹׁפְטֵי אָרֶץ: בַּחוּרִים וְגַם־בְּתוּלוֹת, זְקֵנִים עִם־נְעָרִים: ◄ יְהַלְלוּ
אֶת־שֵׁם יהוה, כִּי־נִשְׂגָּב שְׁמוֹ לְבַדּוֹ, הוֹדוֹ עַל־אֶרֶץ וְשָׁמָיִם:
וַיָּרֶם קֶרֶן לְעַמּוֹ, תְּהִלָּה לְכָל־חֲסִידָיו, לִבְנֵי יִשְׂרָאֵל עַם קְרֹבוֹ,
הַלְלוּיָהּ:

תהלים קמט הַלְלוּיָהּ, שִׁירוּ לַיהוה שִׁיר חָדָשׁ, תְּהִלָּתוֹ בִּקְהַל חֲסִידִים: יִשְׂמַח
יִשְׂרָאֵל בְּעֹשָׂיו, בְּנֵי־צִיּוֹן יָגִילוּ בְמַלְכָּם: יְהַלְלוּ שְׁמוֹ בְמָחוֹל, בְּתֹף
וְכִנּוֹר יְזַמְּרוּ־לוֹ: כִּי־רוֹצֶה יהוה בְּעַמּוֹ, יְפָאֵר עֲנָוִים בִּישׁוּעָה:
יַעְלְזוּ חֲסִידִים בְּכָבוֹד, יְרַנְּנוּ עַל־מִשְׁכְּבוֹתָם: רוֹמְמוֹת אֵל
בִּגְרוֹנָם, וְחֶרֶב פִּיפִיּוֹת בְּיָדָם: לַעֲשׂוֹת נְקָמָה בַּגּוֹיִם, תּוֹכֵחוֹת
בַּלְאֻמִּים: ◄ לֶאְסֹר מַלְכֵיהֶם בְּזִקִּים, וְנִכְבְּדֵיהֶם בְּכַבְלֵי בַרְזֶל:
לַעֲשׂוֹת בָּהֶם מִשְׁפָּט כָּתוּב, הָדָר הוּא לְכָל־חֲסִידָיו, הַלְלוּיָהּ:

חוזרים על הפסוק האחרון פעמיים, מפני שהוא סוף ה׳הלל שבכל יום׳ (סידור רש״י).

תהלים קנ הַלְלוּיָהּ
הַלְלוּ־אֵל בְּקָדְשׁוֹ, הַלְלוּהוּ בִּרְקִיעַ עֻזּוֹ:
הַלְלוּהוּ בִגְבוּרֹתָיו, הַלְלוּהוּ כְּרֹב גֻּדְלוֹ:
הַלְלוּהוּ בְּתֵקַע שׁוֹפָר, הַלְלוּהוּ בְּנֵבֶל וְכִנּוֹר:
הַלְלוּהוּ בְּתֹף וּמָחוֹל, הַלְלוּהוּ בְּמִנִּים וְעֻגָב: ◄
הַלְלוּהוּ בְצִלְצְלֵי־שָׁמַע, הַלְלוּהוּ בְּצִלְצְלֵי תְרוּעָה:
כֹּל הַנְּשָׁמָה תְּהַלֵּל יָהּ, הַלְלוּיָהּ:
כֹּל הַנְּשָׁמָה תְּהַלֵּל יָהּ, הַלְלוּיָהּ:

ספר תהלים נחלק לחמישה ספרים כנגד חמישה חומשי תורה (מדרש שוחר טוב).
לאחר סיום הספר החמישי חוזרים ואומרים את פסוקי הסיום של שאר ספרי תהלים
פרט לספר הראשון והרביעי, כיוון שהם נאמרו כברכות במקדש (סידור יעב״ץ).

בָּרוּךְ יהוה לְעוֹלָם, אָמֵן וְאָמֵן: תהלים פט

בָּרוּךְ יהוה מִצִּיּוֹן, שֹׁכֵן יְרוּשָׁלָםִ, הַלְלוּיָהּ: תהלים קלה

בָּרוּךְ יהוה אֱלֹהִים אֱלֹהֵי יִשְׂרָאֵל, עֹשֵׂה נִפְלָאוֹת לְבַדּוֹ: תהלים עב

◂ וּבָרוּךְ שֵׁם כְּבוֹדוֹ לְעוֹלָם
וְיִמָּלֵא כְבוֹדוֹ אֶת־כָּל־הָאָרֶץ, אָמֵן וְאָמֵן:

פסוקי דזמרה מסתיימים בשלושה מעמדות מרכזיים בחיי העם:
ברכת דוד כאשר נאספו הנדבות לבניין המקדש, הברית שכרתו
עולי הגולה בימי עזרא ונחמיה ושירת הים (הרב זקס).

נוהגים לומר פרשות אלה בעמידה (׳דרך החיים׳, קיצור שו״ע),
וכן נוהגים לתת צדקה באמירת ׳וְאַתָּה מוֹשֵׁל בַּכֹּל׳ (שער הכוונות).

וַיְבָרֶךְ דָּוִיד אֶת־יהוה לְעֵינֵי כָּל־הַקָּהָל, וַיֹּאמֶר דָּוִיד, בָּרוּךְ אַתָּה דברי הימים א׳ כט
יהוה, אֱלֹהֵי יִשְׂרָאֵל אָבִינוּ, מֵעוֹלָם וְעַד־עוֹלָם: לְךָ יהוה הַגְּדֻלָּה
וְהַגְּבוּרָה וְהַתִּפְאֶרֶת וְהַנֵּצַח וְהַהוֹד, כִּי־כֹל בַּשָּׁמַיִם וּבָאָרֶץ,
לְךָ יהוה הַמַּמְלָכָה וְהַמִּתְנַשֵּׂא לְכֹל לְרֹאשׁ: וְהָעֹשֶׁר וְהַכָּבוֹד
מִלְּפָנֶיךָ, וְאַתָּה מוֹשֵׁל בַּכֹּל, וּבְיָדְךָ כֹּחַ וּגְבוּרָה, וּבְיָדְךָ לְגַדֵּל
וּלְחַזֵּק לַכֹּל: וְעַתָּה אֱלֹהֵינוּ מוֹדִים אֲנַחְנוּ לָךְ, וּמְהַלְלִים לְשֵׁם
תִּפְאַרְתֶּךָ: וִיבָרְכוּ שֵׁם כְּבֹדֶךָ, וּמְרוֹמַם עַל־כָּל־בְּרָכָה נחמיה ט
וּתְהִלָּה: אַתָּה־הוּא יהוה לְבַדֶּךָ, אַתָּ עָשִׂיתָ אֶת־הַשָּׁמַיִם, שְׁמֵי
הַשָּׁמַיִם וְכָל־צְבָאָם, הָאָרֶץ וְכָל־אֲשֶׁר עָלֶיהָ, הַיַּמִּים וְכָל־אֲשֶׁר
בָּהֶם, וְאַתָּה מְחַיֶּה אֶת־כֻּלָּם, וּצְבָא הַשָּׁמַיִם לְךָ מִשְׁתַּחֲוִים:
◂ אַתָּה הוּא יהוה הָאֱלֹהִים אֲשֶׁר בָּחַרְתָּ בְּאַבְרָם, וְהוֹצֵאתוֹ
מֵאוּר כַּשְׂדִּים, וְשַׂמְתָּ שְּׁמוֹ אַבְרָהָם: וּמָצָאתָ אֶת־לְבָבוֹ נֶאֱמָן
לְפָנֶיךָ, ◂ וְכָרוֹת עִמּוֹ הַבְּרִית לָתֵת אֶת־אֶרֶץ הַכְּנַעֲנִי הַחִתִּי
הָאֱמֹרִי וְהַפְּרִזִּי וְהַיְבוּסִי וְהַגִּרְגָּשִׁי, לָתֵת לְזַרְעוֹ, וַתָּקֶם אֶת־

דְּבָרֶיךָ, כִּי צַדִּיק אָתָּה: וַתֵּרֶא אֶת־עֳנִי אֲבֹתֵינוּ בְּמִצְרָיִם, וְאֶת־
זַעֲקָתָם שָׁמַעְתָּ עַל־יַם־סוּף: וַתִּתֵּן אֹתֹת וּמֹפְתִים בְּפַרְעֹה וּבְכָל־
עֲבָדָיו וּבְכָל־עַם אַרְצוֹ, כִּי יָדַעְתָּ כִּי הֵזִידוּ עֲלֵיהֶם, וַתַּעַשׂ־לְךָ שֵׁם
כְּהַיּוֹם הַזֶּה: ‹ וְהַיָּם בָּקַעְתָּ לִפְנֵיהֶם, וַיַּעַבְרוּ בְתוֹךְ־הַיָּם בַּיַּבָּשָׁה,
וְאֶת־רֹדְפֵיהֶם הִשְׁלַכְתָּ בִמְצוֹלֹת כְּמוֹ־אֶבֶן, בְּמַיִם עַזִּים:

שמות יד וַיּוֹשַׁע יהוה בַּיּוֹם הַהוּא אֶת־יִשְׂרָאֵל מִיַּד מִצְרָיִם וַיַּרְא יִשְׂרָאֵל
אֶת־מִצְרַיִם מֵת עַל־שְׂפַת הַיָּם: ‹ וַיַּרְא יִשְׂרָאֵל אֶת־הַיָּד הַגְּדֹלָה
אֲשֶׁר עָשָׂה יהוה בְּמִצְרַיִם וַיִּירְאוּ הָעָם אֶת־יהוה וַיַּאֲמִינוּ בַּיהוה
וּבְמֹשֶׁה עַבְדּוֹ:

יש מהראשונים שכתבו שאין ראוי לומר את שירת הים בתשעה באב (כל בו; אגור),
אך אין נוהגים כן (ד"מ, תקנט, ו).
הפסוק 'ה' יִמְלֹךְ לְעֹלָם וָעֶד' מסכם את פסוקי דזמרה, ולכן חוזרים עליו פעמיים (אבודרהם).
האר"י נהג לומר גם את התרגום לפסוק.
אחרי השירה מוסיפים שלושה פסוקים מפסוקי מלכויות במוסף לראש השנה,
כדי לחתום במלכות ה' על העולם כולו (סידור חסידי אשכנז).

שמות טו אָז יָשִׁיר־מֹשֶׁה וּבְנֵי יִשְׂרָאֵל אֶת־הַשִּׁירָה הַזֹּאת לַיהוה, וַיֹּאמְרוּ
לֵאמֹר, אָשִׁירָה לַיהוה כִּי־גָאֹה גָּאָה, סוּס
וְרֹכְבוֹ רָמָה בַיָּם: עָזִּי וְזִמְרָת יָהּ וַיְהִי־לִי
לִישׁוּעָה, זֶה אֵלִי וְאַנְוֵהוּ, אֱלֹהֵי
אָבִי וַאֲרֹמְמֶנְהוּ: יהוה אִישׁ מִלְחָמָה, יהוה
שְׁמוֹ: מַרְכְּבֹת פַּרְעֹה וְחֵילוֹ יָרָה בַיָּם, וּמִבְחַר
שָׁלִשָׁיו טֻבְּעוּ בְיַם־סוּף: תְּהֹמֹת יְכַסְיֻמוּ, יָרְדוּ בִמְצוֹלֹת כְּמוֹ־
אָבֶן: יְמִינְךָ יהוה נֶאְדָּרִי בַּכֹּחַ, יְמִינְךָ
יהוה תִּרְעַץ אוֹיֵב: וּבְרֹב גְּאוֹנְךָ תַּהֲרֹס
קָמֶיךָ, תְּשַׁלַּח חֲרֹנְךָ יֹאכְלֵמוֹ כַּקַּשׁ: וּבְרוּחַ

אַפֶּיךָ נֶעֶרְמוּ מַיִם, נִצְּבוּ כְמוֹ־נֵד

נֹזְלִים, קָפְאוּ תְהֹמֹת בְּלֶב־יָם: אָמַר

אוֹיֵב אֶרְדֹּף, אַשִּׂיג, אֲחַלֵּק שָׁלָל, תִּמְלָאֵמוֹ

נַפְשִׁי, אָרִיק חַרְבִּי תּוֹרִישֵׁמוֹ יָדִי: נָשַׁפְתָּ

בְרוּחֲךָ כִּסָּמוֹ יָם, צָלְלוּ כַּעוֹפֶרֶת בְּמַיִם

אַדִּירִים: מִי־כָמֹכָה בָּאֵלִם יהוה, מִי

כָּמֹכָה נֶאְדָּר בַּקֹּדֶשׁ, נוֹרָא תְהִלֹּת עֹשֵׂה

פֶלֶא: נָטִיתָ יְמִינְךָ תִּבְלָעֵמוֹ אָרֶץ: נָחִיתָ

בְחַסְדְּךָ עַם־זוּ גָּאָלְתָּ, נֵהַלְתָּ בְעָזְּךָ אֶל־נְוֵה

קָדְשֶׁךָ: שָׁמְעוּ עַמִּים יִרְגָּזוּן, חִיל

אָחַז יֹשְׁבֵי פְּלָשֶׁת: אָז נִבְהֲלוּ אַלּוּפֵי

אֱדוֹם, אֵילֵי מוֹאָב יֹאחֲזֵמוֹ רָעַד, נָמֹגוּ

כֹּל יֹשְׁבֵי כְנָעַן: תִּפֹּל עֲלֵיהֶם אֵימָתָה

וָפַחַד, בִּגְדֹל זְרוֹעֲךָ יִדְּמוּ כָּאָבֶן, עַד־

יַעֲבֹר עַמְּךָ יהוה, עַד־יַעֲבֹר עַם־זוּ

קָנִיתָ: תְּבִאֵמוֹ וְתִטָּעֵמוֹ בְּהַר נַחֲלָתְךָ, מָכוֹן

לְשִׁבְתְּךָ פָּעַלְתָּ יהוה, מִקְּדָשׁ אֲדֹנָי כּוֹנְנוּ

יָדֶיךָ: יהוה ׀ יִמְלֹךְ לְעֹלָם וָעֶד:

יהוה יִמְלֹךְ לְעֹלָם וָעֶד.

יהוה מַלְכוּתֵהּ קָאֵם לְעָלַם וּלְעָלְמֵי עָלְמַיָּא.

כִּי

בָא סוּס פַּרְעֹה בְּרִכְבּוֹ וּבְפָרָשָׁיו בַּיָּם, וַיָּשֶׁב יהוה עֲלֵהֶם אֶת־מֵי

הַיָּם, וּבְנֵי יִשְׂרָאֵל הָלְכוּ בַיַּבָּשָׁה בְּתוֹךְ הַיָּם:

תהלים כב › כִּי לַיהוה הַמְּלוּכָה וּמֹשֵׁל בַּגּוֹיִם:

עובדיה א וְעָלוּ מוֹשִׁעִים בְּהַר צִיּוֹן לִשְׁפֹּט אֶת־הַר עֵשָׂו
וְהָיְתָה לַיהוה הַמְּלוּכָה:

זכריה יד וְהָיָה יהוה לְמֶלֶךְ עַל־כָּל־הָאָרֶץ
בַּיּוֹם הַהוּא יִהְיֶה יהוה אֶחָד וּשְׁמוֹ אֶחָד:

יִשְׁתַּבַּח

שִׁמְךָ לָעַד, מַלְכֵּנוּ
הָאֵל, הַמֶּלֶךְ, הַגָּדוֹל וְהַקָּדוֹשׁ בַּשָּׁמַיִם וּבָאָרֶץ.
כִּי לְךָ נָאֶה, יהוה אֱלֹהֵינוּ וֵאלֹהֵי אֲבוֹתֵינוּ
שִׁיר וּשְׁבָחָה, הַלֵּל וְזִמְרָה
עֹז וּמֶמְשָׁלָה, נֶצַח, גְּדֻלָּה וּגְבוּרָה
תְּהִלָּה וְתִפְאֶרֶת, קְדֻשָּׁה וּמַלְכוּת
› בְּרָכוֹת וְהוֹדָאוֹת לְשִׁמְךָ הַגָּדוֹל וְהַקָּדוֹשׁ
וּמֵעוֹלָם וְעַד עוֹלָם אַתָּה אֵל.
בָּרוּךְ אַתָּה יהוה
אֵל, מֶלֶךְ, גָּדוֹל וּמְהֻלָּל בַּתִּשְׁבָּחוֹת
אֵל הַהוֹדָאוֹת
אֲדוֹן הַנִּפְלָאוֹת
בּוֹרֵא כָּל הַנְּשָׁמוֹת
רִבּוֹן כָּל הַמַּעֲשִׂים
הַבּוֹחֵר בְּשִׁירֵי זִמְרָה
מֶלֶךְ, יָחִיד, אֵל, חֵי הָעוֹלָמִים.

חצי קדיש

ש״ץ: יִתְגַּדַּל וְיִתְקַדַּשׁ שְׁמֵהּ רַבָּא (קהל: אָמֵן)
בְּעָלְמָא דִּי בְרָא כִרְעוּתֵהּ
וְיַמְלִיךְ מַלְכוּתֵהּ וְיַצְמַח פֻּרְקָנֵהּ וִיקָרֵב מְשִׁיחֵהּ (קהל: אָמֵן)
בְּחַיֵּיכוֹן וּבְיוֹמֵיכוֹן וּבְחַיֵּי דְכָל בֵּית יִשְׂרָאֵל
בַּעֲגָלָא וּבִזְמַן קָרִיב, וְאִמְרוּ אָמֵן. (קהל: אָמֵן)

קהל
וש״ץ: יְהֵא שְׁמֵהּ רַבָּא מְבָרַךְ לְעָלַם וּלְעָלְמֵי עָלְמַיָּא.

ש״ץ: יִתְבָּרַךְ וְיִשְׁתַּבַּח וְיִתְפָּאַר וְיִתְרוֹמַם וְיִתְנַשֵּׂא
וְיִתְהַדָּר וְיִתְעַלֶּה וְיִתְהַלָּל
שְׁמֵהּ דְּקֻדְשָׁא בְּרִיךְ הוּא (קהל: אָמֵן)
לְעֵלָּא מִן כָּל בִּרְכָתָא וְשִׁירָתָא, תֻּשְׁבְּחָתָא וְנֶחֱמָתָא
דַּאֲמִירָן בְּעָלְמָא, וְאִמְרוּ אָמֵן. (קהל: אָמֵן)

קריאת שמע וברכותיה

בתפילה במניין שליח הציבור אומר 'בָּרְכוּ' כדי לקרוא לציבור להתפלל עמו (ראב״ן).
שליח הציבור כורע בתיבת 'בָּרְכוּ' וזוקף בשם (כלבו).
הקהל כורע בתיבת 'בָּרוּךְ' וזוקף בשם (מקור חיים),
ושליח הציבור כורע שוב כאשר הוא חוזר אחריהם.

ש״ץ:

בָּרְכוּ
אֶת יהוה הַמְבֹרָךְ.

קהל: בָּרוּךְ יהוה הַמְבֹרָךְ לְעוֹלָם וָעֶד.

ש״ץ: בָּרוּךְ יהוה הַמְבֹרָךְ לְעוֹלָם וָעֶד.

״בשחר מברך שתים לפניה ואחת לאחריה״ (משנה ברכות יא ע״א).

הברכה הראשונה היא על האור, שהוא תחילת הבריאה, עם זאת מזכירים גם את בריאת החושך להודיע שבורא אחד ברא הכל (תלמידי רבינו יונה ברכות יא ע״ב) ומטיל שלום ביניהם, שכן ״אם אין שלום אין כלום״ (רש״י, ויקרא כו, ו).

נוהגים לשבת בקריאת שמע וברכותיה (זוהר חדש תרומה, ח״א סט ע״ב).

אין להפסיק בדיבור מ׳בָּרְכוּ׳ ועד סוף תפילת העמידה פרט לדברים שבקדושה.

בָּרוּךְ אַתָּה יהוה אֱלֹהֵינוּ מֶלֶךְ הָעוֹלָם
יוֹצֵר אוֹר וּבוֹרֵא חֹשֶׁךְ
עֹשֶׂה שָׁלוֹם וּבוֹרֵא אֶת הַכֹּל.

הַמֵּאִיר לָאָרֶץ וְלַדָּרִים עָלֶיהָ בְּרַחֲמִים
וּבְטוּבוֹ מְחַדֵּשׁ בְּכָל יוֹם תָּמִיד מַעֲשֵׂה בְרֵאשִׁית.
מָה־רַבּוּ מַעֲשֶׂיךָ יהוה תהלים קד
כֻּלָּם בְּחָכְמָה עָשִׂיתָ
מָלְאָה הָאָרֶץ קִנְיָנֶךָ:
הַמֶּלֶךְ הַמְרוֹמָם לְבַדּוֹ מֵאָז
הַמְשֻׁבָּח וְהַמְפֹאָר וְהַמִּתְנַשֵּׂא מִימוֹת עוֹלָם.
אֱלֹהֵי עוֹלָם
בְּרַחֲמֶיךָ הָרַבִּים רַחֵם עָלֵינוּ
אֲדוֹן עֻזֵּנוּ, צוּר מִשְׂגַּבֵּנוּ
מָגֵן יִשְׁעֵנוּ, מִשְׂגָּב בַּעֲדֵנוּ.
אֵל בָּרוּךְ גְּדוֹל דֵּעָה
הֵכִין וּפָעַל זָהֳרֵי חַמָּה
טוֹב יָצַר כָּבוֹד לִשְׁמוֹ
מְאוֹרוֹת נָתַן סְבִיבוֹת עֻזּוֹ
פִּנּוֹת צְבָאָיו קְדוֹשִׁים, רוֹמְמֵי שַׁדַּי
תָּמִיד מְסַפְּרִים כְּבוֹד אֵל וּקְדֻשָּׁתוֹ.

תִּתְבָּרַךְ יהוה אֱלֹהֵינוּ בַּשָּׁמַיִם מִמַּעַל וְעַל הָאָרֶץ מִתַּחַת
עַל כָּל שֶׁבַח מַעֲשֵׂה יָדֶיךָ, וְעַל מְאוֹרֵי אוֹר שֶׁיָּצַרְתָּ
הֵמָּה יְפָאֲרוּךָ סֶּלָה.

תִּתְבָּרַךְ לָנֶצַח
צוּרֵנוּ מַלְכֵּנוּ וְגוֹאֲלֵנוּ, בּוֹרֵא קְדוֹשִׁים
יִשְׁתַּבַּח שִׁמְךָ לָעַד
מַלְכֵּנוּ, יוֹצֵר מְשָׁרְתִים
וַאֲשֶׁר מְשָׁרְתָיו כֻּלָּם עוֹמְדִים בְּרוּם עוֹלָם
וּמַשְׁמִיעִים בְּיִרְאָה יַחַד בְּקוֹל
דִּבְרֵי אֱלֹהִים חַיִּים וּמֶלֶךְ עוֹלָם.
כֻּלָּם אֲהוּבִים   כֻּלָּם בְּרוּרִים
כֻּלָּם גִּבּוֹרִים   כֻּלָּם קְדוֹשִׁים
וְכֻלָּם עוֹשִׂים בְּאֵימָה וּבְיִרְאָה רְצוֹן קוֹנָם
◂ וְכֻלָּם פּוֹתְחִים אֶת פִּיהֶם בִּקְדֻשָּׁה וּבְטָהֳרָה
בְּשִׁירָה וּבְזִמְרָה
וּמְבָרְכִין   וּמְשַׁבְּחִין   וּמְפָאֲרִין
וּמַעֲרִיצִין   וּמַקְדִּישִׁין   וּמַמְלִיכִין ◂
אֶת שֵׁם הָאֵל הַמֶּלֶךְ הַגָּדוֹל הַגִּבּוֹר וְהַנּוֹרָא
קָדוֹשׁ הוּא.
◂ וְכֻלָּם מְקַבְּלִים עֲלֵיהֶם עֹל מַלְכוּת שָׁמַיִם זֶה מִזֶּה
וְנוֹתְנִים בְּאַהֲבָה רְשׁוּת זֶה לָזֶה
לְהַקְדִּישׁ לְיוֹצְרָם בְּנַחַת רוּחַ, בְּשָׂפָה בְרוּרָה וּבִנְעִימָה.
קְדֻשָּׁה כֻּלָּם כְּאֶחָד
עוֹנִים בְּאֵימָה וְאוֹמְרִים בְּיִרְאָה

יש פוסקים הסבורים שיחיד אינו אומר את הפסוקים 'קָדוֹשׁ' 'וּבָרוּךְ' אלא רק ציבור (רס"ג), ולכן ראוי שיחיד יאמר אותם בטעמים כקורא בתורה (שו"ע נט, ג; משנ"ב שם, יא).

הקהל עונה בקול רם ('אליה רבה' נט, ד):

ישעיה ו קָדוֹשׁ ׀ קָדוֹשׁ, קָדוֹשׁ יהוה צְבָאוֹת
מְלֹא כָל־הָאָרֶץ כְּבוֹדוֹ:

◂ וְהָאוֹפַנִּים וְחַיּוֹת הַקֹּדֶשׁ
בְּרַעַשׁ גָּדוֹל מִתְנַשְּׂאִים לְעֻמַּת שְׂרָפִים
לְעֻמָּתָם מְשַׁבְּחִים וְאוֹמְרִים

הקהל עונה בקול רם (שם):

יחזקאל ג בָּרוּךְ כְּבוֹד־יהוה מִמְּקוֹמוֹ:

לָאֵל בָּרוּךְ נְעִימוֹת יִתֵּנוּ
לַמֶּלֶךְ אֵל חַי וְקַיָּם
זְמִירוֹת יֹאמֵרוּ וְתִשְׁבָּחוֹת יַשְׁמִיעוּ
כִּי הוּא לְבַדּוֹ מָרוֹם וְקָדוֹשׁ
פּוֹעֵל גְּבוּרוֹת, עוֹשֶׂה חֲדָשׁוֹת
בַּעַל מִלְחָמוֹת, זוֹרֵעַ צְדָקוֹת
מַצְמִיחַ יְשׁוּעוֹת, בּוֹרֵא רְפוּאוֹת
נוֹרָא תְהִלּוֹת, אֲדוֹן הַנִּפְלָאוֹת
הַמְחַדֵּשׁ בְּטוּבוֹ בְּכָל יוֹם תָּמִיד מַעֲשֵׂה בְרֵאשִׁית
כָּאָמוּר
תהלים קלו לְעֹשֵׂה אוֹרִים גְּדֹלִים, כִּי לְעוֹלָם חַסְדּוֹ:
◂ אוֹר חָדָשׁ עַל צִיּוֹן תָּאִיר
וְנִזְכֶּה כֻלָּנוּ בִמְהֵרָה לְאוֹרוֹ.
בָּרוּךְ אַתָּה יהוה, יוֹצֵר הַמְּאוֹרוֹת.

בברכות יא ע״ב נחלקו התנאים אם נוסח הברכה השנייה לפני קריאת שמע הוא ׳אַהֲבָה רַבָּה׳ או ׳אַהֲבַת עוֹלָם׳, וראשוני ספרד פסקו שיש לומר ׳אַהֲבַת עוֹלָם׳ כהכרעת הרי״ף (ברכות ה ע״ב).

אַהֲבַת עוֹלָם אֲהַבְתָּנוּ, יהוה אֱלֹהֵינוּ
חֶמְלָה גְדוֹלָה וִיתֵרָה חָמַלְתָּ עָלֵינוּ.
אָבִינוּ מַלְכֵּנוּ
בַּעֲבוּר שִׁמְךָ הַגָּדוֹל
וּבַעֲבוּר אֲבוֹתֵינוּ שֶׁבָּטְחוּ בְךָ
וַתְּלַמְּדֵם חֻקֵּי חַיִּים, לַעֲשׂוֹת רְצוֹנְךָ בְּלֵבָב שָׁלֵם
כֵּן תְּחָנֵּנוּ וּתְלַמְּדֵנוּ.
אָבִינוּ, אָב הָרַחֲמָן, הַמְרַחֵם, רַחֵם נָא עָלֵינוּ
וְתֵן בְּלִבֵּנוּ בִּינָה לְהָבִין וּלְהַשְׂכִּיל
לִשְׁמֹעַ, לִלְמֹד וּלְלַמֵּד, לִשְׁמֹר וְלַעֲשׂוֹת
וּלְקַיֵּם אֶת כָּל דִּבְרֵי תַלְמוּד תּוֹרָתֶךָ בְּאַהֲבָה.
וְהָאֵר עֵינֵינוּ בְּתוֹרָתֶךָ, וְדַבֵּק לִבֵּנוּ בְּמִצְוֹתֶיךָ
וְיַחֵד לְבָבֵנוּ לְאַהֲבָה וּלְיִרְאָה אֶת שְׁמֶךָ
לְמַעַן לֹא נֵבוֹשׁ וְלֹא נִכָּלֵם וְלֹא נִכָּשֵׁל לְעוֹלָם וָעֶד.
כִּי בְשֵׁם קָדְשְׁךָ הַגָּדוֹל הַגִּבּוֹר וְהַנּוֹרָא בָּטָחְנוּ
נָגִילָה וְנִשְׂמְחָה בִּישׁוּעָתֶךָ.
וְרַחֲמֶיךָ יהוה אֱלֹהֵינוּ, וַחֲסָדֶיךָ הָרַבִּים
אַל יַעַזְבוּנוּ נֶצַח סֶלָה וָעֶד.

״מצוה לאחוז הציצית ביד שמאלית כנגד לבו בשעת קריאת שמע״ (שו״ע כד, ב על פי ר׳ יונה וה׳מרדכי׳). נוהגים לקבץ כאן את ארבע הציציות ולאוחזן ביד שמאל עד פרשת ציצית (שער הכוונות).

מַהֵר וְהָבֵא עָלֵינוּ בְּרָכָה וְשָׁלוֹם
מְהֵרָה מֵאַרְבַּע כַּנְפוֹת כָּל הָאָרֶץ
וּשְׁבֹר עֹל הַגּוֹיִם מֵעַל צַוָּארֵנוּ, וְתוֹלִיכֵנוּ מְהֵרָה קוֹמְמִיּוּת לְאַרְצֵנוּ.

‹ כִּי אֵל פּוֹעֵל יְשׁוּעוֹת אָתָּה, וּבָנוּ בָחַרְתָּ מִכָּל עַם וְלָשׁוֹן
וְקֵרַבְתָּנוּ מַלְכֵּנוּ לְשִׁמְךָ הַגָּדוֹל סֶלָה בֶּאֱמֶת בְּאַהֲבָה
לְהוֹדוֹת לְךָ וּלְיַחֶדְךָ בְּאַהֲבָה, וּלְאַהֲבָה אֶת שְׁמֶךָ.
בָּרוּךְ אַתָּה יהוה, הַבּוֹחֵר בְּעַמּוֹ יִשְׂרָאֵל בְּאַהֲבָה.

"יקרא קריאת שמע בכוונה – באימה, ביראה, ברתת וזיע" (שו"ע סא, א).
קריאת שמע צריכה כוונה מיוחדת בכל שלוש פרשיותיה. מי שאינו יכול לכוון בכולן
חייב לכוון בפסוק הראשון, ואם לא התכוון צריך לחזור ולקרוא שוב (שו"ע סג, ד).

בקריאת שמע שלוש פרשות:
"שְׁמַע, שעניינה קבלת עול מלכות שמים;
"וְהָיָה אִם־שָׁמֹעַ, עניינה קבלת עול מצוות;
ציצית, שיש בה הזכרת יציאת מצרים ובחירת ה' בעם ישראל
(משנה, ברכות יג ע"א).

המתפלל ביחידות אומר (רמ"א סא, ג, על פי ספר חסידים):
אֵל מֶלֶךְ נֶאֱמָן

מכסה את עיניו בידו ואומר בכוונה ובקול רם:

דברים ו שְׁמַע יִשְׂרָאֵל, יהוה אֱלֹהֵינוּ, יהוה ׀ אֶחָד:

בלחש: בָּרוּךְ שֵׁם כְּבוֹד מַלְכוּתוֹ לְעוֹלָם וָעֶד.

דברים ו וְאָהַבְתָּ אֵת יהוה אֱלֹהֶיךָ, בְּכָל־לְבָבְךָ וּבְכָל־נַפְשְׁךָ וּבְכָל־
מְאֹדֶךָ: וְהָיוּ הַדְּבָרִים הָאֵלֶּה, אֲשֶׁר אָנֹכִי מְצַוְּךָ הַיּוֹם, עַל־לְבָבֶךָ:
וְשִׁנַּנְתָּם לְבָנֶיךָ וְדִבַּרְתָּ בָּם, בְּשִׁבְתְּךָ בְּבֵיתֶךָ וּבְלֶכְתְּךָ בַדֶּרֶךְ,
וּבְשָׁכְבְּךָ וּבְקוּמֶךָ: וּקְשַׁרְתָּם לְאוֹת עַל־יָדֶךָ, וְהָיוּ לְטֹטָפֹת בֵּין
עֵינֶיךָ: וּכְתַבְתָּם עַל־מְזֻזוֹת בֵּיתֶךָ וּבִשְׁעָרֶיךָ:

דברים יא וְהָיָה אִם־שָׁמֹעַ תִּשְׁמְעוּ אֶל־מִצְוֹתַי אֲשֶׁר אָנֹכִי מְצַוֶּה אֶתְכֶם
הַיּוֹם, לְאַהֲבָה אֶת־יהוה אֱלֹהֵיכֶם וּלְעָבְדוֹ, בְּכָל־לְבַבְכֶם וּבְכָל־

נַפְשְׁכֶם: וְנָתַתִּי מְטַר־אַרְצְכֶם בְּעִתּוֹ, יוֹרֶה וּמַלְקוֹשׁ, וְאָסַפְתָּ דְגָנֶךָ וְתִירֹשְׁךָ וְיִצְהָרֶךָ: וְנָתַתִּי עֵשֶׂב בְּשָׂדְךָ לִבְהֶמְתֶּךָ, וְאָכַלְתָּ וְשָׂבָעְתָּ: הִשָּׁמְרוּ לָכֶם פֶּן־יִפְתֶּה לְבַבְכֶם, וְסַרְתֶּם וַעֲבַדְתֶּם אֱלֹהִים אֲחֵרִים וְהִשְׁתַּחֲוִיתֶם לָהֶם: וְחָרָה אַף־יהוה בָּכֶם, וְעָצַר אֶת־הַשָּׁמַיִם וְלֹא־יִהְיֶה מָטָר, וְהָאֲדָמָה לֹא תִתֵּן אֶת־יְבוּלָהּ, וַאֲבַדְתֶּם מְהֵרָה מֵעַל הָאָרֶץ הַטֹּבָה אֲשֶׁר יהוה נֹתֵן לָכֶם: וְשַׂמְתֶּם אֶת־דְּבָרַי אֵלֶּה עַל־לְבַבְכֶם וְעַל־נַפְשְׁכֶם, וּקְשַׁרְתֶּם אֹתָם לְאוֹת עַל־יֶדְכֶם, וְהָיוּ לְטוֹטָפֹת בֵּין עֵינֵיכֶם: וְלִמַּדְתֶּם אֹתָם אֶת־בְּנֵיכֶם לְדַבֵּר בָּם, בְּשִׁבְתְּךָ בְּבֵיתֶךָ וּבְלֶכְתְּךָ בַדֶּרֶךְ, וּבְשָׁכְבְּךָ וּבְקוּמֶךָ: וּכְתַבְתָּם עַל־מְזוּזוֹת בֵּיתֶךָ וּבִשְׁעָרֶיךָ: לְמַעַן יִרְבּוּ יְמֵיכֶם וִימֵי בְנֵיכֶם עַל הָאֲדָמָה אֲשֶׁר נִשְׁבַּע יהוה לַאֲבֹתֵיכֶם לָתֵת לָהֶם, כִּימֵי הַשָּׁמַיִם עַל־הָאָרֶץ:

וַיֹּאמֶר יהוה אֶל־מֹשֶׁה לֵּאמֹר: דַּבֵּר אֶל־בְּנֵי יִשְׂרָאֵל וְאָמַרְתָּ במדבר טו
אֲלֵהֶם, וְעָשׂוּ לָהֶם צִיצִת עַל־כַּנְפֵי בִגְדֵיהֶם לְדֹרֹתָם, וְנָתְנוּ עַל־צִיצִת הַכָּנָף פְּתִיל תְּכֵלֶת: וְהָיָה לָכֶם לְצִיצִת, וּרְאִיתֶם אֹתוֹ וּזְכַרְתֶּם אֶת־כָּל־מִצְוֹת יהוה וַעֲשִׂיתֶם אֹתָם, וְלֹא תָתוּרוּ אַחֲרֵי לְבַבְכֶם וְאַחֲרֵי עֵינֵיכֶם, אֲשֶׁר־אַתֶּם זֹנִים אַחֲרֵיהֶם: לְמַעַן תִּזְכְּרוּ וַעֲשִׂיתֶם אֶת־כָּל־מִצְוֹתָי, וִהְיִיתֶם קְדֹשִׁים לֵאלֹהֵיכֶם: אֲנִי יהוה אֱלֹהֵיכֶם, אֲשֶׁר הוֹצֵאתִי אֶתְכֶם מֵאֶרֶץ מִצְרַיִם, לִהְיוֹת לָכֶם לֵאלֹהִים, אֲנִי יהוה אֱלֹהֵיכֶם:

אֱמֶת

שליח הציבור חוזר ואומר (שו״ע סא, ג בשם הזוהר):

◂ יהוה אֱלֹהֵיכֶם אֱמֶת

וְיַצִּיב, וְנָכוֹן וְקַיָּם, וְיָשָׁר וְנֶאֱמָן
וְאָהוּב וְחָבִיב, וְנֶחְמָד וְנָעִים
וְנוֹרָא וְאַדִּיר, וּמְתֻקָּן וּמְקֻבָּל
וְטוֹב וְיָפֶה
הַדָּבָר הַזֶּה עָלֵינוּ לְעוֹלָם וָעֶד.

אֱמֶת אֱלֹהֵי עוֹלָם מַלְכֵּנוּ
צוּר יַעֲקֹב מָגֵן יִשְׁעֵנוּ
לְדוֹר וָדוֹר הוּא קַיָּם וּשְׁמוֹ קַיָּם
וְכִסְאוֹ נָכוֹן, וּמַלְכוּתוֹ וֶאֱמוּנָתוֹ לָעַד קַיֶּמֶת.

וּדְבָרָיו חָיִים וְקַיָּמִים, נֶאֱמָנִים וְנֶחֱמָדִים
לָעַד וּלְעוֹלְמֵי עוֹלָמִים
‹ עַל אֲבוֹתֵינוּ וְעָלֵינוּ
עַל בָּנֵינוּ וְעַל דּוֹרוֹתֵינוּ
וְעַל כָּל דּוֹרוֹת זֶרַע יִשְׂרָאֵל עֲבָדֶיךָ. ›

עַל הָרִאשׁוֹנִים וְעַל הָאַחֲרוֹנִים
דָּבָר טוֹב וְקַיָּם לְעוֹלָם וָעֶד.

אֱמֶת וֶאֱמוּנָה, חֹק וְלֹא יַעֲבֹר

אֱמֶת שָׁאַתָּה הוּא יהוה
אֱלֹהֵינוּ וֵאלֹהֵי אֲבוֹתֵינוּ, מַלְכֵּנוּ מֶלֶךְ אֲבוֹתֵינוּ
גּוֹאֲלֵנוּ גּוֹאֵל אֲבוֹתֵינוּ, יוֹצְרֵנוּ צוּר יְשׁוּעָתֵנוּ
‹ פּוֹדֵנוּ וּמַצִּילֵנוּ מֵעוֹלָם הוּא שְׁמֶךָ
וְאֵין לָנוּ עוֹד אֱלֹהִים זוּלָתֶךָ, סֶלָה.

עֶזְרַת אֲבוֹתֵינוּ אַתָּה הוּא מֵעוֹלָם
מָגֵן וּמוֹשִׁיעַ לָהֶם וְלִבְנֵיהֶם אַחֲרֵיהֶם בְּכָל דּוֹר וָדוֹר.
בְּרוּם עוֹלָם מוֹשָׁבֶךָ
וּמִשְׁפָּטֶיךָ וְצִדְקָתְךָ עַד אַפְסֵי אָרֶץ.

אֱמֶת אַשְׁרֵי אִישׁ שֶׁיִּשְׁמַע לְמִצְוֹתֶיךָ
וְתוֹרָתְךָ וּדְבָרְךָ יָשִׂים עַל לִבּוֹ.

אֱמֶת אַתָּה הוּא אָדוֹן לְעַמֶּךָ
וּמֶלֶךְ גִּבּוֹר לָרִיב רִיבָם לְאָבוֹת וּבָנִים.

אֱמֶת אַתָּה הוּא רִאשׁוֹן וְאַתָּה הוּא אַחֲרוֹן
וּמִבַּלְעָדֶיךָ אֵין לָנוּ מֶלֶךְ גּוֹאֵל וּמוֹשִׁיעַ.

אֱמֶת מִמִּצְרַיִם גְּאַלְתָּנוּ, יהוה אֱלֹהֵינוּ
וּמִבֵּית עֲבָדִים פְּדִיתָנוּ
כָּל בְּכוֹרֵיהֶם הָרָגְתָּ
וּבְכוֹרְךָ יִשְׂרָאֵל גָּאָלְתָּ
וְיַם סוּף לָהֶם בָּקַעְתָּ
וְזֵדִים טִבַּעְתָּ
וִידִידִים הֶעֱבַרְתָּ
וַיְכַסּוּ־מַיִם צָרֵיהֶם — תהלים קו
אֶחָד מֵהֶם לֹא נוֹתָר:

עַל זֹאת שִׁבְּחוּ אֲהוּבִים, וְרוֹמְמוּ לָאֵל
וְנָתְנוּ יְדִידִים זְמִירוֹת, שִׁירוֹת וְתִשְׁבָּחוֹת
בְּרָכוֹת וְהוֹדָאוֹת לַמֶּלֶךְ אֵל חַי וְקַיָּם

רָם וְנִשָּׂא, גָּדוֹל וְנוֹרָא

מַשְׁפִּיל גֵּאִים עֲדֵי אָרֶץ, וּמַגְבִּיהַּ שְׁפָלִים עַד מָרוֹם

מוֹצִיא אֲסִירִים, וּפוֹדֶה עֲנָוִים וְעוֹזֵר דַּלִּים

וְעוֹנֶה לְעַמּוֹ יִשְׂרָאֵל בְּעֵת שַׁוְּעָם אֵלָיו.

כאן נוהגים לעמוד כהכנה לתפילת העמידה (שער הכוונות)
ולפסוע שלוש פסיעות לאחור (׳אליה רבה׳ סו, ט בשם ׳פרי עץ חיים׳).

▸ תְּהִלּוֹת לְאֵל עֶלְיוֹן גּוֹאֲלָם, בָּרוּךְ הוּא וּמְבֹרָךְ

מֹשֶׁה וּבְנֵי יִשְׂרָאֵל

לְךָ עָנוּ שִׁירָה בְּשִׂמְחָה רַבָּה

וְאָמְרוּ כֻלָּם

שמות טו מִי־כָמֹכָה בָּאֵלִם, יהוה

מִי כָּמֹכָה נֶאְדָּר בַּקֹּדֶשׁ

נוֹרָא תְהִלֹּת, עֹשֵׂה פֶלֶא:

▸ שִׁירָה חֲדָשָׁה שִׁבְּחוּ גְאוּלִים

לְשִׁמְךָ הַגָּדוֹל עַל שְׂפַת הַיָּם

יַחַד כֻּלָּם הוֹדוּ וְהִמְלִיכוּ

וְאָמְרוּ

שמות טו יהוה יִמְלֹךְ לְעֹלָם וָעֶד:

נחלקו הפוסקים אם יש לענות אמן אחר ברכת ׳גָּאַל יִשְׂרָאֵל׳,
נוהגים לסיים את הברכה עם שליח הציבור כדי לצאת מהמחלוקת (מג״א סו, יא).

▸ צוּר יִשְׂרָאֵל, קוּמָה בְּעֶזְרַת יִשְׂרָאֵל

וּפְדֵה כִנְאֻמֶךָ יְהוּדָה וְיִשְׂרָאֵל

וְנֶאֱמַר

ישעיה מז גֹּאֲלֵנוּ יהוה צְבָאוֹת שְׁמוֹ, קְדוֹשׁ יִשְׂרָאֵל:

בָּרוּךְ אַתָּה יהוה, גָּאַל יִשְׂרָאֵל.

עמידה

"המתפלל צריך שיכוין בלבו פירוש המלות שמוציא בשפתיו;
ויחשוב כאלו שכינה כנגדו ויסיר כל המחשבות הטורדות אותו
עד שתשאר מחשבתו וכוונתו זכה בתפלתו" (שו"ע צח, א).

פוסע שלוש פסיעות לפנים כמי שנכנס לפני המלך (רמ"א צה, א בשם הרוקח).
עומד ומתפלל בלחש מכאן ועד 'וּכְשָׁנִים קַדְמֹנִיּוֹת' בעמ' 103.

כורע במקומות המסומנים ב־˅ קד לפנים במילה הבאה וזוקף בשם (סידור השל"ה).

אֲדֹנָי, שְׂפָתַי תִּפְתָּח, וּפִי יַגִּיד תְּהִלָּתֶךָ: תהלים נא

אבות

˅בָּרוּךְ אַתָּה יהוה, אֱלֹהֵינוּ וֵאלֹהֵי אֲבוֹתֵינוּ
אֱלֹהֵי אַבְרָהָם, אֱלֹהֵי יִצְחָק, וֵאלֹהֵי יַעֲקֹב
הָאֵל הַגָּדוֹל הַגִּבּוֹר וְהַנּוֹרָא, אֵל עֶלְיוֹן
גּוֹמֵל חֲסָדִים טוֹבִים, קוֹנֵה הַכֹּל
וְזוֹכֵר חַסְדֵי אָבוֹת
וּמֵבִיא גוֹאֵל לִבְנֵי בְנֵיהֶם לְמַעַן שְׁמוֹ בְּאַהֲבָה.
מֶלֶךְ עוֹזֵר וּמוֹשִׁיעַ וּמָגֵן.
˅בָּרוּךְ אַתָּה יהוה, מָגֵן אַבְרָהָם.

גבורות

אַתָּה גִּבּוֹר לְעוֹלָם, אֲדֹנָי
מְחַיֵּה מֵתִים אַתָּה, רַב לְהוֹשִׁיעַ
בארץ ישראל: מוֹרִיד הַטָּל
מְכַלְכֵּל חַיִּים בְּחֶסֶד
מְחַיֵּה מֵתִים בְּרַחֲמִים רַבִּים
סוֹמֵךְ נוֹפְלִים, וְרוֹפֵא חוֹלִים, וּמַתִּיר אֲסוּרִים
וּמְקַיֵּם אֱמוּנָתוֹ לִישֵׁנֵי עָפָר.

מִי כָמוֹךָ, בַּעַל גְּבוּרוֹת
וּמִי דּוֹמֶה לָּךְ
מֶלֶךְ, מֵמִית וּמְחַיֶּה וּמַצְמִיחַ יְשׁוּעָה.
וְנֶאֱמָן אַתָּה לְהַחֲיוֹת מֵתִים.
בָּרוּךְ אַתָּה יהוה, מְחַיֵּה הַמֵּתִים.

בתפילת לחש ממשיך 'אַתָּה קָדוֹשׁ' בעמוד הבא.

קדושה

בחזרת הש״ץ הקהל עומד ואומר קדושה.
במקומות המסומנים ב׳, המתפלל מתרומם על קצות אצבעותיו (מג״א קכה, א בשם השל״ה).

קהל ואחריו שליח הציבור:

נַקְדִּישָׁךְ וְנַעֲרִיצָךְ כְּנֹעַם שִׂיחַ סוֹד שַׂרְפֵי קֹדֶשׁ, הַמְשַׁלְּשִׁים לְךָ קְדֻשָּׁה
ישעיה ו כַּכָּתוּב עַל יַד נְבִיאֶךָ, וְקָרָא זֶה אֶל־זֶה וְאָמַר

קהל ואחריו שליח הציבור:

׳קָדוֹשׁ, ׳קָדוֹשׁ, ׳קָדוֹשׁ, יהוה צְבָאוֹת, מְלֹא כָל־הָאָרֶץ כְּבוֹדוֹ:
לְעֻמָּתָם מְשַׁבְּחִים וְאוֹמְרִים

קהל ואחריו שליח הציבור:

יחזקאל ג ׳בָּרוּךְ כְּבוֹד־יהוה מִמְּקוֹמוֹ:
וּבְדִבְרֵי קָדְשְׁךָ כָּתוּב לֵאמֹר

קהל ואחריו שליח הציבור:

תהלים קמו ׳יִמְלֹךְ יהוה לְעוֹלָם, אֱלֹהַיִךְ צִיּוֹן לְדֹר וָדֹר, הַלְלוּיָהּ:

שליח הציבור ממשיך 'אַתָּה קָדוֹשׁ' בעמוד הבא.

בבתי כנסת המתפללים בנוסח אשכנז, שליח הציבור אומר 'לְדוֹר וָדוֹר'.

לְדוֹר וָדוֹר נַגִּיד גָּדְלֶךָ, וּלְנֵצַח נְצָחִים קְדֻשָּׁתְךָ נַקְדִּישׁ
וְשִׁבְחֲךָ אֱלֹהֵינוּ מִפִּינוּ לֹא יָמוּשׁ לְעוֹלָם וָעֶד
כִּי אֵל מֶלֶךְ גָּדוֹל וְקָדוֹשׁ אָתָּה.
בָּרוּךְ אַתָּה יהוה, הָאֵל הַקָּדוֹשׁ.

שליח הציבור ממשיך 'אַתָּה חוֹנֵן' בעמוד הבא.

קדושת השם

אַתָּה קָדוֹשׁ וְשִׁמְךָ קָדוֹשׁ
וּקְדוֹשִׁים בְּכָל יוֹם יְהַלְלוּךָ סֶּלָה
כִּי אֵל מֶלֶךְ גָּדוֹל וְקָדוֹשׁ אָתָּה.
בָּרוּךְ אַתָּה יהוה, הָאֵל הַקָּדוֹשׁ.

דעת

אַתָּה חוֹנֵן לְאָדָם דַּעַת, וּמְלַמֵּד לֶאֱנוֹשׁ בִּינָה.
חָנֵּנוּ מֵאִתְּךָ חָכְמָה בִּינָה וָדָעַת.
בָּרוּךְ אַתָּה יהוה, חוֹנֵן הַדָּעַת.

תשובה

הֲשִׁיבֵנוּ אָבִינוּ לְתוֹרָתֶךָ, וְקָרְבֵנוּ מַלְכֵּנוּ לַעֲבוֹדָתֶךָ
וְהַחֲזִירֵנוּ בִּתְשׁוּבָה שְׁלֵמָה לְפָנֶיךָ.
בָּרוּךְ אַתָּה יהוה, הָרוֹצֶה בִּתְשׁוּבָה.

סליחה

נוהגים להכות כנגד הלב במקומות המסומנים ב° (סידור יעב״ץ).

סְלַח לָנוּ אָבִינוּ כִּי °חָטָאנוּ
מְחַל לָנוּ מַלְכֵּנוּ כִּי °פָשָׁעְנוּ
כִּי אֵל טוֹב וְסַלָּח אָתָּה.
בָּרוּךְ אַתָּה יהוה, חַנּוּן הַמַּרְבֶּה לִסְלֹחַ.

גאולה

רְאֵה נָא בְעָנְיֵנוּ, וְרִיבָה רִיבֵנוּ
וּגְאָלֵנוּ גְּאֻלָּה שְׁלֵמָה מְהֵרָה לְמַעַן שְׁמֶךָ
כִּי אֵל גּוֹאֵל חָזָק אָתָּה.
בָּרוּךְ אַתָּה יהוה, גּוֹאֵל יִשְׂרָאֵל.

*ותפילת הצום, כשהם ציבור יאמר החזן בין הברכה השביעית והשמינית, ר"ל בין גואל ורופא" (סדר רס"ג).

שליח הציבור מוסיף:

עֲנֵנוּ יהוה עֲנֵנוּ בְּיוֹם צוֹם תַּעֲנִיתֵנוּ, כִּי בְצָרָה גְדוֹלָה אֲנָחְנוּ. אַל
תֵּפֶן אֶל רִשְׁעֵנוּ, וְאַל תַּסְתֵּר פָּנֶיךָ מִמֶּנּוּ, וְאַל תִּתְעַלַּם מִתְּחִנָּתֵנוּ.
הֱיֵה נָא קָרוֹב לְשַׁוְעָתֵנוּ, יְהִי נָא חַסְדְּךָ לְנַחֲמֵנוּ, טֶרֶם נִקְרָא אֵלֶיךָ
עֲנֵנוּ, כַּדָּבָר שֶׁנֶּאֱמַר: וְהָיָה טֶרֶם יִקְרָאוּ וַאֲנִי אֶעֱנֶה, עוֹד הֵם מְדַבְּרִים ישעיה סה
וַאֲנִי אֶשְׁמָע: כִּי אַתָּה יהוה הָעוֹנֶה בְּעֵת צָרָה, פּוֹדֶה וּמַצִּיל בְּכָל
עֵת צָרָה וְצוּקָה. בָּרוּךְ אַתָּה יהוה, הָעוֹנֶה לְעַמּוֹ יִשְׂרָאֵל בְּעֵת צָרָה.

רפואה

רְפָאֵנוּ יהוה וְנֵרָפֵא, הוֹשִׁיעֵנוּ וְנִוָּשֵׁעָה, כִּי תְהִלָּתֵנוּ אָתָּה
וְהַעֲלֵה אֲרוּכָה וּמַרְפֵּא לְכָל תַּחֲלוּאֵינוּ וּלְכָל מַכְאוֹבֵינוּ
רְפוּאָה שְׁלֵמָה לְכָל מַכּוֹתֵינוּ

המתפלל על חולה מוסיף:

יְהִי רָצוֹן מִלְּפָנֶיךָ יהוה אֱלֹהַי וֵאלֹהֵי אֲבוֹתַי, שֶׁתִּשְׁלַח מְהֵרָה רְפוּאָה
שְׁלֵמָה מִן הַשָּׁמַיִם, רְפוּאַת הַנֶּפֶשׁ וּרְפוּאַת הַגּוּף, לַחוֹלֶה/לַחוֹלָה
פלוני/ת בֶּן/בַּת פלונית בְּתוֹךְ שְׁאָר חוֹלֵי יִשְׂרָאֵל.

כִּי אֵל מֶלֶךְ רוֹפֵא נֶאֱמָן וְרַחֲמָן אָתָּה.
בָּרוּךְ אַתָּה יהוה, רוֹפֵא חוֹלֵי עַמּוֹ יִשְׂרָאֵל.

ברכת השנים

בָּרֵךְ עָלֵינוּ יהוה אֱלֹהֵינוּ אֶת הַשָּׁנָה הַזֹּאת
וְאֶת כָּל מִינֵי תְבוּאָתָהּ, לְטוֹבָה
וְתֵן בְּרָכָה עַל פְּנֵי הָאֲדָמָה
וְשַׂבְּעֵנוּ מִטּוּבָהּ, וּבָרֵךְ שְׁנָתֵנוּ כַּשָּׁנִים הַטּוֹבוֹת לִבְרָכָה
כִּי אֵל טוֹב וּמֵטִיב אַתָּה, וּמְבָרֵךְ הַשָּׁנִים.
בָּרוּךְ אַתָּה יהוה, מְבָרֵךְ הַשָּׁנִים.

קיבוץ גלויות
תְּקַע בְּשׁוֹפָר גָּדוֹל לְחֵרוּתֵנוּ
וְשָׂא נֵס לְקַבֵּץ גָּלֻיּוֹתֵינוּ
וְקַבְּצֵנוּ יַחַד מְהֵרָה מֵאַרְבַּע כַּנְפוֹת הָאָרֶץ לְאַרְצֵנוּ.
בָּרוּךְ אַתָּה יהוה, מְקַבֵּץ נִדְחֵי עַמּוֹ יִשְׂרָאֵל.

השבת המשפט
הָשִׁיבָה שׁוֹפְטֵינוּ כְּבָרִאשׁוֹנָה
וְיוֹעֲצֵינוּ כְּבַתְּחִלָּה
וְהָסֵר מִמֶּנּוּ יָגוֹן וַאֲנָחָה
וּמְלֹךְ עָלֵינוּ מְהֵרָה אַתָּה יהוה לְבַדְּךָ
בְּחֶסֶד וּבְרַחֲמִים, בְּצֶדֶק וּבְמִשְׁפָּט.
בָּרוּךְ אַתָּה יהוה, מֶלֶךְ אוֹהֵב צְדָקָה וּמִשְׁפָּט.

ברכת המינים
וְלַמַּלְשִׁינִים אַל תְּהִי תִקְוָה
וְכָל הַמִּינִים כְּרֶגַע יֹאבֵדוּ
וְכָל אוֹיְבֵי עַמְּךָ מְהֵרָה יִכָּרֵתוּ
וְהַזֵּדִים מְהֵרָה תְעַקֵּר וּתְשַׁבֵּר וּתְמַגֵּר
וּתְכַלֵּם וְתַשְׁפִּילֵם וְתַכְנִיעֵם בִּמְהֵרָה בְיָמֵינוּ.
בָּרוּךְ אַתָּה יהוה, שׁוֹבֵר אוֹיְבִים וּמַכְנִיעַ זֵדִים.

על הצדיקים
עַל הַצַּדִּיקִים וְעַל הַחֲסִידִים
וְעַל זִקְנֵי שְׁאֵרִית עַמְּךָ בֵּית יִשְׂרָאֵל
וְעַל פְּלֵיטַת בֵּית סוֹפְרֵיהֶם וְעַל גֵּרֵי הַצֶּדֶק, וְעָלֵינוּ
יֶהֱמוּ נָא רַחֲמֶיךָ, יהוה אֱלֹהֵינוּ

וְתֵן שָׂכָר טוֹב לְכָל הַבּוֹטְחִים בְּשִׁמְךָ בֶּאֱמֶת
וְשִׂים חֶלְקֵנוּ עִמָּהֶם
וּלְעוֹלָם לֹא נֵבוֹשׁ, כִּי בְךָ בָּטָחְנוּ
וְעַל חַסְדְּךָ הַגָּדוֹל בֶּאֱמֶת נִשְׁעָנְנוּ.
בָּרוּךְ אַתָּה יהוה, מִשְׁעָן וּמִבְטָח לַצַּדִּיקִים.

בניין ירושלים

וְלִירוּשָׁלַיִם עִירְךָ בְּרַחֲמִים תָּשׁוּב, וְתִשְׁכֹּן בְּתוֹכָהּ כַּאֲשֶׁר דִּבַּרְתָּ
וּבְנֵה אוֹתָהּ בְּקָרוֹב בְּיָמֵינוּ בִּנְיַן עוֹלָם
וְכִסֵּא דָוִד עַבְדְּךָ מְהֵרָה לְתוֹכָהּ תָּכִין.
בָּרוּךְ אַתָּה יהוה, בּוֹנֵה יְרוּשָׁלָיִם.

מלכות בית דוד

אֶת צֶמַח דָּוִד עַבְדְּךָ מְהֵרָה תַצְמִיחַ, וְקַרְנוֹ תָּרוּם בִּישׁוּעָתֶךָ
כִּי לִישׁוּעָתְךָ קִוִּינוּ כָּל הַיּוֹם.
בָּרוּךְ אַתָּה יהוה, מַצְמִיחַ קֶרֶן יְשׁוּעָה.

שומע תפילה

אָב הָרַחֲמָן
שְׁמַע קוֹלֵנוּ יהוה אֱלֹהֵינוּ
חוּס וְרַחֵם עָלֵינוּ, וְקַבֵּל בְּרַחֲמִים וּבְרָצוֹן אֶת תְּפִלָּתֵנוּ
כִּי אֵל שׁוֹמֵעַ תְּפִלּוֹת וְתַחֲנוּנִים אָתָּה
וּמִלְּפָנֶיךָ מַלְכֵּנוּ רֵיקָם אַל תְּשִׁיבֵנוּ
חָנֵּנוּ וַעֲנֵנוּ וּשְׁמַע תְּפִלָּתֵנוּ
כִּי אַתָּה שׁוֹמֵעַ תְּפִלַּת כָּל פֶּה.
בָּרוּךְ אַתָּה יהוה, שׁוֹמֵעַ תְּפִלָּה.

עבודה

רְצֵה יהוה אֱלֹהֵינוּ בְּעַמְּךָ יִשְׂרָאֵל, וְלִתְפִלָּתָם שְׁעֵה
וְהָשֵׁב אֶת הָעֲבוֹדָה לִדְבִיר בֵּיתֶךָ
וְאִשֵּׁי יִשְׂרָאֵל וּתְפִלָּתָם, מְהֵרָה בְּאַהֲבָה תְקַבֵּל בְּרָצוֹן
וּתְהִי לְרָצוֹן תָּמִיד עֲבוֹדַת יִשְׂרָאֵל עַמֶּךָ.
וְתֶחֱזֶינָה עֵינֵינוּ בְּשׁוּבְךָ לְצִיּוֹן בְּרַחֲמִים.
בָּרוּךְ אַתָּה יהוה, הַמַּחֲזִיר שְׁכִינָתוֹ לְצִיּוֹן.

הודאה

כורע ב׳מוֹדִים׳ ואינו זוקף עד אמירת השם (סידור השל״ה).

׳מוֹדִים אֲנַחְנוּ לָךְ
שָׁאַתָּה הוּא יהוה אֱלֹהֵינוּ
וֵאלֹהֵי אֲבוֹתֵינוּ לְעוֹלָם וָעֶד.
צוּר חַיֵּינוּ, מָגֵן יִשְׁעֵנוּ
אַתָּה הוּא לְדוֹר וָדוֹר.
נוֹדֶה לְּךָ וּנְסַפֵּר תְּהִלָּתֶךָ
עַל חַיֵּינוּ הַמְּסוּרִים בְּיָדֶךָ
וְעַל נִשְׁמוֹתֵינוּ הַפְּקוּדוֹת לָךְ
וְעַל נִסֶּיךָ שֶׁבְּכָל יוֹם עִמָּנוּ
וְעַל נִפְלְאוֹתֶיךָ וְטוֹבוֹתֶיךָ
שֶׁבְּכָל עֵת
עֶרֶב וָבֹקֶר וְצָהֳרָיִם.
הַטּוֹב, כִּי לֹא כָלוּ רַחֲמֶיךָ
וְהַמְרַחֵם, כִּי לֹא תַמּוּ חֲסָדֶיךָ
כִּי מֵעוֹלָם קִוִּינוּ לָךְ.

כששליח הציבור אומר ׳מוֹדִים׳,
הקהל אומר בלחש (סוטה מ ע״א):

׳מוֹדִים אֲנַחְנוּ לָךְ
שָׁאַתָּה הוּא יהוה אֱלֹהֵינוּ
וֵאלֹהֵי אֲבוֹתֵינוּ
אֱלֹהֵי כָל בָּשָׂר
יוֹצְרֵנוּ, יוֹצֵר בְּרֵאשִׁית.
בְּרָכוֹת וְהוֹדָאוֹת
לְשִׁמְךָ הַגָּדוֹל וְהַקָּדוֹשׁ
עַל שֶׁהֶחֱיִיתָנוּ וְקִיַּמְתָּנוּ.
כֵּן תְּחַיֵּנוּ וּתְקַיְּמֵנוּ
וְתֶאֱסֹף גָּלֻיּוֹתֵינוּ
לְחַצְרוֹת קָדְשֶׁךָ
לִשְׁמֹר חֻקֶּיךָ
וְלַעֲשׂוֹת רְצוֹנֶךָ וּלְעָבְדְּךָ
בְּלֵבָב שָׁלֵם
עַל שֶׁאֲנוּ מוֹדִים לָךְ.
בָּרוּךְ אֵל הַהוֹדָאוֹת.

וְעַל כֻּלָּם יִתְבָּרַךְ וְיִתְרוֹמֵם וְיִתְנַשֵּׂא שִׁמְךָ מַלְכֵּנוּ
תָּמִיד לְעוֹלָם וָעֶד.
וְכֹל הַחַיִּים יוֹדוּךָ סֶּלָה
וִיהַלְלוּ וִיבָרְכוּ אֶת שִׁמְךָ הַגָּדוֹל בֶּאֱמֶת לְעוֹלָם כִּי טוֹב
הָאֵל יְשׁוּעָתֵנוּ וְעֶזְרָתֵנוּ סֶלָה, הָאֵל הַטּוֹב.
בָּרוּךְ אַתָּה יהוה, הַטּוֹב שִׁמְךָ וּלְךָ נָאֶה לְהוֹדוֹת.

המנהג המקובל הוא שאין אומרים ברכת כוהנים בתפילת שחרית (אבודרהם), ושליח הציבור אינו אומר ׳אֱלֹהֵינוּ וֵאלֹהֵי אֲבוֹתֵינוּ׳, משום גערת הנביא (ישעיה א, טו): ״וּבְפָרִשְׂכֶם כַּפֵּיכֶם אַעְלִים עֵינַי מִכֶּם״ (דה״ח רה, ו). עם זאת, נוהגים לומר ׳שִׂים שָׁלוֹם׳ (׳אשי ישראל׳ מד הערה קמח).

שלום

שִׂים שָׁלוֹם טוֹבָה וּבְרָכָה
חַיִּים חֵן וָחֶסֶד וְרַחֲמִים
עָלֵינוּ וְעַל כָּל יִשְׂרָאֵל עַמֶּךָ.
בָּרְכֵנוּ אָבִינוּ כֻּלָּנוּ כְּאֶחָד בְּאוֹר פָּנֶיךָ
כִּי בְאוֹר פָּנֶיךָ נָתַתָּ לָּנוּ יהוה אֱלֹהֵינוּ
תּוֹרַת חַיִּים וְאַהֲבַת חֶסֶד
וּצְדָקָה וּבְרָכָה וְרַחֲמִים וְחַיִּים וְשָׁלוֹם.
וְטוֹב יִהְיֶה בְּעֵינֶיךָ לְבָרְכֵנוּ
וּלְבָרֵךְ אֶת כָּל עַמְּךָ יִשְׂרָאֵל
בְּכָל עֵת וּבְכָל שָׁעָה בִּשְׁלוֹמֶךָ.
בָּרוּךְ אַתָּה יהוה, הַמְבָרֵךְ אֶת עַמּוֹ יִשְׂרָאֵל בַּשָּׁלוֹם.

שליח הציבור מסיים באמירת הפסוק הבא בלחש (מג״א קכג, יד), ויש הנוהגים לאומרו גם בסוף תפילת לחש של יחיד.

יִהְיוּ לְרָצוֹן אִמְרֵי פִי וְהֶגְיוֹן לִבִּי לְפָנֶיךָ, יהוה צוּרִי וְגֹאֲלִי: תהלים יט

אֱלֹהַי ברכות יז.
נְצֹר לְשׁוֹנִי מֵרָע וּשְׂפָתַי מִדַּבֵּר מִרְמָה
וְלִמְקַלְלַי נַפְשִׁי תִדֹּם, וְנַפְשִׁי כֶּעָפָר לַכֹּל תִּהְיֶה.
פְּתַח לִבִּי בְּתוֹרָתֶךָ, וְאַחֲרֵי מִצְוֹתֶיךָ תִּרְדֹּף נַפְשִׁי.
וְכָל הַקָּמִים וְהַחוֹשְׁבִים עָלַי רָעָה
מְהֵרָה הָפֵר עֲצָתָם וְקַלְקֵל מַחֲשַׁבְתָּם.

יש המוסיפים תחינה זו (קיצור של״ה, ׳אור הישר׳):

יְהִי רָצוֹן מִלְּפָנֶיךָ, יהוה אֱלֹהַי וֵאלֹהֵי אֲבוֹתַי
שֶׁלֹּא תַעֲלֶה קִנְאַת אָדָם עָלַי, וְלֹא קִנְאָתִי עַל אֲחֵרִים
וְשֶׁלֹּא אֶכְעֹס הַיּוֹם, וְשֶׁלֹּא אַכְעִיסֶךָ
וְתַצִּילֵנִי מִיֵּצֶר הָרָע, וְתֵן בְּלִבִּי הַכְנָעָה וַעֲנָוָה.
מַלְכֵּנוּ וֵאלֹהֵינוּ, יַחֵד שִׁמְךָ בְּעוֹלָמֶךָ
בְּנֵה עִירְךָ, יַסֵּד בֵּיתְךָ וְשַׁכְלֵל הֵיכָלֶךָ
וְקַבֵּץ קִבּוּץ גָּלֻיּוֹת, וּפְדֵה צֹאנְךָ וְשַׂמַּח עֲדָתֶךָ.

עֲשֵׂה לְמַעַן שְׁמֶךָ, עֲשֵׂה לְמַעַן יְמִינֶךָ
עֲשֵׂה לְמַעַן תּוֹרָתֶךָ, עֲשֵׂה לְמַעַן קְדֻשָּׁתֶךָ.
לְמַעַן יֵחָלְצוּן יְדִידֶיךָ, הוֹשִׁיעָה יְמִינְךָ וַעֲנֵנִי: תהלים ס
יִהְיוּ לְרָצוֹן אִמְרֵי פִי וְהֶגְיוֹן לִבִּי לְפָנֶיךָ, יהוה צוּרִי וְגֹאֲלִי: תהלים יט

כורע ופוסע שלוש פסיעות לאחור. קד לשמאל, לימין ולפנים באמירת:

עֹשֶׂה שָׁלוֹם בִּמְרוֹמָיו
הוּא יַעֲשֶׂה שָׁלוֹם, עָלֵינוּ וְעַל כָּל יִשְׂרָאֵל, וְאִמְרוּ אָמֵן.

יְהִי רָצוֹן מִלְּפָנֶיךָ יהוה אֱלֹהֵינוּ וֵאלֹהֵי אֲבוֹתֵינוּ
שֶׁיִּבָּנֶה בֵּית הַמִּקְדָּשׁ בִּמְהֵרָה בְיָמֵינוּ, וְתֵן חֶלְקֵנוּ בְּתוֹרָתֶךָ
וְשָׁם נַעֲבָדְךָ בְּיִרְאָה כִּימֵי עוֹלָם וּכְשָׁנִים קַדְמֹנִיּוֹת.
וְעָרְבָה לַיהוה מִנְחַת יְהוּדָה וִירוּשָׁלָםִ כִּימֵי עוֹלָם וּכְשָׁנִים קַדְמֹנִיּוֹת: מלאכי ג

שליח הציבור חוזר על התפילה בקול רם,
ומוסיף ׳עֲנֵנוּ׳ בין הברכה השביעית לשמינית.

חצי קדיש

ש״ץ: יִתְגַּדַּל וְיִתְקַדַּשׁ שְׁמֵהּ רַבָּא (קהל: אָמֵן)
בְּעָלְמָא דִּי בְרָא כִרְעוּתֵהּ
וְיַמְלִיךְ מַלְכוּתֵהּ וְיַצְמַח פֻּרְקָנֵהּ וִיקָרֵב מְשִׁיחֵהּ (קהל: אָמֵן)
בְּחַיֵּיכוֹן וּבְיוֹמֵיכוֹן וּבְחַיֵּי דְכָל בֵּית יִשְׂרָאֵל
בַּעֲגָלָא וּבִזְמַן קָרִיב, וְאִמְרוּ אָמֵן. (קהל: אָמֵן)

קהל וש״ץ: יְהֵא שְׁמֵהּ רַבָּא מְבָרַךְ לְעָלַם וּלְעָלְמֵי עָלְמַיָּא.

ש״ץ: יִתְבָּרַךְ וְיִשְׁתַּבַּח וְיִתְפָּאַר וְיִתְרוֹמַם וְיִתְנַשֵּׂא
וְיִתְהַדָּר וְיִתְעַלֶּה וְיִתְהַלָּל, שְׁמֵהּ דְּקֻדְשָׁא בְּרִיךְ הוּא (קהל: אָמֵן)
לְעֵלָּא מִן כָּל בִּרְכָתָא וְשִׁירָתָא תֻּשְׁבְּחָתָא וְנֶחֱמָתָא
דַּאֲמִירָן בְּעָלְמָא, וְאִמְרוּ אָמֵן. (קהל: אָמֵן)

הוצאת ספר תורה

פותחים את ארון הקודש. הקהל עומד על רגליו.

במדבר י וַיְהִי בִּנְסֹעַ הָאָרֹן וַיֹּאמֶר מֹשֶׁה
קוּמָה יהוה וְיָפֻצוּ אֹיְבֶיךָ וְיָנֻסוּ מְשַׂנְאֶיךָ מִפָּנֶיךָ:
ישעיה ב כִּי מִצִּיּוֹן תֵּצֵא תוֹרָה וּדְבַר־יהוה מִירוּשָׁלָםִ:
בָּרוּךְ שֶׁנָּתַן תּוֹרָה לְעַמּוֹ יִשְׂרָאֵל בִּקְדֻשָּׁתוֹ.

כתוב בספר הזוהר שכאשר מוציאים את ספר התורה לקרוא בו בציבור,
נפתחים שערי השמים, וראוי לומר תחינה זו.

זוהר ויקהל בְּרִיךְ שְׁמֵהּ דְּמָרֵא עָלְמָא, בְּרִיךְ כִּתְרָךְ וְאַתְרָךְ. יְהֵא רְעוּתָךְ עִם עַמָּךְ יִשְׂרָאֵל לְעָלַם, וּפֻרְקַן יְמִינָךְ אַחֲזֵי לְעַמָּךְ בְּבֵית מַקְדְּשָׁךְ, וּלְאַמְטוּיֵי לָנָא מִטּוּב נְהוֹרָךְ, וּלְקַבֵּל צְלוֹתַנָא בְּרַחֲמִין. יְהֵא רַעֲוָא קֳדָמָךְ דְּתוֹרִיךְ לַן חַיִּין

תרגום

ברוך שמו של אדון העולם, ברוך כתרך ומקומך. יהי רצונך עם עמך ישראל לעולם, וישועת ימינך הראה לעמך בבית מקדשך, ולהביא לנו מטוב אורך, ולקבל תפילותינו ברחמים. יהי רצון מלפניך שתאריך לנו חיים בטוב, ואהיה אני נמנה בתוך הצדיקים,

בְּטִיבוּ, וְלֶהֱוֵי אֲנָא פְּקִידָא בְּגוֹ צַדִּיקַיָּא, לְמִרְחַם עֲלַי וּלְמִנְטַר יָתִי וְיָת כָּל
דִּי לִי וְדִי לְעַמָּךְ יִשְׂרָאֵל. אַנְתְּ הוּא זָן לְכֹלָּא וּמְפַרְנֵס לְכֹלָּא, אַנְתְּ הוּא
שַׁלִּיט עַל כֹּלָּא, אַנְתְּ הוּא דְּשַׁלִּיט עַל מַלְכַיָּא, וּמַלְכוּתָא דִּילָךְ הִיא. אֲנָא
עַבְדָּא דְקֻדְשָׁא בְּרִיךְ הוּא, דְּסָגֵדְנָא קַמֵּהּ וּמִקַּמֵּי דִּיקַר אוֹרַיְתֵהּ בְּכָל עִדָּן
וְעִדָּן. לָא עַל אֱנָשׁ רְחִיצְנָא וְלָא עַל בַּר אֱלָהִין סָמִיכְנָא, אֶלָּא בֵּאלָהָא
דִשְׁמַיָּא, דְּהוּא אֱלָהָא קְשׁוֹט, וְאוֹרַיְתֵהּ קְשׁוֹט, וּנְבִיאוֹהִי קְשׁוֹט, וּמַסְגֵּא
לְמֶעְבַּד טָבְוָן וּקְשׁוֹט. ‹ בֵּהּ אֲנָא רְחִיץ, וְלִשְׁמֵהּ קַדִּישָׁא יַקִּירָא אֲנָא אֵמַר
תֻּשְׁבְּחָן. יְהֵא רַעֲוָא קֳדָמָךְ דְּתִפְתַּח לִבַּאי בְּאוֹרַיְתָא, וְתַשְׁלִים מִשְׁאֲלִין
דְּלִבַּאי וְלִבָּא דְכָל עַמָּךְ יִשְׂרָאֵל לְטָב וּלְחַיִּין וְלִשְׁלָם.

שליח הציבור מקבל את ספר התורה בימינו (רמ"א קלד, ב בשם מהרי"ל), ואומר:

תהלים לד

גַּדְּלוּ לַיהוה אִתִּי וּנְרוֹמְמָה שְׁמוֹ יַחְדָּו:

סוגרים את ארון הקודש. כאשר שליח הציבור הולך אל הבימה, הקהל אומר
(סדר הפסוקים לקוח מסדר רב עמרם גאון, ראב הָרַחֲמִים' ממחזור ויטרי):

דברי הימים
א' כט

לְךָ יהוה הַגְּדֻלָּה וְהַגְּבוּרָה וְהַתִּפְאֶרֶת וְהַנֵּצַח וְהַהוֹד, כִּי-כֹל בַּשָּׁמַיִם
וּבָאָרֶץ, לְךָ יהוה הַמַּמְלָכָה וְהַמִּתְנַשֵּׂא לְכֹל לְרֹאשׁ:

תהלים צט

רוֹמְמוּ יהוה אֱלֹהֵינוּ וְהִשְׁתַּחֲווּ לַהֲדֹם רַגְלָיו, קָדוֹשׁ הוּא: רוֹמְמוּ יהוה
אֱלֹהֵינוּ וְהִשְׁתַּחֲווּ לְהַר קָדְשׁוֹ, כִּי-קָדוֹשׁ יהוה אֱלֹהֵינוּ:

אַב הָרַחֲמִים הוּא יְרַחֵם עַם עֲמוּסִים, וְיִזְכֹּר בְּרִית אֵיתָנִים, וְיַצִּיל
נַפְשׁוֹתֵינוּ מִן הַשָּׁעוֹת הָרָעוֹת, וְיִגְעַר בְּיֵצֶר הָרָע מִן הַנְּשׂוּאִים, וְיָחֹן אוֹתָנוּ
לִפְלֵיטַת עוֹלָמִים, וִימַלֵּא מִשְׁאֲלוֹתֵינוּ בְּמִדָּה טוֹבָה יְשׁוּעָה וְרַחֲמִים.

לרחם עלי ולשמור אותי ואת כל אשר לי ואשר לעמך ישראל. אתה הוא זן לכול
ומפרנס לכול, אתה הוא שליט על הכול, אתה הוא השליט על המלכים, והמלכות
שלך היא. אני עבדו של הקדוש ברוך הוא, משתחוה לפניו ולפני כבוד תורתו בכל
עת ועת. לא על אדם אני בוטח ולא על מלאך אני סמוך, אלא באלהי השמים,
שהוא אלהים אמת, ותורתו אמת, ונביאיו אמת, ומרבה לעשות חסד ואמת. בו
אני בוטח, ולשמו הקדוש הנכבד אני אומר תשבחות. יהי רצון מלפניך שתפתח לבי
בתורה, ותמלא משאלות לבי ולב כל עמך ישראל לטובה ולחיים ולשלום.

מניח את ספר התורה על הבימה, והגבאי מכריז (מחזור ויטרי):

וְתִגָּלֶה וְתֵרָאֶה מַלְכוּתוֹ עָלֵינוּ בִּזְמַן קָרוֹב, וְיָחֹן פְּלֵיטָתֵנוּ וּפְלֵיטַת עַמּוֹ בֵּית יִשְׂרָאֵל לְחֵן וּלְחֶסֶד וּלְרַחֲמִים וּלְרָצוֹן וְנֹאמַר אָמֵן. הַכֹּל הָבוּ גֹדֶל לֵאלֹהֵינוּ וּתְנוּ כָבוֹד לַתּוֹרָה. *כֹּהֵן קְרָב, יַעֲמֹד (פלוני בֶּן פלוני) הַכֹּהֵן.

*אם אין כוהן, הגבאי קורא ללוי או לישראל ואומר:

/אֵין כָּאן כֹּהֵן, יַעֲמֹד (פלוני בֶּן פלוני) בִּמְקוֹם כֹּהֵן./

בָּרוּךְ שֶׁנָּתַן תּוֹרָה לְעַמּוֹ יִשְׂרָאֵל בִּקְדֻשָּׁתוֹ.

הקהל ואחריו הגבאי (סידור השל״ה, סידור יעב״ץ):

דברים ד וְאַתֶּם הַדְּבֵקִים בַּיהוה אֱלֹהֵיכֶם חַיִּים כֻּלְּכֶם הַיּוֹם:

אין אומרים מי שבירך לעולים לתורה (כה״ח תקנט, מ בשם מהרי״ל).

יש נוהגים שהעולה אומר בלחש לפני הברכה (קיצוש״ע קכד, ג על פי המג״א תקנט, ה):

בָּרוּךְ דַּיַּן הָאֱמֶת.

קודם הברכה על העולה לראות היכן קוראים (מגילה לב ע״א) ולנשק את ספר התורה (ערוה״ש קלט, טו). בשעת הברכה אוחז בעמודי הספר (שו״ע קלט, יא על פי הראבי״ה וספר המנהיג).

עולה: בָּרְכוּ אֶת יהוה הַמְבֹרָךְ.

קהל: בָּרוּךְ יהוה הַמְבֹרָךְ לְעוֹלָם וָעֶד.

עולה: בָּרוּךְ יהוה הַמְבֹרָךְ לְעוֹלָם וָעֶד.

בָּרוּךְ אַתָּה יהוה, אֱלֹהֵינוּ מֶלֶךְ הָעוֹלָם
אֲשֶׁר בָּחַר בָּנוּ מִכָּל הָעַמִּים
וְנָתַן לָנוּ אֶת תּוֹרָתוֹ.
בָּרוּךְ אַתָּה יהוה, נוֹתֵן הַתּוֹרָה.

לאחר הקריאה העולה מנשק את ספר התורה (מג״א קלט, יד בשם ספר חסידים) ומברך:

עולה: בָּרוּךְ אַתָּה יהוה אֱלֹהֵינוּ מֶלֶךְ הָעוֹלָם
אֲשֶׁר נָתַן לָנוּ תּוֹרַת אֱמֶת
וְחַיֵּי עוֹלָם נָטַע בְּתוֹכֵנוּ.
בָּרוּךְ אַתָּה יהוה, נוֹתֵן הַתּוֹרָה.

קריאת התורה

כִּי־תוֹלִיד בָּנִים וּבְנֵי בָנִים וְנוֹשַׁנְתֶּם בָּאָרֶץ וְהִשְׁחַתֶּם וַעֲשִׂיתֶם דברים
ד,כה–מ
פֶּסֶל תְּמוּנַת כֹּל וַעֲשִׂיתֶם הָרַע בְּעֵינֵי־יְהוָה אֱלֹהֶיךָ לְהַכְעִיסוֹ:
הַעִידֹתִי בָכֶם הַיּוֹם אֶת־הַשָּׁמַיִם וְאֶת־הָאָרֶץ כִּי־אָבֹד תֹּאבֵדוּן
מַהֵר מֵעַל הָאָרֶץ אֲשֶׁר אַתֶּם עֹבְרִים אֶת־הַיַּרְדֵּן שָׁמָּה לְרִשְׁתָּהּ
לֹא־תַאֲרִיכֻן יָמִים עָלֶיהָ כִּי הִשָּׁמֵד תִּשָּׁמֵדוּן: וְהֵפִיץ יְהוָה אֶתְכֶם
בָּעַמִּים וְנִשְׁאַרְתֶּם מְתֵי מִסְפָּר בַּגּוֹיִם אֲשֶׁר יְנַהֵג יְהוָה אֶתְכֶם
שָׁמָּה: וַעֲבַדְתֶּם־שָׁם אֱלֹהִים מַעֲשֵׂה יְדֵי אָדָם עֵץ וָאֶבֶן אֲשֶׁר
לֹא־יִרְאוּן וְלֹא יִשְׁמְעוּן וְלֹא יֹאכְלוּן וְלֹא יְרִיחֻן: וּבִקַּשְׁתֶּם מִשָּׁם
אֶת־יְהוָה אֱלֹהֶיךָ וּמָצָאתָ כִּי תִדְרְשֶׁנּוּ בְּכָל־לְבָבְךָ וּבְכָל־נַפְשֶׁךָ:
*בַּצַּר לְךָ וּמְצָאוּךָ כֹּל הַדְּבָרִים הָאֵלֶּה בְּאַחֲרִית הַיָּמִים וְשַׁבְתָּ לוי
עַד־יְהוָה אֱלֹהֶיךָ וְשָׁמַעְתָּ בְּקֹלוֹ: כִּי אֵל רַחוּם יְהוָה אֱלֹהֶיךָ לֹא
יַרְפְּךָ וְלֹא יַשְׁחִיתֶךָ וְלֹא יִשְׁכַּח אֶת־בְּרִית אֲבֹתֶיךָ אֲשֶׁר נִשְׁבַּע
לָהֶם: כִּי שְׁאַל־נָא לְיָמִים רִאשֹׁנִים אֲשֶׁר־הָיוּ לְפָנֶיךָ לְמִן־הַיּוֹם
אֲשֶׁר בָּרָא אֱלֹהִים ׀ אָדָם עַל־הָאָרֶץ וּלְמִקְצֵה הַשָּׁמַיִם וְעַד־קְצֵה
הַשָּׁמָיִם הֲנִהְיָה כַּדָּבָר הַגָּדוֹל הַזֶּה אוֹ הֲנִשְׁמַע כָּמֹהוּ: הֲשָׁמַע
עָם קוֹל אֱלֹהִים מְדַבֵּר מִתּוֹךְ־הָאֵשׁ כַּאֲשֶׁר־שָׁמַעְתָּ אַתָּה וַיֶּחִי:
אוֹ ׀ הֲנִסָּה אֱלֹהִים לָבוֹא לָקַחַת לוֹ גוֹי מִקֶּרֶב גּוֹי בְּמַסֹּת בְּאֹתֹת
וּבְמוֹפְתִים וּבְמִלְחָמָה וּבְיָד חֲזָקָה וּבִזְרוֹעַ נְטוּיָה וּבְמוֹרָאִים
גְּדֹלִים כְּכֹל אֲשֶׁר־עָשָׂה לָכֶם יְהוָה אֱלֹהֵיכֶם בְּמִצְרַיִם לְעֵינֶיךָ:
אַתָּה הָרְאֵתָ לָדַעַת כִּי יְהוָה הוּא הָאֱלֹהִים אֵין עוֹד מִלְבַדּוֹ:
*מִן־הַשָּׁמַיִם הִשְׁמִיעֲךָ אֶת־קֹלוֹ לְיַסְּרֶךָּ וְעַל־הָאָרֶץ הֶרְאֲךָ ישראל
(מפטיר)
אֶת־אִשּׁוֹ הַגְּדוֹלָה וּדְבָרָיו שָׁמַעְתָּ מִתּוֹךְ הָאֵשׁ: וְתַחַת כִּי אָהַב
אֶת־אֲבֹתֶיךָ וַיִּבְחַר בְּזַרְעוֹ אַחֲרָיו וַיּוֹצִאֲךָ בְּפָנָיו בְּכֹחוֹ הַגָּדֹל

מִמִּצְרָיִם׃ לְהוֹרִישׁ גּוֹיִם גְּדֹלִים וַעֲצֻמִים מִמְּךָ מִפָּנֶיךָ לַהֲבִיאֲךָ
לָתֶת־לְךָ אֶת־אַרְצָם נַחֲלָה כַּיּוֹם הַזֶּה׃ וְיָדַעְתָּ הַיּוֹם וַהֲשֵׁבֹתָ
אֶל־לְבָבֶךָ כִּי יהוה הוּא הָאֱלֹהִים בַּשָּׁמַיִם מִמַּעַל וְעַל־הָאָרֶץ
מִתָּחַת אֵין עוֹד׃ וְשָׁמַרְתָּ אֶת־חֻקָּיו וְאֶת־מִצְוֺתָיו אֲשֶׁר אָנֹכִי
מְצַוְּךָ הַיּוֹם אֲשֶׁר יִיטַב לְךָ וּלְבָנֶיךָ אַחֲרֶיךָ וּלְמַעַן תַּאֲרִיךְ יָמִים
עַל־הָאֲדָמָה אֲשֶׁר יהוה אֱלֹהֶיךָ נֹתֵן לְךָ כָּל־הַיָּמִים׃

חצי קדיש

לאחר קריאת התורה בעל הקורא אומר חצי קדיש (סדר רב עמרם גאון):

בעל קורא: **יִתְגַּדַּל וְיִתְקַדַּשׁ שְׁמֵהּ רַבָּא** (קהל: אָמֵן)
בְּעָלְמָא דִּי בְרָא כִרְעוּתֵהּ
וְיַמְלִיךְ מַלְכוּתֵהּ וְיַצְמַח פֻּרְקָנֵהּ וִיקָרֵב מְשִׁיחֵהּ (קהל: אָמֵן)
בְּחַיֵּיכוֹן וּבְיוֹמֵיכוֹן וּבְחַיֵּי דְכָל בֵּית יִשְׂרָאֵל
בַּעֲגָלָא וּבִזְמַן קָרִיב, וְאִמְרוּ אָמֵן. (קהל: אָמֵן)

בעל קורא וקהל: **יְהֵא שְׁמֵהּ רַבָּא מְבָרַךְ לְעָלַם וּלְעָלְמֵי עָלְמַיָּא.**

בעל קורא: **יִתְבָּרַךְ וְיִשְׁתַּבַּח וְיִתְפָּאַר וְיִתְרוֹמַם וְיִתְנַשֵּׂא**
וְיִתְהַדָּר וְיִתְעַלֶּה וְיִתְהַלָּל
שְׁמֵהּ דְּקֻדְשָׁא בְּרִיךְ הוּא (קהל: אָמֵן)
לְעֵלָּא מִן כָּל בִּרְכָתָא וְשִׁירָתָא, תֻּשְׁבְּחָתָא וְנֶחֱמָתָא
דַּאֲמִירָן בְּעָלְמָא, וְאִמְרוּ אָמֵן. (קהל: אָמֵן)

כאשר מגביהים את ספר התורה (רמב״ן, דברים כז, כו), הקהל אומר:

דברים ד **וְזֹאת הַתּוֹרָה אֲשֶׁר־שָׂם מֹשֶׁה לִפְנֵי בְּנֵי יִשְׂרָאֵל׃**
במדבר ט **(עַל־פִּי יהוה בְּיַד־מֹשֶׁה׃)**

ויש מוסיפים (סידור השל״ה):

דברים לג תּוֹרָה צִוָּה־לָנוּ מֹשֶׁה, מוֹרָשָׁה קְהִלַּת יַעֲקֹב׃
משלי ג עֵץ־חַיִּים הִיא לַמַּחֲזִיקִים בָּהּ וְתֹמְכֶיהָ מְאֻשָּׁר׃
דְּרָכֶיהָ דַרְכֵי־נֹעַם וְכָל־נְתִיבוֹתֶיהָ שָׁלוֹם׃
אֹרֶךְ יָמִים בִּימִינָהּ, בִּשְׂמֹאולָהּ עֹשֶׁר וְכָבוֹד׃
ישעיה מב יהוה חָפֵץ לְמַעַן צִדְקוֹ יַגְדִּיל תּוֹרָה וְיַאְדִּיר׃

ברכות ההפטרה

לפני קריאת ההפטרה בנביא, המפטיר מברך:

בָּרוּךְ אַתָּה יהוה אֱלֹהֵינוּ מֶלֶךְ הָעוֹלָם אֲשֶׁר בָּחַר בִּנְבִיאִים טוֹבִים, וְרָצָה בְדִבְרֵיהֶם הַנֶּאֱמָרִים בֶּאֱמֶת. בָּרוּךְ אַתָּה יהוה, הַבּוֹחֵר בַּתּוֹרָה וּבְמֹשֶׁה עַבְדּוֹ וּבְיִשְׂרָאֵל עַמּוֹ וּבִנְבִיאֵי הָאֱמֶת וָצֶדֶק:

הפטרה

קוראים בניגון של איכה, עד שני פסוקי הנחמה החותמים (מג"א תקנט, ו):

ירמיהו
ח, יג–ט, כג

אָסֹף אֲסִיפֵם נְאֻם־יהוה אֵין עֲנָבִים בַּגֶּפֶן וְאֵין תְּאֵנִים בַּתְּאֵנָה וְהֶעָלֶה נָבֵל וָאֶתֵּן לָהֶם יַעַבְרוּם: עַל־מָה אֲנַחְנוּ יֹשְׁבִים הֵאָסְפוּ וְנָבוֹא אֶל־עָרֵי הַמִּבְצָר וְנִדְּמָה־שָּׁם כִּי יהוה אֱלֹהֵינוּ הֲדִמָּנוּ וַיַּשְׁקֵנוּ מֵי־רֹאשׁ כִּי חָטָאנוּ לַיהוה: קַוֵּה לְשָׁלוֹם וְאֵין טוֹב לְעֵת מַרְפֵּה וְהִנֵּה בְעָתָה: מִדָּן נִשְׁמַע נַחְרַת סוּסָיו מִקּוֹל מִצְהֲלוֹת אַבִּירָיו רָעֲשָׁה כָּל־הָאָרֶץ וַיָּבוֹאוּ וַיֹּאכְלוּ אֶרֶץ וּמְלוֹאָהּ עִיר וְיֹשְׁבֵי בָהּ: כִּי הִנְנִי מְשַׁלֵּחַ בָּכֶם נְחָשִׁים צִפְעֹנִים אֲשֶׁר אֵין־לָהֶם לָחַשׁ וְנִשְּׁכוּ אֶתְכֶם נְאֻם־יהוה: מַבְלִיגִיתִי עֲלֵי יָגוֹן עָלַי לִבִּי דַוָּי: הִנֵּה־קוֹל שַׁוְעַת בַּת־עַמִּי מֵאֶרֶץ מַרְחַקִּים הַיהוה אֵין בְּצִיּוֹן אִם־מַלְכָּהּ אֵין בָּהּ מַדּוּעַ הִכְעִסוּנִי בִּפְסִלֵיהֶם בְּהַבְלֵי נֵכָר: עָבַר קָצִיר כָּלָה קָיִץ וַאֲנַחְנוּ לוֹא נוֹשָׁעְנוּ: עַל־שֶׁבֶר בַּת־עַמִּי הָשְׁבָּרְתִּי קָדַרְתִּי שַׁמָּה הֶחֱזִקָתְנִי: הַצֳרִי אֵין בְּגִלְעָד אִם־רֹפֵא אֵין שָׁם כִּי מַדּוּעַ לֹא עָלְתָה אֲרֻכַת בַּת־עַמִּי: מִי־יִתֵּן רֹאשִׁי מַיִם וְעֵינִי מְקוֹר דִּמְעָה וְאֶבְכֶּה יוֹמָם וָלַיְלָה אֵת חַלְלֵי בַת־עַמִּי: מִי־יִתְּנֵנִי בַמִּדְבָּר מְלוֹן אֹרְחִים וְאֶעֶזְבָה אֶת־עַמִּי וְאֵלְכָה מֵאִתָּם כִּי כֻלָּם מְנָאֲפִים עֲצֶרֶת בֹּגְדִים: וַיַּדְרְכוּ אֶת־לְשׁוֹנָם קַשְׁתָּם שֶׁקֶר וְלֹא לֶאֱמוּנָה גָבְרוּ בָאָרֶץ כִּי מֵרָעָה אֶל־רָעָה יָצָאוּ וְאֹתִי לֹא־יָדָעוּ נְאֻם־יהוה: אִישׁ מֵרֵעֵהוּ

הִשָּׁמֵרוּ וְעַל־כָּל־אָח אַל־תִּבְטָחוּ כִּי כָל־אָח עָקוֹב יַעְקֹב וְכָל־רֵעַ
רָכִיל יַהֲלֹךְ: וְאִישׁ בְּרֵעֵהוּ יְהָתֵלּוּ וֶאֱמֶת לֹא יְדַבֵּרוּ לִמְּדוּ לְשׁוֹנָם
דַּבֶּר־שֶׁקֶר הַעֲוֵה נִלְאוּ: שִׁבְתְּךָ בְּתוֹךְ מִרְמָה בְּמִרְמָה מֵאֲנוּ
דַעַת־אוֹתִי נְאֻם־יְהוָה: לָכֵן כֹּה אָמַר יְהוָה צְבָאוֹת
שָׁחוּט הִנְנִי צוֹרְפָם וּבְחַנְתִּים כִּי־אֵיךְ אֶעֱשֶׂה מִפְּנֵי בַּת־עַמִּי: חֵץ שׁוֹחֵט
לְשׁוֹנָם מִרְמָה דִבֵּר בְּפִיו שָׁלוֹם אֶת־רֵעֵהוּ יְדַבֵּר וּבְקִרְבּוֹ יָשִׂים
אָרְבּוֹ: הַעַל־אֵלֶּה לֹא־אֶפְקָד־בָּם נְאֻם־יְהוָה אִם בְּגוֹי אֲשֶׁר־
כָּזֶה לֹא תִתְנַקֵּם נַפְשִׁי: עַל־הֶהָרִים אֶשָּׂא בְכִי וָנֶהִי
וְעַל־נְאוֹת מִדְבָּר קִינָה כִּי נִצְּתוּ מִבְּלִי־אִישׁ עֹבֵר וְלֹא שָׁמְעוּ
קוֹל מִקְנֶה מֵעוֹף הַשָּׁמַיִם וְעַד־בְּהֵמָה נָדְדוּ הָלָכוּ: וְנָתַתִּי אֶת־
יְרוּשָׁלִַם לְגַלִּים מְעוֹן תַּנִּים וְאֶת־עָרֵי יְהוּדָה אֶתֵּן שְׁמָמָה מִבְּלִי
יוֹשֵׁב: מִי־הָאִישׁ הֶחָכָם וְיָבֵן אֶת־זֹאת וַאֲשֶׁר דִּבֶּר
פִּי־יְהוָה אֵלָיו וְיַגִּדָהּ עַל־מָה אָבְדָה הָאָרֶץ נִצְּתָה כַמִּדְבָּר מִבְּלִי
עֹבֵר: וַיֹּאמֶר יְהוָה עַל־עָזְבָם אֶת־תּוֹרָתִי אֲשֶׁר נָתַתִּי
לִפְנֵיהֶם וְלֹא־שָׁמְעוּ בְקוֹלִי וְלֹא־הָלְכוּ בָהּ: וַיֵּלְכוּ אַחֲרֵי שְׁרִרוּת
לִבָּם וְאַחֲרֵי הַבְּעָלִים אֲשֶׁר לִמְּדוּם אֲבוֹתָם: לָכֵן
כֹּה־אָמַר יְהוָה צְבָאוֹת אֱלֹהֵי יִשְׂרָאֵל הִנְנִי מַאֲכִילָם אֶת־הָעָם
הַזֶּה לַעֲנָה וְהִשְׁקִיתִים מֵי־רֹאשׁ: וַהֲפִצוֹתִים בַּגּוֹיִם אֲשֶׁר לֹא
יָדְעוּ הֵמָּה וַאֲבוֹתָם וְשִׁלַּחְתִּי אַחֲרֵיהֶם אֶת־הַחֶרֶב עַד כַּלּוֹתִי
אוֹתָם: כֹּה אָמַר יְהוָה צְבָאוֹת הִתְבּוֹנְנוּ וְקִרְאוּ
לַמְקוֹנְנוֹת וּתְבוֹאֶינָה וְאֶל־הַחֲכָמוֹת שִׁלְחוּ וְתָבוֹאנָה: וּתְמַהֵרְנָה
וְתִשֶּׂנָה עָלֵינוּ נֶהִי וְתֵרַדְנָה עֵינֵינוּ דִּמְעָה וְעַפְעַפֵּינוּ יִזְּלוּ־מָיִם:
כִּי קוֹל נְהִי נִשְׁמַע מִצִּיּוֹן אֵיךְ שֻׁדָּדְנוּ בֹּשְׁנוּ מְאֹד כִּי־עָזַבְנוּ

אֶרֶץ כִּי הִשְׁלִיכוּ מִשְׁכְּנוֹתֵינוּ: כִּי־שְׁמַעְנָה נָשִׁים
דְּבַר־יהוה וְתִקַּח אָזְנְכֶם דְּבַר־פִּיו וְלַמֵּדְנָה בְנוֹתֵיכֶם נֶהִי וְאִשָּׁה
רְעוּתָהּ קִינָה: כִּי־עָלָה מָוֶת בְּחַלּוֹנֵינוּ בָּא בְּאַרְמְנוֹתֵינוּ לְהַכְרִית
עוֹלָל מִחוּץ בַּחוּרִים מֵרְחֹבוֹת: דַּבֵּר כֹּה נְאֻם־יהוה וְנָפְלָה
נִבְלַת הָאָדָם כְּדֹמֶן עַל־פְּנֵי הַשָּׂדֶה וּכְעָמִיר מֵאַחֲרֵי הַקֹּצֵר
וְאֵין מְאַסֵּף: כֹּה ׀ אָמַר יהוה אַל־יִתְהַלֵּל חָכָם
בְּחָכְמָתוֹ וְאַל־יִתְהַלֵּל הַגִּבּוֹר בִּגְבוּרָתוֹ אַל־יִתְהַלֵּל עָשִׁיר
בְּעָשְׁרוֹ: כִּי אִם־בְּזֹאת יִתְהַלֵּל הַמִּתְהַלֵּל הַשְׂכֵּל וְיָדֹעַ אוֹתִי כִּי
אֲנִי יהוה עֹשֶׂה חֶסֶד מִשְׁפָּט וּצְדָקָה בָּאָרֶץ כִּי־בְאֵלֶּה חָפַצְתִּי
נְאֻם־יהוה:

אחר קריאת ההפטרה המפטיר מברך:

בָּרוּךְ אַתָּה יהוה אֱלֹהֵינוּ מֶלֶךְ הָעוֹלָם, צוּר כָּל הָעוֹלָמִים, צַדִּיק בְּכָל הַדּוֹרוֹת, הָאֵל הַנֶּאֱמָן, הָאוֹמֵר וְעוֹשֶׂה, הַמְדַבֵּר וּמְקַיֵּם, שֶׁכָּל דְּבָרָיו אֱמֶת וָצֶדֶק. נֶאֱמָן אַתָּה הוּא יהוה אֱלֹהֵינוּ וְנֶאֱמָנִים דְּבָרֶיךָ, וְדָבָר אֶחָד מִדְּבָרֶיךָ אָחוֹר לֹא יָשׁוּב רֵיקָם, כִּי אֵל מֶלֶךְ נֶאֱמָן וְרַחֲמָן אָתָּה. בָּרוּךְ אַתָּה יהוה, הָאֵל הַנֶּאֱמָן בְּכָל דְּבָרָיו.

רַחֵם עַל צִיּוֹן כִּי הִיא בֵּית חַיֵּינוּ, וְלַעֲלוּבַת נֶפֶשׁ תּוֹשִׁיעַ בִּמְהֵרָה בְיָמֵינוּ. בָּרוּךְ אַתָּה יהוה, מְשַׂמֵּחַ צִיּוֹן בְּבָנֶיהָ.

שַׂמְּחֵנוּ יהוה אֱלֹהֵינוּ בְּאֵלִיָּהוּ הַנָּבִיא עַבְדֶּךָ, וּבְמַלְכוּת בֵּית דָּוִד מְשִׁיחֶךָ, בִּמְהֵרָה יָבוֹא וְיָגֵל לִבֵּנוּ. עַל כִּסְאוֹ לֹא יֵשֶׁב זָר, וְלֹא יִנְחֲלוּ עוֹד אֲחֵרִים אֶת כְּבוֹדוֹ, כִּי בְשֵׁם קָדְשְׁךָ נִשְׁבַּעְתָּ לּוֹ שֶׁלֹּא יִכְבֶּה נֵרוֹ לְעוֹלָם וָעֶד. בָּרוּךְ אַתָּה יהוה, מָגֵן דָּוִד.

בתשעה באב אומרים ׳אַשְׁרֵי׳, ׳וּבָא לְצִיּוֹן׳ וקדיש שלם אחרי הקינות.

הכנסת ספר תורה

פותחים את ארון הקודש. שליח הציבור לוקח את ספר התורה בימינו ואומר (סידור הרוקח):

תהלים קמח יְהַלְלוּ אֶת־שֵׁם יהוה, כִּי־נִשְׂגָּב שְׁמוֹ, לְבַדּוֹ

הקהל עונה:

הוֹדוֹ עַל־אֶרֶץ וְשָׁמָיִם:
וַיָּרֶם קֶרֶן לְעַמּוֹ
תְּהִלָּה לְכָל־חֲסִידָיו
לִבְנֵי יִשְׂרָאֵל עַם קְרֹבוֹ, הַלְלוּיָהּ:

מלווים את ספר התורה לארון הקודש באמירת (סידור השל"ה):

תהלים כד לְדָוִד מִזְמוֹר, לַיהוה הָאָרֶץ וּמְלוֹאָהּ, תֵּבֵל וְיֹשְׁבֵי בָהּ: כִּי־הוּא עַל־
יַמִּים יְסָדָהּ, וְעַל־נְהָרוֹת יְכוֹנְנֶהָ: מִי־יַעֲלֶה בְהַר־יהוה, וּמִי־יָקוּם
בִּמְקוֹם קָדְשׁוֹ: נְקִי כַפַּיִם וּבַר־לֵבָב, אֲשֶׁר לֹא־נָשָׂא לַשָּׁוְא נַפְשִׁי
וְלֹא נִשְׁבַּע לְמִרְמָה: יִשָּׂא בְרָכָה מֵאֵת יהוה, וּצְדָקָה מֵאֱלֹהֵי יִשְׁעוֹ:
זֶה דּוֹר דֹּרְשָׁו, מְבַקְשֵׁי פָנֶיךָ, יַעֲקֹב, סֶלָה: שְׂאוּ שְׁעָרִים רָאשֵׁיכֶם,
וְהִנָּשְׂאוּ פִּתְחֵי עוֹלָם, וְיָבוֹא מֶלֶךְ הַכָּבוֹד: מִי זֶה מֶלֶךְ הַכָּבוֹד, יהוה
עִזּוּז וְגִבּוֹר, יהוה גִּבּוֹר מִלְחָמָה: שְׂאוּ שְׁעָרִים רָאשֵׁיכֶם, וּשְׂאוּ פִּתְחֵי
עוֹלָם, וְיָבֹא מֶלֶךְ הַכָּבוֹד: מִי הוּא זֶה מֶלֶךְ הַכָּבוֹד, יהוה צְבָאוֹת
הוּא מֶלֶךְ הַכָּבוֹד, סֶלָה:

מכניסים את ספר התורה לארון הקודש ואומרים (ספר המחכים, סידור 'מלאה הארץ דעה'):

במדבר י וּבְנֻחֹה יֹאמַר, שׁוּבָה יהוה רִבְבוֹת אַלְפֵי יִשְׂרָאֵל: קוּמָה יהוה
תהלים קלב לִמְנוּחָתֶךָ, אַתָּה וַאֲרוֹן עֻזֶּךָ: כֹּהֲנֶיךָ יִלְבְּשׁוּ־צֶדֶק, וַחֲסִידֶיךָ יְרַנֵּנוּ:
משלי ד בַּעֲבוּר דָּוִד עַבְדֶּךָ אַל־תָּשֵׁב פְּנֵי מְשִׁיחֶךָ: כִּי לֶקַח טוֹב נָתַתִּי לָכֶם,
משלי ג תּוֹרָתִי אַל־תַּעֲזֹבוּ: עֵץ־חַיִּים הִיא לַמַּחֲזִיקִים בָּהּ, וְתֹמְכֶיהָ מְאֻשָּׁר:
איכה ה דְּרָכֶיהָ דַרְכֵי־נֹעַם וְכָל־נְתִיבוֹתֶיהָ שָׁלוֹם: › הֲשִׁיבֵנוּ יהוה אֵלֶיךָ וְנָשׁוּבָה,
חַדֵּשׁ יָמֵינוּ כְּקֶדֶם:

סוגרים את ארון הקודש, ויושבים על הארץ לומר קינות.

קינות לתשעה באב

לאחר הכנסת ספר התורה לארון הקודש הקהל יושב על הארץ ואומר קינות.

מנהג ארץ ישראל העתיק היה לומר בתפילת שחרית של תשעה באב 'קרובות' – סדרי פיוטים המרחיבים את ברכות העמידה. לאחר הברכה השישית נהגו לומר סליחות, ולאחר ברכת 'בּוֹנֵה יְרוּשָׁלָיִם' אמרו קינות. הפייטן הבולט בתחום זה היה ר' אלעזר הקליר – החוקרים ייחסו לו חמש 'קרובות' לתשעה באב.

בימי הראשונים התקבל המנהג שלא לשנות את תפילת העמידה, פרט להוספת 'עֲנֵנוּ' ו'נַחֵם': בצרפת נהגו לומר קינות לאחר הקדיש שבסוף התפילה (מחזור ויטרי), ובאשכנז לאחר החזרת ספר התורה לארון הקודש (ספר הרוקח, שיא).

במחזור הקינות הנהוג היום מופיעות קינות רבות – כחציין מקורן בקרובות שחיבר הקליר, והיתר נכתבו במהלך הדורות בידי פייטנים אחרים. יש קהילות שבהן אומרים רק חלק מהן, לפי בחירת הקהל.

ו | שבת, סורו מני

הקינה הראשונה הנאמרת במנהג אשכנז 'שָׁבַת, סוֹרוּ מֶנִּי' היא המשכה של הקרובה 'זְכוֹר אֵיכָה' שחיבר הקליר. כל אחת מארבע עשרה הברכות ב'זְכוֹר אֵיכָה' פותחת במילה הראשונה מהפסוק המתאים מפרק ה במגילת איכה, וממשיכה במילה הראשונה של הפסוק המתאים מפרק ד. שלוש הצלעות הבאות פותחות בשלוש מילות הפתיחה של שלושה פסוקים מפרק ג, הצלע הבאה במילה המתאימה מפרק ב, ולבסוף מפרק א. קינה זו ממשיכה את שמונת הפסוקים הנותרים מכל פרק (עשרים וארבעה הפסוקים האחרונים של פרק ג), אך הפסוקים המתחילים באות ע' נמצאים במקומם על פי סדר הא"ב, בניגוד למצוי במגילה. בקינה הצלע האחרונה בכל בית היא חציו הראשון של הפסוק המתאים מפרק א.

שָׁבַת, סוֹרוּ מֶנִּי שְׁמְעוּנִי עוֹכְרַי
סְחִי וּמָאוֹס הֱשִׂימוּנִי בְּעֶדְרֵי חֲבֵרַי
סַכּוֹתָה מִשְׁכָּן מִסְּכוֹת דְּבִירַי
סַכּוֹתָה וְהֶבְלְגוּ גִּבּוֹרַי
סָפְקוּ כַף וּמָעֲדוּ אֵבָרַי.
כְּסִלָּה כָל־אַבִּירַי:

נָפְלָה עוֹדֵינוּ בְּצוּל דְּכוּיָה
עֵינִי חִכְּתָה לַחֲזוֹן בֶּן בְּרֶכְיָה
עַד פְּלָאֵי גִלְגָּל חֲבוּיָה
עֵינִי מְעוֹלֶלֶת בְּיָונִית נְכוּיָה
עָשָׂה וְנִחַם, וַיִּקְרָא לִבְכִיָּה.
וְנָם, עַל־אֵלֶּה אֲנִי בוֹכִיָּה:

עַל פְּנֵי פְרָת נִפְצוּ חֲסִידֶיהָ
פַּלְגֵי סוּף זָכְרָה כְּעָרוּ יְסוֹדֶיהָ
פַּחַד חֵטְא שִׁילֹה, תָּכַף סוֹדֶיהָ
פָּצוּ חֲזִירֵי יַעַר, אַיֵּה חֲסִידֶיהָ
פָּצוּ מַעֲשֵׂה עֶרְוָה לְנִדֶּיהָ.
פֵּרְשָׂה צִיּוֹן בְּיָדֶיהָ:

עַל הַר צָדוּ שְׁאוֹנֵי מְדָנַי
צָפוּ עַל רָאשֵׁי זֵדוֹנַי
צָמְתוּ בְּנֹב לַעֲמֹד זֵדוֹנַי
צוֹד נָצֶרֶת לְעוֹרֵר מְדָנַי
צָעַק עַמִּי בִּימֵי בֶן דִּינַי.
צַדִּיק הוּא יהוה:

אַתָּה קַלִּים הִכְבַּדְתָּ, וּמֵעֶדְיִי עֲרָמוּנִי
קֵרַבְתָּ בּוֹא אֵלַי, וַיַּחֲרִימוּנִי
קָרָאתִי לְיוֹשְׁבֵי גִבְעוֹן, עוֹד הֵם זְרָמוּנִי
קוֹלִי לְהַשְׁמִיעַ בְּעֶרֶב הֶגְרִימוּנִי
קוּמִי עִבְרִי, בְּהַתֵּל הֶעֱרִימוּנִי.
קָרָאתִי לַמְאַהֲבַי, הֵמָּה רִמּוּנִי:

לָמָּה רוּחַ אַפֵּינוּ, לַטֶּבַח שָׁמָרוּ
רָאִיתָ, כִּי כְתַנּוּר עוֹרֵנוּ כָמָרוּ
רָאִיתָ, כִּי עָמָל וָכַעַס בְּאִוּוּיֶךָ גָּמָרוּ
רַבַּתָּ בְּיַד יְחֶזְקֵאל לִנְקֹם, כְּמוֹ מָרוּ
רְאֵה, וְנִכְחִידֵם מִגּוֹי, אָמָרוּ.
רְאֵה יהוה כִּי־צַר־לִי, מֵעַי חֳמַרְמָרוּ:

הֲשִׁיבֵנוּ, שִׁישִׁי שְׁמַע, לְגוֹי צֵאֲנִי
שַׁבְתָּם, רְמוֹס חֲצֵרֵי, לְהַדְכִּיאֵנִי
שִׂפְתֵי מְשׁוֹרְרֵי דְבִיר דּוֹמֵמוּ, לְהַדְאֵנִי
שָׁמֵעְתָּ, זְמִרוֹת אַף הֵכִין לְטַאְטְאֵנִי.
שָׁכְבוּ וְנָדוּ חֲצָץ לְהַבְרִיאֵנִי.
שִׁמְעוּ כִּי נֶאֱנָחָה אָנִי:

כִּי תָם חֻקַּת בְּכֶס אוֹפַנֶּיךָ
תָּשִׁיב לָהֶם גְּמוּל, כְּאָז חֲזוֹת פָּנֶיךָ
תִּרְדֹּף לְצַלְמוֹן, יוֹעֲצֵי רַע עַל צְפוּנֶיךָ
תִּתֵּן לְהַבְהַב נוֹתְצֵי פְנִינֶיךָ
תִּקְרָא לְשִׁכְּרָם כּוֹס, כָּמוּס בִּפְנֶיךָ.
תָּבֹא כָל־רָעָתָם לְפָנֶיךָ:

הבית האחרון מרחיב את התפילה 'תָּבֹא כָל־רָעָתָם לְפָנֶיךָ'
בתיאור מעללי האויב. בבית זה הפייטן חתם את שמו 'אלעזר'
בראשי הצלעות, והוא משמש מעבר לקינה הבאה.

תָּבֹא אֵל צָר אֲשֶׁר כֻּלָּנוּ
לְמָבוֹא חֲמָת, בְּחֵמָה נִהֲלָנוּ
עַד לַחֲלַח וְחָבוֹר הִגְלָנוּ
זָקֵן וּבָחוּר וּבְתוּלָה כִּבְּלָנוּ
רָם הַבֶּט נָא, עַמְּךָ כֻּלָּנוּ.
זְכֹר יהוה מֶה־הָיָה לָנוּ:

ז | איכה אצת באפך

קינה זו מוסיפה ומרחיבה את תיאור מעללי האויב שנזכרו בבית המעבר, ומדגישה את הניגוד ליציאת מצרים וקבלת התורה. הניגוד מודגש באמצעות המצלול: בכל שורה חמש מילים שונות פותחות באותה אות - תיאורי מוראות החורבן מצוינות באותיות א, ג, ה וכו', וההתרפקות על העבר באותיות ב, ד, ו. באותיות הזוגיות מופיעות שש מילים בתיאור התפילה: 'וּבְכֵן בָּטֵינוּ' וכו' לעומת חמש מילים באותיות האי־זוגיות, והתוצאה של הריבוי היא הדגשת הכמיהה לעבר המזהיר. באופן זה הפסוק "זְכֹר ה' מֶה־הָיָה לָנוּ" (איכה א, ה) במקום להיות קינה על ההווה האכזרי, הופך לתפילה המזכירה את העבר הרחוק: זכור מה היה לנו בימי קדם – ואנא, שוב והחזירנו לפניך כאז.

סימן א"ב (כפי שפורט למעלה)

אֵיכָה אָצְתָּ בְאַפֶּךָ, לְאַבֵּד בְּיַד אֲדוֹמִים אֱמוּנֶיךָ.
וְלֹא זָכַרְתָּ בְּרִית בֵּין בְּתָרִים אֲשֶׁר בָּרַתָּ לִבְחוּנֶיךָ.
וּבְכֵן בָּטֵינוּ. זְכֹר יהוה מֶה־הָיָה לָנוּ:

אֵיכָה גָּעַרְתָּ בְּגַעֲרָתְךָ, לַגְלוֹת בְּיַד גֵּאִים גְּאוּלֶיךָ.
וְלֹא זָכַרְתָּ דְּלִיגַת דִּלּוּג דֶּרֶךְ, אֲשֶׁר דִּלַּגְתָּ לִדְגָלֶיךָ.
וּבְכֵן דִּבַּרְנוּ. זְכֹר יהוה מֶה־הָיָה לָנוּ:

אֵיכָה הֲגִיתָ בְהֶגְיְךָ, לַהֲדֹף בְּיַד הוֹלְלִים הֲמוֹנֶיךָ.
וְלֹא זָכַרְתָּ וְעוּד וָתֵק וָסֵת, אֲשֶׁר וִעַדְתָּ לְוְעוּדֶיךָ.
וּבְכֵן וְקוֹנַנּוּ. זְכֹר יהוה מֶה־הָיָה לָנוּ:

אֵיכָה זָנַחְתָּ בְּזַעַמְךָ, לְזַלְזֵל בְּיַד זָרִים זְבוּלֶיךָ.
וְלֹא זָכַרְתָּ חִתּוּן חֻקֵּי חוֹרֵב, אֲשֶׁר חָקַקְתָּ לַחֲמוּלֶיךָ.
וּבְכֵן חִוִּינוּ. זְכֹר יהוה מֶה־הָיָה לָנוּ:

אֵיכָה טָרַחְתָּ בְּטָרְחֲךָ, לִטְרֹף בְּיַד טְמֵאִים טְלָאֶיךָ.
וְלֹא זָכַרְתָּ יְקַר יְדִידוּת יֹשֶׁר, אֲשֶׁר יִחַדְתָּ לְיוֹדְעֶיךָ.
וּבְכֵן יִלַּלְנוּ. זְכֹר יהוה מֶה־הָיָה לָנוּ:

אֵיכָה כּוֹנַנְתְּ בְּכַעְסֵךְ, לְכַלּוֹת בְּיַד כּוֹשְׁלִים כַּרְמֵךְ.
וְלֹא זָכַרְתְּ לֹא לִזְנֹחַ לְעוֹלָם, אֲשֶׁר לִמַּדְתְּ לְלִקּוּחַיִךְ.
וּבְכֵן לָהַגְנוּ. זְכֹר יהוה מֶה־הָיָה לָנוּ:

אֵיכָה מִלַּלְתְּ בְּמָאסֵךְ, לִמְחוֹת בְּיַד מוֹנִים מְנַשְּׂאַיִךְ.
וְלֹא זָכַרְתְּ נְשִׂיאַת נוֹצַת נֶשֶׁר, אֲשֶׁר נָשָׂאתְ לִנְשׂוּאַיִךְ.
וּבְכֵן נָהִינוּ. זְכֹר יהוה מֶה־הָיָה לָנוּ:

אֵיכָה סַחַתְּ בְּסַעְרֵךְ, לְסַגֵּר בְּיַד סְעִפִּים סַהֲדַיִךְ.
וְלֹא זָכַרְתְּ עֹז עֲדִי עֲדָיִים, אֲשֶׁר עִטַּרְתְּ לַעֲבָדַיִךְ.
וּבְכֵן עָנִינוּ. זְכֹר יהוה מֶה־הָיָה לָנוּ:

אֵיכָה פַּצְתְּ בְּפַחְדֵּךְ, לְפַגֵּר בְּיַד פָּרִיצִים פְּלָאַיִךְ.
וְלֹא זָכַרְתְּ צַהֲלַת צְבִי צֶדֶק, אֲשֶׁר צָפַנְתְּ לִצְבָאַיִךְ.
וּבְכֵן צָעַקְנוּ. זְכֹר יהוה מֶה־הָיָה לָנוּ:

אֵיכָה קָרָאתְ בְּקִרְיָאתֵךְ, לַקְנוֹת בְּיַד קָמִים קְרוּאַיִךְ.
וְלֹא זָכַרְתְּ רֶגֶשׁ רֶכֶב רִבֹּתַיִם, אֲשֶׁר רָצִיתְ לְרֵעַיִךְ.
וּבְכֵן רָגַנְנוּ. זְכֹר יהוה מֶה־הָיָה לָנוּ:

אֵיכָה שָׁאַפְתְּ בְּשָׁאפֵךְ, לְשַׁלּוֹת בְּיַד שׁוֹלְלִים שְׁלֵמַיִךְ.
וְלֹא זָכַרְתְּ תֹּקֶף תַּלְתַּלֵּי תְאַר, אֲשֶׁר תִּכַּנְתְּ לִתְמִימַיִךְ.
וּבְכֵן תָּאַנְנוּ. זְכֹר יהוה מֶה־הָיָה לָנוּ:

בית המעבר מקשר בין הבית האחרון של הקינה הקודמת לקינה הבאה – ומפנה במילים 'זָכְרִי' ו'וְעַתָּה' להבדל בין השתיים: הקינה 'אֵיכָה אַצְתְּ בְּאַפֵּךְ' מנוסחת בלשון עבר ומתארת את תגובת העם לחורבן בשעת מעשה; הקינה 'אֲאַדֶּה עַד חוּג שָׁמַיִם' מנוסחת בלשון הווה.

תָּאַנְנוּ לִשְׁפֹּךְ כַּמַּיִם / עַל מָה בְּיוֹם זֶה נִשְׁבַּרְנוּ פַּעֲמַיִם /
זָכְרִי בִּהְיוֹתִי יוֹשֶׁבֶת בְּשַׁלְוָה בִּירוּשָׁלַיִם / רָגַנְתִּי, וְעַתָּה אֲאַדֶּה עַד חוּג שָׁמַיִם:

ח | אאדה עד חוג שמים

הקליר ניסח קינה זו בלשון יחיד, והיא מבטאת את כאבו האישי על החורבן שהיה ועל מצבו המדולדל של העם כעת. אין בה תיאורי חורבן, אך הצער בא לידי ביטוי עז יותר בַּתקווה שמסרבת לדעוך, כבשורה ׳בְּכָל שָׁנָה אוֹמֶרֶת, הִיא הַשָּׁנָה הַזֹּאת׳ – היחידה החורגת מהמקצב הרגיל של הפיוט. שורה זו באה בבית העשירי, החורג אף הוא במקצת מהמבנה האלפביתי. כל בית מסתיים בפסוק המבטא אבלות – עד הבית העשירי, שבו יש השלמה עם הידיעה שֶׁיַּד ה׳ עָשְׂתָה זֹּאת; שני הפסוקים האחרונים הם פסוקי תפילה.

שלוש השורות הראשונות בכל בית מתחילות באותה אות,
והשורה החותמת באות לפי סדר תשר״ק
(לאחר אות ההטיה א, המדגישה את הביטוי האישי בקינה).

אֲאַדֶּה עַד חוּג שָׁמַיִם
אַאֲלֶה אִתִּי שָׁמַיִם
ירמיה ח אָאֹר יוֹם מַחֲרִיבֵי פְּעָמַיִם. אֶתְאוֹנֵן, מִי־יִתֵּן רֹאשִׁי מַיִם:

אַבְחִין בִּבְכִי יְלֵל מִדְבָּר
אֶבְחֲנָה לֵיל מְלִיל, וּמִדְבָּר מִמִּדְבָּר
ירמיה ט אֲבַכֶּה אִתִּי עוֹלַת מִדְבָּר. אֶשְׁאַג, מִי־יִתְּנֵנִי בַמִּדְבָּר:

אֶגְוַע וְאֶנָּשֵׁל כְּנֹקֶף זַיִת
אֲגָרֶה בִּי כָּל בְּנֵי בַיִת
ישעיה כז אֶגְרֹם שֶׁיֹּאמַר בַּעַל הַבַּיִת. אֶרָשֶׁה, מִי יִתְּנֵנִי שָׁמִיר שַׁיִת:

אֶדְוֶה בְּכָל לֵב לְהַמְצִיאֵהוּ
אֶדְעָה מִלִּין בָּם לְאַמְּצֵהוּ
אֶדְאַג רוֹעֶה וְלֹא אֶמְצָאֵהוּ.
איוב כג אֲקוֹנֵן, מִי־יִתֵּן יָדַעְתִּי וְאֶמְצָאֵהוּ:

אֶהֶפְכָה וְאֶתְהַפְּכָה כְּאוֹפַן בְּמִלַּי
אֶהְגֶּה פָּנִים בְּפָנִים לְתַנּוֹת עֲמָלַי
אֲהֵהוּ חֶרֶס וְסַהַר, מִלְּהַגִּיהַּ לְמוּלַי.
איוב יט אֶצְרַח, מִי־יִתֵּן אֵפוֹ וְיִכָּתְבוּן מִלָּי:

אֹרַח מִשְׁפְּטֵי גּוֹנְבֵי עֱלִי
אוֹדִיעַ בְּבִצְעִי וּמַעֲלִי
אֻמְלְלוּ מַזָּלוֹת בְּקָרְעִי מְעִילִי. אֲפוּנָה, מִי יִתֶּן־לִי שֹׁמֵעַ לִי: איוב לא

אָזְדָּה כְּהוּפְרָה הָאֲבִיּוֹנָה
אֶזְכְּרָה בִּהְיוֹתִי מְחֻתָּנָה
אַזִּיל פְּלָגִים כַּבְּרֵכָה הָעֶלְיוֹנָה.
אֶעֱנֶה, מִי־יִתֶּן־לִי אֵבֶר כַּיּוֹנָה: תהלים נה

אָח נִפְשַׁע מִקִּרְיַת עֹז אֶל צוֹר
אָחוּ בְּלִי מַיִם בְּאַף לַעֲצֹר
אָחַז קָמוֹת לִקְצֹר, וְעוֹלֵלוֹת לִבְצֹר.
אָשִׂיחָה, מִי יוֹבִלֵנִי עִיר מָצוֹר: תהלים ס

אֶטַע אָהֳלֵי אַפַּדְנִי בְּצַלְמָוֶת
אָטוּסָה וְאֶשְׁכּוֹנָה עַד חֲצַר מָוֶת
אֶטָּפֵל אֶת הַמְחַכִּים לַמָּוֶת.
אֶנְהֶה, מִי גֶבֶר יִחְיֶה, וְלֹא יִרְאֶה־מָּוֶת: תהלים פט

אֱיָלוּתִי לְעֶזְרָתִי תַּרְתִּי לַחֲזוֹת
אֵימָתַי, בְּכָל שָׁנָה אוֹמֶרֶת, הִיא הַשָּׁנָה הַזֹּאת
אֵידַע לַכֹּל כִּי מוּדַעַת זֹאת.
אִם לֹא כִּי יַד־יהוה עָשְׂתָה זֹּאת: איוב יב

אֶכֹּף לְךָ רֹאשׁ, חֵילִי
אֶכְרַע לְךָ בֶּרֶךְ, לְחַתֵּל מַחְלִי
אֲכַתִּירְךָ בְּשִׁיר מְשִׁירֵי מְחוֹלִי. אֲכַוֵּן, מִי יִתֶּנְךָ כְּאָח לִי: שיר השירים ח

אַל תִּשְׁכַּח צַעֲקַת אֲרִיאֵל
אֵלָיו לֶאֱגֹר יְהוּדָה וְיִשְׂרָאֵל
אַלְפֵי שִׁנְאָן אֲשֶׁר מָסַר אֵל.
לֵאמֹר, מִי יִתֵּן מִצִּיּוֹן יְשׁוּעוֹת יִשְׂרָאֵל: תהלים נ

בית המעבר מנוסח אף הוא בלשון יחיד, אך יש הבדל בין השורה הראשונה והשנייה בו. השורה הראשונה נראית תשובה של הקב״ה למשורר, המדגישה את עוונות ישראל כגורם לחורבן. בקינה הבאה המשורר מפנים את התשובה ומתאר את החטאים ואת הפרת הברית שבהם, כך גם הביטוי 'רָגַנְתִּי' המופיע בשורה השנייה, מקבל משמעות שונה מזו שהייתה לו בבית המעבר הקודם.

יִשְׂרָאֵל מֵעֵת בִּדְרָכַי לֹא הָלָכוּ / עֲזָבוּנִי וַעֲזַבְתִּים, וּפָנַי מֵהֶם נֶהֶפְכוּ /
רָגַנְתִּי וְהֵילַלְתִּי, וּמֵעַי וְלִבִּי נִשְׁפָּכוּ / אֵיכָה תִּפְאַרְתִּי מֵרַאֲשׁוֹתַי הִשְׁלִיכוּ.

ט | איכה תפארתי

הקינה הבאה מתארת את מוראות החורבן ומעמתת אותם עם הברית שה' כרת עם ישראל ומובאת בפרשת 'בחקתי'. אחד עשר הבתים הראשונים מנגידים בין הזוועות שהעם חווה לברכות שבברית; חציו השני של הפיוט מתאר את חטאי ישראל וקושר אותם לקללות על הפרת הברית. מתח זה ישנו גם בשני חרוזי הפזמון המתחלפים – באחד הקב״ה עצמו כביכול עונה לעם, ומפנה את תשומת לבם להפרת הברית על ידם, ובשני העם מתאונן על מצבו השפל ונאחז בהבטחות שבברית כמקור תקווה.

סימן א״ב (על פי פסוקי איכה ב)
הצלעות האחרונות הן תחילות הפסוקים בויקרא כו, ג-כד.

אֵיכָה תִּפְאַרְתִּי מֵרַאֲשׁוֹתַי הִשְׁלִיכוּ
וּכְנֶגֶד כִּסֵּא הַכָּבוֹד, צֶלֶם הִמְלִיכוּ
בְּחִלְּלִי תְּנַאי אֲשֶׁר חוֹזַי נִמְלָכוּ.
וְנָם, אִם־בְּחֻקֹּתַי תֵּלֵכוּ:

ירמיה ב מלאכי ג **לָמָּה תָרִיבוּ אֵלַי כֻּלְּכֶם: / חָזְקוּ עָלַי דִּבְרֵיכֶם:**
מִיֶּדְכֶם הָיְתָה זֹּאת לָכֶם.

בִּלַּע שׁוֹפְטַי, בְּמוֹעֲצוֹת עִוְּתָם
וּפָנִים הִסְתִּיר מֵהֶם, כַּאֲשֶׁר עִוְּתָתָם
וַיּוֹמַר לְאָבָק מְטָרָם לְהַבְעִיתָם.
חֵלֶף וְנָתַתִּי גִשְׁמֵיכֶם בְּעִתָּם:

סְחִי וּמָאוֹס שָׂמַנִי / כִּלָּה בְּאַפּוֹ וַיְשִׁמְּמֵנִי /
נִחוּמָיו מְהֵרָה יְשַׁעַשְׁעוּנִי.

גָּדַע רוּם קַרְנָם, וַעֲלוּמָם הִקְצִיר
וּבְאִבְחַת חֶרֶב, שְׂעָרֵיהֶם הֵצִיר
מְזֵי רָעָב עָשׁ בְּקָצִיר.
תְּמוּר וְהִשִּׂיג לָכֶם דַּיִשׁ אֶת־בָּצִיר:
לָמָּה תָרִיבוּ אֵלַי כֻּלְּכֶם / חָזְקוּ עָלַי דִּבְרֵיכֶם /
מִיֶּדְכֶם הָיְתָה זֹּאת לָכֶם.

דָּרַךְ קַשְׁתּוֹ, וְכִלָּה בְּחֶרֶץ
וְכַבַּרְזֶל עִפֵּל שְׁמֵי עֶרֶץ
פְּרָצַנִי שְׁלֹשׁ עֶשְׂרֵה פֶּרֶץ.
תַּחַת וְנָתַתִּי שָׁלוֹם בָּאָרֶץ:
סְחִי וּמָאוֹס שָׂמַנִי / כִּלָּה בְאַפּוֹ וַיִּשְׂטְמֵנִי /
נִחוּמָיו מְהֵרָה יְשַׁעַשְׁעוּנִי.

הָיָה צוּרְכֶם וּמָעֻזְּכֶם וּמִשְׂגַּבְּכֶם
הָהְפַּךְ לְאַכְזָר וְנִלְחַם בָּכֶם
הַנּוֹצַרְכֶם רִחַקְכֶם, חוֹשֶׁקְכֶם תִּעַבְכֶם.
וְאַיֵּה הַבְטָחַת, וּרְדַפְתֶּם אֶת־אֹיְבֵיכֶם:
לָמָּה תָרִיבוּ אֵלַי כֻּלְּכֶם / חָזְקוּ עָלַי דִּבְרֵיכֶם /
מִיֶּדְכֶם הָיְתָה זֹּאת לָכֶם.

וַיַּחְמֹס פִּנַּת צֶדֶק מְלֵאָה
כִּי בְמַשְׂכִּיתָהּ מָצָא כָל טֻמְאָה
וּמְכַבְּדֶיהָ הִזִּילוּהָ כְּדָוָה מְטֻמָּאָה.
בְּשִׁנּוּי וְרָדְפוּ מִכֶּם חֲמִשָּׁה מֵאָה:
סְחִי וּמָאוֹס שָׂמַנִי / כִּלָּה בְאַפּוֹ וַיִּשְׂטְמֵנִי /
נִחוּמָיו מְהֵרָה יְשַׁעַשְׁעוּנִי.

זָנַח עֶלְיוֹן קִרְיַת מוֹעֲדֵיכֶם
וְהֶאֱבִיל שַׁעֲרֵי חַיִל, עֲמִידַת רַגְלֵיכֶם
מִי בִקֵּשׁ זֹאת פָּץ, וְהִגְלְכֶם.
וְגָמַר אֹמֶר, וּפָנִיתִי אֲלֵיכֶם:
לָמָּה תָרִיבוּ אֵלַי כֻּלְּכֶם / חָזְקוּ עָלַי דִּבְרֵיכֶם /
מִיֶּדְכֶם הָיְתָה זֹּאת לָכֶם.

חָשַׁב שְׁנוּא אֹם לְקֵט כַּשּׁוֹשָׁן
וּמֵחֵלֶב עוֹלָלֶיהָ, אוֹתָהּ דִּשֵּׁן
קִיטוֹר חֻפָּתָהּ הֶעֱלָה כַּכִּבְשָׁן.
וְשָׁאֲלוּ אַיֵּה דָגָן, תְּמוּר וַאֲכַלְתֶּם יָשָׁן נוֹשָׁן:
סְחִי וּמָאוֹס שָׂמַנִי / כִּלָּה בְאַפּוֹ וַיִּשְׂטְמֵנִי /
נִחוּמָיו מְהֵרָה יְשַׁעַשְׁעוּנִי.

טָבְעוּ נִכְּסוּ רְבָדֵי דוּכָנִי
בְּגֵיא חֲמַת כְּנִקְטַל מְכַהֲנִי
הֲרֵי כַּמֶּה שָׁנִים, גִּלָּה יְסוֹד מְכוֹנִי.
וְסָע מִתּוֹכִי אֹמֶר, וְנָתַתִּי מִשְׁכָּנִי:
לָמָּה תָרִיבוּ אֵלַי כֻּלְּכֶם / חָזְקוּ עָלַי דִּבְרֵיכֶם /
מִיֶּדְכֶם הָיְתָה זֹּאת לָכֶם.

יֻשְׁבוּ מְבַכִּים מִנַּאַק מְתֵיכֶם
בְּאַרְבַּע מִיתוֹת הִפִּיל מְתֵיכֶם
חֶרֶב וְרָעָב וְחַיָּה וְדֶבֶר שִׁחֲתָכֶם.
כְּסָר צֵל פָּץ, וְהִתְהַלַּכְתִּי בְּתוֹכְכֶם:
סְחִי וּמָאוֹס שָׂמַנִי / כִּלָּה בְאַפּוֹ וַיִּשְׂטְמֵנִי /
נִחוּמָיו מְהֵרָה יְשַׁעַשְׁעוּנִי.

כָּלוּ לְשֹׁד כְּרֶגַע אָהֳלֵיכֶם
וּבָכֶם נִשְׁבְּעוּ מְהוֹלָלֵיכֶם
לְחֵיקְכֶם שָׁפְכוּ נַפְשׁוֹת עוֹלָלֵיכֶם.
בְּמָאָסְכֶם שִׂיחַ, אֲנִי יהוה אֱלֹהֵיכֶם:

לָמָּה תָרִיבוּ אֵלַי כֻּלְּכֶם / חָזְקוּ עָלַי דִּבְרֵיכֶם /
מִיֶּדְכֶם הָיְתָה זֹּאת לָכֶם.

לְאִמּוֹתָם, כִּלְכּוּל אָנָה, שִׁוְּעוּ
וְצוּר לְמַלְאָכָיו שָׁת, מֶנִּי שְׁעוּ
אֶרֶץ הַכַּרְמֶל הֶבֵאתִים וְשָׁעֲשָׁעוּ.
וְשָׂנְאוּ מוֹכִיחַ, וְאִם־לֹא תִשְׁמְעוּ:

סְחִי וּמָאוֹס שָׂמַנִי / כִּלָּה בְאַפּוֹ וַיִּשְׂטְמֵנִי /
נְחוּמָיו מְהֵרָה יְשַׁעַשְׁעוּנִי.

מָה אֲעִידֵךְ, יְשִׁישַׁיִךְ עִם גּוּרַיִךְ בּוֹסֵסוּ
אוֹמְרִים עַל סוּס נָנוּס, עַל כֵּן נָסוּ
נִלְאֵיתִי נְשֹׂא עֲוֹנוֹתֵיכֶם כְּהֶעֱמֵסוּ.
וְאֶיסַּרְכֶם כְּנֶמְתִּי, אִם־בְּחֻקֹּתַי תִּמְאָסוּ:

לָמָּה תָרִיבוּ אֵלַי כֻּלְּכֶם / חָזְקוּ עָלַי דִּבְרֵיכֶם /
מִיֶּדְכֶם הָיְתָה זֹּאת לָכֶם.

נְבִיאַיִךְ טָעוּ, תַּרְמִית שָׁוְא חָזוֹת
וְאֶדְרוֹשׁ לִסְלוֹחַ, וּפַצְתִּי אֵי לָזֹאת
פְּתִיתִים, וּכְנֶגְדִּי הֵשִׁיבוּ עַזּוֹת.
וְאָנַפְתִּי וְשִׁחַתִּי, אַף־אֲנִי אֶעֱשֶׂה־זֹּאת:

סְחִי וּמָאוֹס שָׂמַנִי / כִּלָּה בְאַפּוֹ וַיִּשְׂטְמֵנִי /
נְחוּמָיו מְהֵרָה יְשַׁעַשְׁעוּנִי.

סָפְקוּ חָרְקוּ שָׁרְקוּ מוֹנַי
מִבִּפְנִים וּמִבַּחוּץ לְהַצְמִית אֱמוּנַי
כִּי בְנֵי זֵדִים חִלְּלוּ סְפוּנַי.
לְרָעָה וְלֹא לְטוֹבָה נָם, וְנָתַתִּי פָנַי:

לָמָּה תָרִיבוּ אֵלַי כֻּלְּכֶם / חָזְקוּ עָלַי דִּבְרֵיכֶם /
מִיֶּדְכֶם הָיְתָה זֹּאת לָכֶם.

פָּצוּ זֵדִים, לִפְנֵי מִי תְּחִלָּה
עִם כֶּבֶד עָוֹן, פָּקַד וַיִּלְאֶה
לֹא תְחַכּוּ עוֹד לְמוֹפֵת וָפֶלֶא.
נָסַב וְנָסַע וְנָם, וְאִם־עַד־אֵלֶּה:

סְחִי וּמָאוֹס שָׂמַנִי / כִּלָּה בְאַפּוֹ וַיַּשְׁטְמֵנִי /
נְחוּמָיו מְהֵרָה יְשַׁעַשְׁעוּנִי.

עָשָׂה וַיָּרֶם קָדְקֹד בְּנֵי שָׁאוֹן
וְדָמִי שִׁכְּרָנִי בְּגֵיא צִמָּאוֹן
וּבְכָל שָׁנָה וְשָׁנָה הוֹסִיף יָגוֹן עַל אוֹן.
מֵעֵת כָּעַס וְנָם, וְשָׁבַרְתִּי אֶת־גְּאוֹן:

לָמָּה תָרִיבוּ אֵלַי כֻּלְּכֶם / חָזְקוּ עָלַי דִּבְרֵיכֶם /
מִיֶּדְכֶם הָיְתָה זֹּאת לָכֶם.

צָעַק הוֹי הוֹי, וְאַשְׁפָּתוֹ הֵרִיק
מִפֹּה וּמִפֹּה, הֵבִיא עָלַי מַעֲרִיק
וּבְלַעֲגֵי מָעוֹג, שִׁנֵּי צָר הֶחֱרִיק.
וְכִלָּה כֹּחִי בִנְאֻם, וְתַם לָרִיק:

סְחִי וּמָאוֹס שָׂמַנִי / כִּלָּה בְאַפּוֹ וַיַּשְׁטְמֵנִי /
נְחוּמָיו מְהֵרָה יְשַׁעַשְׁעוּנִי.

קוּמִי דִּפְקִי, שַׁוְּעִי, אַל דֳּמִי
וּתְנִי כְּאוֹב מֵאֶרֶץ קוֹלֵךְ, וְדָמְמִי
מֵי רֹאשׁ הִשְׁקַנִי וְהִדְמִי.
וְחָשַׁךְ הַלּוֹכִי בִּנְאֹם, וְאִם־תֵּלְכוּ עִמִּי:

לָמָּה תָרִיבוּ אֵלַי כֻּלְּכֶם / חִזְקוּ עָלַי דִּבְרֵיכֶם /
מִיֶּדְכֶם הָיְתָה זֹּאת לָכֶם.

רְאֵה גּוֹרָל אִוִּיתָ, הוּשַׁם לְעִיִּת
וְלִקְאַת מִדְבָּר, הָיִיתִי דְמוּיַת
גּוֹלָה גְנוּיַת וְסוּרָה כְּנוּיַת.
בְּשָׁמְעִי, וְהִשְׁלַחְתִּי בָכֶם אֶת־חַיַּת:

סְחִי וּמָאוֹס שָׂמַנִי / כִּלָּה בְאַפּוֹ וַיִּשְׂטְמֵנִי /
נִחוּמָיו מְהֵרָה יְשַׁעַשְׁעוּנִי.

שָׁכְבוּ בְּעִלּוּף כְּתוֹא, וְאֵין דּוֹלֶה
הַמְלֵאִים גַּעַר, וְאֵין מַרְפֵּא עוֹלֶה
הֲרֵי כַּמֶּה שָׁנִים הֲמָמַנִי לְהִתְכַּלֶּה.
אֲנוּשִׁים בְּוִכּוּחַ, וְאִם־בְּאֵלֶּה:

לָמָּה תָרִיבוּ אֵלַי כֻּלְּכֶם / חִזְקוּ עָלַי דִּבְרֵיכֶם /
מִיֶּדְכֶם הָיְתָה זֹּאת לָכֶם.

תִּקְרָא אֵיד עוֹלַלְתָּ עַל אַדְמוֹנִי
לְסַחֲפוֹ וּלְשַׁפְּפוֹ שִׁבְעָתַיִם כְּאוֹנִי
תָּהֹם צָרִי בְּצֵאת קוֹל מֵאַרְמוֹנִי.
כְּנֶהֱמַמְתִּי בְּרִיב, וְהָלַכְתִּי אַף־אֲנִי:

סְחִי וּמָאוֹס שָׂמַנִי / כִּלָּה בְאַפּוֹ וַיִּשְׂטְמֵנִי /
נִחוּמָיו מְהֵרָה יְשַׁעַשְׁעוּנִי.

במחזורים עתיקים הקינה הבאה היא ׳אֵיכָה אַשְׁפָּתוֹ פָּתְוּחַ כְּקֶבֶר׳ (עמ׳ 141), ובינה לבין הקינה הקודמת מובא בית מעבר המקשר בין שתי הקינות. משהחליפו הקהילות את הסדר, אמרו כאן את בית המעבר ׳אַף אֲנִי לְכַד׳, אשר אפשר שבמקורו היה בית מעבר בין ׳אֵיכָה אַשְׁפָּתוֹ׳ ל׳אֵיכָה יָשְׁבָה׳.

אַף אֲנִי לְכַד בְּיֹקֶשׁ שִׁכָּרוֹן
עָרְבָה שִׂמְחָה וְהִשְׁבִּית חָרוֹן
לָאָרֶץ אֵשֵׁב וְאֶהֱגֶה בְּגָרוֹן
אֵיכָה יָשְׁבָה חֲבַצֶּלֶת הַשָּׁרוֹן:

י | איכה ישבה חבצלת השרון

בקינה זו הקליר מבכה את חורבן כ״ד משמרות הכהונה (תענית כז ע״א) – נושא שעליו כתב רבות. חלק משמות משמרות הכהונה ידועים לנו רק מקינה זו. בין קינה זו לבאה אחריה אין בית מעבר, למעט הפסוק הפותח את הקינה הבאה (דברי הימים ב׳ לה, כה).

סימן א״ב (על פי פסוקי איכה א)

אֵיכָה יָשְׁבָה חֲבַצֶּלֶת הַשָּׁרוֹן
וְדָמַם רֹן מִפִּי נוֹשְׂאֵי אָרוֹן
וְנָעוּ מִמִּשְׁמְרוֹתָם כֹּהֲנִים בְּנֵי אַהֲרֹן.
כְּנִמְסַר הַבַּיִת בִּמְסָרְבֵי מָרוֹן.

בָּכוֹ תִבְכֶּה מֵחֲמֶשֶׁת סְפָרִים
כְּנֶהֱרַג כֹּהֵן וְנָבִיא בְּיוֹם הַכִּפּוּרִים
וְעַל דָּמוֹ נִשְׁחֲטוּ פְּרָחִים כִּצְפִירִים.
וְנָדוּ כִּצְפָרִים, כֹּהֲנֵי צִפּוֹרִים.

גָּלְתָה מֵאַרְצָהּ כַּלָּה מְקֻשָּׁטָה
בַּעֲוֹן מַעַשְׂרוֹת וּשְׁמִטָּה
וּבְאַרְבַּעַת שְׁפָטִים הָשְׁפָּטָה.
וּמֵעֲדִיָּהּ הֻפְשְׁטָה, מִשְׁמֶרֶת מִפְשֵׁטָה.

דַּרְכֵי הֵיכָל דָּמְמוּ, כְּנִפְרַץ כָּתְלוֹ
וְהַמְּעִיל כְּנִקְרַע פְּתִילוֹ
וְהַתַּךְ וְהַשְׁפַּל מִתִּלּוֹ.
וְנָע מִשְׁתִּילוֹ, כֹּהֵן עִיתָּה לוֹ.

הָיוּ מַלְעִיבִים בְּלוֹחֲמֵי לֶחֶם
כְּבִטְּלוּ הֲלוֹא פָרֹס לָרָעֵב לֶחֶם
וְרָעֲבוּ וְצָמְאוּ מִמַּיִם וּמִלֶּחֶם.
כְּבֻטְּלוּ שְׁתֵּי הַלֶּחֶם, מִבֵּית לֶחֶם.

וַיֵּצֵא הֲדַר אֹם בַּכֶּסֶף נֶחְפֶּת
וּתְמוּרוֹ אֵפֶר רֹאשָׁהּ חִפַּת
וְנֵרוֹת נִכְבּוּ וּמְנוֹרָה נִכְפַּת
כְּפָשְׁעוּ בְּלֶחֶם וּפַת, נִלְכְּדָה יוֹדְפַת.

זָכְרָה זְמַן, אֲשֶׁר נַעֲשֶׂה וְנִשְׁמַע הֵשִׁיבוּ
וְעַתָּה עֲנוּת אָמֵן לֹא אָבוּ
לַעֲנָה וָרוֹשׁ שָׂבְעוּ וְרָווּ.
וְהִקְצוּ וְהִלְעִבוּ, כֹּהֲנֵי עֵילְבוּ.

חֵטְא חָטְאָה, וְאָמְרָה לֶאֱלִיל זֶה אֵל
וְהִלְעִיגָה וְתִעְתְּעָה בְּחוֹזֵי אֵל
עֲבוּר כֵּן הִקְנְאָה בְּמַרְגִּיזֵי אֵל.
וַיֵּצֵא מִמְּעוֹן אֵל, כְּפַר עֻזִּיאֵל.

טֻמְאָתָהּ הֶחֱנִיפָה תֵּבֵל
וְנַעֲלָה רַב הַחוֹבֵל
וְעָנָן אֲבַק רַגְלָיו כְּאָבֵל.
וְאֵין מִתְכַּבֵּל, בְּכֹהֲנֵי אַרְבֵּל.

יָדוֹ פֵּרַשׂ צָר בְּבֵית זְבוּל
כִּי כָלָיָה חִיַּבְתִּי כְּדוֹר הַמַּבּוּל
כִּסְאוֹ הֵשִׁית לַחְבּוֹל וְנִבּוֹל.
וַיֵּצֵא בְּכֶבֶל כָּבוּל, כֹּהֵן כָּבוּל.

כָּל עַמָּהּ קוֹנְנוּ קִינָה
כִּי הִכְעִיסוּ לְאֵל קַנָּא
בְּגוֹי נָבָל, אוֹתָם קִנֵּא.
וְנָדְדָה מִקִּנָּהּ, מִשְׁמֶרֶת קָנָה.

לֹא לַמָּרוֹם עַיִן צָפַת
וְכֶסֶף עַל חֶרֶשׂ חִפַּת
וּבְחִזּוּק מוּסָר הִרְפַּת.
וְנֶהֱרַס וְנִלְפַּת, כֹּהֵן צְפַת.

מִמָּרוֹם הִשְׁמִיעַ, נִלְאֵיתִי טְעוֹן
וְהִכַּנִי בְּעִוָּרוֹן וּבְשִׁגָּעוֹן
וּפָקַד עָלַי עֲוֹן נֹב וְגִבְעוֹן.
וְנָעָה מִמָּעוֹן, מִשְׁמֶרֶת בֵּית מָעוֹן.

נִשְׁקַד עֹל עֲוֹן, וְנִכְאַב
כְּהוֹשַׁבְתִּי אֲנוּנָה, מִבְּלִי אָב
וְדוֹמַמְתִּי מִלְּצַפְצֵף בְּמִנִּים וְעֻגָב.
וְנָשְׂאָה עָלַי קִינָה, מִשְׁמֶרֶת יֶשֶׁבְאָב.

סִלָּה כָּל אַבִּירַי, מוֹרֵי הוֹרָיָה
וְלֹא נִזְכַּר לִי עֲקֵדַת מוֹרִיָּה
מֵרֹב מֶרֶד וּמְרִיָּה.
הָצְגָה עֵרוֹם וְעֶרְיָה, מִשְׁמֶרֶת מְעַדְיָה.

עַל גַּבִּי חָרְשׁוּ חוֹרְשִׁים, וְהֶאֱרִיכוּ מַעֲנִית
וְהֵרִיקוּ עָלַי חֶרֶב וַחֲנִית
וְהִרְבֵּיתִי צוֹמוֹת וְתַעֲנִית.
וּמְצוֹרַת תָּכְנִית, יָצְאָה יְוָנִית.

פֵּרְשָׂה וְאֵין יָד שׁוֹלֵחַ
כִּי לֹא הֶאֱמִינָה בְּהַשְׁכֵּם וְשָׁלוֹחַ
וְהִשְׁבַּתָּה בְּרִית מֶלַח.
וְאֵין שֶׁמֶן מְמֻלָּח, בְּרֹאשׁ מַמְלָח.

צַדִּיק הוּא יהוה, כִּי פִיהוּ מָרָת
וְעָרוּ עָרוּ עַד הַיְסוֹד בָּהּ, הֶעָרֶת
וּתְמוּר עֻזִּי וְזִמְרָת, קִינִים עָלֶיהָ נֶחֱרֶת.
וּבְקַצְוֵי אֶרֶץ נִזֶּרֶת, מִשְׁמֶרֶת נְצָרֶת.

קָרָאתִי בַּצַּר לִי, וְלֹא קָרַב
וְקוֹנַנְתִּי בְּיַעַר בַּעֲרָב
וְכָבָה נֵר הַדּוֹלֵק בְּמַעֲרָב.
וְרֵיחַ לֹא עָרַב, מֵאֲכָלָהּ עָרֵב.

רְאֵה כִּי הֻסְעַרְתִּי כָּאֳנִיָּה
בְּתַאֲנִיָּה וַאֲנִיָּה
וַעֲדָתִי כַּצֹּאן לַטֶּבַח מְנוּיָה.
וְנָעָה מֵחֲנוּיָה, מִגְדַּל נוּנִיָּה.

שָׁמְעוּ כִּי נִזְהַמְתִּי בְּצַחֲנָה
וְסָתַם מֶנִּי תְּחִנָּה
וְלֹא נָתַן לִי רַחֲמִים וַחֲנִינָה.
וּמִקִּרְיַת חָנָה, נָעָה כְּפַר יוֹחָנָה.

שָׁמְעוּ כִּי יָצָאתִי בַשִּׁבְיָה
וְנִשְׂרְפָה דָּת, מָרוֹם שְׁבוּיָה
וְהוּשַׁתִּי לְשַׁמָּה וְעַרְבּוּבְיָה.
וּמֵהַסְתֵּר חֲבוּיָה, גָּלְתָה בֵּית חוּבִיָּה.

תָּבֹא רָעַת שְׁמוֹנֵי הַדָּמִין
וְשָׁתוּ שְׁעָרֵי שׁוֹמֵמִין
וְהֵשִׁיב אָחוֹר יָמִין.
וּבַעֲוֹן צַלְמִין, נָעָה גִּנְּתוֹן צַלְמִין.

תָּבֹא תַמְרִיחַ, וְחָשְׁכִי תַּזְרִיחַ
וְכַדֶּשֶׁא, עַצְמוֹתֵינוּ תַפְרִיחַ
וְרֵיחַ נִיחוֹחֵינוּ, כְּקֶדֶם תָּרִיחַ.
וּמִשֻּׁלְחָנְךָ תַּאֲרִיחַ, שׁוּלֵי חֲמַת אָרִיחַ.

יא | איכה אלי

לאחר שקונן על חורבן הכהונה, הקליר מתמקד בחורבן המלכות ומתאר את קינת הנביא ירמיהו על המלך יאשיהו, המלך הצדיק מכולם מימיו של משה (׳אֲבִיגְדוֹר׳ הנזכר בקינה, על פי ויקרא רבה א, ג). חכמים זיהו את קינת ירמיהו עם פרק ד באיכה (רש״י, שם פסוק א; וראה לקמן ׳וַיְקוֹנֵן עָלָיו כָּל אֵיכָה יוּעַם זָהָב׳), והקליר מבסס את הקינה על פרק זה. תיאורו עוקב במידה רבה אחרי המדרש באיכה רבה, בעיקר הפתיחתא כב וא, נג.

סימן א״ב (על פי פסוקי איכה ד)

דברי הימים ב׳ לה וַיְקוֹנֵן יִרְמְיָהוּ עַל־יֹאשִׁיָּהוּ:

אֵיכָה אֱלִי, קוֹנְנוּ מֵאֵילָיו
בֶּן שְׁמוֹנֶה שָׁנָה הֵחֵל לִדְרוֹשׁ מֵאֵילָיו.
בְּנֵי חָם בְּעָבְרָם, חָנוּ עָלָיו
וְלֹא הֻזְכַּר לוֹ שִׁגּוּי מִפְעָלָיו.

גַּם בְּכָל הַמְּלָכִים אֲשֶׁר קָמוּ לְגִדּוֹר
לֹא קָם כָּמוֹהוּ, מִימוֹת אֲבִיגְדוֹר.
דָּבַק בּוֹ עָוֹן לֵיצָנֵי הַדּוֹר
אֲשֶׁר אַחַר הַדֶּלֶת, קָמוּ לְסִדּוֹר.

הָאוֹכְלִים זֶרַע שִׁחוֹר
כִּתְמוּ הַטּוֹב, פִּחֲמוּ מִשְּׁחוֹר.
וַיְגַדֵּל עָוֹן, וְהֵשִׁיב יָמִין אָחוֹר
וְעוֹד לֹא שָׁלַח יָדוֹ מִן הַחוֹר.

זַכּוּ אֲמָרָיו, כְּנָם דָּת לְהָקִים
בִּצַּע אֶמְרָתוֹ, בְּאָרוּר אֲשֶׁר לֹא־יָקִים: דברים כו
חָשַׁךְ תָּאֳרוֹ כְּנִאֲצוּ רְחוֹקִים
בְּבֶצַע מוֹאֲסֵי דָּת וְחֻקִּים.

טוֹבִים רֵעִים נִקְרָאוּ, כְּשָׁלְחוּ מַלְאָךְ
מַה לִּי וָלָךְ הַיּוֹם, לְתַלְאָךְ.
יְדֵי עַם הָאָרֶץ, דָּמִים בְּמַלְאָךְ
תֶּעֱנַשׁ, בְּבִצְעִי אֶת פְּנֵי פִלְאָךְ.

כִּלָּה הֲמוֹנַי, לָלֶכֶת אֲרַם נַהֲרָיִם
לְמַעַן לֹא תַעֲבֹר חֶרֶב כָּל שֶׁהוּא בְּאֶפְרָיִם.
לֹא שָׁמַע לַחוֹזֶה, לָשׁוּב אֲחוֹרַיִם
כִּי גְזֵרָה נִגְזְרָה לְסַכְסֵךְ מִצְרַיִם בְּמִצְרָיִם:

מֵחַטֹּאת סְתִירַת מְזוּזוֹת
חֲזוֹן עַנְּתוֹתִי הֵחֵלּוּ לְבַזּוֹת.
נָעוּ עֲנָמִים לְחֻמּוֹ לְהַבְזוֹת
וְלֹא הֵסֵב פָּנָיו, וְסָפְדוּ עַל זֹאת:

סוֹרוּ הֵעִידוּ, עַד לֹא שְׁאִיָּה
וַיְמָאֲנוּ סוּר, וּמָט יְסוֹד נְשִׁיָּה.
פְּנֵי קְרָב קָרֵב, וְלֹא עָלְתָה לוֹ שְׁעִיָּה
וַיֹּרוּ הַיֹּרִים לַמֶּלֶךְ יֹאשִׁיָּה: דברי הימים ב׳ לה

עוֹדֶנּוּ עוֹצֵם עֵינָיו, בְּגֵוִיו נוֹחֲצִים
חֵץ אַחַר חֵץ, מוֹרִים וְלוֹחֲצִים.
צָדוּ וְשָׂמוּהוּ כַּמַּטָּרָה לַחִצִּים
וַיְזָרְקוּ בוֹ שְׁלֹשׁ מֵאוֹת חִצִּים.

קַלִּים צָתְתוּ אַחֲרָיו, אֱזוֹן מוֹצָא פִיהוּ
וְעַד מִצּוּי נֶפֶשׁ, מַעֲשָׂיו הֵיפִיהוּ.
רוּחַ שְׂפָתָיו הִפְצָה מִפִּיהוּ
צַדִּיק הוּא יהוה, כִּי מָרִיתִי פִּיהוּ.

שִׁישִׁי נוֹף, כִּי קַנּוֹא זָעַם
לְשַׁלֵּם שְׁאוֹנָם בַּעֲוֹן בִּצְעָם.
תַּם כֶּתֶם הַטּוֹב, עַם זוּ בְּפִשְׁעָם
וַיְקוֹנֵן עָלָיו כָּל אֵיכָה יוּעַם זָהָב.

תַּם בְּמִקְרֶה אֶחָד כּוֹס מְגִדּוֹ לִשְׁתּוֹת
בְּמוֹעֵד שְׁנַת הַשְּׁמִטָּה, כְּגַע הַקָּהֵל לָאֱתוֹת.
תָּלָה עֶשְׂרִים וּשְׁתַּיִם, מֵהֲרוֹס שָׁתוֹת
כִּי סָפְדוּ לוֹ אֵיכָה, בְּעֶשְׂרִים וּשְׁתַּיִם אוֹתוֹת.

בית המעבר מהקינה על נפילת המלך לקינה על חורבן הבית

אוֹתוֹת קִינוֹת לְבַטֵּא מְחוֹלִי / עֵת כִּי שָׁכַחְתִּי מְחוֹלְלִי

זְמוֹתִי כִּי לָעַד יַאֲהִילִי / רִשְׁעָתִי וְנִסְעָתִי, וְנִטַּשׁ אָהֳלִי:

יב | אהלי אשר תאבת

בקינה זו לכל הבתים מבנה זהה: תיאור של בית המקדש בימי קדם – מבריאת העולם, בעקבות המדרש בנדרים לט ע״ב, בית המקדש קדם לבריאת העולם, ועד לחורבן הבית בעוונות ישראל; תיאור של מצבו כעת ביד שונאי ישראל (כפי שציין הגרי״ד סולובייצ׳יק, במובן של זמן ארוך מני נשוא, בעקבות איכה ה, כ: ״לָמָּה לָנֶצַח תִּשְׁכָּחֵנוּ״); תיאור של הקב״ה, שאף הוא גולה (״גלו – שכינה עמהם״, מגילה כט ע״א); ופרפרזה על פסוק המסתיים במילה ׳פֹּה׳.

סימן תשר״ק (לאחר ׳אָהֳלִי אֲשֶׁר׳, ׳לָמָּה לָנֶצַח׳ וְ׳נֶהֱיֵיתָ׳)

אָהֳלִי אֲשֶׁר תָּאַבְתָּ עַד לֹא בְרֵאשִׁית, עִם כִּסֵּא כָבוֹד לְצָרְפוֹ.
לָמָּה לָנֶצַח שֻׁדַּד בְּיַד שׁוֹדְדִים
וְנֶהֱיֵיתָ כְּרוֹעֶה כְּעֹטְיָה
ישעיה כב וְרָעַשְׁתָּ וְרָגַזְתָּ, וְעַתָּה מַה־לִּי־פֹה:

אָהֳלִי אֲשֶׁר קוֹמַמְתָּ לְאֵיתָנֵי קֶדֶם, בְּחֶרְדַּת מִי אֵפוֹא.
לָמָּה לָנֶצַח צֻמַּת בְּיַד צָרִים
וְנֶהֱיֵיתָ כְּצִפּוֹר בּוֹדֵד עַל גָּג
מַר צוֹרֵחַ, מֶה לִּידִידִי פֹּה.

אָהֳלִי אֲשֶׁר פַּצְתָּ לְמַעֲנוֹ לָצִיר, וְאַתָּה עֲמֹד עִמָּדִי פֹּה.
לָמָּה לָנֶצַח עֹרְעַר בְּיַד עֲרֵלִים
וְנֶהֱיֵיתָ כְּשׂוֹנֵא וְצָר
וְאַיֵּה אִוּוּי מוֹשָׁב פֹּה.

אָהֳלִי אֲשֶׁר נָחִיתָ בְּעַנְנֵי הוֹד, לְאֵת אֲשֶׁר יֶשְׁנוֹ פֹּה וְאֵינֶנּוּ פֹּה.
לָמָּה לָנֶצַח מֹאַס בְּיַד מוֹרְדִים
וְנֶהֱיֵיתָ כְּלֹא יוּכַל לְהוֹשִׁיעַ
ישעיה כב מַה־לְּךָ פֹה וּמִי לְךָ פֹה:

אָהֳלִי אֲשֶׁר כּוֹנַנְתָּ מָכוֹן לְשִׁבְתְּךָ, לְחוֹפֵף לְחֻפּוֹ.
לָמָּה לָנֶצַח יָעָה בְּיַד יְהִירִים
וְנִהְיֵיתָ כְּטָס בֶּחָלָל
וְאֵין עוֹד נָבִיא, וְנַמְתָּ, הַאֵין פֹּה.

אָהֳלִי אֲשֶׁר חָנִיתָ מֵאָז בְּתָאָיו, מִפֹּה וּמִפֹּה.
לָמָּה לָנֶצַח זָנַח בְּיַד זָרִים
וְנִהְיֵיתָ כְּוָתִיק יוֹצֵא חוּצָה
וְלֹא עָבַר פֹּה.

אָהֳלִי אֲשֶׁר הֲכִינוֹתָ, לְהַשְׁלִיךְ בּוֹ לְפָנֶיךָ גּוֹרָל פֹּה.
לָמָּה לָנֶצַח דָּחָה בְּיַד דּוֹמִים
וְנִהְיֵיתָ כְּגֵר בָּאָרֶץ
וְנַמְתָּ, כִּי לֹא־נָסֹב עַד־בֹּאוֹ פֹה: שמואל א׳ טז

אָהֳלִי אֲשֶׁר בַּעֲוֹן בִּצְעִי, חָשְׁכוּ כּוֹכְבֵי נִשְׁפּוֹ.
לָמָּה לָנֶצַח אֻפַּל בְּיַד אֲרוּרִים
וְנִהְיֵיתָ כְּאוֹרֵחַ בְּמָלוֹן
וְעוֹד מִי־לְךָ פֹה: בראשית יט

בית המעבר אינו חותם בתחילת הקינה הבאה אלא בפסוק (איכה ב, א),
ומסתבר שהכוונה הייתה להעביר לקינה ׳אֵיכָה אֵת אֲשֶׁר כְּבָר עָשׂוּהוּ׳
(עמ׳ 138), המבוססת על פרק זה (וכן הסדר במחזור נירנברג).

אָחוֹר וָקֶדֶם מִפֹּה וּמִפֹּה
לְכָל דּוֹר וָדוֹר נוֹדַע קִצְפּוֹ וְחֻפּוֹ
עַל מֶה מִכָּל אֹם, שָׁת עָלַי כַּפּוֹ
זֹאת לְבַעֲלִיל, כִּי פִּיד חָקוּק בְּכַפּוֹ
רִפִּיתִי בְּטוּחָה, כִּי רֶגַע בְּאַפּוֹ תהלים ל
וְעַד עַתָּה, אֵיכָה יָעִיב בְּאַפּוֹ: איכה ב

יג | אי כה אומר

"'איכה' – ...אמר הנביא ירמיה: אי 'כה'? איה הבטחה שאמר ה' לאברהם... 'כֹּה יִהְיֶה זַרְעֶךָ' (בראשית טו, ה)? איה 'כה' שנאמר לאבינו יעקב: 'כֹּה תֹאמַר לְבֵית יַעֲקֹב' (שמות יט, ג)" (פסיקתא זוטרתא, ריש איכה; וראה זוהר, תרומה קמג ע"ב). באחד עשר הבתים הראשונים הקליר מרחיב את דברי המדרש, בהתבססו על פסוקים נוספים שנאמרה בהם המילה 'כה' – ובניגוד לכך, בחציו השני של כל בית, תיאור החורבן מלווה בציטוט מהפסוקים הראשונים של תהלים עד. רד"ק פירש שפרק זה מדבר על הגלות שלאחר החורבן. הבית האחרון רומז בתחילתו לנביאים באופן כללי, וחותם בתהלים עד, י, שהוא נקודת מפנה במזמור – וממנו המשורר מתחיל לתאר את גבורת ה' ומייחל לישועתו.

סימן א"ב (לאחר 'אֵי כֹּה' ו'וְהֵן עַתָּה')

אֵי כֹּה אֹמֶר, כֹּרַת לְאָב בְּפֶצַח
בִּבְרִית בֵּין הַבְּתָרִים, כֹּה יִהְיֶה לָנֶצַח.
וְהֵן עַתָּה בָּלְעוּ עֲצָמַי בְּרֶצַח
לָמָה אֱלֹהִים זָנַחְתָּ לָנֶצַח:

אֵי כֹּה גָּשׁ כְּשֶׂה לְעוֹלָה, לִרְצוֹתֶךָ
נֵלְכָה עַד כֹּה, פִּתּוּ בְּעֵדוּתֶךָ.
וְהֵן עַתָּה דָּקְרוּ כְּפֶלַח, רַעְיָתֶךָ
יֶעְשַׁן אַפְּךָ בְּצֹאן מַרְעִיתֶךָ:

אֵי כֹּה הַבְטָחַת עֲקֻדִּים נְקֻדִּים, בְּמַשָּׂאוֹת
אִם כֹּה יֹאמַר, כֹּה יוּחַשׁ אוֹת.
וְהֵן עַתָּה וְכָחַתְּ עִיר מְלֵאָה תְּשֻׁאוֹת
הָרִימָה פְעָמֶיךָ לְמַשֻּׁאוֹת:

אֵי כֹּה זָם וְהָרַג מִצְרִי, בְּגַן נָעוּל בַּקֹּדֶשׁ
וַיִּפֶן כֹּה וָכֹה, חָתַם עֵדוּת קֹדֶשׁ.
וְהֵן עַתָּה חֶלְקָם אָכַל חֹדֶשׁ
כָּל־הֵרַע אוֹיֵב בַּקֹּדֶשׁ:

אֵי כֹּה טוֹב כְּשַׁלַּח גּוֹאֵל עֲבָדֶיךָ
כֹּה תֹאמַר לְשַׁלַּח עַם לְעָבְדֶךָ.
וְהֵן עַתָּה יָשְׁבוּ בוֹגְדֶיךָ בְּבֵית וִעוּדֶיךָ
שָׁאֲגוּ צֹרְרֶיךָ בְּקֶרֶב מוֹעֲדֶךָ:

אֵי כֹּה כְּרִיתוּת חֲדָשׁוֹת בְּרִיתוֹת
בְּכֹה אָמַר כַּחֲצוֹת לַיְלָה, בְּמוֹפְתֵי אוֹתוֹת.
וְהֵן עַתָּה לְהַקּוּ בְנַעֲלֵיהֶם לֶאֱתוֹת
שָׂמוּ אוֹתֹתָם אֹתוֹת:

אֵי כֹּה מִשְׁמַע וּמֹשֶׁה עָלָה
כֹּה תֹאמַר לִנְוַת בַּיִת מְעֻלָּה.
וְהֵן עַתָּה נֶאֱצוּהָ בְּנֵי עַוְלָה
יִוָּדַע, כְּמֵבִיא לְמָעְלָה:

אֵי כֹּה שִׂיחַ שִׁשִּׁים אוֹתִיּוֹת הַקְּדוּמוֹת
כֹּה תְבָרְכוּ, לְשִׁשִּׁים גִּבּוֹרִים דּוֹמוֹת.
וְהֵן עַתָּה עָתְקוּ וְדוּמוֹת
בִּסְבָךְ־עֵץ קַרְדֻּמּוֹת:

אֵי כֹּה פֵּץ לָקֹב, וּבֵרַךְ עַם קְדוֹשֶׁךָ
בְּשׁוּב וְכֹה תְדַבֵּר, הוּמַר לִקְדוֹשֶׁיךָ.
וְהֵן עַתָּה צָרוּ עַל עִיר קָדְשֶׁךָ
שִׁלְּחוּ בָאֵשׁ מִקְדָּשֶׁךָ:

אֵי כֹּה קִיחַת לְוִיִּם שְׁלֵמֶיךָ
כֹּה תַעֲשֶׂה לָהֶם, לְטַהֲרָם לְבֵית עוֹלָמֶיךָ.
וְהֵן עַתָּה רָעֲשׁוּ וְהִרְעִישׁוּ שָׁמֶיךָ
לָאָרֶץ חִלְּלוּ מִשְׁכַּן־שְׁמֶךָ:

אֵי כֹּה שִׁבְעַת שׁוֹפָרוֹת עֶרֶץ
כֹּה תַעֲשֶׂה שֵׁשֶׁת יָמִים, לְהַפִּיל חוֹמָה לָאָרֶץ.
וְהֵן עַתָּה שְׁעָרִים טָבְעוּ בָאָרֶץ
שָׂרְפוּ כָל־מוֹעֲדֵי־אֵל בָּאָרֶץ:

אֵי כֹּה תְּשׁוּעַת אֲסָמֵי אוֹצָר
בְּכֹה אָמַר, אֲשֶׁר לַחוֹזִים נָצַר.
וְהֵן עַתָּה תְּפִחוּ פִרְחֵי בַחֲצַר
עַד־מָתַי אֱלֹהִים יְחָרֶף צָר:

יד | איכה את אשר כבר עשוהו

"וַיִּקְרָא יַעֲקֹב אֶל־בָּנָיו, וַיֹּאמֶר הֵאָסְפוּ וְאַגִּידָה לָכֶם אֵת אֲשֶׁר־יִקְרָא אֶתְכֶם בְּאַחֲרִית הַיָּמִים" (בראשית מט, א). "ביקש לגלות את הקץ ונסתלקה ממנו שכינה" (רש"י, על פי בראשית רבה צח, ה). פיוט זה בנוי על המדרשים שלפיהם האבות ידעו במעומעם את העתיד לקרות, ומתאר את ציפייתם לבניין המקדש; אחרי כל צמד בתים כאלה שוזר בית מעבר, המתאר את החורבן. לקראת סוף הפיוט גם בבתים הראשונים בכל שלישיה החורבן מחלחל.

מבנה הפיוט מורכב מאוד: יש בו אחת עשרה קבוצות בנות שלושה בתים. הבית הראשון והשני בכל קבוצה מתחילים במילה הראשונה של פסוק מאיכה ב, והצלע השלישית בכל בית פותחת באותה אות. הבית השלישי הוא בית מעבר, הפותח במילה האחרונה של הבית שלפניו וחותם במילה הראשונה של זה שאחריו, והשורה השנייה של בתי המעבר יוצרת את האקרוסטיכון 'אלעזר בירבי'. בבית האחרון המילה הראשונה של ארבע הצלעות יוצרת את אקרוסטיכון החתימה 'קליר' (לאחר המילה 'הַיְקָרִים' שנמשכה מהבית הקודם). הפיוט מסתיים במעבר מלשון 'אֵיכָה' ללשון 'אֵי כֹּה' – ככל הנראה משום שבמקור נאמר פיוט זה לפני הפיוט 'אֵי כֹּה אָמַר' (עמ' 136).

אֵיכָה אֵת אֲשֶׁר כְּבָר עָשׂוּהוּ / תָּבַע מֶנִּי לִגְבוֹת נְשִׁיֵּהוּ.
אֲשֶׁר עַד לֹא שְׁחָקִים נִמְתָּחוּ / בִּשְׁלִי רָמַז, וְהָאָרֶץ הָיְתָה תֹהוּ: בראשית א

בִּלַּע בְּאוֹת עַרְבִית וְשַׁחֲרִית / גֵּאֶה מַגִּיד מֵרֵאשִׁית אַחֲרִית.
בָּנוּי וְחָרֵב וּבָנוּי בְּאַחֲרִית / וּמֵחוֹבֵי קַלְקָלָתוֹ הֶחֱרִית.

הֶחֱרִית אִישׁוֹן וְחֹשֶׁךְ מִיָּדַע / וְקַדְמוֹנִים חֲזוּהוּ מְגֻדָּע.
אָז לְרָאשֵׁי דוֹרוֹת, נִתּוּצוּ נוֹדַע / עַד לֹא עָשׂוּי, קַרְנוֹתָיו גָּדַע.

גָּדַע גֹּבַהּ קוֹמַת יְצִיר צָר / זֶה סֵפֶר, לְפָנָיו הֻבְצַר.
גָּלְמִי רָאוּ עֵינֶיךָ הֻפְצַר / כְּהֶעֱבִיר לְפָנָיו כָּל נֶעֱצַר.

דָּרַךְ דּוֹחֵף מִבֵּית הָאוֹצָר / וְהֶרְאָהוּ כִּי הַמַּצָּע קָצַר.
דָּוָה לִבּוֹ, כְּבָט בִּיאַת צַר / וַיְקוֹנֵן עָלָיו אֵיכָה, בְּאֵיכָה בְּעֵת צָר.

צָר לוֹ, הֶרְאָה בְּמָה שֶׁהָיָה / נִתַּץ קִיר נָטוּי, גָּדֵר הַדְּחוּיָה.
לַדּוֹרוֹת לִמֵּד נְהוֹת נְהִי וְנִהְיָה / עַל שֶׁבֶר אֲשֶׁר הָיָה.

הָיָה הַנּוֹעַר מִמִּזְרָח / בֵּין הַבְּתָרִים אוֹרוֹ כָּזָרַח.
הֶרְאָהוּ אַרְבַּע מַלְכֻיּוֹת בְּרֶדֶם, וְצָרַח / כִּי טָבַע שַׁעַר הַמִּזְרָח.

וַיַּחְמֹס וַיְנַצֵּל זָרָה / וַיַּרְא הַשְׁלָכַת נְזָרָה.
וּבְאֵימָה נוֹפֶלֶת בְּזָרָה / וְצִדֵּק מִדַּת הַדִּין, כְּאָז רָאָה.

רָאָה עֵרֹם וְעֶרְיָה, וְנֶאֱנַח / וְלַעֲקוּדוֹ, סוֹד זֶה פִּעְנַח.
עָשְׁשָׁה מִכַּעַס עֵינוֹ, וְלֹא נָח / מֵרְאוֹת גִּזְעוֹ טוֹב זָנַח.

זָנַח זְהַר תָּם בְּמַחֲזֶה / כִּי לֹא הֶאֱמִין בִּנְאֻם זֶה.
זָן עֵינוֹ בַּמָּקוֹם הַזֶּה / וְשָׂר שִׁמּוּמוֹ, וַיְקוֹנֵן אֵין זֶה.

חָשַׁב חֲשׁוּשׁ בְּעוֹלִים וְיוֹרְדִים / וַיָּבֶן כִּי בוֹ יְהוּ רוֹדִים.
חֲנִיטָיו עַל מֶה בְּדִינוֹ חֲרֵדִים / מֵהֶם נִתְבַּע זְבוּל בַּמּוֹרְדִים.

מוֹרְדִים זְבוּל וּמַצְפּוּנָיו נִבְעוּ / וּמַסְמְרוֹת נַעֲלֵימוֹ בְּקַרְקָעִיתוֹ קָבְעוּ.
זִיו שְׁעָרָיו מִנִּי מָה נִתְבָּעוּ / וְהִנָּם טְמוּנִים בָּאָרֶץ כִּי טָבָעוּ:

טָבְעוּ טוֹרְדִים לֵידַע זְמַן / כִּי לְגַלּוֹת קֵץ אָב זִמֵּן.
טוֹב מִשְׂגָּלָה לוֹ קֵץ מְזֻמָּן / הֵשַׁע וְהִבְלִיג, וְקֵץ כָּמַן.

יֵשְׁבוּ יִשְׁאֲלוּ לְאָב לֵידַע / קֵץ הַפְּלָאוֹת מָתַי יֻוָּדַע.
יְקַוּוּ לְיוֹם יְשׁוּעָה, וְלֹא נוֹדַע / עַד כִּי בְעִתּוֹ, יוּחַשׁ וְיִתְוַדַּע.

יִתְוַדַּע רָז לְעָם, בְּךָ נִסְתַּכְּלוּ / וְנִכְסָה מֵהֶם, וְלֹא יוּכָלוּ.
רֵעֶיךָ, מִקִּנְאַת בֵּיתְךָ נֶאֱכָלוּ / וּבְיָגוֹן חַיֵּימוֹ כָּלוּ.

כָּלוּ כִּסְלֵי צִיר כְּשֻׁלַּח / וְנָם, שְׁלַח־נָא בְּיַד־תִּשְׁלָח: שמות ד
כִּי מַה בֶּצַע לִי לְהִשְׁתַּלַּח / וְאַחֲרַי גִּלְעָדִי יְשֻׁלַּח.

לְאִמּוֹתָם לִבְּבוּ עוֹלְלֵי סוּף / אֵי זֶה יוֹם הַכָּסוּף.
לִבָּם הֵכִין לְשׁוֹרֵר מִסּוּף / יהוה יִמְלֹךְ בִּזְרוֹעַ חָשׂוּף.

חָשׂוּף בְּיָד רָמָה / נִגְלָה בִּימִין רוֹמֵמָה.
בָּנִים כְּשָׁרוּ חֵמָה וְרוּמָה / קָצְרָה נַפְשָׁם בְּגֵיא אֱדוֹם, דַּעַת עַל מָה.

מַה מָּצָאתָ עַוְלָתָה בִּי / כִּי בָגוֹד בָּגַדְתָּ בִּי.
מִמִּדְבָּר, הֲמֵרֹתָ בִּי / וְעַד עַתָּה, לֹא הֶאֱמַנְתָּ בִּי.

נְבִיאֶיךָ, נִטְעֵי אֲבִיגְדוֹר / נִשְׁתַּבְּרוּ, פְּרָצוֹת לִגְדֹּר.
נִגְלֵיתִי יוֹם נָקָם לִסְדּוֹר / וְלֹא קִדְּשׁוּ פָּרִיצֵי הַדּוֹר:

הַדּוֹר יָזְמוּ דַּעַת סוֹד, וְדָפְקוּ / הִשְׁבַּעְתִּי אֶתְכֶם שְׁמָעוּ, וּפָקְקוּ.
יַחַד כְּשָׁמְעָם זֹאת נִתְמַקְמָקוּ / וְעַל כַּפַּיִם סָפָקוּ.

סָפְקוּ, שָׂשׂוּ, בָּאֵי הָאָרֶץ / כְּנָפְלוּ בְּיָדָם מַלְכֵי אָרֶץ.
סָבְרוּ כִּי יִשְׁעָם יָרֶץ / וְעַל יָדָם יִתְכּוֹנֵן מְשׂוֹשׂ כָּל הָאָרֶץ.

פָּצוּ, חַג לַיהוה בְּשִׁלוֹ / דִּמּוּ כִּי לָעַד יִהְיֶה שָׁם מוֹשְׁלוֹ.
בראשית מט פָּעֲלוּ שֶׁקֶר וְהִשִּׁילוֹ / עַד כִּי־יָבֹא שִׁילֹה:

שִׁילֹה רִצָּה, כְּחַלָּה מַעֲשֶׂה / וְנִמְאַס, כַּאֲשֶׁר בּוֹ נַעֲשָׂה.
רְאוּ מָה עֲבֵרָה עוֹשָׂה / לְכֹל אֲשֶׁר חָפֵץ עָשָׂה.

עָשָׂה עַמִּי אוֹת בְּצִבְיוֹן / וּלְעִתּוֹ חָשׁ עָלַי קִשָּׁיוֹן.
עָלְפָתִי כְּחֹרֶב בְּצִיָּיון / עַד אֲשֶׁר יוֹפִיעַ אֱלֹהִים מִצִּיּוֹן.

צָעַק, צִיּוֹן אֵיךְ נָתַן / לָשׂוּם עָלַי גּוֹי אֵיתָן.
צָהַל וְרָקַע עַל הַמִּפְתָּן / וּבַחֲמָתוֹ, חִתִּיתוֹ נָתַן.

נָתַן בְּעִוּתוֹ, עֵת הוֹבִילַנִי רוֹקְמִי / תַּרְתִּי לָעַד, בָּהּ לְקוֹמְמִי.
בּוֹשְׁתִּי וְגַם נִכְלַמְתִּי, בַּל בַּהֲקִימִי / וּבָחֳרִי אַף, נַס לִי קוּמִי.

קוּמִי קָשַׁבְתִּי בְּהַזְנָחָה / קוּמִי וּלְכִי, כִּי לֹא זֹאת הַמְּנוּחָה.
קָצְתִּי בְחַיַּי מֵאֲנָחָה / וְהִגַּשְׁתִּי, וְלֹא עָרְבָה מִנְחָה.

רָאָה רֹעַ נַפְשִׁי זְנוּחָה / מִשָּׁלוֹם וּמִשַּׁלְוָה וּמֵהֲנָחָה.
רְטוּשָׁה בְּהַרְרֵי נֶשֶׁף, אֲנוּחָה / גַּם שָׁם לֹא נָחָה.

נָחָה יָדוֹ בָּם, וּבָהּ נִכְווּ / אֲנוּשִׁים עַל רֹאשָׁם כָּרְכָבוּ.
יָגְעוּ עַל נַהֲרוֹת בָּבֶל, כְּנִתְעַבָּבוּ / וּכְעוֹלְלוּ עוֹלְלוּ, וְחוּצָה שָׁכָבוּ.

שָׁכְבוּ, שׁוֹבִים גּוֹיִם מַדְקִירִים / מִתְעוֹלְלִים בָּמוֹ, כְּמוֹ בְּקָרִים.
איכה ד שֶׁהֵם יָזֻבוּ מְדֻקָּרִים: / וּמִי פָרַת קָרְבֵימוֹ דוֹקְרִים.

תִּקְרָא תְקֹף, טֶבַח וּמֶסֶךְ מְבַקְּרִים / קִיר עֵרָה, מְקַרְקְרִים.
איכה ד וְכָל עַם וְלָשׁוֹן, בָּם סוֹקְרִים / וַעֲלֵיהֶם מְקוֹנְנִים, בְּנֵי צִיּוֹן הַיְקָרִים:

הַיְקָרִים, קוֹל בְּרָמָה הִשְׁמִיעוּ לִבְכֹּה / לָמָּה זֶה וְעַל מַה זֶּה, הִקְרָנוּ כֹּה
יַחַד, זֶה אוֹמֵר בְּכֹה, וְזֶה אוֹמֵר בְּכֹה /
רָגְנוּ לְהָמִיר לְשׁוֹן אֵיכָה בִּלְשׁוֹן אֵי כֹּה.

טו | איכה אשפתו

קינה זו היא הארוכה והמורכבת ביותר מבין הקינות הנאמרות היום. היא משתמשת בכל חמשת פרקי מגילת איכה ובתוכחות שבפרשת ׳בחקתי׳ (ויקרא כו, כה-מו), אך השימוש העיקרי הוא בפרק ג מהמגילה, והוא משרה את האווירה על שאר הקינה:
היא פותחת בסבלו של המשורר, עוברת להרגשתו שכביכול ה׳ עצמו חלילה שונא אותו ומתארת כיצד הוא חוזר בו מהייאוש ופונה לתקווה, עושה את חשבון נפשו – ומתוך כך חוזר לתיאור מצבו השפל מתוך תפילה אל ה׳ שיגאל אותו ושישלם לכל אויביו.
בצלע האחרונה של הקינה, המצטטת את פסוקי התוכחה, המשורר מוסיף ׳הֲשִׁיבֵנוּ וְהוֹרֵנוּ׳ לפני לשון התורה, המבוססת על הפסוק: ״אֵלֶּה הַחֻקִּים וְהַמִּשְׁפָּטִים וְהַתּוֹרֹת אֲשֶׁר נָתַן ה׳ בֵּינוֹ וּבֵין בְּנֵי יִשְׂרָאֵל בְּהַר סִינַי בְּיַד־מֹשֶׁה״ (שם פסוק מו).
כאמור, מבנה הקינה מורכב ושאפתני במיוחד: יש בה עשרים ושניים בתים, המורכבים מארבע שורות רגילות בנות שלוש צלעות כל אחת. בכל בית השורה הראשונה פותחת במילה מתוך פסוקי פרק א באיכה, השנייה במילה מפסוקי פרק ב, והשלישית מפרק ד; הצלע האחרונה בכל אחת משורות אלה היא חציו הראשון של פסוק מפרק ג. השורה האחרונה בכל בית עוקבת אחרי השורות האחרונות מבחינת תוכנה, אך מאופקת יותר: היא פותחת במילה הראשונה מפסוקי פרק ה, וחותמת בתחילת פסוקי התוכחה.

אֵיכָה אַשְׁפָּתוֹ פְּתוּחַ כְּקֶבֶר / וּלְרוֹדַי בְּאַף, הוֹסִיף אֵבֶר / אֲנִי הַגֶּבֶר:
אֵיכָה אֶשָּׂא עָוֹן הָג / וְחִסֵּם פִּי מְפַלֵּל לַהַג / אוֹתִי נָהַג:
אֵיכָה אָץ זַעְמוֹ לִשְׁפֹּךְ / הָכִיל נִלְאֵיתִי, וְנָם שְׁפֹךְ / אַךְ בִּי יָשֻׁב יַהֲפֹךְ:
זְכֹר אֲפִיפָתִי בַּשָּׁרָב / וְנָם, כִּי־יִנָּטוּ צִלְלֵי־עָרֶב: / ירמיה ו
וְהֵבֵאתִי עֲלֵיכֶם חֶרֶב:

בָּכוֹ תִבְכֶּה, בְּעֵת כֹּל חֲסָרִי / וּכְעָזְבִי אֹרַח יָשְׁרִי / בִּלָּה בְשָׂרִי וְעוֹרִי:
בִּלַּע בַּיִת, לָרוֹם מְזֻקָּף / וּבְבַרְזֶל סִבְכוֹ נִקַּף / בָּנָה עָלַי וַיַּקַּף:
בְּנֵי בִטְנִי לֶאֱכֹל הִקְשִׁיבָנִי / מִנִּי צַר, אָחוֹר הֱשִׁיבָנִי / בְּמַחֲשַׁכִּים הוֹשִׁיבָנִי:
נַחֲלָתֵנוּ בְּנֶטְשָׁה בְּיַד לוֹחֵם / נָם לֹא אָחוּס וְלֹא אֲרַחֵם /
בְּשִׁבְרִי לָכֶם מַטֵּה־לֶחֶם:

גָּלְתָה גְהוּצָה לַעֲנַד עֶדִי / מֵחֻפָּה לְגָלוּת בְּהִתְעַתְּדִי / גָּדַר בַּעֲדִי:
גָּדַע גְּאוֹן נָדִיב וָשׁוֹעַ / וְהֵשִׁיב יָמִין אָחוֹר מִלְּהוֹשִׁיעַ /
גַּם כִּי אֶזְעַק וַאֲשַׁוֵּעַ:
גַּם גִּבַּר עָלַי פּוֹרְכִי / וּבְנַאֲקִי, סָתַם חֲרָכַי / גָּדַר דְּרָכַי:
יְתוֹמִים גְּרוּשִׁים מֵאֲחֻזּוֹת / וְלֹא שָׁב אַפּוֹ בְּכָל זֹאת /
וְאָמַר וְאִם־בְּזֹאת:

דַּרְכֵי דִיץ, שָׁךְ לְהַאֲבִילִי / וְגָלוּת לְשֵׁשַׁךְ הוֹבִילִי / דֹּב אֹרֵב הוּא לִי:
דָּרַךְ דּוֹחֵק עַל בָּמוֹת, לְהִשְׁתָּרֵר / שְׁעוּ מִנִּי, בִּבְכִי אֲמָרֵר / דְּרָכַי סוֹרֵר:
דָּבַק דּוֹלְקִי וְצָדְנִי בְּרִשְׁתּוֹ / עָלַי לִלְטֹשׁ מַחֲרַשְׁתּוֹ / דָּרַךְ קַשְׁתּוֹ:
מֵימֵינוּ דָלַח, וְנָם אֲשִׁמְּכֶם / גֵּיא גָלוּת אֲטִילְכֶם לְהַכְלִימְכֶם /
וְהָלַכְתִּי עִמָּכֶם:

הָיוּ הָהּ לְיוֹם בְּכִיּוֹתַי / וְצָרֶבֶת אֵשׁ, כְּוִיּוֹתַי / הֵבִיא בְּכִלְיוֹתָי:
הָיָה הוֹלֵךְ מִפְּנֵי וּמִזּוּעֲמִי / וְכַעֲסִים, דְּמֵי הִטְעִימִי / הָיִיתִי שְׂחֹק לְכָל־עַמִּי:
הָאֹכְלִים הַקֹּדֶשׁ פֶּסַח בְּלֵיל שִׁמֻּרִים / הֶאֱכִילָם בְּכַפָּן, רָאשֵׁי חֲמוֹרִים /
הִשְׂבִּיעַנִי בַמְּרוֹרִים:
עַל צַוָּארֵנוּ הִשְׂרִיג, וְחִלֵּל שֶׁכֶם / וְנָם אֶפְקֹד עַל עֲוֹנוֹתֵיכֶם /
וַאֲכַלְתֶּם בְּשַׂר בְּנֵיכֶם:

וַיֵּצֵא וְקָדְקֹד שִׁפַּח וְרִצֵּץ / וְחִזֵּק מוֹסֵרַי, כִּי אֶתְלוֹצַץ / וַיַּגְרֵס בֶּחָצָץ:
וַיַּחְמֹס וַיִּנָּצֵל מֶעֶדְיִי לְהַכְפִּישִׁי / וּמִגֹּבַהּ לִתְהוֹם הִרְפִּישִׁי /
וַתִּזְנַח מִשָּׁלוֹם נַפְשִׁי:
וַיַּגְדֵּל וְכָבֵד, נַאַק רִצְחִי / וּבְקָדְקֳדִי עָלָה צִוְחִי / וָאֹמַר אָבַד נִצְחִי:
מִצְרַיִם וְכוּשׁ, שָׁח אֲשִׁיבְכֶם / וְאֶשְׁפָּטְכֶם כִּזְמַּתְכֶם /
וְהִשְׁמַדְתִּי אֶת־בָּמֹתֵיכֶם:

זָכְרָה זֹאת כִּי נִבְאַשׁ נִרְדִּי / וּלְכַלֵּה פֶּץ, מִכְּבוֹד רְדִי / זְכָר־עָנְיִי וּמְרוּדִי:
זָנַח זָעַם, וְלֵב הִקְשִׁיחַ / וּבְהִתְעַבְּרוֹ עִם מְשִׁיחַ / זָכוֹר תִּזְכּוֹר וְתָשׁוֹחַ:
זַכּוּ זְקֵנַי, וּפָעֳלָם אָבִיא / כִּי בְכֵן פָּרֵץ נְתִיבִי / זֹאת אָשִׁיב אֶל־לִבִּי:
אֲבוֹתֵינוּ זָעֲקוּ וְכָלוּ מִדִּבָּה / וְשָׁח עַל רָעָתֵנוּ כִּי רַבָּה /
וְנָתַתִּי אֶת־עָרֵיכֶם חָרְבָּה:

חֵטְא חָז, כִּי עָוֹן נִכְתַּמְנוּ / תָּמוּר כִּי בְצִחְיוֹן נִזְהַמְנוּ /
חַסְדֵי יהוה כִּי לֹא־תָמְנוּ:
חָשַׁב חוֹרְשֵׁי לְקַרְקַר יְקָרִים / וּמַר יִבְכְּיוּן, מַכְּתֵי סוֹקְרִים / חֲדָשִׁים לַבְּקָרִים:
חָשַׁךְ חָזוֹן מַגִּישֵׁי אִשִּׁי / קִיר כְּעִוֵּר לְגַשְׁשִׁי / חֶלְקִי יהוה, אָמְרָה נַפְשִׁי:
עֲבָדִים חֲסָמוּנוּ מִלִּגְדֹּר פֶּרֶץ / וְתוֹכָחוֹת קָשׁוֹת פַּץ בְּחָרֶץ /
וַהֲשִׁמֹּתִי אֲנִי אֶת־הָאָרֶץ:

טִמְאָתָהּ טָפְלָה, וְנָטָה קָו / וְלֹא נָסוֹג אָחוֹר מִקַּוָּיו / טוֹב יהוה לְקֹוָו:
טָבְעוּ טִירוֹתַי וּפִי צַר דָּמַם / וְכָל עֹבֵר עָלַי, שָׁרַק וְשָׁמֵם / טוֹב וְיָחִיל וְדוּמָם:
טוֹבִים טַפִּים נִכְלוּ בְּהוֹסִיפִי לִמְעֹל / וּכְמַעֲלָלַי, חָרָה בִּי לִפְעֹל /
טוֹב לַגֶּבֶר כִּי־יִשָּׂא עֹל:
בְּנַפְשֵׁנוּ טֶרֶף אֵפֶר נִבְרָה / כִּי כְּמוֹ בְרַחַת וּבַמִּזְרֶה / נָם, וְאֶתְכֶם אֱזָרֶה:

יָדוֹ יָרָה בִּי אוֹר כִּסְדוֹם / וְעַל כָּל אֵלֶּה, הוֹנַתְנִי בַּת אֱדוֹם / יֵשֵׁב בָּדָד וְיִדֹּם:
יֻשְׁבוּ יְגוֹנִים, בָּנַי עָלַי חוֹפְפוּ / כִּי כָבֵד עָלַי אַפּוֹ / יִתֵּן בֶּעָפָר פִּיהוּ:
יְדֵי יוֹסְרַי שָׁתוּ בִּי מְחִי / וְקָשַׁבְתִּי מִפִּי צַר, שְׁחִי / יִתֵּן לְמַכֵּהוּ לֶחִי:
עוֹרֵנוּ יוֹעַם כְּחֶרֶשׂ בְּקֶרֶץ / וְגֵוֵינוּ שַׂמְנוּ כָאָרֶץ / אָז תִּרְצֶה הָאָרֶץ:

כָּל כְּבוֹד תָּאֳרֵנוּ הָכְלַם / וְצוּר, אָרְחוֹתָיו חֶסֶד כֻּלָּם / כִּי לֹא יִזְנַח לְעוֹלָם:
כָּלוּ כִּמְעַט, כִּי בִּי נִלְחַם / וְעַל הָרָעָה, הוּא נִחַם / כִּי אִם־הוֹגָה וְרִחַם:
כִּלָּה כַעְסוֹ, וְהִצִּית לֶהָבוֹ / וּבְתַכְלִית שִׂשָּׂה, מְאוֹרֵי כִּבּוֹ / כִּי לֹא עִנָּה מִלִּבּוֹ:
נָשִׁים כִּפְרוּעוֹת יוֹשְׁבוֹת שַׁמָּה / בְּכָל שָׁנָה וְשָׁנָה מַזְכִּירוֹת אַשְׁמָה /
כָּל־יְמֵי הָשַּׁמָּה:

לוּא אֲלֵיכֶם, לוֹחֲצֵי גִילָיו / עַל בָּנָיו הֶעֱבִיר גַּלָּיו / לְדַכֵּא תַּחַת רַגְלָיו:
לְאִמּוֹתָם, לְעֵת כָּמְהוּ מִשֶּׁבֶר / יַעַן כִּי גָרוֹן פָּתְחוּ כַּקֶּבֶר /
לְהַטּוֹת מִשְׁפַּט־גָּבֶר:
לֹא לִמְחוֹת פֶּץ לְעַם קְרוֹבוֹ / וְאֵיךְ מִתַּעַר הוֹצִיא חַרְבּוֹ / לְעַוֵּת אָדָם בְּרִיבוֹ:
שָׂרִים לְכוּדִים הוֹצִיא מִשְּׁעָרִים / תֵּת כִּתְאֵנִים הַשֹּׁעָרִים /
לְעוֹלֵל הַנִּשְׁאָרִים:

מִמָּרוֹם, מְגִלָּה כְּתַב בְּנֶהִי / קִינִים וָהֶגֶה וָהִי / מִי זֶה אָמַר וַתֶּהִי:
מָה אֲעִידֵךְ, מְאוּסָה מִלְּהֵרָצֶה / נְתוּנָה בְּיַד מֵרִיב וּמִתְנַצֶּה /
מִפִּי עֶלְיוֹן לֹא תֵצֵא:
מֵחַטֹּאת מְדִיחַי אֲקוֹנֵן / מְנַחֲמִי כְּמַיִן מִתְרוֹנֵן / מַה־יִּתְאוֹנֵן:
בַּחוּרִים מוּטָּטוּ כּוֹשֵׁל בִּי לַהֶרֶג / וּשְׁכִינָה הֶעֱלָה מִקֶּרֶב /
וְכָשְׁלוּ אִישׁ־בְּאָחִיו כְּמִפְּנֵי־חֶרֶב:

נִשְׁקַד נֵטֶל עֹל פּוֹרְכֵינוּ / וַיִּתְעַב שַׁי עוֹרְכֵינוּ / נַחְפְּשָׂה דְרָכֵינוּ:
נְבִיאַיִךְ נָאֲצוּ לִקְרֹץ עַפְעַפַּיִם / וְאִכְזְרוּ עָלֵינוּ אֶרֶךְ אַפַּיִם /
נִשָּׂא לְבָבֵנוּ אֶל־כַּפָּיִם:
נָעוּ נָדוּ רֹאשׁ בְּמַהֲמוֹרֵינוּ / רְשָׁעִים מַפִּילִים בְּמַכְמוֹרֵינוּ /
נַחְנוּ פָשַׁעְנוּ וּמָרִינוּ:
זְקֵנִים נִינִים לְרֹב שְׂגוּיִם / אֲכָלוּם וְהֵשִׁיתוּם מָשָׁל בַּגּוֹיִם /
כְּנָם וַאֲבַדְתֶּם בַּגּוֹיִם:

סִלָּה שָׁמַי קְטוֹרָה בְּאַף / וָאֶפְעַר פִּי וָאֶשְׁאַף / סַכּוֹתָה בָאַף:
סָפְקוּ שׁוֹטְנַי כַּף וָאֶשְׁתּוֹנַן / וָאֶזְעַק חָמָס וָאֶתְאוֹנַן / סַכֹּתָה בֶעָנָן:
סוּרוּ טָמֵא שָׁחוּ מְאַשְּׁימֵינוּ / בְּהִנָּתֵן כַּבַּרְזֶל שָׁמֵינוּ / סְחִי וּמָאוֹס תְּשִׂימֵנוּ:
שָׁבַת מְשׂוֹשׂ שֶׂמַח מְשׁוֹרְרִים / וְרוֹדְפַי קַלּוּ מִנְּשָׁרִים / לְאַבֵּד הַנִּשְׁאָרִים:

עַל אֵלֶּה עֲשָׁקוּנוּ בְּחֵרוּפֵיהֶם / וְהִגְדִּילוּ שָׁאוֹן גִּדּוּפֵיהֶם / פָּצוּ עָלֵינוּ פִּיהֶם:
פָּצוּ פָּעֲרוּ פֶה מִבְּאֵר שַׁחַת / וְאִטְּרוּ עָלַי בְּתוֹכַחַת / פַּחַד וָפַחַת:
פְּנֵי פְאֵר חֻפַּת מְעוֹנִי / הִקְמִיל וְהֵקִים מְעַנִּי / פַּלְגֵי־מַיִם תֵּרַד עֵינִי:
נָפְלָה עֲטֶרֶת עֹז מַשְׁעֵנָם / וְצַר בְּשִׁבְעָה דְרָכִים עִנָּם /
וְהִתְוַדּוּ אֶת־עֲוֹנָם:

פֵּרְשָׂה פוֹצְצָה, אוֹי כִּי סְגָרָה / תְּמוּר מָתְנֶיהָ בְּעֹז חָגְרָה / עֵינִי נִגְּרָה:
עָשָׂה עֶבְרָתוֹ וַיֶּחֱרֶה / וְעָרַךְ אֶת מְדוֹן מְגָרֶה / עַד־יַשְׁקִיף וְיֵרֶא:
עוֹדֵינוּ עָף כָּבוֹד, וְעָלָה / וְעָשֶׁר מַסָּעוֹת נַעֲלָה / עֵינִי עוֹלְלָה:
עַל זֶה פָּסַק נוֹי נָעֳמָם / וְצוּר שָׁת, לֹא אֶעֱזְבֵם בְּכַף זוֹעֲמָם /
אַף־אֲנִי אֵלֵךְ עִמָּם:

צַדִּיק צָר צְעָדַי לִסְפֹּר / וּכְעִקַּלְתִּי יָשָׁר, וָאֶכְפֹּר / צוֹד צָדוּנִי כַּצִּפּוֹר:
צָעַק צוּרִי, וְסִכֵּךְ מֵעֲבוּר / וּבְחַלְלֵי עֶרֶךְ לִשְׁבּוֹר / צָמְתוּ בַבּוֹר:
צָדוּ צְעָדַי, וְסָע דּוֹרְשִׁי / וְכַעֲלוֹתָם עָלַי כַּיָּם לְגָרְשִׁי / צָפוּ־מַיִם עַל־רֹאשִׁי:
עַל הַר צִיּוֹן צָבְאוּ לְהַכְרִיתִי / וְצוּר שָׁת, אֶחְמוֹל עַל שְׁאֵרִיתִי /
וְזָכַרְתִּי אֶת־בְּרִיתִי:

קָרָאתִי, קָשׁב חֶרְפַּת מוֹנַי / עַל הַלְּחִי, מַכִּים בָּנַי / קָרָאתִי שִׁמְךָ יהוה:
קוּמִי קִרְאִי, כִּי לֹא יַכְלִם / עַל יֶתֶר לְמַקְנִיאַי יְשַׁלֵּם /
קוֹלִי שָׁמָעְתָּ אַל־תַּעְלֵם:
קַלִּים קְדָחוּנִי, וְעַלְמַת מַרְאֵךְ / הָשֵׁת בַּגּוֹיִם מוֹרָאֵךְ / קָרַבְתָּ בְּיוֹם אֶקְרָאֶךָּ:
אַתָּה יהוה קֵץ אַל תְּכַזֵּב / עַד מָתַי, כַּחֶרֶשׁ אֵעָזֵב / וְהָאָרֶץ תֵּעָזֵב:

רְאֵה רֹגֶז מַכַּת אֲנוּשִׁי / וְאֹמַר, בְּהִנָּטְשִׁי בַּנֶּשִׁי / רַבְתָּ אֲדֹנָי רִיבֵי נַפְשִׁי:
רְאֵה רֹב בְּעָתָתִי / הֲשַׁמּוֹת כָּל עֲדָתִי / רָאִיתָה יהוה עַוָּתָתִי:
רוּחַ רָפְתָה בִּי מֵאֵימָתָם / לְבַלְּעִי, הֶעֱלוּ חֲמָתָם / רָאִיתָה כָּל־נִקְמָתָם:
לָמָּה רָחוֹק תַּעֲמֹד בְּדַבְּרָם עַזּוֹת / נַמְתָּ, הַנְּשָׁמָה אוֹשִׁיב פְּרָזוֹת /
וְאַף גַּם־זֹאת:

שָׁמְעוּ שֶׁנּוֹקַשְׁתִּי בִּדְחִיפָתָם / וּכְיֶלֶק עָלָה עֵיפָתָם / שָׁמַעְתָּ חֶרְפָּתָם:
שָׁכְבוּ שׁוֹחֲחִים, בְּנֵי מִיגוֹנָם / וְשׁוֹבֵיהֶם, גָּאָה מְאֹד גְּאוֹנָם /
שִׂפְתֵי קָמַי וְהֶגְיוֹנָם:
שִׂישִׂי שׂוֹסַתִּי, כִּי בִי יָד מָטָה / מִשְׁפֶּלֶת עַד שְׁאוֹל מָטָּה /
שִׁבְתָּם וְקִימָתָם הַבִּיטָה:
הֲשִׁיבֵנוּ שָׁלֵם, שִׁלּוּם שָׁנִים / וְתֹאמַר, אֶפְדֵם מִשְּׁאוֹנִים /
וְזָכַרְתִּי לָהֶם בְּרִית רִאשֹׁנִים:

תָּבֹא, תָּשׁוּר מְעַנַּי לָמוּל / הֵם שֶׁגָּבוּ חַיִל, וְאִוּוּיךָ אָמוּל / תָּשִׁיב לָהֶם גְּמוּל:
תִּקְרָא, תְּגַלֶּה יוֹם כָּמוּס בְּלֵב / וּמְחַפְּשֵׂי עוֹלוֹת, לִפְעֹל מִלֵּב /
תִּתֵּן לָהֶם מְגִנַּת־לֵב:
תַּם תַּכְלִית תָּקְפָּם לְלָכְדֵם / יִפְּלוּ, בְּלִי לְהַעֲמִידָם / תִּרְדֹּף בְּאַף וְתַשְׁמִידֵם:
כִּי תָמִיד דּוֹקְרִים וְשׁוֹחֲקִים / וּמִתּוֹרָתְךָ אָנוּ לֹא רוֹחֲקִים /
הֲשִׁיבֵנוּ וְהוֹרֵנוּ אֵלֶּה הַחֻקִּים:

טז ׀ זכור את אשר עשה צר בפנים

פרק ה במגילת איכה מתבונן על החורבן ממרחק של זמן, הכאב אולי חד פחות, אך תחושת הייאוש והחידלון גדולה יותר. במבט לאחור לעתים הזיכרון ממוקד בכמה תמונות או אירועים בולטים, הממחישים את הכלל. בקינה זו הקליר מתבסס על שני פרטים מחורבן הבית השני, שהובאו במסכת גיטין: התיאור כיצד טיטוס נכנס לקודש הקודשים וחילל אותו לפני שנשרף הבית (נו ע״ב), והמעשה בארבע מאות הילדים שאיבדו את עצמם לדעת לפני שיימכרו לקלון (נז ע״ב). הקינה מסיימת בתפילה לגאולה, המבוססת על תהלים מד, כג-כד: ״כִּי־עָלֶיךָ הֹרַגְנוּ כָל־הַיּוֹם, נֶחְשַׁבְנוּ כְּצֹאן טִבְחָה. עוּרָה לָמָּה תִישַׁן אֲדֹנָי, הָקִיצָה אַל־תִּזְנַח לָנֶצַח״.

המילה הראשונה בכל שורה לקוחה מפסוקי פרק ה (למעט שני הבתים האחרונים, שבהם היא המילה הראשונה בכל בית); והשנייה בכל שורה – על סדר הא״ב.

זְכֹר   אֵת אֲשֶׁר עָשָׂה צַר בִּפְנִים
שָׁלַף חַרְבּוֹ, וּבָא לִפְנַי וְלִפְנִים.
נַחֲלָתֵנוּ   בְּעֵת, כְּטִמֵּא לֶחֶם הַפָּנִים
וְגֵדֵר פָּרֹכֶת בַּעֲלַת שְׁתֵּי פָנִים.

יְתוֹמִים   גָּעַל בְּמָגֵן מְאָדָּם
וַיְמַדֵּד קָו בְּמַרְאֶה אֲדַמְדָּם.
מֵימֵינוּ   דָּלַת, וְהִשְׁכִּיר חִצָּיו מִדָּם
כְּיָצָא מִן הַבַּיִת, וְחַרְבּוֹ מְלֵאָה דָם.

עַל   הֲגוּתוֹ הַוּוֹת גָּבַר
וְנָטָה אֶל אֵל יָדוֹ, לְמוּלוֹ לְהִתְגַּבֵּר.
מִצְרַיִם   וְכָל לְאֹם, אֲשֶׁר בָּם גָּבַר
וַאֲנִי בְּתוֹךְ אִוּוּיוֹ, אָרוּץ אֵלָיו בְּצַוָּאר.

אֲבֹתֵינוּ   זָרָה כְּהִכְנִיסוּ, בַּחוּרָיו אָכְלָה אֵשׁ
וְזֶה צוֹעָה זוֹנָה הִכְנִיס, וְלֹא נִכְוָה בָאֵשׁ.
עֲבָדִים   חִתּוּ בְסָכּוֹ, לְבַת אֵשׁ
וְעַל מָה בְּבֵית אֵשׁ, מִמָּרוֹם שָׁלַח אֵשׁ: איכה א

בְּנַפְשֵׁנוּ   טָבַעְנוּ, כְּהוֹצִיא כְּלֵי שָׁרֵת
וְשָׂמָם בְּאָנִי שַׁיִט בָּם לְהִשָּׁרֵת.
עוֹרֵנוּ   נָמַק כְּהִשְׁכִּים מְשָׁרֵת
וְלֹא מָצָא תִּשְׁעִים וּשְׁלֹשָׁה כְּלֵי שָׁרֵת.

נָשִׁים כְּשֶׁהֵרוּ כִּי בָא עָרִיץ
בְּקַרְקַע הַבַּיִת נְעָלָיו הֶחֱרִיץ.
שָׂרִים לְפָתוּ בְּבוֹא פָּרִיץ
בְּבֵית קֹדֶשׁ הַקֳּדָשִׁים, צַחֲנָתוֹ הִשְׁרִיץ.

בַּחוּרִים מִבַּחוּץ צָגוּ מְחֻזָּקִים
וְתָרוּ, כִּי יָזֵק בְּשִׁשִּׁים וּבוֹא מַזִּיקִים.
זְקֵנִים נִבְעֲתוּ כְּהִרְשׁוּהוּ מְשַׂחֲקִים
עֲשׂוֹת רְצוֹנוֹ, וְהוּא אָסוּר בָּאזִקִּים.

שָׁבַת סוֹטֵן, וַיָּבוֹא אַדְמוֹן
וַיְסַבֵּב חוֹמָה, וַיְעַוֵּת הָמוֹן.
נָפְלָה עֶבְרָה, עַל נִינֵי פִּצֵּל לַח לוּז וְעַרְמוֹן
עַד כִּי נָטַשׁ מְדֹק אַרְמוֹן.

עַל פֶּתַח הַר הַבַּיִת הֵחֵל לָבוֹא
בְּיַד אַרְבָּעָה רָאשֵׁי טַפְסְרָיו, לְהַחֲרִיבוֹ.
עַל צַד מַעֲרָבִי לְזֵכֶר, הִשְׁרִיד בּוֹ
וְצָג אַחַר כָּתְלֵנוּ, וְלֹא רָב רִיבוֹ.

אַתָּה קָצַפְתָּ וְהִרְשֵׁיתָ לְפַנּוֹת
יְלָדִים אֲשֶׁר אֵין בָּהֶם כָּל מְאוּם, מִשָּׁם לְהִפָּנוֹת.
לָמָּה רָגְשׁוּ גוֹיִם, וְלֹא שַׁעְתָּ אֶל הַמִּנְחָה פְּנוֹת
וְשִׁלְּחוּם לְאֶרֶץ עוּץ, בְּשָׁלֹשׁ סְפִינוֹת.

הֲשִׁיבֵנוּ שִׁוְעוּ, כְּבָאוּ בְּנִבְכֵי יָם
וְשִׁתְּפוּ עַצְמָם יַחַד, לִנְפֹּל בַּיָּם.
שִׁיר וְתִשְׁבָּחוֹת שׁוֹרְרוּ, כְּבַעַל יָם
כִּי עָלֶיךָ הֹרַגְנוּ בִּמְצוּלוֹת יָם.

כִּי תְּהוֹמוֹת בָּאוּ עַד נַפְשָׁן
כָּל זֹאת בָּאַתְנוּ וְלֹא שְׁכַחֲנוּךָ, חִלּוּ לְמַמְשָׁן.
תִּקְוָתָם נָתְנוּ לְמֵשִׁיב מִבָּשָׁן
וּבַת קוֹל נִשְׁמְעָה: עוּרָה, לָמָּה תִישַׁן: תהלים מד

יז | אם תאכלנה

קינה זו מתמקדת בסבלם של האנשים הפשוטים בעיקר מחמת הרעב. הבית האחרון חריג – ובו הקב"ה כביכול עונה לעם, באמצעות הסבת המשך אותו הפסוק (איכה ב, כ) על הריגת הנביא זכריה (בעקבות איכה רבה ב, כ; וראה עמ' 186).

סימן א"ב

איכה ב אִם־תֹּאכַלְנָה נָשִׁים פִּרְיָם, עֹלְלֵי טִפֻּחִים:
אַלְלַי לִי.
אִם תְּבַשֵּׁלְנָה רַחֲמָנִיּוֹת יַלְדֵיהֶן, הַמְדוּדִים טְפָחִים טְפָחִים.
אַלְלַי לִי.
אִם תְּגֻזֶּנָה פְּאַת רֹאשָׁם, וְתִקְשַׁרְנָה לְסוּסִים פּוֹרְחִים.
אַלְלַי לִי.
אִם תִּדְבַּק לְשׁוֹן יוֹנֵק לְחֵךְ, בְּצִמְאוֹן צְחִיחִים.
אַלְלַי לִי.
אִם תֵּהָמֶנָה זוֹ לְעֻמַּת זוֹ, בּוֹאִי וּנְבַשֵּׁל אֶת בָּנֵינוּ צוֹרְחִים.
אַלְלַי לִי.
אִם תִּוָּעַדְנָה זוֹ לְזוֹ, תְּנִי בְנֵךְ, וְהוּא חָבוּי מִנְּתָח נְתָחִים נְתָחִים.
אַלְלַי לִי.
אִם תְּזֻמֵּנָה בְּשַׂר אָבוֹת לַבָּנִים, בִּמְעָרוֹת וְשִׁיחִים.
אַלְלַי לִי.
אִם תְּחִיבֶנָה בָנוֹת, אֶל חֵיק אִמּוֹתָם נִתְפָּחִים.
אַלְלַי לִי.
אִם תְּטֻסֶּנָה רוּחוֹת עוֹלְלִים בִּרְחוֹבוֹת קִרְיָה תְּפוּחִים.
אַלְלַי לִי.
אִם תִּיקַרְנָה בְּשִׁכּוּל רֶחֶם וְצִמּוּק שָׁדַיִם, וְאֵם עַל בָּנִים שָׁחִים.
אַלְלַי לִי.
אִם תְּכַשֵּׁלְנָה שְׁמוֹנֶה מֵאוֹת מָגִנִּים, בַּעֲרַב אֲלוּחִים.
אַלְלַי לִי.
אִם תְּלֻהַטְנָה רוּחָם בְּמִינֵי מְלוּחִים וְנוֹדוֹת נְפוּחִים.
אַלְלַי לִי.

אִם תְּמַעֵטְנָה מֵאֶלֶף מֵאָה, וּמִמֵּאָה עֲשָׂרָה, עַד אֶחָד לְמַפָּחִים.
אַלְלַי לִי.
אִם תְּנֻסֶּנָה לְמָסַךְ הֵיכָל, שְׁמוֹנִים אֶלֶף כֹּהֲנִים פִּרְחִים.
אַלְלַי לִי.
אִם תִּשָּׂרַפְנָה שָׁם כָּל אוֹתָן הַנְּפָשׁוֹת, כְּקוֹצִים כְּסוּחִים.
אַלְלַי לִי.
אִם תֵּעָרַפְנָה עַל דַּם נָקִי, שְׁמוֹנִים אֶלֶף כֹּהֲנִים נִרְצָחִים.
אַלְלַי לִי.
אִם תִּפָּחְנָה נְפָשׁוֹת מְדֻקָּרִים, מֵרֵיחַ תְּנוּבוֹת שִׂיחִים.
אַלְלַי לִי.
אִם תִּצָּבַרְנָה עַל אֶבֶן אַחַת, תִּשְׁעָה קַבִּין מוֹחֵי יְלָדִים מֻנָּחִים.
אַלְלַי לִי.
אִם תְּקָעֶנָה שְׁלֹשׁ מֵאוֹת יוֹנְקִים, עַל שׁוֹכָה אַחַת מְתוּחִים.
אַלְלַי לִי.
אִם תֵּרָאֶינָה רַכּוֹת וַעֲנֻגּוֹת, כְּבוּלוֹת עַל יַד רַב הַטַּבָּחִים.
אַלְלַי לִי.
אִם תִּשָּׁכַבְנָה בֵּין שְׁפַתַּיִם, בְּנוֹת מְלָכִים מְשֻׁבָּחִים.
אַלְלַי לִי.
אִם תִּתְעַלַּפְנָה הַבְּתוּלוֹת וְהַבַּחוּרִים, בְּצִמָּאוֹן צְחִיחִים.
אַלְלַי לִי.

וְרוּחַ הַקֹּדֶשׁ לְמוּלָם מֵרִעִים
הוֹי עַל כָּל שְׁכֵנַי הָרָעִים
מַה שֶּׁהִקְרָאֵם מוֹדִיעִים
וְאֵת אֲשֶׁר עָשׂוּ לֹא מוֹדִיעִים
אִם־תֹּאכַלְנָה נָשִׁים פִּרְיָם, מַשְׁמִיעִים איכה ב
אִם־יֵהָרֵג בְּמִקְדַּשׁ אֲדֹנָי כֹּהֵן וְנָבִיא, לֹא מַשְׁמִיעִים.

יח | ואתה אמרת

הקליר כביכול לא שמע את התשובה 'וְרוּחַ הַקֹּדֶשׁ לְמוּלָם מַרְעִים...', והוא ממשיך בקינה המעמעמת את השגשוג בעבר למצב שלאחר החורבן. הקינה פותחת בשני פסוקים, שבהם הזכירו יעקב (בראשית לב, יג) ומשה (שמות לג, טז) את הבטחות ה'. החזרה על המילים 'אַתָּה' ו'וְלָמָּה' נותנת לקינה אופי של תלונה. בבית האחרון המשורר סוטה מהמבנה האלפביתי, ובאופן מפתיע מקבל בשם העם את האחריות על החורבן, על פי דניאל ט, ז: "לְךָ ה' הַצְּדָקָה, וְלָנוּ בֹּשֶׁת הַפָּנִים" – פסוק שעליו הוא מבסס את הקינה הבאה.

סימן א"ב (לאחר המילים 'אַתָּה' וְ'לָמָּה')

בראשית לב — וְאַתָּה אָמַרְתָּ, הֵיטֵב אֵיטִיב עִמָּךְ:
שמות לג — וְנִפְלֵינוּ אֲנִי וְעַמֶּךָ:
וְלָמָּה בְּנֵי בְלִיַּעַל חִלְּלוּ שְׁמֶךָ
וְלֹא שָׁפַכְתָּ עֲלֵיהֶם זַעְמֶךָ.

אַתָּה גִּדַּלְתָּ וְרוֹמַמְתָּ בָנִים לְהָנֵק
במדבר יא — כַּאֲשֶׁר יִשָּׂא הָאֹמֵן אֶת־הַיֹּנֵק:
וְלָמָּה דוֹדָנִים צְחוֹם לְשַׁנֵּק
וְאַרְיֵה בְּדֵי גוֹרוֹתָיו מְחַנֵּק.

אַתָּה הֵינַקְתָּ דְּבַשׁ מִסֶּלַע
וַתּוֹצִיא נוֹזְלִים מִסָּלַע.
וְלָמָּה וְשׁוֹפְטֵיהֶם נִשְׁמְטוּ בִּידֵי סֶלַע
וְעוֹלְלֵיהֶם נֻפְּצוּ אֶל הַסָּלַע.

אַתָּה זָנַחְתָּ וַתִּמְאַס כָּל גּוֹי
לָקַחַת לְךָ גּוֹי מִקֶּרֶב גּוֹי.
וְלָמָּה חָשׁ וְעָלָה עַל אַרְצִי גּוֹי
תהלים פג — וְאָמְרוּ לְכוּ וְנַכְחִידֵם מִגּוֹי:

אַתָּה טֵאטֵאתָ שִׁשִּׁים וּשְׁמוֹנִים
לְהָבִיא גּוֹי שֹׁמֵר אֱמֻנִים.
וְלָמָּה יָזְמוּ מוֹאָבִים וְעַמּוֹנִים
לְעַם זוּ כַּכּוֹכָבִים נִמְנִים.

אַתָּה כּוֹנַנְתָּ לְשֶׁבֶת הוֹדֶךָ
הַר זֶה קָנְתָה יְמִינְךָ וְיָדֶךָ.
וְלָמָּה לְאָחוֹר הֵשַׁבְתָּ יְמִין הוֹדֶךָ
וַתְּנַבֵּל כִּסֵּא כְבוֹדֶךָ.

אַתָּה מָרוֹם לְעוֹלָם רִאשׁוֹן
כּוֹנַנְתָּ מָרוֹם מֵרִאשׁוֹן.
וְלָמָּה נִאֵץ רָשָׁע בְּפֶה וְלָשׁוֹן
עַד כִּי נָגַע צַר בְּאִישׁוֹן.

אַתָּה שַׂשְׂתָּ לְטוֹב עָלֵימוֹ
בְּשִׂיחַ תְּבִיאֵמוֹ וְתִטָּעֵמוֹ.
וְלָמָּה עָרִיץ חֵרֵף וְאָמַר אֵי אֱלֹהֵימוֹ
אֲשֶׁר יֹאכַל חֵלֶב זְבָחֵימוֹ.

אַתָּה פוֹרַרְתָּ בְעָזְּךָ יָם: תהלים עד
וַתָּסֶךְ בִּדְלָתַיִם יָם.
וְלָמָּה צָלַלְתִּי עַד נִבְכֵי יָם
וַיִּגְדַּל שִׁבְרִי כַּיָּם.

אַתָּה קָדוֹשׁ, יוֹשֵׁב תְּהִלּוֹת קְדוֹשִׁים
בְּסוֹד יְשִׁישִׁים מְקֻדָּשִׁים.
וְלָמָּה רָגְשׁוּ גוֹיִם קְדֵשִׁים
וְהֵשִׁימוּ בֵּית קֹדֶשׁ הַקֳּדָשִׁים.

אַתָּה שָׁמַעְתָּ כִּי הָיִינוּ חֶרְפָּה
וְסֻכָּתְךָ בָּאֵשׁ נִשְׂרְפָה.
וְלָמָּה תְּבַלַּע נַחֲלַת חֻפָּה
תַּצְמִיחַ תְּרוּפָה וְעָלֵינוּ חוֹפֵפָה.

אַתָּה צַדִּיק עַל כָּל הַבָּא
לְךָ יהוה הַצְּדָקָה וְנַצְדִּיקְךָ בְּחִבָּה.
וְלָמָּה נְהִינוּ וְלָנוּ הַדִּבָּה
כִּי כָל זֹאת בָּאַתְנוּ בְּחוֹבָה.

יט | לך ה׳ הצדקה

קינה זו, והבאה אחריה, מבוססת על פרק ט בספר דניאל. רוב הפרק הוא תפילה ארוכה, ובה דניאל היושב בגלות מתוודה על חטאותיו וחטאות העם, ומבקש מה׳ שירחם על עמו ועל המקדש החרב. קינה זו מצטטת בכל בית את פסוק ז: ״לְךָ ה׳ הַצְּדָקָה, וְלָנוּ בֹּשֶׁת הַפָּנִים״, ובה וידוי ארוך ומפורט על חסדי ה׳ אתנו לאורך הדורות, ועל שלא נמצאנו ראויים – כבר משעת יציאת מצרים. בבתים האחרונים הקליר מזהה שצדקת ה׳ ממשיכה ללוות אותנו, בעצם יכולתנו לשרוד בגלות, ולאור זאת הוא מרשה לעצמו לבקש שה׳ יקבל אותנו בתשובה: בושת הפנים שהמשורר מדבר עליה, אינה גורמת לריחוק מתוך מחשבה שאין אנו ראויים להתקבל לפני ה׳ בתשובה, אלא מביאה אותנו להכרה שאם נפנה אליו באמת ובענווה, אפשר שנזכה להיגאל.

סימן א״ב (לאחר הציטוט מהפסוק)

לְךָ יהוה הַצְּדָקָה, בְּאוֹתוֹת אֲשֶׁר הִפְלֵאתָ, מֵאָז וְעַד עָתָּה.
וְלָנוּ בֹּשֶׁת הַפָּנִים, בִּבְחִינָה אֲשֶׁר נִצְרַפְנוּ, וְאוֹתָנוּ תִּעַבְתָּ.

לְךָ יהוה הַצְּדָקָה, בְּגוֹי מִקֶּרֶב גּוֹי לָקַחְתָּ בְּמַסּוֹת.
וְלָנוּ בֹּשֶׁת הַפָּנִים, בְּדֹפִי אֲשֶׁר נִמְצָא בָנוּ, כְּמַעֲשֵׂיהֶם עֲשׂוֹת.

לְךָ יהוה הַצְּדָקָה, בַּהֲלָכוּ אֱלֹהִים לִפְדּוֹת לוֹ לְעָם.
וְלָנוּ בֹּשֶׁת הַפָּנִים, בְּוַיַּמְרוּ עַל יַם סוּף, גּוֹי בֵּאלֹהָיו בְּפִשְׁעָם.

לְךָ יהוה הַצְּדָקָה, בְּזֵכֶר וְאַתֶּם עֵדַי וַאֲנִי אֱלֹהִים.
שמות לב וְלָנוּ בֹּשֶׁת הַפָּנִים, בְּחֵרְפֵנוּ בְּסִין, קוּם עֲשֵׂה לָנוּ אֱלֹהִים:

לְךָ יהוה הַצְּדָקָה, בְּטַעַם שֶׁהִטְעַמְתָּנוּ כְּצַפִּיחִת בִּדְבָשׁ.
וְלָנוּ בֹּשֶׁת הַפָּנִים, בְּיוֹם הִקְרַבְנוּ לְפָנָיו, סֹלֶת וָשֶׁמֶן וּדְבַשׁ.

לְךָ יהוה הַצְּדָקָה, בְּכַלְכּוּל מָן וּבְאֵר וְעַמּוּד עָנָן.
וְלָנוּ בֹּשֶׁת הַפָּנִים, בַּלֶּחֶם הַקְּלֹקֵל, אֲבוֹתֵינוּ בְּאָהֳלֵיהֶם בְּרָגְנָן.

לְךָ יהוה הַצְּדָקָה, בַּמִּדְבָּר לֹא חָסַרְנוּ דָּבָר.
וְלָנוּ בֹּשֶׁת הַפָּנִים, בְּנַאֲצוּת לָבָן וַחֲצֵרוֹת וְדִי זָהָב, כַּמִּדְבָּר.

לְךָ יהוה הַצְּדָקָה, בְּסִיחוֹן וְעוֹג וְכָל מַמְלְכוֹת כְּנָעַן.
וְלָנוּ בֹּשֶׁת הַפָּנִים, בְּעָכָן אֲשֶׁר מָעַל בַּחֵרֶם, בְּלִי מְצֹא מַעַן.

לְךָ יהוה הַצְּדָקָה, בְּפֹעַל אֲשֶׁר פָּעַלְתָּ, בְּאַרְבָּעָה עָשָׂר מוֹשִׁיעִים.
וְלָנוּ בֹּשֶׁת הַפָּנִים, בְּצֶלֶם מִיכָה בּוֹ אֲנַחְנוּ פּוֹשְׁעִים.

לְךָ יהוה הַצְּדָקָה, בְּקִימַת שִׁילֹה וְנוֹב וְגִבְעוֹן וּבֵית עוֹלָמִים.
וְלָנוּ בֹּשֶׁת הַפָּנִים, בְּרֶשַׁע שֶׁנִּמְצָא בָנוּ שֶׁחָרְבוּ, וּבָם אָנוּ נִכְלָמִים.

לְךָ יהוה הַצְּדָקָה, בִּשְׁנֵי חָרְבָּנוֹת שֶׁחָרְבוּ בְּבִצְעֵנוּ, וְאָנוּ קַיָּמִים.
וְלָנוּ בֹּשֶׁת הַפָּנִים, בְּשׁוּבֵנוּ אֵלֶיךָ בְּכָל לֵב, שֶׁתָּשׁוּב אֵלֵינוּ בְּרַחֲמִים.

לְךָ יהוה הַצְּדָקָה, בְּתֵשַׁע מֵאוֹת שָׁנָה,
שֶׁהָיְתָה שְׁנָאָה כְּבוּשָׁה מִלְּהִשָּׁמַע.
וְלָנוּ בֹּשֶׁת הַפָּנִים, כְּתָבַע אִישׁ חֲמוּדוֹת, וְשִׁוַּע,
הַטֵּה אֱלֹהַי אָזְנְךָ וּשְׁמָע: דניאל ט

כ | הטה אלהי אזנך

קינה זו (האחרונה ברצף של חמש עשרה קינות מפרי עטו של ר׳ אלעזר הקליר) מבוססת על הפסוק שבו נחתמה הקינה הקודמת (דניאל ט, יח): ״הַטֵּה אֱלֹהַי אָזְנְךָ וּשֲׁמָע, פְּקַח עֵינֶיךָ וּרְאֵה שֹׁמְמֹתֵינוּ וְהָעִיר אֲשֶׁר־נִקְרָא שִׁמְךָ עָלֶיהָ, כִּי לֹא עַל־צִדְקֹתֵינוּ אֲנַחְנוּ מַפִּילִים תַּחֲנוּנֵינוּ לְפָנֶיךָ, כִּי עַל־רַחֲמֶיךָ הָרַבִּים״. כמשה אחרי חטא העגל וחטא המרגלים גם דניאל אינו מבקש גאולה בזכות צדקתם של ישראל, אלא בזכות היותם קרויים בשם ה׳, ובגלל חילול השם הנורא שבחורבן המקדש ובגלות. כפי שדניאל אומר בפסוק יז: ״וְעַתָּה שְׁמַע אֱלֹהֵינוּ אֶל־תְּפִלַּת עַבְדְּךָ וְאֶל־תַּחֲנוּנָיו, וְהָאֵר פָּנֶיךָ עַל־מִקְדָּשְׁךָ הַשָּׁמֵם, לְמַעַן ה׳״. הקליר חותם את הקינה בציטוט מפסוק זה.

סימן תשר״ק (לאחר הציטוט מהפסוק)

הַטֵּה אֱלֹהַי אָזְנְךָ, לְתִפְלֶצֶת מְנַאֶצֶת, מִי לִי בַשָּׁמָיִם: תהלים עג
וּשְׁמַע שַׁאֲגַת צוֹרְרֶיךָ
הָאוֹמְרִים עָרוּ עָרוּ עַד הַיְסוֹד, שַׁעַר הַשָּׁמָיִם.

הַטֵּה אֱלֹהַי אָזְנְךָ, לְרִגְשַׁת הַדּוֹבֶרֶת עַל צַדִּיק עָתָק.
וּשְׁמַע קוֹל שָׁאוֹן מֵעִיר, בְּחֵמָה שְׁפוּכָה לְשַׁתֵּק.

עובדיה א הַטֵּה אֱלֹהַי אָזְנְךָ, לְצִיר שֻׁלַּח, וְנָם: קוּמוּ וְנָקוּמָה עָלֶיהָ לַמִּלְחָמָה:
וּשְׁמַע פַּלָּצוּת הוֹמִים, בָּא הָעֵת, אִתּוֹ בְּבֵיתוֹ לְהִלָּחֲמָה.

הַטֵּה אֱלֹהַי אָזְנְךָ, לְעָצוּ עֵצָה וְחָשְׁבוּ מְזִמָּה, בַּל יוּכָלוּ.
וּשְׁמַע שִׂיחַת נוֹעֲצוּ לֵב יַחְדָּו, עָלֶיךָ עֲלוֹת נִסְתַּכָּלוּ.

הַטֵּה אֱלֹהַי אָזְנְךָ, לְנִאֲצוּ וְשִׁלְּחוּ בָאֵשׁ מִקְדַּשׁ הַמּוֹרָא.
וּשְׁמַע מְחָרְפֶיךָ, מַדְמִימֵי תוֹדָה וְקוֹל זִמְרָה.

הַטֵּה אֱלֹהַי אָזְנְךָ, לְלֵצִים לָצוֹן חָמְדוּ לָהֶם.
וּשְׁמַע כָּל חֶרְפָּתָם אֲשֶׁר חֵרְפוּךָ, וְהַפֵּל אֵימָתְךָ עֲלֵיהֶם.

הַטֵּה אֱלֹהַי אָזְנְךָ, לְיָהֲרוּ וְהוֹצִיאוּ הַכְּרוּבִים בִּרְחוֹבוֹת מְחַזְּרִים.
וּשְׁמַע טַרְחוֹת טִנּוּפָם, כְּהֶעֱלוּ עַל מִזְבַּחֲךָ חֲזִירִים.

הַטֵּה אֱלֹהַי אָזְנְךָ, לְחִלְּלוּ וְטִנְּפוּ בֵּית קֹדֶשׁ הַקֳּדָשִׁים.
וּשְׁמַע זֵדִים מְזָרְקִים לְמוּלְךָ מִילוֹת קְדוֹשִׁים.

הַטֵּה אֱלֹהַי אָזְנְךָ, לוֹעֲזִים מְעִזִּים מֵצַח, לְכוּ וְנִלָּחֲמָה אִתּוֹ בְּבֵיתוֹ.
משלי ז וּשְׁמַע הַוּוֹת הוֹלְלִים מְהַלְלִים, כִּי אֵין הָאִישׁ בְּבֵיתוֹ:

הַטֵּה אֱלֹהַי אָזְנְךָ, לְדוֹבֶרֶת אֲנִי וְאַפְסִי עוֹד.
וּשְׁמַע גִּדּוּפֶיהָ וְחֵרוּפֶיהָ, מִשְׁתַּחֶצֶת עַד כִּסְאֲךָ עוֹד.

הַטֵּה אֱלֹהַי אָזְנְךָ, לְבוֹזָה וּמַלְעֶגֶת, מַה תּוֹחִילִי וְאֵינוֹ נִבְנֶה.
וּשְׁמַע בְּכִיַּת מַסְפִּידִים וְקוֹרְעִים, וּמְחַכִּים מָתַי יִבָּנֶה.

הַטֵּה אֱלֹהַי אָזְנְךָ, לְאוֹמְרִים עָזַב וְשָׁכַח וְנָטַשׁ, וְלָעַד שׁוֹמֵם.
וּשְׁמַע אֶנְקָתֵנוּ, וְקַנֵּא קִנְאָתֵנוּ,
דניאל ט וְהָאֵר פָּנֶיךָ עַל מִקְדָּשְׁךָ הַשָּׁמֵם:

כא | ארזי הלבנון

״הרוגי מלכות – אין כל בריה יכולה לעמוד במחיצתן״ (בבא בתרא י ע״ב; ובדומה בפסחים נ ע״א). המדרשים מונים עשרה מגדולי התנאים כ׳עשרת הרוגי מלכות׳, אשר קידשו שם שמים במיתתם. פיוטים רבים, סליחות וקינות נכתבו על בסיס מדרשים אלה. המוכר שבהם הוא הפיוט ׳אֵלֶּה אֶזְכְּרָה׳ הנאמר בקהילות האשכנזים במוסף ליום הכיפורים, ובקהילות הספרדים בתשעה באב. הקינה ׳אַרְזֵי הַלְּבָנוֹן׳ דומה אך קצרה יותר, ובעקבותיה אומרים עוד כמה קינות המתייחסות לאירועים היסטוריים. כפי שציין ר׳ יצחק מדורא, תלמיד מהר״ם (בספר המנהגים שחיבר), מזכירים עניינים אלה בתשעה באב כיוון ״ששקולה מיתתן של צדיקים כשריפת בית אלהינו״ (ראש השנה יח ע״ב). זו הקינה הראשונה הנאמרת בבוקר שאינה מפרי עטו של ר׳ אלעזר הקליר, ומחברה הוא ר׳ מאיר ב״ר יחיאל, חכם בן המאה השלוש עשרה באשכנז.

סימן א״ב, מאיר בן יחיאל חזק ואמץ, יחיה בן יחיאל

אַרְזֵי הַלְּבָנוֹן, אַדִּירֵי הַתּוֹרָה.
בַּעֲלֵי תְרִיסִין בְּמִשְׁנָה וּבִגְמָרָא.
גִּבּוֹרֵי כֹחַ, עֲמֵלֶיהָ בְּטָהֳרָה.
דָּמָם נִשְׁפַּךְ כַּמַּיִם, וְנָשְׁתָה גְבוּרָה.
הִנָּם קְדוֹשֵׁי הֲרוּגֵי מַלְכוּת, עֲשָׂרָה.
וְעַל אֵלֶּה אֲנִי בוֹכִיָּה, וְעֵינִי נִגָּרָה.

זֹאת בְּזָכְרִי, אֶזְעַק זְעָקָה גְדוֹלָה וּמָרָה.
חֶמְדַּת יִשְׂרָאֵל, כְּלֵי הַקֹּדֶשׁ, נֵזֶר וַעֲטָרָה.
טְהוֹרֵי לֵב, קְדוֹשֵׁי קָדָשִׁים, שְׁחִיטָתָן בְּמִיתָה חֲמוּרָה.

יַדּוּ גוֹרָל, מִי רִאשׁוֹן לְחֶרֶב בְּרוּרָה.
כְּנָפַל גּוֹרָל עַל רַבָּן שִׁמְעוֹן, פָּשַׁט צַוָּארוֹ וּבָכָה כְּנִגְזְרָה גְּזֵרָה.
לְרַבָּן שִׁמְעוֹן חָזַר הַהֶגְמוֹן, לְהָרְגוֹ בְּנֶפֶשׁ נְצוּרָה.

מִזֶּרַע אַהֲרֹן שָׁאַל בְּבַקָּשָׁה לִבְכּוֹת עַל בֶּן הַגְּבִירָה.
נָטַל אֶת רֹאשׁוֹ, וּנְתָנוֹ עַל אַרְכְּבוֹתָיו, מְנוֹרָה הַטְּהוֹרָה.
שָׂם עֵינָיו עַל עֵינָיו, וּפִיו עַל פִּיו בְּאַהֲבָה גְּמוּרָה.
עָנָה וְאָמַר, פֶּה הַמִּתְגַּבֵּר בַּתּוֹרָה.
פִּתְאוֹם נִקְנְסָה עָלָיו מִיתָה מְשֻׁנָּה וַחֲמוּרָה.

צִוָּה לְהַפְשִׁיט אֶת רֹאשׁוֹ הַמֶּלֶךְ, בְּתַעַר הַשְּׂכִירָה.
קַיָּם בְּעוֹרוֹ, אָמְרוּ לְנַפְשֵׁךְ, שְׁחִי וְנַעֲבֹרָה.
רָשָׁע הַפּוֹשֵׁט, עֵת הִגִּיעַ לִמְקוֹם תְּפִלִּין, מִצְוָה בָּרָה.
שָׁמַע צְעָקָה, וְנִזְדַּעְזַע עוֹלָם, וְאֶרֶץ הִתְפּוֹרָרָה.
תַּעֲמֹד זְכוּתוֹ לְדוֹרוֹת, קוֹל יהוה בֶּהָדָרָה.

מֵאַחֲרָיו הֵבִיאוּ אֶת רַבִּי עֲקִיבָא, עוֹקֵר הָרִים וְטוֹחֲנָן זוֹ בְּזוֹ בִּסְבָרָה.
אֶת בְּשָׂרוֹ מְסָרְקִין, בְּמַסְרֵק הַבַּרְזֶל לְהִשְׁתַּבְּרָה.
יָצְתָה נִשְׁמָתוֹ בְּאֶחָד, וּבַת קוֹל אָמְרָה.
רַבִּי עֲקִיבָא, אַשְׁרֶיךָ, גּוּפְךָ טָהוֹר בְּכָל מִינֵי טָהֳרָה.

בֶּן בָּבָא רַבִּי יְהוּדָה אַחֲרָיו הֵבִיאוּ, בְּשִׁבְרוֹן לֵב וַאֲזָהָרָה.
נֶהֱרַג בֶּן שִׁבְעִים שָׁנָה, בִּידֵי רְשָׁעָה אֲרוּרָה.
יוֹשֵׁב בְּתַעֲנִית הָיָה, נָקִי וְחָסִיד בִּמְלַאכְתּוֹ לְמַהֲרָה.

חֲנַנְיָא בֶּן תְּרַדְיוֹן אַחֲרָיו, מַקְהִיל קְהִלּוֹת בְּצִיּוֹן שְׁעָרָה.
יוֹשֵׁב וְדוֹרֵשׁ, וְסֵפֶר תּוֹרָה עִמּוֹ, וְהִקִּיפוּהוּ בַּחֲבִילֵי זְמוֹרָה.
אֶת הָאוּר הִצִּיתוּ בָהֶם, וּכְרָכוּהוּ בְּסֵפֶר תּוֹרָה, וּבָעֲרוּ בוֹ הַבְעָרָה.
לְלִבּוֹ סְפוֹגִין שֶׁל צֶמֶר הִנִּיחוּ, שֶׁלֹּא יָמוּת מְהֵרָה.

חָסִיד רַבִּי יֶשֵׁבָב הַסּוֹפֵר, הֲרָגוּהוּ עִם עֲמוֹרָה.
זְרָקוּהוּ וְהִשְׁלִיכוּהוּ לַכְּלָבִים, וְלֹא הֻקְבַּר בִּקְבוּרָה.
קוֹל בַּת יָצְאָה עָלָיו, שֶׁלֹּא הִנִּיחַ כְּלוּם מִתּוֹרַת מֹשֶׁה לְשָׁמְרָה.

אֶת רַבִּי חֲנִינָא בֶּן חֲכִינַאי, וְאַחֲרָיו רַבִּי חֻצְפִּית, בְּיוֹם עֶבְרָה.
מִיַּד עוֹף הַפּוֹרֵחַ, בַּהֲבַל פִּיו נִשְׂרַף כִּבְמְדוּרָה.

צַדִּיק, רַבִּי אֶלְעָזָר בֶּן שַׁמּוּעַ, בָּאַחֲרוֹנָה נֶהֱרַג בְּמַדְקֵרָה.
יוֹם עֶרֶב שַׁבָּת הָיָה, זְמַן קִדּוּשׁ, וַיְקַדֵּשׁ וַיִּקְרָא.
חֶרֶב שָׁלְפוּ עָלָיו, וְלֹא הִנִּיחוּהוּ בַּחַיִּים, לְסַיֵּם וּלְגַמְרָה.
יָצְתָה נִשְׁמָתוֹ בְּבָרָא אֱלֹהִים, יוֹצֵר וְצָר צוּרָה.

הִנֵּה כָהֵנָּה וְכָהֵנָּה, הוֹסִיפוּ בְּנֵי עַוְלָה לְעַנּוֹת בִּגְעָרָה.
בִּסְקִילָה, שְׂרֵפָה, הֶרֶג וְחֶנֶק, מִי יוּכַל לְשַׁעֲרָה.
נוֹתֶרֶת מִמֶּנָּה יֹאכְלוּ אֲרָיוֹת, שֶׂה פְזוּרָה.

יֹאכְלוּהָ בְּמָקוֹם קָדוֹשׁ, כַּחַטָּאת וְכָאָשָׁם, לְאַבֵּד זִכְרָהּ.
חֲזֵה הַתְּנוּפָה וְשׁוֹק הַתְּרוּמָה, טָרְפוּ אַרְיֵה וְהַכְּפִירָה.
יִיטַב בְּעֵינֵי יהוה, וְלֹא יוֹסִיף עוֹד לְיַסְּרָהּ.
אַמֵּץ בִּרְכַּיִם כּוֹשְׁלוֹת, חֵלֶק יַעֲקֹב, וּמוֹשִׁיעַ בְּעֵת צָרָה.

לְצֶדֶק יִמְלָךְ מֶלֶךְ,
וְשָׁלְמוּ יְמֵי אֶבְלֵךְ,
לְאוֹרוֹ נִסַּע וְנֵלֵךְ.

כב | החרישו ממני ואדברה

"ובקינה 'הַחֲרִישׁוּ מִמֶּנִּי וַאֲדַבְּרָה', שמדבר בה מעניין גודל שברם של עם קדוש, וגם עניין שפלות וירדות תורתינו הקדושה שנאבדו תופשי כלי מלחמתה והם הת"ח הגדולים, יבכה על זה בכי גדול ועצום מאוד, שאין לנו עכשיו מי שיפרש ויפענח צפונות סודותיה הגנוזים בה" ('יסוד ושורש העבודה', שער תשיעי). קינה זו מתארת את ההרוגים על קידוש השם, שהעדיפו לאבד עצמם לדעת ולא ליפול לידי אויביהם – כפי שתיאר הראב"ן ב'קונטרס גזירות תתנ"ו', המגולל את סיפור חורבן קהילות הריינוס בזמן מסע הצלב הראשון. לקינה אין מבנה מסודר או אקרוסטיכון, ובכך היא מבטאת את סערת רגשות המחבר: שורת הפתיחה מבוססת על זעקתו של איוב (יג, יג): "הַחֲרִישׁוּ מִמֶּנִּי וַאֲדַבְּרָה־אָנִי, וְיַעֲבֹר עָלַי מָה", והפזמון מבוסס על דברי דוד (תהלים נה, ג): "הַקְשִׁיבָה לִּי וַעֲנֵנִי, אָרִיד בְּשִׂיחִי וְאָהִימָה" וירמיה (לא, יד): "קוֹל בְּרָמָה נִשְׁמָע, נְהִי בְּכִי תַמְרוּרִים". בבית האחרון המשורר פונה לתורה עצמה, וקורא לה להשתתף באבל על חורבן מרכזי התורה.

הַחֲרִישׁוּ מִמֶּנִּי וַאֲדַבֵּרָה, וְיַעֲבֹר עָלַי מָה.
חָמָס אֶזְעַק וָשֹׁד, לְךָ שׁוֹכֵן שָׁמַיְמָה / הֱצִיקַתְנִי רוּחִי, וְלֹא אוּכַל אֶדֹּמָה.
כַּיּוֹלֵדָה אֶפְעֶה, אֶשְׁאַף וְאֶשְׁמָה / מִסְפֵּד מַר אֶעֱשֶׂה, וַאֲקוֹנֵן בִּנְהִימָה.
דִּבְרֵי שַׁאֲגוֹתַי יִתְּכוּ כַּיָּמָּה / סִפְדִי עַל עֲדָתִי אֲשֶׁר נִתְּנָה לְשַׁמָּה.
אָרִיד בְּשִׂיחִי וְאָהִימָה / וְקוֹל נְהִי אָרִימָה.

אֵיךְ שָׁבַת מָשׂוֹשׂ, וְעָרְבָה שִׂמְחָה / כָּל פָּנִים פָּארוּר, וְכָל רֹאשׁ קָרְחָה.
וְכָל זָקֵן גְּרוּעָה, וְעַל כָּל לֵב אֲנָחָה / מֵאָז נִתְעוֹרֵר גּוֹי עַז, כּוֹרֶה שׁוּחָה.

סְלָה אַבִּירַי, הוֹגֵי עֹז מִבְטֶחָה / בְּתוּלוֹתַי וּבַחוּרַי נָסַח בִּנְסִיחָה.
בְּרֹאשׁ כָּל חוּצוֹת נִבְלָתָם כַּסּוּחָה / עוֹלָלַי וְטַפַּי נֶחְשְׁבוּ כְּצֹאן טִבְחָה.
אֵילִילָה עַל זֹאת, וְדִמְעָתִי עַל לֶחָה / הֵאָסְפוּ אֵלַי, דְּוּוּיֵי צֹאן נִדָּחָה.
לְהַרְבּוֹת הַבְּכִי וּלְהָרִים הַצְּוָחָה / הֵילִילוּ שָׁמַיִם וְזַעֲקִי אֲדָמָה.
אָרִיד בְּשִׂיחִי וְאָהֱימָה / וְקוֹל נְהִי אָרִימָה.

אֶרְאֶלִּים צְאוּ, וְצַעֲקוּ מָרָה / סְפֹד תַּמְרוּר, הֵאָגְדוּ בַּחֲבוּרָה.
קוֹל כְּחוֹלָה, צָרָה כְּמַבְכִּירָה / הִתְאוֹנְנוּ עַל עֲדַת שֶׂה פְּזוּרָה.
עָלֵימוֹ כִּי נִגְזְרָה גְּזֵרָה / בַּחֲרִי אַף וָזַעַם וְעֶבְרָה.
וְנִתְוַעֲדוּ בִּפְרִישׁוּת וּבְטָהֳרָה / לְקַדֵּשׁ שֵׁם הַגָּדוֹל וְהַנּוֹרָא.
וְאִישׁ אֶת אָחִיו חִזְּקוּ בְּעֶזְרָה
לְהִדָּבֵק בְּיִרְאָה טְהוֹרָה / בְּלִי לִכְרֹעַ לַעֲבוֹדָה זָרָה.
וְלֹא חָסוּ עַל גֶּבֶר וּגְבִירָה / עַל בָּנִים צְפִירַת תִּפְאָרָה.
אֲבָל אָזְרוּ גְבוּרָה יְתֵרָה / לַהֲלֹם רֹאשׁ, וְלִקְרֹץ שְׁזוּרָה.
וְאֵלֵימוֹ דִּבְּרוּ בַּאֲמִירָה
לֹא זָכִינוּ לְגַדֶּלְכֶם לְתוֹרָה / נַקְרִיבְכֶם כְּעוֹלָה וְהַקְטָרָה.
וְנִזְכֶּה עִמָּכֶם לְאוֹרָה / הַצְּפוּנָה מֵעֵין כֹּל, וַעֲלוּמָה.
אָרִיד בְּשִׂיחִי וְאָהֱימָה / וְקוֹל נְהִי אָרִימָה.

אָז הִסְכִּימוּ גְּדוֹלִים וּקְטַנִּים / לְקַבֵּל בְּאַהֲבָה, דִּין שׁוֹכֵן מְעוֹנִים.
וּזְקֵנִים דְּשֵׁנִים וְרַעֲנַנִּים / הֵם הָיוּ תְּחִלָּה נִדּוֹנִים.
וַיֵּצְאוּ לִקְרָאתָם עַזֵּי פָנִים / וְנֶהֶרְגוּ הֲמוֹנִים הֲמוֹנִים
וְנִתְעָרְבוּ פְּדָרִים עִם פַּרְשְׁדוֹנִים.
וְהָאָבוֹת, אֲשֶׁר הָיוּ רַחֲמָנִים / נֶהֶפְכוּ לְאַכְזָר כַּיְעֵנִים
וְהֵפִיסוּ עַל אָבוֹת וְעַל בָּנִים.
וּמִי שֶׁגּוֹרָל עָלָה לוֹ רִאשׁוֹנִים / הוּא נִשְׁחַט בְּחַלָּפוֹת וְסַכִּינִים.
וּבַחוּרִים, עֲלֵי תוֹלָע אֱמוּנִים / הֵם לָחֲכוּ עָפָר כְּתַנִּינִים.

וְהַכַּלּוֹת לְבוּשׁוֹת שָׁנִים / מְעֻלָּפוֹת בִּזְרוֹעוֹת חֲתָנִים
מְנֻתָּחוֹת בְּחֶרֶב וְכִידוֹנִים.
זִכְרוּ זֹאת, קְהַל עֲדַת נְבוֹנִים / וְאַל תֶּחֱשׁוּ מֵהַרְבּוֹת קִינִים.
וְהַסְפִּידוּ עַל חֲסִידִים וַהֲגוּנִים / אֲשֶׁר צָלְלוּ בַּמַּיִם הַזֵּידוֹנִים.
לִזְכֹּר זֹאת, נַפְשִׁי עֲגוּמָה.
אָרִיד בְּשִׂיחִי וְאָהִימָה / וְקוֹל נְהִי אָרִימָה.

תּוֹרָה תּוֹרָה חִגְרִי שַׂק, וְהִתְפַּלְּשִׁי בָּאֲפָרִים
אֵבֶל יָחִיד עֲשִׂי־לָךְ, מִסְפַּד תַּמְרוּרִים: ירמיה ו
עַל תּוֹפְשֵׂי מְשׁוֹטַיִךְ וּפוֹרְשֵׂי מִכְמוֹרִים / מַלָּחַיִךְ וְחֹבְלַיִךְ בְּמַיִם אַדִּירִים.
עֹרְבֵי מַעֲרָבֵךְ, מְיַשְּׁרֵי הֲדוּרִים / מְפַעַנְחֵי צְפוּנַיִךְ וּמְגַלֵּי מִסְתּוֹרִים.
מִי יְקַצֶּה בִּגְבָעוֹת, וּמִי יְסַתֵּת בֶּהָרִים / מִי יְפָרֵק הֲוָיוֹת, וּמִי יְתָרֵץ שְׁבָרִים.
מִי יַפְלִיא נְזִירוֹת, וּמִי יַעֲרֹךְ נְדָרִים / מִי יְשַׁדֵּד מַעֲמַקַּיִךְ, וְחַתּוּ אִכָּרִים.
וּמִי יִלָּחֵם מִלְחַמְתֵּךְ וְיָשׁוּב לַשְּׁעָרִים / כְּלֵי מִלְחָמָה אָבְדוּ, וְנָפְלוּ גִּבּוֹרִים.
אַשְׁרֵיהֶם מַשְׂכִּילִים, כְּרָקִיעַ זוֹהֲרִים / בִּמְנוּחוֹת שָׁלוֹם נָחוּ יְשָׁרִים.
אוֹי וַאֲבוֹי, שֹׁד וָשֶׁבֶר, לַנּוֹתָרִים.
לְמַדְאִיבַת נֶפֶשׁ, וַחֲבָלִים וְצִירִים / לְכִלְיוֹן עֵינַיִם, צַלְמָוֶת וְלֹא סְדָרִים.
עֶרֶב אוֹמְרִים, מִי יִתֵּן צְפָרִים / וּבֹקֶר מְצַפִּים, מִי יְגַלֶּה אוֹרִים.
מִמַּרְאֵה עֵינֵימוֹ אֲשֶׁר הֵמָּה שָׁרִים / מִחוּץ שִׁכְּלָה חֶרֶב, וְאֵימָה מֵחֲדָרִים.
עַד מָתַי תַּבִּיט, רוֹאֶה כָּל סְתָרִים / קַנָּא לְתוֹרָתְךָ, אֲשֶׁר בָּזְאוּ נְהָרִים.
קָלְאוּהָ, פְּרָעוּהָ, קְרָעוּהָ לִגְזָרִים / כְּסִירִים סְבוּכִים הִגְדִּילוּ הַמְּדוּרִים.
הַעַל אֵלֶּה תִתְאַפַּק, אֲדוֹן כָּל יְצוּרִים.
תִּנְקֹם דָּם הַנִּשְׁפָּךְ כַּמַּיִם הַמֻּגָּרִים / מִשֹּׁד עֲנִיִּים, מֵאֶנְקַת סְעוּרִים.
עַם שְׁבֵי פֶשַׁע, לְעוּנִים וּמְרוּרִים / קוּמָה, וְהִנָּשֵׂא עַל צָרִים הַצּוֹרְרִים.
פְּעָמַיִךְ לְמַשֻּׁאוֹת הָרִימָה.
אָרִיד בְּשִׂיחִי וְאָהִימָה / וְקוֹל נְהִי אָרִימָה.

כג | ואת נווי, חטאתי השמימה

קינה זו, המופיעה בשינויים קלים גם במחזור הקינות הספרדי, חוזרת ומתארת את מאורעות חורבן בית שני – את המעשה המובא בגיטין נח ע"א ובעוד מקומות, על בנו ובתו של רבי ישמעאל כוהן גדול שנשבו ונלקחו לרומא. אפשר שסדר הקינות נקבע בעקבות שורות הפזמון: בשורה 'וְאָהֵימָה מִיָּמִים יָמֵימָה' יש הד לשורת הפזמון של הקינה הקודמת. גם לקינה זו אין מבנה מוגדר; במחזור וורמייזא מובא ששם מחברה היה יחיאל.

וְאֶת נָוִי, חַטָּאתִי הִשְׁמֵימָה
וְדִמְעָתִי, עַל לֶחְיִי אֲזְרֵימָה.
וּבְיוֹם זֶה, נְהִי נִהְיָה אָרֵימָה.
וְאָהֵימָה מִיָּמִים יָמֵימָה.

אֲבֵל לֵב, וְנִחוּם חָדַל חָדוֹל
וּמִכָּל כְּאֵב, צִירִי נִבְדַּל בָּדוֹל.
עַל בֵּן וּבַת רַבִּי יִשְׁמָעֵאל כֹּהֵן גָּדוֹל
זְכָרָם, יְקוֹד בִּלְבָבִי אֲשִׂימָה.
וְאָהֵימָה מִיָּמִים יָמֵימָה.

עֵת נִשְׁבּוּ, וְנָפְלוּ לִשְׁנֵי אֲדוֹנִים
וְהֵם שְׁכֵנִים, זֶה לְעֻמַּת זֶה חוֹנִים.
וַיְסַפְּרוּ זֶה לָזֶה עִנְיָנִים
זֶה אָמַר, מִשְּׁבִיַּת צִיּוֹנִים.
שָׁבִיתִי שִׁפְחָה לְבוּשַׁת שָׁנִים
כַּלְּבָנָה בְּזִיו וּקְלַסְתֵּר פָּנִים.
וּבְתֹאַר, כִּקְצִיעָה וִימִימָה.
וְאָהֵימָה מִיָּמִים יָמֵימָה.

רֵעֵהוּ סִפֵּר לוֹ בִּכְפָלַיִם
הֵן אֲנִי בָא מִשְּׁבִי יְרוּשָׁלַיִם.
שָׁבִיתִי עֶבֶד יְפֵה עֵינַיִם
כַּשֶּׁמֶשׁ, בְּתָקְפוֹ עֵת צָהֳרַיִם.
וְסָהַר, עֵת זְמַנָּהּ הַשְּׁלֵימָה.
וְאָהֵימָה מִיָּמִים יָמֵימָה: יָמֵימָה.

בֹּא וּנְזֻוֵּגִם, וְנַחַלְקָה בְּנָתַיִם
בְּוֹלָדוֹת, כְּמוֹ כּוֹכְבֵי שָׁמַיִם.
לִשְׁמֹעַ זֹאת, תְּצַלֶּנָה אָזְנַיִם
לִזְכֹּר זֹאת, אֶת מַדֵּי אַפְרָיְמָה.
וְאֶהֱמָה מִיָּמִים יָמִימָה.

כְּהִסְכִּימוּ עַל זֹאת שְׁנֵיהֶם יַחַד
לָעֶרֶב זִוּוּגוּם בְּחֶדֶר אֶחָד.
וְהָאֲדוֹנִים בַּחוּץ, לִבָּם כְּאֶחָד
וְהֵם בּוֹכִים בְּמַר נֶפֶשׁ, וָפַחַד.
עַד בֹּקֶר, בְּכִיָּתָם לֹא הִדְמִימָה.
וְאֶהֱמָה מִיָּמִים יָמִימָה.

זֶה יִסְפֹּד, בִּיקוֹד לֵבָב יְמַסֶּה
נִין אַהֲרֹן, אֵיךְ לְשִׁפְחָה יְהִי נוֹשֵׂא.
וְהִיא גַּם הִיא, תְּיַלֵּל בְּתִגְרַת שׁוֹסֶה
בַּת יוֹכֶבֶד, אֵיךְ לְעֶבֶד תִּנָּשֵׂא.
אוֹי כִּי זֹאת גָּזַר אוֹמֵר וְעוֹשֶׂה
לְזֹאת יִבְכּוּ עָשׁ, כְּסִיל וְכִימָה.
וְאֶהֱמָה מִיָּמִים יָמִימָה.

אוֹר בֹּקֶר, זֶה אֶת זֶה כְּהִכִּירוּ.
הוֹי אָחִי, וְהוֹי אָחוֹת, הִגְבִּירוּ.
וְנִתְחַבְּקוּ יַחַד וְנִתְחַבָּרוּ
עַד יָצְאָה נִשְׁמָתָם בִּנְשִׁימָה.
וְאֶהֱמָה מִיָּמִים יָמִימָה.

לְזֹאת יְקוֹנֵן יִרְמְיָה בִּשְׁאִיָּה
גְּזֵרָה זוֹ, תָּמִיד אֲנִי בּוֹכִיָּה.
וּבִלְבָבִי יֵקַד יְקוֹד וּכְוִיָּה
עַל בֵּן וּבַת מִסְפֵּד רַב אַנְהִימָה.
וְאֶהֱמָה מִיָּמִים יָמִימָה.

כד | על אלה אני בוכייה

במחזור ויטרי ובעקבותיו במחזורי מערב אירופה (עד הדורות האחרונים), קינה זו נאמרה בערבית, מיד לאחר הקינה ׳זְכֹר ה׳ מֶה־הָיָה לָנוּ׳ (עמ׳ 33) – וכנראה משום כך נוסף לה בית הפתיחה ׳עַל חֻרְבַּן בֵּית הַמִּקְדָּשׁ׳. במחזור נירנברג ואחריו במחזורי מזרח אירופה הקינה נאמרת באמצע הקינות לשחרית. אפשר שהיא הוכנסה לכאן מכיוון שהגמרא דורשת את הפסוק המובא בכותרת הקינה (איכה א, טז) על המעשה שתואר בקינה הקודמת: ״כיון שעלה עמוד השחר הכירו זה את זה ונפלו זה על זה וגעו בבכיה עד שיצאה נשמתן ועליהן קונן ירמיה: ׳על אלה אני בוכיה עיני עיני יורדה מים׳״ (גיטין נח ע״א); בפסוק זה משתמש גם מחבר הקינה הבאה.

את גוף הקינה חיבר ר׳ אלעזר הקליר והיא מתארת את ביזת המקדש וכליו בידי הבבלים, וחותמת בעיבוד של ירמיה יב, ז: ״עָזַבְתִּי אֶת־בֵּיתִי, נָטַשְׁתִּי אֶת־נַחֲלָתִי, נָתַתִּי אֶת־יְדִדוּת נַפְשִׁי בְּכַף אֹיְבֶיהָ״ – כרמז למדרש (תנחומא ויקהל, ז ועוד): ״מקדש של מעלה מכוון כנגד בית המקדש של מטה״, ולדברי הגמרא בסנהדרין צו ע״ב, שלפיה הקב״ה עזב את המקדש עוד בטרם החורבן. בבתים האחרונים הקליר מתאר את ייסורי הגולים, ובכך הקינה הופכת לנקודת מפנה, מהעיסוק בבית ובחורבנו להתמקדות בסבלם של היהודים היושבים בגולה בקינות הבאות. בכך מקבל בית הפתיחה ׳אֶסְפֹּד בְּכָל שָׁנָה׳ משמעות נוספת, עכשווית.

איכה א עַל־אֵלֶּה אֲנִי בוֹכִיָּה, עֵינִי עֵינִי יֹרְדָה מַּיִם:

עַל חֻרְבַּן בֵּית הַמִּקְדָּשׁ
כִּי הֹרַס, וְכִי הוּדַשׁ
אֶסְפֹּד בְּכָל שָׁנָה, מִסְפֵּד חָדָשׁ
עַל הַקֹּדֶשׁ וְעַל הַמִּקְדָּשׁ.

סימן תשר״ק

תִּסָּפֵר לְאֵלִם תַּרְשִׁישִׁים מֵרֹן
כִּזְוָעָתָהּ עוֹלָם מִפְּנֵי חָרוֹן
כִּלְהָטָה אֵשׁ בֵּין בַּדֵּי אָרוֹן.

שְׁנֵי מִקְדָּשִׁים, אֲשֶׁר בְּמַעְלָה וּבְמַטָּה
זֶה עַל גַּבֵּי זֶה, הָאָפְלוּ בַּעֲלָטָה
וְנָמְתָה, אַחֲרִישׁ, אֶתְאַפַּק וְאַבִּיטָה.

רָאשֵׁי הַבַּדִּים, כִּנְגְּנְזוּ מִבֵּין הַפָּרוֹכוֹת
וְאַרְבַּע גֶּחָלִים, בַּדְּבִיר מְהַלְּכוֹת
וְאַרְבָּעִים יְסוֹד, עַד תְּהוֹם מְלַחֲכוֹת.

קֹדֶשׁ הַקֳּדָשִׁים, מִכְּתֵי קֹדֶשׁ כִּנְבְדָּד
סַחְתָּ וְהֵילַלְתָּ, אָהֳלֵי שֻׁדָּד
וְנָמְתָ, אַכֶּה כַּף אֶל כַּף, וְשַׁאֲגַת, הֵידָד.

צְפִירַת תִּפְאַרְתֵּךְ, כְּנִתְּנָה בְּיַד צַר
וְכָל כְּלִי חֶמְדָּה, אִוּוִי עַם הָאוֹצָר
וּלְךָ הַכֹּחַ וְהַגְּבוּרָה, וְנָמוּ עָצַר.

פְּנֵי הַכִּסֵּא, אָז אֻפָּלוּ
וְגָבְהֵי שָׁמַיִם, לְקַדְרוּת הָשְׁפָּלוּ
יָכִין וּבֹעַז לְהִשְׁתַּבֵּר, כְּנָפָלוּ.

עֲשָׂרָה שֻׁלְחָנוֹת, אָז שׁוֹלָלוּ
וּלְעוֹרְכֵיהֶם נָמוּ, אַיֵּה אֲדוֹן אֵלּוּ
לְאוֹצְרוֹת שִׁנְעָר, לְקָדְשִׁים כְּהֻנְחָלוּ.

שְׂרָפִים עוֹמְדִים, נָעוּ מִמַּעֲמָד
כְּנֶהֶרְסוּ מְכוֹנוֹת מִתּוֹךְ מַחְמָד
זָרִים קָרְאוּ יְמֵי הַשְּׁמָד.

נְחֹשֶׁת יָם, וַעֲשָׂרָה כִּיּוֹרוֹת
כְּנִמְסְרוּ לְבֵל, וְהִנָּם שְׁבוּרוֹת
וּשְׁנֵי הַמְּאוֹרוֹת מֵאָז קְדוֹרוֹת.

מַעֲשֵׂה הָאוֹפַנִּים אֲשֶׁר בַּמֶּרְכָּבָה
כְּהוּרְדוּ לָאָרֶץ, זֹהַר הָרָקִיעַ כָּבָה
חוֹלֵשׁ עַל גּוֹיִם, לִפְנֵי כְּרוּבִים בָּא.

לְוִיּוֹת הַמּוֹרָד, מֵעֵת הוּרָדוּ
הַטְּלָלִים עוֹד לִבְרָכָה לֹא יָרָדוּ
כְּלָבִים רָעִים עַל בָּמֳתֵי עָב דָּדוּ.

כָּל כְּלֵי הַכֶּסֶף וּכְלֵי הַזָּהָב
קֻצְּצוּ וְשֻׁסּוּ מִבֵּית הַלַּהַב
בְּצֵאת הֶהָדָר, שָׁחֲחוּ עֹזְרֵי רָהַב.

יוֹם אֲשֶׁר נִקְרָא מְהוּמָה וּמְבוּכָה
לְהַקַּת מַלְאָכִים, כְּאִשָּׁה מְצֵרָה נְבוֹכָה
דִּבּוּר פָּתַח, וְעָנוּ אַחֲרָיו אֵיכָה.

טָס עַמּוֹנִי וּמוֹאָבִי, וְהוֹצִיאוּ הַכְּרוּבִים
וּבִכְלִיבָה, הָיוּ בָם מְסוֹבָבִים
הִנֵּה כְּכָל הַגּוֹיִם, בֵּית יְהוּדָה חֲשׁוּבִים.

חֵיל שַׂרְפֵי מַעְלָה חִלֵּף מִגְדַּלְתּוֹ
וְאֵל, אַדִּיר שְׁמוֹ, לֹא אָבָה תְהִלָּתוֹ
לְגַלִּים כְּהוּשַׁם בֵּית תִּפְאַרְתּוֹ.

זְמָרֵי שַׁחַק הֶחֱשׁוּ מִנֹּעַם
וְנָם, מַה לָּכֶם פֹּה, אֵין הַיּוֹם טַעַם
מַה תְּקַלְּסוּן לַמֶּלֶךְ בִּשְׁעַת הַזַּעַם.

וְהַכֹּהֲנִים וְהַלְוִיִּם, עַל מִשְׁמְרוֹתָם נִשְׁחָטִים
וְעַל מַחְלְקוֹתָם, שַׁעֲטַת אִסְטְרַדְיוֹטִים
וְנָמוּ, אַיֵּה מֶלֶךְ אָסוּר בָּרְהָטִים.

הַכֵּלִים וְהַמְשַׁמְּשִׁים, בַּשְּׁבִי הוֹלְכִים
הַשָּׂרִים וְהַסְּגָנִים, בְּבָבֶל מְשׁוּכִים
וּתְמוּר בַּדִּים, שַׂק חָגְרוּ מַלְאָכִים.

דָּץ לָבִיא, וּפָקַח עֵינָיו
וְהִנֵּה מִיכָאֵל מְהַלֵּךְ לְפָנָיו
וְשָׂרִים הוֹלְכִים כַּעֲבָדִים, חָזוּ הֲמוֹנָיו.

גַּאֲוָה עָטָה, וְכִבָּה אֶת הַמְּנוֹרָה
וְנָטָה יָדוֹ אֶל אֵל הַמּוֹרָא
וַיַּחְשִׁיךְ, אוֹר עוֹטֶה אוֹרָה.

בְּשַׁאֲגוֹ כַּאֲרִי, בִּדְבִיר בֵּל
בָּרַח דּוֹדִי, כְּעַל מֵת מִתְאַבֵּל
פִּקְדוֹן הָרוּחוֹת, בּוֹ בַּלַּיְלָה לֹא קִבֵּל.

אָמַר לַמַּשְׁחִיתִים, חֲמָתִי הִתַּכְתִּי
אֶת יְדִידוּת נַפְשִׁי, בְּכַף אוֹיְבֶיהָ נָתַתִּי
עָזַבְתִּי אֶת בֵּיתִי, וְנַחֲלָתִי נָטַשְׁתִּי.

כה | מי ייתן ראשי מים

קינה זו חיבר ר׳ קלונימוס ב״ר יהודה משפירא, והיא מבכה את מעשי הטבח שערכו הצלבנים בקהילות שו״ם (שפיירא, וורמייזא, מגנצא) בזמן מסע הצלב הראשון בקיץ ד׳תתנ״ו (1096 למניינם). יש שהציעו שהשורות המתנות את חורבן קהילות וורמייזא ומגנצא אינן של ר׳ קלונימוס, אלא תוספות של פייטנים מבני אותן קהילות – הוספות מעין אלה נכתבו על קהילות קולוניה ופרנקפורט, אך לא נתקבלו בנוסח הנאמר היום. הקינה עוסקת בהרחבה בסבלם של הקרבנות. שני הבתים האחרונים מבוססים על איכה א, טז: ״עַל־אֵלֶּה אֲנִי בוֹכִיָּה, עֵינִי עֵינִי יֹרְדָה מַּיִם״ – הפסוק שהיה הכותרת לקינה הקודמת.

מִי יִתֵּן רֹאשִׁי מַיִם, וְעֵינִי מְקוֹר נוֹזְלַי.
וְאֶבְכֶּה כָּל יְמוֹתַי וְלֵילַי / אֶת חַלְלֵי טַפִּי וְעוֹלָלַי, וִישִׁישֵׁי קְהָלַי.
וְאַתֶּם עֱנוּ אֲבוֹי, אוֹי וְאַלְלַי / וּבְכוּ בֶכֶה רַב, וְהֶרֶב.
עַל בֵּית יִשְׂרָאֵל וְעַל עַם יהוה, כִּי נָפְלוּ בֶּחָרֶב.

וְדִמְעָה תִּדְמַע עֵינִי, וְאֵלְכָה לִי שָׂדֶה בוֹכִים
וַאֲבַכֶּה עִמִּי מָרֵי לֵבָב הַנְּבוֹכִים.
עַל בְּתוּלוֹת הַיָּפוֹת, וִילָדִים הָרַכִּים / בְּסִפְרֵיהֶם נִכְרָכִים, וְלַטֶּבַח נִמְשָׁכִים.
אָדְמוּ עֶצֶם מִפְּנִינִים, סַפִּירִים וְנֹפֶכִים / כְּמוֹ טִיט חוּצוֹת, נִדָּשִׁים וְנִשְׁלָכִים.
סוּרוּ טָמֵא, קָרְאוּ לָמוֹ מִלְּקָרֵב.
עַל בֵּית יִשְׂרָאֵל וְעַל עַם יהוה, כִּי נָפְלוּ בֶּחָרֶב.

וְתֵרַד עֵינִי דִּמְעָה, וְאֵילִילָה וְאָנוּדָה / וְלִבְכִּי וְלַחֲגֹר שַׂק, אֶקְרָא לְהַסְפֵּידָה.
מִפָּז יְקָרָה, וּמִזָּהָב חֲמוּדָה / פְּנִימָה כְּבוּדָה, כְּבוֹד כָּל כְּלֵי חֶמְדָּה.
רְאִיתִיהָ קְרוּעָה, שְׁכוּלָה וְגַלְמוּדָה / הַתּוֹרָה וְהַמִּקְרָא וְהַמִּשְׁנָה וְהָאַגָּדָה.
עֱנוּ וְקוֹנְנוּ זֹאת לְהַגִּידָה / אֵי תוֹרָה וְתַלְמוּד וְהַלּוֹמְדָהּ.
הֲלֹא הַמָּקוֹם מֵאֵין יוֹשֵׁב חָרֵב.
עַל בֵּית יִשְׂרָאֵל וְעַל עַם יהוה, כִּי נָפְלוּ בֶּחָרֶב.

וְעַפְעַפַּי יִזְּלוּ מַיִם, דֶּמַע לְהַגִּירָה / וַאֲקוֹנֵן מַר, עַל הֲרוּגֵי אַשְׁפִּירָא.
בַּשֵּׁנִי בִּשְׁמוֹנָה בוֹ, בְּיוֹם מַרְגּוֹעַ, הִקְרָה / מַרְגּוֹעֵי לְרְגוּעַי, נֶחְלְפוּ לְהַבְעִירָה.
נֶהֶרְגוּ בַּחוּרֵי חֶמֶד, וִישִׁישֵׁי הֲדָרָה / נֶאֶסְפוּ יַחַד, נַפְשָׁם הִשְׁלִימוּ בְּמוֹרָא.
עַל יִחוּד שֵׁם הַמְיֻחָד, יִחֲדוּ בִּגְבוּרָה / גִּבּוֹרֵי כֹחַ, עֹשֵׂי דְבָרוֹ לְמַהֲרָה.
וְכֹהֲנֵי וַעֲלָמַי נִגְוְעוּ, כֻּלָּהֶם עֲשָׂרָה.
עַל בֵּית יִשְׂרָאֵל וְעַל עַם יהוה, כִּי נָפְלוּ בֶּחָרֶב.

וּבְמַר יְגוֹנִי וְעָצְבִּי, יְלֵל אַחְבִּירָה / קְהִלּוֹת הַקֹּדֶשׁ, הֲרִיגָתָם הַיּוֹם בְּזָכְרָה.
קְהַל וּורְמַיְזָא, בְּחוּנָה וּבְחוּרָה / גְּאוֹנֵי אֶרֶץ, וּנְקִיֵּי טָהֳרָה.
פַּעֲמַיִם, קִדְּשׁוּ שֵׁם הַמְיֻחָד בְּמוֹרָא
בְּעֶשְׂרִים וּשְׁלֹשָׁה בְּחֹדֶשׁ זִיו, לְטַהֲרָה
וּבְחֹדֶשׁ הַשְּׁלִישִׁי, בִּקְרִיאַת הַלֵּל לְשׁוֹרְרָה.
הִשְׁלִימוּ נַפְשָׁם בְּאַהֲבָה קְשׁוּרָה / אֶהֱמֶה עֲלֵיהֶם בִּבְכִי יְלֵל לְחַשְׁרָה.
כְּלוּלֵי כֶתֶר, עַל רֹאשָׁם לַעֲטָרָה.
עַל בֵּית יִשְׂרָאֵל וְעַל עַם יהוה, כִּי נָפְלוּ בֶּחָרֶב.

וְעַל אַדִּירֵי קְהַל מַגֶּנְצָא הַהֲדוּרָה / מִנְּשָׁרִים קַלּוּ, מֵאֲרָיוֹת לְהִתְגַּבְּרָה.
הִשְׁלִימוּ נַפְשָׁם עַל יִחוּד שֵׁם הַנּוֹרָא
וַעֲלֵיהֶם זַעֲקַת שֶׁבֶר אֶזְעַק, בְּנֶפֶשׁ מָרָה.
עַל שְׁנֵי מִקְדָּשַׁי, יְסוֹדָם כְּהַיּוֹם עֶרְוָה
וְעַל חֻרְבוֹת מְעַט מִקְדָּשַׁי, וּמִדְרְשֵׁי הַתּוֹרָה.
עַל בֵּית יִשְׂרָאֵל וְעַל עַם יהוה, כִּי נָפְלוּ בֶּחָרֶב.

בַּחֹדֶשׁ הַשְּׁלִישִׁי בִּשְׁלִישִׁי, נוֹסַף לְדַאֲבוֹן וּמְאֵרָה
הַחֹדֶשׁ אֲשֶׁר נֶהְפַּךְ לְיָגוֹן וְצָרָה.
בְּיוֹם מַתַּן דָּת, שִׁבַּרְתִּי לְהִתְאַשְּׁרָה / וּבְיוֹם נְתִינָתָהּ, כְּמוֹ כֵן אָז חָזְרָה.
עָלְתָה לָהּ לַמָּרוֹם, לִמְקוֹם מְדוֹרָהּ / עִם תִּיקָהּ וְנַרְתִּקָהּ, וְהַדּוֹרְשָׁהּ וְחוֹקְרָהּ.
לוֹמְדֶיהָ וְשׁוֹנֶיהָ בְּאִישׁוֹן, כְּמוֹ אוֹרָה.
עַל בֵּית יִשְׂרָאֵל וְעַל עַם יהוה, כִּי נָפְלוּ בֶּחָרֶב.

שִׂימוּ נָא עַל לְבַבְכֶם, מִסְפֵּד מַר לְקָשְׁרָה
כִּי שְׁקוּלָה הֲרִיגָתָם, לְהִתְאַבֵּל וּלְהִתְעַפְּרָה
כִּשְׂרֵפַת בֵּית אֱלֹהֵינוּ, הָאוּלָם וְהַבִּירָה.
וְכִי אֵין לְהוֹסִיף מוֹעֵד שֶׁבֶר וְתַבְעֵרָה / וְאֵין לְהַקְדִּים, זוּלָתִי לְאַחֲרָה.
תַּחַת כֵּן, הַיּוֹם לִוְיָתִי אֲעוֹרְרָה / וְאֶסְפְּדָה וְאֵילִילָה, וְאֶבְכֶּה בְּנֶפֶשׁ מָרָה.
וְאַנְחָתִי כָבְדָה, מִבֹּקֶר וְעַד עָרֶב.
עַל בֵּית יִשְׂרָאֵל וְעַל עַם יהוה, כִּי נָפְלוּ בֶּחָרֶב.

עַל אֵלֶּה אֲנִי בוֹכִיָּה, וְלִבִּי נוֹהֵם נְהִימוֹת
וְאֶקְרָא לַמְקוֹנְנוֹת, וְאֶל הַחֲכָמוֹת.
אֱלִי וְאֱלִיָה, כֻּלָּם הוֹמוֹת
הֲיֵשׁ מַכְאוֹב לְמַכְאוֹבִי לְדַמּוֹת.
מִחוּץ תְּשַׁכֶּל חֶרֶב, וּמֵחֲדָרִים אֵימוֹת
חֲלָלַי, חַלְלֵי חֶרֶב, מוּטָלִים עֲרֻמִּים וַעֲרֻמּוֹת.
נִבְלָתָם כְּסוּחָה, לְחַיַּת אֶרֶץ וְלִבְהֵמוֹת
יוֹנֵק עִם אִישׁ שֵׂיבָה, עֲלָמִים וַעֲלָמוֹת.
מְתַעְתְּעִים בָּמוֹ מוֹנַי, וּמַרְבִּים כְּלִמּוֹת
אֵי אֱלֹהֵימוֹ אָמְרוּ, צוּר חָסָיוּ בוֹ עַד מוֹת
יָבוֹא וְיוֹשִׁיעַ, וִיחַזִּיר נְשָׁמוֹת.
חֲסִין יָהּ, מִי כָמְוֹךָ, נוֹשֵׂא בְּאִלְּמוֹת
תֶּחֱשֶׁה וְתִתְאַפַּק, וְלֹא תַחְגֹּר חֵמוֹת.
בֶּאֱמֹר אֵלַי מַלְעִיגַי: אִם־אֱלֹהִים הוּא, יָרֶב: שופטים ו
עַל בֵּית יִשְׂרָאֵל וְעַל עַם יהוה, כִּי נָפְלוּ בֶּחָרֶב.

עֵינִי עֵינִי יֹרְדָה מַּיִם, כִּי נֶהְפַּךְ לְאֵבֶל מְשׁוֹרֵר
וְעֻגָבִי לְקוֹל בּוֹכִים, מִלְּהָפֵג וּלְקָרֵר.
מִי יָנוּד לִי, וְאֵין מַחֲזִיק לְהִתְעוֹרֵר
חֵמָה בִּי יָצְאָה, וְסַעַר מִתְגּוֹרֵר.
אֲכָלַנִי, הֲמָמַנִי, הַצַּר הַצּוֹרֵר
שִׁבַּר עַצְמוֹתַי, זוֹרֶה וּמְפָרֵר
סִלָּה כָל אַבִּירַי, הַטַּבּוּר וְהַשֹּׁרֶר.
מַכָּתִי אֲנוּשָׁה, בְּאֵין מַתְעִיל וּמְזוֹרֵר
רְטִיָּה וּמָזוֹר אֵין לְבָרֵר.
עַל כֵּן אָמַרְתִּי, שְׁעוּ מֶנִּי, אֲמָרֵר
בַּבֶּכִי, דִּמְעָתִי עַל לֶחְיִי לְצָרֵב.
עַל בֵּית יִשְׂרָאֵל וְעַל עַם יהוה, כִּי נָפְלוּ בֶּחָרֶב.

כו | אז בהלוך ירמיהו

קינה זו חוברה אף היא בידי ר' אלעזר הקליר. היא מבוססת על המדרש באיכה רבה (פתיחתא כד), ולפיו לאחר החורבן הקב"ה אמר לירמיהו הנביא ללכת למערת המכפלה ולעורר את האבות, שיתאבלו אף הם על בניהם שגולים. המדרש מתאר כיצד האבות ואחריהם משה מבקשים רחמים בעד ישראל – ולבסוף הקב"ה נעתר לבכיה של רחל, ומבטיח לה שבניה יחזרו לאדמתם, ככתוב (ירמיה לא, טו-טז): "כֹּה אָמַר ה', מִנְעִי קוֹלֵךְ מִבֶּכִי וְעֵינַיִךְ מִדִּמְעָה, כִּי יֵשׁ שָׂכָר לִפְעֻלָּתֵךְ נְאֻם־ה', וְשָׁבוּ מֵאֶרֶץ אוֹיֵב. וְיֵשׁ־תִּקְוָה לְאַחֲרִיתֵךְ נְאֻם־ה', וְשָׁבוּ בָנִים לִגְבוּלָם". הקליר מתאר זאת בדו־שיח בין מי שמזכיר את זכות האבות (כנראה ירמיה), גם אם ישראל 'כְּאָדָם עָבְרוּ בְרִית' ומבקש מהם לדבר – ובין הקב"ה העונה 'גְּזֵרָה הִיא מִלְּפָנַי' ומפרט את החטאים שבגללם היא נגזרה. דבריו של משה חורגים מהמסגרת, והפזמון 'מָה אֶעֱשֶׂה לָכֶם בָּנַי' אינו מתאים לפני דבריו. הקליר חורג מהתיאור במדרש ומוסיף את תחינת לאה, בלהה וזלפה – להדגיש שלא זכותה של רחל דווקא, אלא דמעות האימהות על ייסורי בניהן הן המביאות את הקב"ה להבטיח שיגאלם, ולא זו בלבד אלא שהוא עצמו יגאלם: בעוד הנביא מבטיח "כֹּה־אָמַר ה' גֹּאַלְכֶם קְדוֹשׁ יִשְׂרָאֵל, לְמַעַנְכֶם שִׁלַּחְתִּי בָבֶלָה" (ישעיה מג, יד), הקליר נוקט לשון 'שִׁלַּחְתִּי', כבמכילתא (מסכתא דפסחא, יד) ובירושלמי (תענית פ"א ה"א) – ולפיה הקב"ה עצמו הוא השליח לגאול את הגולים.

סימן א"ב

אָז בַּהֲלֹךְ יִרְמְיָהוּ אֶל קִבְרֵי אָבוֹת /
וְנָם, עֲצָמוֹת חֲבִיבוֹת, מָה אַתֶּם שׁוֹכְבוֹת.
בְּנֵיכֶם גָּלוּ, וּבָתֵּיכֶם חֲרֵבוֹת / וְאַיֵּה זְכוּת אָבוֹת, בְּאֶרֶץ תַּלְאוּבוֹת.
אִם כְּאָדָם עָבְרוּ בְרִית / אַיֵּה זְכוּת כְּרוּתֵי בְרִית.

גָּעוּ כֻלָּם בְּקִינִים / עַל חֶסְרוֹן בָּנִים
דּוֹבְבוּ בְּקוֹל תַּחֲנוּנִים / פְּנֵי שׁוֹכֵן מְעוֹנִים.
וְאַיֵּה הַבְטָחַת, וְזָכַרְתִּי לָהֶם בְּרִית רִאשֹׁנִים: ויקרא כו
מָה אֶעֱשֶׂה לָכֶם בָּנַי / גְּזֵרָה הִיא מִלְּפָנַי.

הֵם הֵמִירוּ כְבוֹדִי בְּתֹהוּ / וְלֹא פָחֲדוּ וְלֹא רָהוּ.
וְאֶעֱלִים עֵינַי מֵהֶם, וְלֹא שָׁבוּ וְלֹא נָהוּ.
וְאֵיךְ אֶתְאַפַּק עַל אֲמִירַת לֹא הוּא.
אִם כְּאָדָם עָבְרוּ בְרִית / אַיֵּה זְכוּת כְּרוּתֵי בְרִית.

זָעַק אַב הֲמוֹן בַּעֲבוּרָם / וְחִנֵּן פְּנֵי אֵל רָם.
חִנָּם נְסֵּיתִי עֶשֶׂר בְּחִינוֹת עֲבוּרָם / וְהֵן חָזִיתִי שִׁבְרָם.
וְאַיֵּה הַבְטָחַת, אַל־תִּירָא אַבְרָם: בראשית טו
מָה אֶעֱשֶׂה לָכֶם בָּנַי / גְּזֵרָה הִיא מִלְּפָנַי.

טָעוּ לְהִזָּרוֹת / בַּעֲבוֹדוֹת זָרוֹת.
יָעֲצוּ לַחְצֹב בֹּארוֹת / בֹּארֹת נִשְׁבָּרוֹת.
וְאֵיךְ אֶתְאַפַּק עַל בִּטּוּל עֲשֶׂרֶת הַדִּבְּרוֹת.
אִם כְּאָדָם עָבְרוּ בְרִית / אַיֵּה זְכוּת כְּרוּתֵי בְרִית.

כֹּה צָוַח יִצְחָק / פְּנֵי שׁוֹכֵן שַׁחַק.
לַשָּׁוְא בִּי טֶבַח הוּחַק / וְהֵן זַרְעִי נִשְׁחַק וְנִמְחַק.
וְאַיֵּה הַבְטָחַת, וְאֶת־בְּרִיתִי אָקִים אֶת־יִצְחָק: בראשית יז
מָה אֶעֱשֶׂה לָכֶם בָּנַי / גְּזֵרָה הִיא מִלְּפָנַי.

מָרוּ בְּיִרְמְיָה / וְטִמְּאוּ הַר הַמּוֹרִיָּה.
נִלְאֵיתִי נְשֹׂא גְעִיָּה / עוֹלָה לִי מִנְּשִׁיָּה.
וְאֵיךְ אֶתְאַפַּק עַל הֲרִיגַת זְכַרְיָה.
אִם כְּאָדָם עָבְרוּ בְרִית / אַיֵּה זְכוּת כְּרוּתֵי בְרִית.

סָח יֶלֶד בְּתֶלֶף / דְּמָעוֹת כְּתַנִּין זוֹלֵף.
עוֹלָלַי אֲשֶׁר טִפַּחְתִּי בְּעֶלֶף / אֵיךְ גָּזוּ מֶנִּי בְּחֵלֶף.
וְאֵיךְ הָפְרַע מֶנִּי, דָּמִים בְּדָמִים כַּמָּה אֶלֶף.
מָה אֶעֱשֶׂה לָכֶם בָּנַי / גְּזֵרָה הִיא מִלְּפָנַי.

פָּץ רוֹעֶה נֶאֱמָן / כָּפוּשׁ בָּאֵפֶר, וּמְדֻמָּן
צֹאן אֲשֶׁר בְּחֵיקִי הָאֱמַן / אֵיךְ גָּזוּ בְּלֹא זְמַן
וְאַיֵּה הַבְטָחַת, כִּי לֹא־אַלְמָן: ירמיה נא
אִם כְּאָדָם עָבְרוּ בְרִית / אַיֵּה זְכוּת כְּרוּתֵי בְרִית.

קוֹל בְּכִי לֵאָה, מְתוֹפֶפֶת עַל לְבָבֶיהָ
רָחֵל אֲחוֹתָהּ, מְבַכָּה עַל בָּנֶיהָ.
זִלְפָּה מַכָּה פָּנֶיהָ / בִּלְהָה מְקוֹנֶנֶת בִּשְׁתֵּי יָדֶיהָ.

שׁוּבוּ תְמִימִים לִמְנוּחַתְכֶם / מַלֵּא אֲמַלֵּא כָּל מִשְׁאֲלוֹתֵיכֶם.
שִׁלַּחְתִּי בָּבֶלָה לְמַעַנְכֶם / הִנְנִי מְשׁוֹבֵב גָּלוּת בְּנֵיכֶם.

כז | אז במלאת ספק

גם בקינה זו הקליר מתאר את ירמיה הנביא. היא מבוססת על המדרש שהובא בפסיקתא רבה, כו, המתאר את ירמיה רואה את ציון בדמות אישה שכולה ומנחם אותה. בתיאורו של הקליר הנביא אינו מנחם אותה דווקא אלא קורא לה לתשובה, ואילו היא מתנה באריכות את סבלה ואת סבל בניה. בסוף הקינה ירמיה הולך לקרוא לאבות שיבקשו אף הם רחמים. נראה שקינה זו נכתבה להיאמר לפני הקודמת 'אָז בַּהֲלֹךְ יִרְמְיָהוּ' – וכן הסדר במחזור נירנברג ובמנהגי מערב אירופה. אך במחזור וורמייזא ובמנהגי מזרח אירופה הסדר הוא כפי שמופיע אצלנו. אפשר שהסדר נקבע בעקבות הקשר בין תיאורי הזוועות בקינה 'אָז בַּהֲלֹךְ יִרְמְיָהוּ' והתיאורים המקבילים להם בפיוט 'מִי יִתֵּן רֹאשִׁי מַיִם'; או שהבית החותם של הקינה 'שָׁמֵם מִקְדָּשׁ מִבְּלִי בָּאֵי מוֹעֵד' (שאינו בכל כתבי היד) מקשר לקינה הבאה 'אֵיךְ תְּנַחֲמוּנִי הֶבֶל'.

סימן א״ב (פרט לבית האחרון)

אָז בִּמְלֹאת סֵפֶק, יָפָה כְּתִרְצָה
הֵן אֶרְאֶלָּם, צָעֲקוּ חֻצָה: ישעיה לג
בֶּן־חִלְקִיָּהוּ מֵאַרְמוֹן כְּיָצָא
אִשָּׁה יְפַת תֹּאַר מְנֻוֶּלֶת, מָצָא.

גּוֹזַרְנִי עָלַיִךְ, בְּשֵׁם אֱלֹהִים וְאָדָם
אִם שֵׁד לַשֵּׁדִים אַתְּ, אוֹ לִבְנֵי אָדָם.
דְּמוּת יָפְיֵךְ כְּבָשָׂר וָדָם
פַּחְדֵּךְ וְיִרְאָתֵךְ, כְּמַלְאָכִים לְבַדָּם.

הֵן לֹא שֵׁד אֲנִי, וְלֹא גֹלֶם פַּחַת
יְדוּעָה הָיִיתִי בְּשׁוּבָה וָנַחַת.
וְהֵן, לְשָׁלֹשׁ אֲנִי, וּלְשִׁבְעִים וְאֶחָד
וְלִשְׁנֵים עָשָׂר, וְשִׁשִּׁים, וְאֶחָד.

זֶה הָאֶחָד אַבְרָהָם הָיָה
וּבֶן הַשְּׁלֹשָׁה, אָבוֹת שְׁלִישִׁיָּה.
חֹק שְׁנֵים עָשָׂר, הֵן הֵן שִׁבְטֵי יָהּ
וְשִׁשִּׁים רִבּוֹא, וְשִׁבְעִים וְאֶחָד סַנְהֶדְרֵי יָהּ.

טַעֲמֵי הַקְשִׁיבִי, וַעֲשִׂי תְשׁוּבָה
יַעַן הֱיוֹתֵךְ כָּל כָּךְ חֲשׁוּבָה.
יָפֶה לִיךְ בְּעֶלֶץ, וְלִשְׂמֹחַ בְּטוֹבָה
וְלֹא לִקָּרֵא עוֹד בַּת הַשּׁוֹבֵבָה.

כִּי אֵיךְ אֶשְׂמַח, וְקוֹלִי מָה אָרִים
הֵן עוֹלָלַי נִתְּנוּ בְּיַד צָרִים.
לָקוּ נְבִיאַי, וְדָמָם מֻגָּרִים
גָּלוּ מְלָכַי וְשָׂרַי, וְכֹהֲנַי בְּקוֹלָרִים.

מְלוֹן מִקְדָּשִׁי, בַּעֲוֹנִי נָדַד
דּוֹדִי מֵאָז בָּרַח וַיִּדַּד.
נֹעַם אָהֳלִי, בְּעַל כָּרְחִי שֻׁדַּד
רַבָּתִי עָם, אֵיכָה יָשְׁבָה בָדָד.

סָחָה הָאִשָּׁה לַנָּבִיא יִרְמְיָה
שַׂח לֵאלֹהֶיךָ, בְּעַד סוֹעֲרָה מַכַּת עֲנִיָּה.
עַד יַעֲנֶה אֵל, וְיֹאמַר דַּיָּה
וְיַצִּילֵנִי מֵחֶרֶב וְשִׁבְיָה.

פִּלֵּל תְּחִנָּה לִפְנֵי קוֹנוֹ
מָלֵא רַחֲמִים, רַחֵם כְּאָב עַל בְּנוֹ.
צָעַק, אוֹי לָאָב שֶׁהֶגְלָה נִינוֹ
וְגַם אוֹי לַבֵּן, שֶׁבְּשֻׁלְחַן אָב אֵינוֹ.

קוּם לֵךְ יִרְמְיָה, לָמָּה תֶחֱשֶׁה
לֵךְ קְרָא לְאָבוֹת, וְאַהֲרֹן וּמֹשֶׁה.
רוֹעִים יָבוֹאוּ, קִינָה לְהִנָּשֵׂא
כִּי זְאֵבֵי עֶרֶב טָרְפוּ אֶת הַשֶּׂה.

שׁוֹאֵג הָיָה יִרְמְיָה הַנָּבִיא
עַל מַכְפֵּלָה, נוֹהֵם כְּלָבִיא.
תְּנוּ קוֹל בִּבְכִי, אֲבוֹת הַצְּבִי
תָּעוּ בְנֵיכֶם, הֲרֵי הֵן בַּשֶּׁבִי.

שָׁמֵם מִקְדָּשׁ מִבְּלִי בָּאֵי מוֹעֵד
עַל כִּי יְדִידִים נִתְּנוּ לְהִמָּעֵד.
תְּשִׁיבֵם כְּמֵאָז, סוֹמֵךְ וְסוֹעֵד
תְּרַחֵם צִיּוֹן, כִּי בָא מוֹעֵד.

כח ׀ איך תנחמוני הבל

קינה זו היא האחרונה מפרי עטו של הקליר הנאמרת היום. היא מתארת באריכות את ייסורי הגולים, ומפנה אצבע מאשימה לשאר אומות העולם ששיתפו פעולה עם הטבח. ראשוני אשכנז, אשר שילבו אותה בין הקינות שכתבו על הרוגי מסעות הצלב, ראו בעצמם ממשיכים של מקדשי השם לדורותיהם, אשר 'כְּאַיִל עוֹרְגִים, וְעָלֶיךָ נֶהֱרָגִים'. תחושה זו מעניקה אולי משמעות לסבל, אך, כפי שהקליר מדגיש בסוף כל בית, אין בה נחמה. בבית האחרון הפייטן מבטיח שלבסוף ישראל עתידים לעשות תשובה, והקב"ה יקבל אותה, 'וְאָז אֶנָּחֵם'. הקינות הבאות כוללות כולן הבטחה מעין זו (בניגוד לתפילה, כמו בקינות רבות אחרות) לקראת סופן.

סימן א"ב (פרט לבית האחרון)

איוב כא אֵיךְ תְּנַחֲמוּנִי הֶבֶל: / וְכִנּוֹרִי נֶהְפַּךְ לְאֵבֶל.
בְּנַחֲלַת חֶבֶל / כָּבֵד עָלַי עֹל סֵבֶל. וְאֵיךְ אֶנָּחֵם.

בָּזֶה יוֹם בְּכָל שָׁנָה / עִדָּן עָלַי שִׁנָּה.
וְהִנְנִי עֲגוּמָה וַעֲגוּנָה / יוֹתֵר מֵאֶלֶף שָׁנָה. וְאֵיךְ אֶנָּחֵם.

גָּבַר חָרוֹן / וְנִגְנַז אָרוֹן.
בְּמִשְׁנֶה שִׁבָּרוֹן / בִּמְסָרְבֵי מָרוֹן. וְאֵיךְ אֶנָּחֵם.

דִּירָתִי חָרְבָה / וְעֶדְרִי נִשְׁבָּה.
וְרַבַּת אָהֳלִיבָה / בָּדָד יָשְׁבָה. וְאֵיךְ אֶנָּחֵם.

הוֹעַל אַרְיֵה מִסֻּבְּכוֹ / עַל אֲרִיאֵל, וְהִסְבִּיכוֹ.
וְהֻגְלָה מִסֻּכּוֹ / מִנְחָתוֹ וְנִסְכּוֹ. וְאֵיךְ אֶנָּחֵם.

וְהָרַג הֲמוֹנִים / מְשׁוּחֵי שְׁמָנִים.
פִּרְחֵי כֹהֲנִים / אֲלָפִים שְׁמוֹנִים. וְאֵיךְ אֶנָּחֵם.

זִנְּבָם כְּחִוִּי וְהִדְבִּיא / בְּעֶזְרַת הַמַּלְבִּיא.
אַרְיוֹךְ כְּמוֹ לָבִיא / עַל דַּם כֹּהֵן וְנָבִיא. וְאֵיךְ אֶנָּחֵם.

חָרַשׁ לְמַשּׁוּאוֹת / עִיר מְלֵאָה תְשׁוּאוֹת.
בָּתֵּי סוֹפְרִים וּמִשְׁנָאוֹת / יוֹתֵר מֵאַרְבַּע מֵאוֹת. וְאֵיךְ אֶנָּחֵם.

טָסָה מָדַי / לְאַבֵּד חֲמוּדַי.
וּמָשְׁלָה בְּמַחֲמַדַּי / בְּקָרְעֵי מַדַּי. וְאֵיךְ אֶנָּחֵם.

יָעֲצָה לְחַנֵּק / בְּנֵי גוֹר מְזַנֵּק.
בְּפֶה אֶחָד לְשַׁנֵּק / זָקֵן וְיָשִׁישׁ וְיוֹנֵק. וְאֵיךְ אֶנָּחֵם.

כָּבְדָה שְׁלִישִׁית / עַל קֹדֶשׁ רֵאשִׁית.
בְּשֶׁצֶף חֲרִישִׁית / בָּתָּה לְהָשִׁית. וְאֵיךְ אֶנָּחֵם.

לָחֲצָה לְחַלֵּק / בְּנֵי חָלָק וְחוֹלֵק.
אֵין לָכֶם חֵלֶק / בְּשֵׁם אֵל דּוֹלֵק. וְאֵיךְ אֶנָּחֵם.

מָרְדָה אֱדוֹם / עֲדוּשַׁת אָדֹם.
וְאָצָה בְּזָדוֹן / לְאַבֵּד כֵּס וַהֲדוֹם. וְאֵיךְ אֶנָּחֵם.

נוֹעֲדוּ עִם אַדְמוֹן / מוֹאָב וְעַמּוֹן.
לְהַשְׁבִּית אָמוֹן / וּלְהַחֲרִיב אַרְמוֹן. וְאֵיךְ אֶנָּחֵם.

סִלָּה כָל אַבִּירַי: / וְעֶדְרֵי חֲבֵרַי. איכה א
וְהִבְלְגוּ גִּבּוֹרַי / לְעֵין כָּל עוֹבְרַי. וְאֵיךְ אֶנָּחֵם.

עָיְפָה נַפְשִׁי לְהֹרְגִים: / לְמִסְפַּר הַהֲרוּגִים. ירמיה ד
כְּאַיִל עוֹרְגִים / וְעָלֶיךָ נֶהֱרָגִים. וְאֵיךְ אֶנָּחֵם.

פְּלָצוּ בְּיוֹם קְרָב / בְּמִזְרָח וּבְמַעֲרָב.
דָּמָם מְעֹרָב / קָהָל וְעַם רָב. וְאֵיךְ אֶנָּחֵם.

צָרוֹת עַל צָרוֹת / זוֹ מִזּוֹ מְצֵרוֹת.
גְּדוֹלוֹת וּבְצוּרוֹת / אֲרֻכּוֹת וְלֹא קְצָרוֹת. וְאֵיךְ אֶנָּחֵם.

קָשְׁרוּ צִנָּתָם / וְחָגְרוּ חֲנִיתָם.
וְאָסְפוּ מַחֲנוֹתָם / וְהֶאֱרִיכוּ לְמַעֲנִיתָם. וְאֵיךְ אֶנָּחֵם.

רַבּוֹת אַנְחוֹתַי / וַעֲצוּמוֹת קִינוֹתַי.
רַבּוּ נַהֲמוֹתַי / וְאַתְּ יהוה עַד־מָתָי: וְאֵיךְ אֶנָּחֵם. תהלים ו

שָׁמַעְתְּ חֶרְפָּתָם / חֵרְפוּנִי בִּשְׂפָתָם.
שִׁבְתָּם וְקִימָתָם / אֲנִי מַנְגִּינָתָם. וְאֵיךְ אֶנָּחֵם.

תִּקְוַתְכֶם אֵפוֹא / מַה לָּכֶם פֹּה.
חָרָה אַפּוֹ / וְאֵין עוֹד לִרְפֹּא. וְאֵיךְ אֶנָּחֵם.

תְּשׁוּבוֹתֵיכֶם נִשְׁאַר מַעַל / הוֹנוּנִי עוֹבְדֵי הַבַּעַל.
עַד יַשְׁקִיף וְיֵרֶא מִמַּעַל / מוֹרִיד שְׁאוֹל וַיָּעַל: וְאָז אֶנָּחֵם. שמואל א׳ ב

כט | אמרתי שעו מני

כמו הקינה ׳מִי יִתֵּן רֹאשִׁי מַיִם׳ (עמ׳ 165), אף קינה זו חיברה ר׳ קלונימוס ב״ר יהודה משפיירא בעקבות הפרעות במסע הצלב. בעשרים ואחד הבתים הראשונים הוא מתאר באריכות ובכאב את הקרבנות. בבית המתחיל ׳תַּתִּי לִבִּי׳ המשורר מתחיל להתמודד עם האבדן, ולשאול כיצד חורבן כזה התרחש – שאף ההרוגים לא ניתנו לקבורה! תשובה ראשונית הוא מוצא על פי דברי הספרי (קיב): ״ר׳ נתן אומר: סימן טוב לאדם שנפרעים ממנו לאחר מיתתו. מת ולא נספד ולא נקבר, אכלתו חיה או שירדו עליו גשמים – הרי זה סימן טוב, שנפרעים ממנו לאחר מיתתו״. אך את הנחמה האמיתית הוא מוצא בידיעה שיש דין ויש דיין, ושהקב״ה עתיד לנקום בכל המצרים לישראל.

סימן א״ב, קלונימוס הקטן

אָמַרְתִּי שְׁעוּ מִנִּי, בַּבֶּכִי אֲמָרֵר
מַר נַפְשִׁי וְרוּחִי אֲקָרֵר
עִם לִוְיָתָן הָעֲתִידִים עוֹרֵר.

בִּבְכִי יַעֲזֵר עָלַי יְגוֹנֵךְ
בַּת עַמִּי, הִתְאַבְּכִי בְּגִינֵךְ
אַל־תִּתְּנִי פוּגַת לָךְ, אַל־תִּדֹּם בַּת־עֵינֵךְ: איכה ב

גְּעִי בִּבְכִיָּה, מְעֻטֶּרֶת בַּעֲלִיזוֹת
הָיִית מִקֶּדֶם, וְהִנָּךְ לְבִזּוֹת
אֵיכָה נִהְיְתָה הָרָעָה הַזֹּאת: שופטים כ

דָּמִי אַל תִּתְּנִי, פְּלֵטָה הַנִּשְׁאָרָה
הָרִימִי קוֹל וְזַעֲקִי מָרָה
כִּי שֶׁבֶר עַל־שֶׁבֶר נִקְרָא: ירמיה ד

הֵן לְאֻמִּים עֵת נִקְבָּצוּ
חַי, עָלֶיךָ כְּרוֹת בְּרִית כְּחָפֵצוּ
עַל־עַמְּךָ יַעֲרִימוּ סוֹד, וְיִתְיָעֲצוּ: תהלים פג

וְנִכְלוּ מְזִמּוֹת נְטוּת, אֲשׁוּרַי לִמְעֹד
אַחֲרֵי הַהֶבֶל לְהַהְבִּיל, וּמִפָּנָיו לִרְעֹד
אָמְרוּ, לְכוּ וְנַכְחִידֵם מִגּוֹי, וְלֹא־יִזָּכֵר שֵׁם־יִשְׂרָאֵל עוֹד: תהלים פג

זֹאת הִשְׁמִיעוּ בְּנֵי מִקְרָאָיו
לוּ נִיחַל אִם יִקְטְלֵנוּ, נַעֲרִיץ לְמוֹרָאָיו
הֵכִין יהוה זֶבַח, הִקְדִּישׁ קְרֻאָיו: צפניה א

חֲלָלַי אָז הֻרְבּוּ, וְהָרְגוּ טוֹבַי
יִסְּרוּנִי קָשׁוֹת, צָרַי וְאוֹיְבַי
הַמַּכּוֹת הָאֵלֶּה, הֻכֵּיתִי בֵּית מְאַהֲבָי.

טֶנֶף צַחֲנָתָם, מֵאַנְתִּי בָּם לְהִשְׁתַּתֵּף
הִשְׁמִידוּ גִבּוֹרַי כֻּלָּם בְּחֶתֶף
כָּל־נֵתַח טוֹב, יָרֵךְ וְכָתֵף: יחזקאל כד

יַחַד לַטֶּבַח הוּבָלוּ, כִּטְלָאִים וּגְדָיִים
בָּנוֹת מְחֻטָּבוֹת מִשְׁבְּצוֹת עֲדִי עֲדָיִים
גְּמוּלֵי מֵחָלָב, עַתִּיקֵי מִשָּׁדָיִם: ישעיה כח

כָּבַשׁ הָאָב רַחֲמָיו לִזְבֹּחַ
יְלָדִים הַשְּׁלֵמִים כְּכָרִים לִטְבֹּחַ
הָכִין לְבָנָיו מַטְבֵּחַ.

לְאֻמּוֹתָם נוֹאֲמִים, הִנֵּנוּ נִשְׁחָטִים וְנִטְבָּחִים
כְּהִתְקַדְּשׁוּם לַטֶּבַח וְהִתִּיקוּם לַאֲבָחִים
נָשִׁים פִּרְיָם עֹלְלֵי טִפֻּחִים: איכה ב

מִי יִשְׁמַע וְלֹא יִדְמַע
הַבֵּן נִשְׁחָט, וְהָאָב קוֹרֵא אֶת שְׁמַע
מִי רָאָה כָּזֹאת, מִי שָׁמַע.

נְוַת בַּיִת הַיָּפָה, בְּתוּלַת בַּת יְהוּדָה
צַוָּארָהּ פָּשְׁטָה, וּמַאֲכֶלֶת הִשְׁחִיזָה וְחִדְּדָה
עַיִן רָאֲתָה וַתְּעִידָהּ.

סְגָפָה הָאֵם, וּפָרְחָה רוּחָהּ
וְנַפְשָׁהּ הַשְּׁלֵמָה לַטֶּבַח, אֲרוּחָה כָּאֲרֻחָה
אֵם־הַבָּנִים שְׂמֵחָה: תהלים קיג

עָלְצוּ הַבָּנוֹת, כְּנוּסוֹת וַאֲרוּשׂוֹת
לְאִבְחַת חֶרֶב לְקַדֵּם, דָּצוֹת וְשָׂשׂוֹת
דָּמָם עַל־צְחִיחַ סֶלַע, לְבִלְתִּי הִכָּסוֹת.

פּוֹנֶה הָאָב בִּבְכִי וִילָלָה
עַצְמוֹ עַל חַרְבּוֹ, לִדְקֹר וּלְהַפִּילָה
וְהוּא מִתְגֹּלֵל בַּדָּם, בְּתוֹךְ הַמְסִלָּה: שמואל ב׳ כ

צִדְקָה דִינָהּ פּוֹרִיָּה, בְּהַקְרִיבָהּ עֲנָפֶיהָ
וְתִמּוּר מִזֶּרֶק, דָּם קִבְּלָה בִּכְנָפֶיהָ
תִּתְיַפֵּחַ, תְּפָרֵשׂ כַּפֶּיהָ: ירמיה ד

קוֹרוֹתַי מִי יָנוּד, שֹׁד וָשֶׁבֶר יִשְׂתָּרֵג
מַחֲמַד עֵינַי כְּנִמְסַר לַחֲרֵם וּלְהֶרֶג
אִם־כְּהֶרֶג הֲרֻגָיו הֹרָג: ישעיה כז

רַעְיוֹנַי נִבְהֲלוּ, וַאֲחָזַתְנִי פַּלָּצוּת וָשֶׁבֶר
בְּאַחַת נִמְצָא, הַכָּתוּב בּוֹ תִּקְוָה וָסֶבֶר
כִּי־זֶה לְבַדּוֹ, יָבֹא לְיָרָבְעָם אֶל־קָבֶר: מלכים א׳ יד

שָׁלֵם נִמְצָא בְּכָל פָּעֳלוֹ
נַפְשׁוֹ לַטֶּבַח הִשְׁלִים, מִפַּחַד חֵילוֹ
וְגַם־קְבוּרָה לֹא־הָיְתָה לּוֹ: קהלת ו

תַּתִּי לִבִּי, מְצֹא תֹּכֶן עִנְיָנָיו
יָדַעְתִּי אֲנִי, צֶדֶק וְיֹשֶׁר דִּינָיו
יִהְיֶה־טּוֹב לְיִרְאֵי הָאֱלֹהִים, אֲשֶׁר יִירְאוּ מִלְּפָנָיו: קהלת ח

קְדוֹשָׁיו לֹא יַאֲמִין, הִשְׁלִים עֲוֹנוֹתָם לְשַׂעֲרָה
סִימָן טוֹב לְאָדָם, בְּלֹא נִסְפַּד וְנִקְבַּר כַּשּׁוּרָה
בְּיוֹם עֶבְרָה לֹא יִירָא.

לְזֹאת יֶחֱרַד לִבִּי, יִתַּר בַּחַלְחָלָה
גִּבּוֹרַי נִרְעֲצוּ וְנִכְנְעוּ לְהַשְׁפִּילָה
כִּנְפוֹל לִפְנֵי בְנֵי־עַוְלָה: שמואל ב׳ ג

וְעַד מָתַי תִּהְיֶה כְּגִבּוֹר לֹא יוּכַל לְהוֹשִׁיעַ
לְעֵינֵינוּ בַּגּוֹיִם, נִקְמַת דַּם עֲבָדֶיךָ תּוֹדִיעַ
אֵל־נְקָמוֹת יהוה, אֵל נְקָמוֹת הוֹפִיעַ: תהלים צד

נְקֹם נִקְמָתִי מֵאֵת מְעַנַּי
עֵת נְקָמָה הִיא לָדוּן דִּינַי
אֵל קַנּוֹא וְנֹקֵם יהוה: נחום א

יהוה כַּגִּבּוֹר צֵא, יָדֵי חוֹבְךָ פְּרַע
שׁוֹבֵר כְּתֹב, שְׁטַר חוֹב תִּקְרַע
שְׁבֹר זְרוֹעַ רָשָׁע וָרָע: תהלים י

מִמָּרוֹם כְּהִסִּיק אֵשׁ, בְּמַעֲזִיבָה וְתִקְרָה
חוֹמַת אֵשׁ סָבִיב, שׁוֹמֵרָה וּבֵית דִּירָה
שַׁלֵּם יְשַׁלֵּם הַמַּבְעִר אֶת־הַבְּעֵרָה: שמות כב

וּכְעַל גְּמוּלוֹת נָא שַׁלֵּם
אוֹיְבַי תַּפִּיל מְהֵרָה וּתְכַלֵּם
כִּי אֵל גְּמֻלוֹת יהוה, שַׁלֵּם יְשַׁלֵּם: ירמיה נא

שׂוֹנְאַי תַּצְמִית, סַף רַעַל תַּשְׁקֵם
הָמֵת תַּחַת יָדוֹ, נָקֹם יִנָּקֵם
אִם בְּגוֹי אֲשֶׁר־כָּזֶה לֹא תִתְנַקֵּם: ירמיה ה

הַעַל כֵּן נִקְרֵאתָ אִישׁ מִלְחָמָה
צָרֶיךָ לְכַלּוֹת וּבָהֶם לְהִנָּקְמָה
נֹקֵם יהוה וּבַעַל חֵמָה: נחום א

קַנֵּא לְשִׁמְךָ עֲבוּרְךָ הָאֵל
וּלְדַם עֲבָדֶיךָ הַשָּׁפוּךְ, וּלְחָרְבוֹת אֲרִיאֵל
נְקֹם נִקְמַת בְּנֵי יִשְׂרָאֵל: במדבר לא

טִפֵּי דָמַי, אַחַת לְאַחַת מְנוּיוֹת
וְיֵז נִצְחָם עַל בְּגָדֶיךָ, בְּפְרְפּוּרְךָ הֱיוֹת
יָדִין בַּגּוֹיִם מָלֵא גְוִיּוֹת: תהלים קי

נִלְאֵיתִי נְשֹׂא אֵת כָּל הַתְּלָאָה
מַהֵר גְּאֻלָּתִי וְתָחִישׁ הַמַּרְאָה
כִּי יוֹם נָקָם בְּלִבִּי, וּשְׁנַת גְּאוּלַי בָּאָה: ישעיה סג

ל | מעוני שמים

גם קינה זו חיברה אחד מראשוני אשכנז, ר׳ מנחם בן יעקב מוורמייזא (אחד מפסקיו הובא בראבי״ה, תתרז). אף על פי שחי בדור שאחרי גזרות תתנ״ו, אין הוא מזכיר אותן כלל בקינה – היא עוסקת בבית המקדש – הוא מתחיל בהקדשתו ותפארתו, מתאר את חורבנו, מכיר בחטאי ישראל שטימאו את הבית ומתוודה עליהם, מתפלל שהקב״ה יחמול על עמו ועל ביתו, ומסיים בחזון שבו רואה יחזקאל את כבוד ה׳ חוזר אל הבית כראשונה (מג, ד).

סימן מנחם (כפול) בר יעקב חזק

מְעוֹנֵי שָׁמַיִם, שְׁחָקִים יִזְבְּלוּךָ.
מלכים א׳ ח מְלֵאִים מֵהוֹדְךָ. וְהֵם לֹא יְכַלְכְּלוּךָ, אַף כִּי־הַבַּיִת:

מַה טּוֹב וּמַה נָּעִים. שִׁבְתְּךָ עִם רֵעִים.
דברי הימים ב׳ ג בְּכַנְפֵי צַעֲצֻעִים. יַעַן הָיָה עִם־לְבָבְךָ לִבְנוֹת בַּיִת:

נָאוֹר, אַהֲבָתְךָ הֶרְאֵיתָ לְעַמֶּךָ.
מלכים א׳ ח כִּי הֵם נַחֲלָתְךָ. וְלֵידַע כִּי־שִׁמְךָ נִקְרָא עַל־הַבַּיִת:

נָכְרִים שָׁם בָּאוּ. וְעַמִּים הַר יִקְרָאוּ.
דברי הימים ב׳ ז וְאוֹתוֹתָיו רָאוּ, לְמַעַן יִירָאוּ. וּכְבוֹד יהוה עַל־הַבָּיִת:

חֲטָאַי כִּי עָצְמוּ, אֲכָלַתְנִי קִנְאָה.
ויקרא יד וְעָרָה צָר הַיְסוֹד, שָׁמַנִי שׁוֹאָה. וְנָתַץ אֶת־הַבַּיִת:

חֲמוּדֵי אוֹצָר הֵן הֱבִיאוּם בְּהֵיכְלֵיהֶן.
שם מִלְּאוּ כְרֵסֵיהֶן. וְצִוָּה הַכֹּהֵן, וּפִנּוּ אֶת־הַבַּיִת:

מַדּוּעַ נִתְּכָה. חֵמָה לֹא שָׁכְכָה.
דברי הימים ב׳ ז עַל מָה זֶה עָשָׂה צוּרֵנוּ כָּכָה, לָאָרֶץ הַזֹּאת וְלַבַּיִת:

מְקוֹם כֹּהֲנֵי נִגָּשׁוּ, וְשָׁם יִתְקַדָּשׁוּ.
בראשית יט וְהֵם כְּעֵת רָפְסוּ. הֲמוֹן גּוֹיִם רָגָשׁוּ. נָסַבּוּ עַל־הַבַּיִת:

בַּת קוֹל הִיא עוֹנָה. מַה תִּתְמְהוּ פֶּגַע.
ויקרא יד סֵמֶל הַקִּנְאָה הֱבֵאתֶם, וּכְנֶגַע נִרְאָה לִי בַּבָּיִת:

רְבִיצַת עוֹלָם מְלֹא. שׁוֹכֵן בְּהֵיכָלוֹ.
שמואל ב׳ ה הִתְעַשְּׁשׁוּ צָרָה לוֹ. עִוֵּר וּפִסֵּחַ לֹא יָבוֹא אֶל־הַבָּיִת:

יַעַן הִשְׁחַתֶּם, מְצָאוּנְכֶם רָעוֹת.
חִלֵּל הַמִּקְדָּשׁ, וְהִנֵּה מִגְרָעוֹת נָתַן לַבַּיִת: מלכים א׳ ו

קָדוֹשׁ יִתְעַשֵּׁת. אֻמַּת לָנוּ בֹּשֶׁת.
יְשַׁלַּח תַּחְבֹּשֶׁת. וְחַטָּאת אַל יָשֶׁת. וְחִטֵּא אֶת־הַבָּיִת: ויקרא יד

בִּמְקוֹר הַנִּפְתָּח. וּמַעֲלֶה עַל שָׂפָה.
מִבַּכֵּר לָחֳדָשָׁיו, וְעָלֵהוּ לִתְרוּפָה. מִתַּחַת מִפְתַּן הַבָּיִת: יחזקאל מז

חֲמֹל עִיר הַחֲרֵבָה. תְּמוּר מוֹקֵד שְׁבִיבָהּ.
חוֹמַת אֵשׁ סוֹבְבָהּ. לְכָבוֹד תִּהְיֶה בָּהּ. אֶל־דְּבִיר הַבָּיִת: מלכים א׳ ח

זֵרֶה וְהַעֲבֵר טֻמְאָה מִבֵּיתְךָ, מַלְכִּי.
אֱלִיל כָּלִיל תַּחֲלֹף, וְתִקְרָא אָנֹכִי פִּנִּיתִי הַבָּיִת: בראשית כד

קַדֵּשׁ בֵּית מְעוֹנִי. וְתָשׁוּב לִמְלוֹנִי.
וְנִקְבְּצוּ לִגְיוֹנִי. וְהִנֵּה כְּבוֹד יהוה בָּא אֶל־הַבָּיִת: יחזקאל מג

לא | אש תוקד בקרבי

קינה זו, המעמידה באופן ציורי את תפארת יציאת מצרים לעומת שפל המדרגה שאליו ירדו הגולים מארצם, נאמרת היום בכל קהילות ישראל. הרב שמואל וונר (בעל תשובות 'שבט הלוי') חיבר קינה על השואה המבוססת עליה. יש שזיהו שמחברה הוא ר' יהודה הלוי, אך היום רבים מייחסים אותה לר' אברהם אבן עזרא. מכל מקום היא משקפת את שיא היצירה הפייטנית בספרד. בחלק מהמחזורים הספרדיים חסרות חלק מהשורות, באחרים מובאת גרסה שונה לסוף הפיוט: במקום השורה המתחילה 'שָׂשׂוֹן וְשִׂמְחָה' מוסיפים שלוש שורות: "תּוֹרָה וּתְעוּדָה... / וְחֶסְרוֹן הַתַּלְמִיד, וּבִטּוּל הַתָּמִיד, בְּצֵאתִי מִירוּשָׁלָיִם. אֵל אֱלֹהֵי צְבָאוֹת, יַרְאֵנוּ נִפְלָאוֹת, כְּצֵאתִי מִמִּצְרָיִם / וְיָשִׁיב שְׁכִינָתוֹ, אֶל צִיּוֹן וַעֲבוֹדָתוֹ, אֶל תּוֹךְ יְרוּשָׁלָיִם".

סימן א״ב

אֵשׁ תּוּקַד בְּקִרְבִּי / בְּהַעֲלוֹתִי עַל לִבִּי. בְּצֵאתִי מִמִּצְרָיִם.
וְקִינִים אָעִירָה / לְמַעַן אַזְכִּירָה. בְּצֵאתִי מִירוּשָׁלָיִם.

אָז יָשִׁיר מֹשֶׁה: / שִׁיר לֹא יִנָּשֶׁה. בְּצֵאתִי מִמִּצְרָיִם. שמות טו
וַיְקוֹנֵן יִרְמְיָה: / וְנָהָה נְהִי נִהְיָה. בְּצֵאתִי מִירוּשָׁלָיִם. מיכה ב

בֵּיתִי הִתְכּוֹנַן / וְשָׁכַן הֶעָנָן. בְּצֵאתִי מִמִּצְרָיִם.
וַחֲמַת אֵל שָׁכְנָה / עָלַי כַּעֲנָנָה. בְּצֵאתִי מִירוּשָׁלָיִם.

גַּלֵּי יָם רָמוּ / וְכַחוֹמָה קָמוּ. בְּצֵאתִי מִמִּצְרָיִם.
זֵידוֹנִים שָׁטָפוּ / וְעַל רֹאשִׁי צָפוּ. בְּצֵאתִי מִירוּשָׁלָיִם.

דְּגַן שָׁמַיִם / וּמִצּוּר מַיִם. בְּצֵאתִי מִמִּצְרָיִם.
לַעֲנָה וּמְרוֹרִים / וּמַיִם הַמָּרִים. בְּצֵאתִי מִירוּשָׁלָיִם.

הַשְׁכֵּם וְהַעֲרֵב / סְבִיבוֹת הַר חוֹרֵב. בְּצֵאתִי מִמִּצְרָיִם.
קוֹרֵא אֵל אֵבֶל / עַל נַהֲרוֹת בָּבֶל. בְּצֵאתִי מִירוּשָׁלָיִם.

וּמַרְאֵה כְּבוֹד יהוה / כְּאֵשׁ אוֹכֶלֶת לְפָנַי. בְּצֵאתִי מִמִּצְרָיִם.
וְחֶרֶב לְטוּשָׁה / וּלְטֶבַח נְטוּשָׁה. בְּצֵאתִי מִירוּשָׁלָיִם.

זֶבַח וּמִנְחָה / וְשֶׁמֶן הַמִּשְׁחָה. בְּצֵאתִי מִמִּצְרָיִם.
סְגֻלַּת אֵל לְקוּחָה / כַּצֹּאן לַטִּבְחָה. בְּצֵאתִי מִירוּשָׁלָיִם.

חַגִּים וְשַׁבָּתוֹת / וּמוֹפְתִים וְאוֹתוֹת. בְּצֵאתִי מִמִּצְרָיִם.
תַּעֲנִית וָאֵבֶל / וּרְדֹף הַהֶבֶל. בְּצֵאתִי מִירוּשָׁלָיִם.

טוֹבוּ אֹהָלִים / לְאַרְבָּעָה דְגָלִים. בְּצֵאתִי מִמִּצְרָיִם.
אָהֳלֵי יִשְׁמְעֵאלִים / וּמַחֲנוֹת עֲרֵלִים. בְּצֵאתִי מִירוּשָׁלָיִם.

יוֹבֵל וּשְׁמִטָּה / וְאֶרֶץ שׁוֹקֵטָה. בְּצֵאתִי מִמִּצְרָיִם.
מָכוּר לִצְמִיתוּת / וְכָרוּת לִכְרִיתוּת. בְּצֵאתִי מִירוּשָׁלָיִם.

כַּפֹּרֶת וְאָרוֹן / וְאַבְנֵי זִכָּרוֹן. בְּצֵאתִי מִמִּצְרָיִם.
וְאַבְנֵי הַקֶּלַע / וּכְלֵי הַבֶּלַע. בְּצֵאתִי מִירוּשָׁלָיִם.

לְוִיִּם וְאַהֲרוֹנִים / וְשִׁבְעִים זְקֵנִים. בְּצֵאתִי מִמִּצְרָיִם.
נוֹגְשִׂים וּמוֹנִים / וּמוֹכְרִים וְקוֹנִים. בְּצֵאתִי מִירוּשָׁלָיִם.

מֹשֶׁה יִרְעֶנּוּ / וְאַהֲרֹן יַנְחֵנוּ. בְּצֵאתִי מִמִּצְרָיִם.
נְבוּכַדְנֶאצַּר / וְאַדְרִיאָנוּס קֵיסָר. בְּצֵאתִי מִירוּשָׁלָיִם.

נַעֲרֹךְ מִלְחָמָה / וַיהוה שָׁמָּה. בְּצֵאתִי מִמִּצְרָיִם.
רָחַק מִמֶּנּוּ / וְהִנֵּה אֵינֶנּוּ. בְּצֵאתִי מִירוּשָׁלָיִם.

סִתְרֵי פָּרֹכֶת / וְסִדְרֵי מַעֲרֶכֶת. בְּצֵאתִי מִמִּצְרָיִם.
חֵמָה נִתֶּכֶת / עָלַי סוֹכֶכֶת בְּצֵאתִי מִירוּשָׁלָיִם.

עוֹלוֹת וּזְבָחִים / וְאִשֵּׁי נִיחוֹחִים. בְּצֵאתִי מִמִּצְרָיִם.
בְּחֶרֶב מְדֻקָּרִים / בְּנֵי צִיּוֹן הַיְקָרִים. בְּצֵאתִי מִירוּשָׁלָיִם.

פַּאֲרֵי מִגְבָּעוֹת / לְכָבוֹד נִקְבָּעוֹת. בְּצֵאתִי מִמִּצְרָיִם.
שְׁרִיקוֹת וּתְרוּעוֹת / לְקָלוֹן וּזְוָעוֹת. בְּצֵאתִי מִירוּשָׁלָיִם.

צִיץ הַזָּהָב / וְהַמְּעִיל וָרַהַב. בְּצֵאתִי מִמִּצְרָיִם.
הָשְׁלַךְ הַנֵּזֶר / וְאָפֵס הָעֵזֶר. בְּצֵאתִי מִירוּשָׁלָיִם.

קְדֻשָּׁה וּנְבוּאָה / וּכְבוֹד יהוה נִרְאָה. בְּצֵאתִי מִמִּצְרָיִם.
נִגְאָלָה וּמוֹרָאָה / וְרוּחַ הַטֻּמְאָה. בְּצֵאתִי מִירוּשָׁלָיִם.

רִנָּה וִישׁוּעָה / וַחֲצוֹצְרוֹת הַתְּרוּעָה. בְּצֵאתִי מִמִּצְרָיִם.
זַעֲקַת עוֹלָל / וְנַאֲקַת חָלָל. בְּצֵאתִי מִירוּשָׁלָיִם.

שֻׁלְחָן וּמְנוֹרָה / וְכָלִיל וּקְטוֹרָה. בְּצֵאתִי מִמִּצְרָיִם.
אֱלִיל וְתוֹעֵבָה / וּפֶסֶל וּמַצֵּבָה. בְּצֵאתִי מִירוּשָׁלָיִם.

תּוֹרָה וּתְעוּדָה / וּכְלֵי הַחֶמְדָּה. בְּצֵאתִי מִמִּצְרָיִם.
שָׂשׂוֹן וְשִׂמְחָה / וְנָס יָגוֹן וַאֲנָחָה. בְּשׁוּבִי לִירוּשָׁלָיִם.

יש נוהגים לומר כאן קינות על השואה (עמ׳ 275–283).

לב | אצבעותיי שפלו

קינה זו עוסקת בנושא דומה לנושאה של הקינה הקודמת, אך היא אינה מעמתת את החורבן עם יציאת מצרים, אלא עם התקופה שבה המקדש עמד על מכונו והכוהנים עבדו בו כסדר. פרט לְ'אֵשׁ תּוּקַד בְּקִרְבִּי', יש בה הד גם לקינה 'זְכֹר ה' מֶה הָיָה לָנוּ' הנאמרת מיד לאחר קריאת איכה בערב (עמ' 33), בעניות דומות בסוף כל שורה. עשרים ושניים הבתים הראשונים שבה מתארים בהרחבה את כלי המקדש ומתנים את נפילתם ביד האויב, והבתים שאחריהם (מתיבות 'בָּנִים הַיְקָרִים') מתארים את גלות הכוהנים והלוויים, ומסיימים בתפילה לגאולה קרובה. מחבר הקינה הוא ר' ברוך ב"ר שמואל ממגנצא, מחבר 'ספר החכמה' המצוטט רבות בדברי הראשונים שאחריו. במחזור וורמייזא סדר הקינות שונה, וקינה זו היא האחרונה בקינות הנאמרות היום; אחריה נאמרו קינות על גזרות תתנ"ו.

סימן א"ב ברוך חזק

אֶצְבְּעוֹתַי שָׁפְלוּ / וְאָשְׁיוֹתַי נָפְלוּ אוֹיָה.
בְּנֵי צִיּוֹן גָּלוּ / וְכָל אוֹיְבַי שָׁלוּ. אוֹי מֶה הָיָה לָנוּ.

בֵּית וַעֲזָרוֹת / בְּיוֹם אַף נִגְרוֹת אוֹיָה.
פְּנֵי שָׂרִים וְשָׂרוֹת / כְּמוֹ שׁוּלֵי קְדֵרוֹת. אוֹי מֶה הָיָה לָנוּ.

גֻּלַּת הַכּוֹתֶרֶת / כְּנֵבֶל נִשְׁבֶּרֶת אוֹיָה.
עֲטֶרֶת תִּפְאֶרֶת / לָאָרֶץ נִגְרֶרֶת. אוֹי מֶה הָיָה לָנוּ.

דַּרְכֵי עִיר אֲבֵלוֹת / וַיַּחְדְּלוּ הַקּוֹלוֹת אוֹיָה.
אֳרָחוֹת הַסְּלוּלוֹת / חֲשֵׁכוֹת וַאֲפֵלוֹת. אוֹי מֶה הָיָה לָנוּ.

הֵיכָל וּכְתָלָיו / מֵעַי הָמוּ עָלָיו אוֹיָה.
וְעַל שֻׁלְחָן וְכֵלָיו / וּמְעִיל עַל שׁוּלָיו. אוֹי מֶה הָיָה לָנוּ.

וָוֵי הָעַמּוּדִים / בְּיַד בְּנֵי עֲבָדִים אוֹיָה.
וְהֶקֶף רוֹבְדִים / רַבִּים וְנִכְבָּדִים. אוֹי מֶה הָיָה לָנוּ.

זְבָחִים וּמְנָחוֹת / לִמְשׁוּאוֹת מַדּוּחוֹת אוֹיָה.
הֲדַר מִזְבְּחוֹת / בְּיָגוֹן וַאֲנָחוֹת. אוֹי מֶה הָיָה לָנוּ.

חֵל זֶה וְהַסּוֹרֵג / לַחֲרֹם וְלַהֲרֹג אוֹיָה.
בִּנְיַן הַנֶּאֱרָג / נָדוֹשׁ בְּמוֹרָג. אוֹי מֶה הָיָה לָנוּ.

טְלָאִים מְבֻקָּרִים / מִמְּנִי נֶעְדָּרִים אוֹיָה.
וְטַבָּעוֹת סְדוּרִים / וְנִסְּכִין הַהֲדוּרִים. אוֹי מֶה הָיָה לָנוּ.

יְפִי נִבְרֶכֶת / אֵיכָה נֶהְפֶּכֶת אוֹיָה.
וְגֶפֶן וּפָרֹכֶת / וּמִנְחָה מֻרְבֶּכֶת. אוֹי מֶה הָיָה לָנוּ.

כִּיּוֹר עִם כַּנּוֹ / הֶתְעִיף בּוֹ וְאֵינוֹ אוֹיָה.
הַנֵּר עִם שַׁמְנוֹ / לֻקַּח מִמְּכוֹנוֹ. אוֹי מֶה הָיָה לָנוּ.

לֶחֶם הַפָּנִים / שְׂאוּ עָלָיו קִינִים אוֹיָה.
וְטוּרֵי רִמּוֹנִים / לְמִרְמָס נְתוּנִים. אוֹי מֶה הָיָה לָנוּ.

מְנוֹרָה הַטְּהוֹרָה / אוֹרָהּ נֶעְדָּרָה אוֹיָה.
וּמַגְרֵפָה יְקָרָה / נְטוּלָה וַחֲסֵרָה. אוֹי מֶה הָיָה לָנוּ.

נוֹי יָם הַנְּחֹשֶׁת / לְעוֹבְדִים לַבֹּשֶׁת אוֹיָה.
וּמַעֲשֵׂה הָרֶשֶׁת / וְחַלּוֹת מַרְחֶשֶׁת. אוֹי מֶה הָיָה לָנוּ.

סְלָתוֹת וּנְסָכִים / מְנוּ נֶחֱשָׁכִים אוֹיָה.
וּבֹעַז גַּם יָכִין / לָאָרֶץ נִשְׁלָכִים. אוֹי מֶה הָיָה לָנוּ.

עַל מַחְתָּה וּמִזְרָק / אוֹיֵב שֵׁן חָרַק. אוֹיָה.
טֶנִי גַּם כּוּז זָרַק / וְאֶת חַרְבּוֹ הֵרִק. אוֹי מֶה הָיָה לָנוּ.

פִּשְׁפָּשִׁים וּשְׁעָרִים / אַרְצָה נִגְרָרִים אוֹיָה.
הַתֻּמִּים וְהָאוּרִים / אֵיכָה נִסְתָּרִים. אוֹי מֶה הָיָה לָנוּ.

צְפִירַת מַעֲטָפוֹת / בְּאֵיבָה נֶהְדָּפוֹת אוֹיָה.
לְשָׁכוֹת הַיָּפוֹת / וּבֵית הַחֲלִיפוֹת. אוֹי מֶה הָיָה לָנוּ.

קִיר מָגֵן עֵרָה / וְקִרְקַר הָהָרָה אוֹיָה.
וְזֵרְקוּ הַמָּרָה / וְשָׂרְפוּ הַבִּירָה. אוֹי מֶה הָיָה לָנוּ.

רָאשֵׁי מִשְׁמָרוֹת / סְבוּכִים בַּצָּרוֹת אוֹיָה.
וְשָׂרֵי הָעֲשָׂרוֹת / בְּיַד בַּעֲלֵי חֲטָרוֹת. אוֹי מֶה הָיָה לָנוּ.

שַׁעַר בַּת רַבִּים / לִזְאֵבֵי עֲרָבִים אוֹיָה.
לָקְחוּ הַכְּרוּבִים / תֻּפִּים וְאַבּוּבִים. אוֹי מֶה הָיָה לָנוּ.

תָּאִים הַנָּאִים / לַבָּנִים הַשְּׁנוּאִים אוֹיָה.
בַּפָּז מְסֻלָּאִים / לַחֲלָדוֹת הַסְּנָאִים. אוֹי מֶה הָיָה לָנוּ.

בָּנִים הַיְּקָרִים / בַּחֲרָבוֹת נִדְקָרִים אוֹיָה.
לְוִיִּם הַמְשׁוֹרְרִים / וְכֹהֲנִים מַקְטִירִים. אוֹי מֶה הָיָה לָנוּ.

רוֹבִים וּפְרָחִים / לְחִצִּים וּשְׁלָחִים אוֹיָה.
בְּכוֹרוֹת וּטְפוּחִים / בְּיָגוֹן נֶאֱנָחִים. אוֹי מֶה הָיָה לָנוּ.

וּמַפְתְּחוֹת זָרְקוּ / בְּשׁוּרָם כִּי לָקוּ אוֹיָה.
בְּעָוֺן נָמַקּוּ / וְכַפַּיִם סָפְקוּ. אוֹי מֶה הָיָה לָנוּ.

כַּפּוֹת וּבָזִכִּים / מְנִי נִפְסָקִים אוֹיָה.
וּבְנֵי נֶאֱנָקִים / בְּאֶרֶץ מֶרְחַקִּים. אוֹי מֶה הָיָה לָנוּ.

חֵי חוּבּוֹ גָּבָהּ / וְצִיץ טָהוֹר נִשְׁבָּה אוֹיָה.
נֵר מַעֲרָב כָּבָה / וְשִׂמְחַת בֵּית הַשּׁוֹאֵבָה. אוֹי מֶה הָיָה לָנוּ.

זֵדִים בְּנֵי עֲדִינָה / עַל בְּנֵי מִי מָנָה אוֹיָה.
פְּאֵר בִּגְדֵי כְהֻנָּה / בְּיָדָם נִתָּנָה. אוֹי מֶה הָיָה לָנוּ.

קְטֹרֶת נֶעְדֶּרֶת / וְאָרוֹן וְכַפֹּרֶת אוֹיָה.
תְּכַן בַּצֹּרֶת / תְּקַבֵּץ נִפְזֶרֶת. עֹז מְהֵרָה יִהְיֶה לָנוּ.

לג | אבל אעורר

זו הקינה הרביעית והאחרונה במחזור העוסקת בגזרות תתנ״ו. היא מדגישה במיוחד את העימות הדתי ואת סירובם של ההרוגים להמיר את דתם; היא גם מתבטאת בלשון חריפה כלפי הצלבנים, ומגדירה אותם בתור ׳עוֹבְדֵי לַמֹּלֶךְ, חֵיל יָרֵב מֶלֶךְ׳ – כלומר הבאים להילחם נגד הקב״ה. מבחינה סגנונית קינה זו דומה מאוד לקינה הקודמת – שתיהן מתאפיינות בצלעות קצרות מתחרזות, ולאחר כמה צלעות עונים בביטויי צער מתחלפים. מחבר הקינה הוא ר׳ מנחם בן מכיר ממגנצא (נזכר ב׳מחזור ויטרי׳ תקג, ׳אור זרוע׳ ח״ב, קט ועוד), שעבר בעצמו את הפרעות, ולאחריהן התיישב ברגשנבורג והקים את מרכז התורה שם.

סימן א״ב, אנכי מנחם העלוב ברבי מכיר (בבתים האחרונים החתימה היא בראשי הצלעות)

אֲבַל אֲעוֹרֵר / אֲנִינוּת אֲגָרֵר. אוֹיָה לִי.
בִּבְכִי אֲמָרֵר / בַּחֲמַת צוֹרֵר / דַּרְכֵּי סוֹרֵר. אַלְלַי לִי.

גָּלוּת אָרַךְ / וְלִבִּי הֵרַךְ. אוֹיָה לִי.
דָּרַךְ וּפָרַךְ / נָחַנִי נַח שָׂרַךְ / וְצִידוֹ חָרַךְ. אַלְלַי לִי.
הַמְעַט מַבְאִישַׁי / חִלְּלוּ מִקְדָּשַׁי. אוֹיָה לִי.
וְהֵם בָּזוּ קָדָשַׁי / הֵחֵלּוּ מִמִּקְדָּשַׁי . וְזִלְזְלוּ קְדוֹשַׁי. אַלְלַי לִי.
זְמַן שְׁנַת תתנ"ו / בְּי"א לְמַחְזוֹר רנ"ו. אוֹיָה לִי.
חֲיָלוֹת זִיְּנוּ / מְקוֹמָם פִּנּוּ / כָּאַרְבֶּה נִמְנוּ. אַלְלַי לִי.
טָעוּת בִּקְּשׁוּ / וְעָלַי הִקְשׁוּ. אוֹיָה לִי.
יִרְאָתָם קִשְׁקְשׁוּ / וְאוֹתוֹת הִקִּישׁוּ / וְאוֹתִי עִקְּשׁוּ. אַלְלַי לִי.
כֹּפֶר מָאֲסוּ / נְפָשׁוֹת חָמָסוּ. אוֹיָה לִי.
לְוִיַּי בּוֹסְסוּ / כֹּהֲנַי בּוֹשְׁסוּ / צְנוּעַי אָנְסוּ. אַלְלַי לִי.
מְתֵי חֶרֶב מְהֻדָּמִים / בְּאֶפֶס דָּמִים. אוֹיָה לִי.
נִבְלַת תְּמִימִים / בְּלִי מוּמִים / הָיוּ שׁוֹמֵמִים. אַלְלַי לִי.
סָחוּב וְהָשְׁלַךְ / עָרוֹם לְלַכְלֵךְ. אוֹיָה לִי.
עוֹבְדֵי לַמֹּלֶךְ / חֵיל יָרֵב מֶלֶךְ / וְרָדוּ בְּפֶלֶךְ. אַלְלַי לִי.
פְּרִיעָה וּפְרִימָה / עַל תּוֹרָה תְּמִימָה. אוֹיָה לִי.
צָר בְּיָד רָמָה / הַמְסֻכָּן תְּרוּמָה / נָם לְהַחֲרִימָה. אַלְלַי לִי.
קוֹל בָּתֵּי כְנֵסִיּוֹת / וּבָתֵּי תוּשִׁיּוֹת. אוֹיָה לִי.
רַחֲמָנִיּוֹת / בִּידֵיהֶן נְקִיּוֹת / זִבְחֵי רְאוּיוֹת. אַלְלַי לִי.
שְׁלָמִים וְעוֹלוֹת / חֲתָנִים וְכַלּוֹת. אוֹיָה לִי.
תּוֹדוֹת וּבְלִילוֹת / בַּחוּרִים וּבְתוּלוֹת / וְטוּבֵי קְהִלּוֹת. אַלְלַי לִי.

אַחִים גַּם יַחַד / נִשְׁפַּךְ דָּמָם כְּאֶחָד. אוֹיָה לִי.
כֵּן אֲחָיוֹת בְּפַחַד / יִרְאַת שֵׁם הַמְיֻחָד / לַטֶּבַח לְהֵאָחֵד. אַלְלַי לִי.
מְלַמְּדֵי סֵפֶר / נֶשֶׁף וָצֶפֶר. אוֹיָה לִי.
חֵךְ אִמְרֵי שֶׁפֶר / מָלֵא חָצָץ וָאֵפֶר / וְאַיֵּה שׁוֹקֵל וְסוֹפֵר. אַלְלַי לִי.
הֶהָיְתָה זֹאת מֵאָז / עָלָה גּוֹי עַז. אוֹיָה לִי.
לְהַשְׁמִיד הוּעַז / וְאָסַף עַם נוֹעַז / בְּנֵי נָבָל וְלוֹעֵז. אַלְלַי לִי.
בִּקֵּשׁ עֵקֶר / רַק לַעֲקֹר וּלְעַקֵּר. אוֹיָה לִי.

בְּקוּ אֲרַמָּאֵי מְשַׁקֵּר / יָזֵם אֲרַמִּי לְעַקֵּר / וְלֹא לְגָרֵם בְּקֶר. אַלְלַי לִי.
מְקַיֵּם הַבְּרִית / לוּלֵי הוֹתִיר שְׁאֵרִית / בְּגֵיא נָכְרִית. אוֹיָה לִי.
כְּשָׂר שַׂעֲרוּרִית / יְדִידַת עִבְרִית /
רַחֲמִם מֵהַכְרִית / וְיֵשׁ תִּקְוָה וְאַחֲרִית.

בית זה עוסק בנקמה ולא בתקווה לגאולה, ואף שונה בסגנונו משאר הפיוט.
הוא חסר בחלק מכתבי יד, ויש ששיערו שהוא חלק מפיוט אחר.

לוֹבֵשׁ נְקָמָה / עוּרָה וְקוּמָה /
לְהִתְקוֹמְמָה / בְּרָמֵי קוֹמָה /
יָדִין גְּוִיּוֹת רִקְמָה /
וּשְׁכִינָה קָמָה עַל מְקוֹמָהּ:

לד | יום אכפי הכבדתי

קינה זו חיברה ר' יהודה הלוי בעקבות התיאור בגיטין נז ע"ב על הטבח
שעשה נבוזראדן בזמן חורבן הבית. קינה זו נפוצה במנהגי כל הקהילות,
אם כי היו מחכמי הספרדים שנמנעו מלאומרה, כדי שלא להזכיר
את חטאי ישראל בהריגת הנביא זכריה (מלכים ב' כה, ח).

סימן יהודה

יוֹם אַכְפִּי הִכְבַּדְתִּי, וַיִּכָּפְלוּ עֲוֹנַי
בְּשָׁלְחִי יָד בְּדַם נָבִיא, בַּחֲצַר מִקְדַּשׁ יהוה
וְלֹא כִסַּתְהוּ אֲדָמָה, עַד בּוֹא חֶרֶב מוֹנַי
וְלֹא שָׁקַט עֲדֵי הֻקַּם, וְגַם הִפְלִיא פְלִילִיָּה
וַיֶּרֶב בְּבַת יְהוּדָה תַּאֲנִיָּה וַאֲנִיָּה: איכה ב

הָיָה הוֹלֵךְ וְסוֹעֵר, עַד בּוֹא רַב טַבָּחִים
וּבָא אֶל מִקְדַּשׁ יהוה, וּמָצָא דָּמִים רוֹתְחִים
וַיִּשְׁאַל לְבַעֲבוּר זֶה, לַכֹּהֲנִים הַזּוֹבְחִים
וַיַּעֲנוּהוּ, אֵין זֶה כִּי אִם דַּם הַזְּבָחִים
גַּם הוּא זָבַח לַחֲקֹר, מַה זֶּה וְעַל מֶה הָיָה.
וָאֹמַר לְנַפְשִׁי, זֶה חַטָּאתֵךְ וְזֶה פִּרְיָהּ.

וּבְכָל זֹאת לֹא שָׁקַט, וְעוֹדוֹ כַּיָּם נִגְרָשׁ
וַיְבַקֵּשׁ הַדָּבָר, וַיִּמָּצֵא מְפֹרָשׁ
כִּי דַם אִישׁ הָאֱלֹהִים, עַל לֹא חָמָס שֹׁרַשׁ
וַיֹּאמֶר נְבוּזַרְאֲדָן, וְגַם דָּמוֹ הִנֵּה נִדְרָשׁ
אִסְפוּ לִי הַכֹּהֲנִים, וְהוֹצִיאוּם מִבֵּית יָהּ
וְלֹא אֶשְׁקוֹט, עַד יִשְׁקוֹט דַּם הַנָּבִיא זְכַרְיָה.

דָּקַר יְשִׁישִׁים לְמֵאוֹת, וּבַחוּרִים לְרִבּוֹאוֹת
וַיּוֹרֶד לָטֶבַח כֹּהֲנֵי יהוה צְבָאוֹת
וְתִינוֹקוֹת שֶׁל בֵּית רַב, וְעֵינֵי אָבוֹת רוֹאוֹת
וְאֵין שֶׁקֶט לְדַם נָבִיא, וַיְהִי לְמוֹפֵת וּלְאוֹת
וְחֶרֶב צַר נוֹקֶמֶת וְהַקִּרְיָה הוֹמִיָּה
בְּכָל זֹאת לֹא שָׁב אַפּוֹ, וְעוֹד יָדוֹ נְטוּיָה.

הוֹסִיף לַהֲרֹג נָשִׁים עִם יוֹנְקֵי שָׁדַיִם
וְדָם עוֹלֶה בֵּינֵיהֶם, כְּדַם יְאוֹר מִצְרַיִם
עֲדֵי נָשָׂא נְבוּזַרְאֲדָן עֵינָיו לַשָּׁמַיִם
וַיֹּאמֶר, הַאֵין דַּי לְדָם בִּבְנוֹת יְרוּשָׁלַיִם
הֲכָלָה אַתָּה עֹשֶׂה אֶת שְׁאֵרִית הַשִּׁבְיָה
וְאָז שָׁקַט דָּם נָקִי, וְחֶרֶב נָקָם רָוְיָה.

בחלק ממחזורי אשכנז בית זה חסר. אך במחזורים הספרדיים הוא מופיע,
ויש מהם שזיהו את המשך החתימה 'לוי' בראשי השורות.

[לְךָ חָטָאנוּ אֱלֹהִים, הֶעֱוִינוּ וְהִרְשַׁעְנוּ
וְהָרַגְנוּ נְבִיאֶיךָ, וְרִשְׁעֵנוּ יָדַעְנוּ
יְהִי חַסְדְּךָ לְנַחֲמֵנוּ, כִּי מִשְּׁאוֹל שִׁוַּעְנוּ
וּמִפְּרִי מַעֲלָלֵינוּ, זֶה כַּמֶּה שָׂבַעְנוּ
רַחֵם לֹא רֻחָמָה, הַסּוֹעֲרָה הָעֲנִיָּה
עֵינֶיהָ לְךָ תִשָּׂא, וְעֶזְרָתְךָ צוֹפִיָּה.]

יש נוהגים לומר כאן קינות על השואה (עמ' 275–283).

לה | שכורת ולא מיין

לפי המנהג המקובל, קינה זו היא האחרונה הנאמרת במלואה בבוקר. הפיוטים הנאמרים אחריה אינם קינות על החורבן (למעט 'שַׁאֲלִי, שְׂרוּפָה בָאֵשׁ' בעמ' 197) אלא שירי געגוע. קינה זו חיברה תלמיד הרמב"ן, ר' שלמה בר יצחק מגירונה, והיא נפוצה בכל קהילות ישראל. המשורר רומז שסבלם של ישראל הוא סיבה מספקת לגאול אותם אף אם הם חוטאים לעתים, כדברי הגמרא (עירובין סד ע"ב – סה ע"א): "אמר רב ששת משום רבי אלעזר בן עזריה: יכול אני לפטור את כל העולם כולו מן הדין מיום שחרב בית המקדש ועד עכשיו, שנאמר (ישעיה נא, כא): 'לָכֵן שִׁמְעִי־נָא זֹאת עֲנִיָּה, וּשְׁכֻרַת וְלֹא מִיָּיִן'", ופירש רש"י שכמו ששיכור פטור ממצוות כיוון שהוא אנוס, כך ישראל לאחר הצרות שעברו עליהם.

לאחר בית הפתיחה, שבו המשורר קורא לכנסת ישראל לקונן ולהתפלל, יש בקינה שלושה בתים: בראשון הוא מעודד אותה לקונן על חורבן המקדש (כמו שנאמר בפזמון, 'עַל חֹרֶב סִפֵּךְ'), ובשני היא אכן מקוננת – אך לא על החורבן, אלא על ייסורי בניה בגלות ('עַל נֶפֶשׁ עוֹלָלַיִךְ'). המשורר מופתע, ורומז לעוונות שגרמו לחורבן. בבית השלישי כנסת ישראל פונה לאויביה, טוענת שלמרות הכול ה' עתיד לגאול אותה כבנבואת מיכה (ז, ח): "אַל־תִּשְׂמְחִי אֹיַבְתִּי לִי, כִּי נָפַלְתִּי קָמְתִּי, כִּי־אֵשֵׁב בַּחֹשֶׁךְ, ה' אוֹר לִי", ושהם עתידים לתת את הדין (על פי תהלים קלז, ח-ט; איכה ד, כא-כב).

שְׁכֻרַת וְלֹא מִיַּיִן, הַשְׁלִיכִי תֻפַּיִךְ\
קָרְחִי נָא וָגֹזִּי, וְהַשְׁחִיתִי אַפַּיִךְ\
שְׂאִי עַל שְׁפָיִם קִינָה, וְסַבִּי כָּל אֲגַפַּיִךְ\
וְצַעֲקִי לִפְנֵי יהוה, עַל חֹרֶב סִפַּיִךְ\
עַל נֶפֶשׁ עוֹלָלַיִךְ, שְׂאִי אֵלָיו כַּפַּיִךְ.

אֵיכָה בָּא צַר וְאוֹיֵב, בְּצִיּוֹן עִיר מַמְלֶכֶת\
אֵיכָה רֶגֶל זֵדִים, אַדְמַת צְבִי דוֹרֶכֶת\
בְּבוֹאָם מָצְאוּ כֹּהֲנִים, שׁוֹמְרֵי הַמַּעֲרֶכֶת\
וְעַל מִשְׁמְרוֹתָם עָמְדוּ, וְלֹא עָזְבוּ הַמְּלָאכֶת\
עַד אֲשֶׁר שֻׁפַּךְ דָּמָם, כְּמֵימֵי הַמַּהְפֶּכֶת\
וּבָא כָּל עָרֵל וְטָמֵא, מִבֵּית לַפָּרֹכֶת\
מְקוֹם אֲשֶׁר כֹּהֵן גָּדוֹל, יָרֵא שָׁם לָלֶכֶת\
וְהֶחֱרִיבוּ שְׁחִיפַיִךְ וְחַלּוֹנֵי שְׁקוּפַיִךְ\
וְצַעֲקִי לִפְנֵי יהוה, עַל חֹרֶב סִפַּיִךְ\
עַל נֶפֶשׁ עוֹלָלַיִךְ, שְׂאִי אֵלָיו כַּפַּיִךְ.

קוֹל יִלְלַת בַּת צִיּוֹן, מֵרָחוֹק נִשְׁמַעַת
תִּזְעַק זַעֲקַת חֶשְׁבּוֹן, תִּבְכֶּה בְּכִי מֵיפָּעַת
אֲהָהּ כִּי כוֹס שָׁתִיתִי, וּמָצִיתִי קֻבַּעַת
אֲכָלוּנִי שְׁנֵי אֲרָיוֹת חֲדוּדֵי מַלְתָּעַת
בַּת בָּבֶל הַשְּׁדוּדָה, וּבַת אֱדוֹם הַמַּרְשַׁעַת
מַה תִּתְאוֹנְנִי צִיּוֹן, וְחַטָּאתֵךְ נוֹדַעַת
עַל רֹב עֲוֹנֵךְ, גָּלָה עַמֵּךְ מִבְּלִי דָעַת
עַל עָזְבֵךְ צוֹפַיִךְ, וְשָׁמְעֵךְ קוֹל תְּרָפַיִךְ
וְצַעֲקִי לִפְנֵי יהוה, עַל חֹרֶב סִפַּיִךְ
עַל נֶפֶשׁ עוֹלָלַיִךְ, שְׂאִי אֵלָיו כַּפַּיִךְ.

אַל תִּשְׂמְחִי אוֹיַבְתִּי, עַל כִּי שֶׁבֶר קַרְנִי
כִּי נָפַלְתִּי קַמְתִּי, וַיהוה עֲזָרָנִי
הִנֵּה יַאַסְפֵנִי, אֵלִי אֲשֶׁר פִּזְּרַנִי
וְיִגְאָלֵנִי מִמֵּךְ, צוּרִי אֲשֶׁר מְכָרַנִי
גַּם עָלַיִךְ יַעֲבֹר, כּוֹס אֲשֶׁר עֲבָרַנִי
וְאָז בְּסַלְעֵי סְעִיפַיִךְ אֲנַפֵּץ אֶת טַפַּיִךְ.
וְצַעֲקִי לִפְנֵי יהוה, עַל חֹרֶב סִפַּיִךְ
עַל נֶפֶשׁ עוֹלָלַיִךְ, שְׂאִי אֵלָיו כַּפַּיִךְ.

יש נוהגים להמשיך כאן ׳שׁוֹמְרוֹן קוֹל תִּתֵּן׳ (עמ׳ 37).

לו | ציון, הלוא תשאלי

"ומרבין כל העם קינות. ובסיום הקינות מתחיל המופלא... ואומר: 'ציון הלא תשאלי לשלום אסיריך' וגו', וכל העם מרבים ציונים" (מהרי"ל). לאחר סיום הקינות נוהגים לומר שורת 'ציונים' – שירי געגוע לארץ ישראל, הבנויים על מתכונת שירו של ר' יהודה הלוי.

שירו של ריה"ל הוא מהיצירות הידועות בתקופת הראשונים. על פי מסורת שהובאה ב'ספר יוחסין' לר' אברהם זכות (ממגורשי ספרד), ריה"ל אמר אותה בשעת מיתתו, כאשר הגיע לירושלים. הנוסחאות הקדומות המוכרות הן דווקא מהמחזורים האשכנזיים, שד"ל (איטליה, המאה השמונה עשרה) טען שנוסחה חליפית, שנשמרה במחזורים איטלקיים עדיפה, ועמדתו התקבלה על דעת החוקרים. כאן הובא השיר על פי נוסחת שד"ל; הגרסה שנתקבלה במחזורי אשכנז לאורך הדורות מובאת בעמ' 284.

צִיּוֹן, הֲלֹא תִשְׁאֲלִי לִשְׁלוֹם אֲסִירַיִךְ, דּוֹרְשֵׁי שְׁלוֹמֵךְ, וְהֵם יֶתֶר עֲדָרָיִךְ.
מִיָּם וּמִזְרָח וּמִצָּפוֹן וְתֵימָן, שְׁלוֹם רָחוֹק וְקָרוֹב, שְׂאִי מִכֹּל עֲבָרָיִךְ.
וּשְׁלוֹם אֲסִיר תַּאֲוָה, נוֹתֵן דְּמָעָיו כְּטַל חֶרְמוֹן, וְנִכְסָף לְרִדְתָּם עַל הֲרָרָיִךְ.

לִבְכּוֹת עֱנוּתֵךְ אֲנִי תַנִּים, וְעֵת אֶחֱלֹם שִׁיבַת שְׁבוּתֵךְ, אֲנִי כִנּוֹר לְשִׁירָיִךְ.
לִבִּי לְבֵית אֵל, וְלִפְנִיאֵל מְאֹד יֶהֱמֶה, וּלְמַחֲנַיִם, וְכָל פִּגְעֵי טְהוֹרָיִךְ.
שָׁם הַשְּׁכִינָה שְׁכֵנָה לָךְ, וְהַיּוֹצְרֵךְ פָּתַח לְמוּל שַׁעֲרֵי שַׁחַק, שְׁעָרָיִךְ.
וּכְבוֹד יהוה לְבַד הָיָה מְאוֹרֵךְ, וְאֵין שֶׁמֶשׁ וְסַהַר וְכוֹכָבִים מְאִירָיִךְ.
אֶבְחַר לְנַפְשִׁי לְהִשְׁתַּפֵּךְ, בְּמָקוֹם אֲשֶׁר רוּחַ אֱלֹהִים שְׁפוּכָה, עַל בְּחִירָיִךְ.
אַתְּ בֵּית מְלוּכָה, וְאַתְּ כִּסֵּא יהוה, וְאֵיךְ יָשְׁבוּ עֲבָדִים עֲלֵי כִסְאוֹת גְּבִירָיִךְ.
מִי יִתְּנֵנִי מְשׁוֹטֵט, בַּמְּקוֹמוֹת אֲשֶׁר נִגְלוּ אֱלֹהִים לְחוֹזַיִךְ וְצִירָיִךְ.
מִי יַעֲשֶׂה לִּי כְנָפַיִם וְאַרְחִיק נְדֹד, אָנִיד לְבִתְרֵי לְבָבִי בֵּין בְּתָרָיִךְ.

אֶפּוֹל לְאַפִּי עֲלֵי אַרְצֵךְ, וְאֶרְצֶה אֲבָנַיִךְ מְאֹד, וַאֲחוֹנֵן אֶת עֲפָרָיִךְ.
אַף כִּי בְעָמְדִי עֲלֵי קִבְרוֹת אֲבוֹתַי, וְאֶשְׁתּוֹמֵם בְּחֶבְרוֹן עֲלֵי מִבְחַר קְבָרָיִךְ.
אֶעְבֹּר בְּיַעְרֵךְ וְכַרְמִלֵּךְ וְאֶעְמֹד בְּגִלְעָדֵךְ וְאֶשְׁתּוֹמְמָה אֶל הַר עֲבָרָיִךְ.
הַר הָעֲבָרִים וְהֹר הָהָר, אֲשֶׁר שָׁם שְׁנֵי אוֹרִים גְּדוֹלִים, מְאִירַיִךְ וּמוֹרָיִךְ.
חַיֵּי נְשָׁמוֹת אֲוִיר אַרְצֵךְ, וּמִמָּר דְּרוֹר אַבְקַת עֲפָרֵךְ, וְנֹפֶת צוּף נְהָרָיִךְ.

יִנְעַם לְנַפְשִׁי, הֲלֹךְ עָרֹם וְיָחֵף, עֲלֵי חָרְבוֹת שְׁמָמָה, אֲשֶׁר הָיוּ דְּבִירָיִךְ.
בִּמְקוֹם אֲרוֹנֵךְ אֲשֶׁר נִגְנַז, וּבִמְקוֹם כְּרוּבַיִךְ, אֲשֶׁר שָׁכְנוּ חַדְרֵי חֲדָרָיִךְ.
אָגֹז וְאַשְׁלִיךְ פְּאֵר נִזְרִי, וְאֶקֹּב זְמָן, חִלֵּל בְּאֶרֶץ טְמֵאָה אֶת נְזִירָיִךְ.
אֵיךְ יֶעֱרַב לִי אֲכֹל וּשְׁתוֹת, בְּעֵת אֶחֱזֶה כִּי יְסַחֲבוּ הַכְּלָבִים אֶת כְּפִירָיִךְ.
אוֹ אֵיךְ מְאוֹר יוֹם יְהִי מָתוֹק לְעֵינַי, בְּעוֹד אֶרְאֶה בְּפִי עוֹרְבִים פִּגְרֵי נְשָׁרָיִךְ.

כּוֹס הַיְגוֹנִים, לְאַט. הַרְפִּי מְעַט, כִּי כְבָר מָלְאוּ כְסָלַי וְנַפְשִׁי מַמְּרוֹרָיִךְ:
עֵת אֶזְכְּרָה אָהֳלָה אֶשְׁתֶּה חֲמָתֵךְ, וְאֶזְכֹּר אָהֳלִיבָה וְאֶמְצֶה אֶת שְׁמָרָיִךְ.

צִיּוֹן כְּלִילַת יֳפִי, אַהֲבָה וְחֵן תִּקְשְׁרִי מֵאָז, וּבָךְ נִקְשְׁרוּ נַפְשׁוֹת חֲבֵרָיִךְ.
הֵם הַשְּׂמֵחִים לְשַׁלְוָתֵךְ, וְהַכּוֹאֲבִים עַל שׁוֹמְמוּתֵךְ, וּבוֹכִים עַל שְׁבָרָיִךְ.
מִבּוֹר שְׁבִי שׁוֹאֲפִים נֶגְדֵּךְ, וּמִשְׁתַּחֲוִים אִישׁ מִמְּקוֹמוֹ אֱלֵי נֹכַח שְׁעָרָיִךְ.
עֶדְרֵי הֲמוֹנֵךְ, אֲשֶׁר גָּלוּ וְנִתְפַּזְּרוּ מֵהַר לְגִבְעָה, וְלֹא שָׁכְחוּ גְּדֵרָיִךְ.
הַמַּחֲזִיקִים בְּשׁוּלַיִךְ, וּמִתְאַמְּצִים לַעֲלוֹת וְלֶאֱחֹז בְּסַנְסִנֵּי תְמָרָיִךְ.
שִׁנְעָר וּפַתְרוֹס הֲיַעַרְכוּךְ בְּגָדְלָם, וְאִם הֶבְלָם יְדַמּוּ לְתֻמַּיִךְ וְאוּרָיִךְ.
אֶל מִי יְדַמּוּ מְשִׁיחַיִךְ, וְאֶל מִי נְבִיאַיִךְ, וְאֶל מִי לְוִיַּיִךְ וְשָׁרָיִךְ.
יִשְׁנֶה וְיַחֲלֹף כְּלִיל, כָּל־מַמְלְכוֹת הָאֱלִיל, חָסְנֵךְ לְעוֹלָם, לְדוֹר וָדוֹר נְזָרָיִךְ.

אִוָּךְ לְמוֹשָׁב אֱלֹהַיִךְ. וְאַשְׁרֵי אֱנוֹשׁ, יִבְחַר יְקָרֵב וְיִשְׁכֹּן בַּחֲצֵרָיִךְ.
אַשְׁרֵי מְחַכֶּה, וְיַגִּיעַ וְיִרְאֶה עֲלוֹת אוֹרֵךְ, וְיִבָּקְעוּ עָלָיו שְׁחָרָיִךְ.
לִרְאוֹת בְּטוֹבַת בְּחִירַיִךְ, וְלַעְלֹז בְּשִׂמְחָתֵךְ, בְּשׁוּבֵךְ אֱלֵי קַדְמַת נְעוּרָיִךְ.

לז | ציון, קחי כל צרי

פיוט זה מקביל במשקלו לקודם וקרוב לו מבחינת התוכן: המשורר משבח בו את ארץ ישראל, עפרה, תבואתה והחיות אשר בה; ולאחר מכן את בני ישראל בימי קדם, את חכמתם, את שלטון הצדק שהיה בה, ובמיוחד את חכמתם הבאה לידי ביטוי בחשבון המולדות ועיבור השנים. רוו"ה קבע שמחבר הפיוט הוא ר' שלמה אבן גבירול, ואם כן פיוט זה הוא מקור התבנית שבה נכתב 'צִיּוֹן הֲלֹא תִשְׁאֲלִי'. אך הזיהוי המקובל הוא שהפיוט נכתב בידי ר' אברהם החוזה מטבריה, הנזכר בספר מסעות בנימין מטודלה, וראשוני אשכנז זיהו שנכתב בידי ר' אברהם אבן עזרא.

צִיּוֹן, קְחִי כָּל צֳרִי גִלְעָד לְצִירַיִךְ. אֵין דַּי, לְמַעַן כַּיָּם גָּדְלוּ שְׁבָרָיִךְ.
אֶרֶץ צְבִי, אַתְּ בְּתוֹךְ גּוֹיִם נְתוּנָה. וּמִן עֵדֶן מְקוֹם כָּל יְקָר, יָצְאוּ נְהָרָיִךְ.
וַיְהִי לְאוֹת, נַעֲמָן רָחַץ בְּשָׂרוֹ בְּמֵי יַרְדֵּן, אֲזַי נֶאֱסַף. אַף כִּי טְהוֹרָיִךְ.
אַף לֹא יְסֻלֶּה עֲפַר אַרְצֵךְ בְּזָהָב וּפָז, יָקָר כְּמוֹ יַהֲלוֹם מַחְצַב הֲרָרָיִךְ.
כָּל תַּעֲנוּגִים בְּבוֹא בָּסְרֵךְ, וְלֹא קֵהֲתָה הַשֵּׁן. וְאוּלָם כְּצוּף מָתְקוּ מְרוֹרָיִךְ.
פִּרְיֵךְ לְמַרְפֵּא, וְכָל עָלֶה תְּעָלָה. הֲלֹא וּכְיַעֲרַת הַדְּבַשׁ הָיוּ יְעָרָיִךְ.
עִם הַפְּתָנִים בְּרִית כָּרְתוּ מְתַיִךְ. וְאֵין שָׂטָן, אֲבָל הִשְׁלִמוּ לָהֶם כְּפִירָיִךְ.
בָּךְ כָּל בְּהֵמָה וְעוֹף חָכְמוּ. עֲדֵי כַּחֲמוֹר הָיָה לְפָנִים לְבֶן יָאִיר חֲמוֹרָיִךְ.
בָּךְ אֵל לְבַדּוֹ וְאֵין בִּלְתּוֹ. וְיָצָא שְׁמֵךְ, כִּי שֵׁם אֱלֹהֵי אֱמֶת נוֹדַע בְּשִׁירָיִךְ.

מַה טוֹב וְנָעִים, בְּבוֹא שִׁבְטֵי בְּנֵי יַעֲקֹב שָׁלֹשׁ פְּעָמִים בְּכָל שָׁנָה, שְׁעָרָיִךְ.
בָּךְ סוֹד תְּעוּדָה וְסוֹד חָכְמוֹת, וּבָאוּ בְּנֵי קֶדֶם וְחַכְמֵי שְׁבָא לִכְתֹּב סְפָרָיִךְ.
מַלְכֵּךְ בְּקִרְבֵּךְ, וּבָךְ שָׂרֵי חֲיָלִים בְּכָל נֶשֶׁק, וְעַל כָּל לְאֹם גָּבְרוּ גְּבִירָיִךְ.
שׁוֹטְרִים בְּכָל הַגְּבוּל, שׁוֹפְטִים בְּכָל עִיר וָעִיר.
זְקֵנַי אֱמֶת הֵם, וְאֵין מוֹרֶה כְּמוֹרָיִךְ.
בִּימֵי בְחוּרוֹת, הָיוּת קֹדֶשׁ לָאֵל נִבְחָרוּ. וּבְנֵי נְבִיאִים בְּנֵי אֵל חַי, נְעָרָיִךְ.
בָּךְ הַתְּקוּפָה, עֲלֵי קַו הָאֱמֶת נִשְׁקָלָה. תֹּכֶן שְׁנוֹת דּוֹר וָדוֹר, בִּשְׁנֵי אֲדָרָיִךְ.
מוֹלַד הַלְּבָנָה כְּפִי אָרְכֵּךְ, וְהַמַּחֲזֶה שׂוּמָה לְרָחְבֵּךְ. וּבָהּ הֶרְאִית סְתָרָיִךְ.
נִרְאָה בְּתַמּוּז כְּסִיל, בָּךְ יַעֲלֶה. כִּי שְׁאָר כָּל הֶחֳדָשִׁים לְבַד זֶה, בַּחֲדָרָיִךְ.

אַיֵּה דְּבִירֵךְ מְקוֹם אָרוֹן, וְאַיֵּה הֲדַר הֵיכָל וְהַמִּזְבְּחוֹת, אַיֵּה חֲצֵרָיִךְ.
אַיֵּה מְשִׁיחֵךְ, בְּעַד עַמֵּךְ יְכַפֵּר. וּמֶה הָיָה לְיַלְדֵי קְהָת, אַיֵּה נְזִירָיִךְ.
אֵיפֹה נְבִיאִים בְּנֵי עֶלְיוֹן, וְכָל יוֹעֲצֵךְ. אָבְדוּ וְהָלְכוּ שְׁבִי מַלְכֵּךְ וְשָׂרָיִךְ.

הָיִית יְפֵה נוֹף לְרֹאשׁ תֵּבֵל, בְּרוֹשֵׁךְ לְנֵס. חֶטְאֵךְ בְּאַף סֵעֲפֵךְ, קָצַר קְצִירָיִךְ.
אֶרֶץ מְאַסֵּךְ, וּמֵי נָכְרִים שְׁטָפוּךְ, וְכָל רוּחַ הֱפִיצֵךְ. וְאֵשׁ בָּעֲרָה בְּעָרָיִךְ.
מָרִית בְּצוּרֵךְ אֲשֶׁר מִצַּר נְצָרֵךְ. וְאָז זָרִים עֲבָרוּךְ, וְאַתְּ הָיִית בְּעוֹכְרָיִךְ.
אֵל הֶאֱמִירֵךְ עֲדֵי נִקְרֵאת אֲרִיאֵל, וְאֵיךְ עָבַר בְּנָוֵךְ אֲרִי טוֹרֵף עֲדָרָיִךְ.

שׁוּבִי לְאֵל בּוֹעֲלֵךְ, אַל תִּתְּנִי לוֹ דֳּמִי. עַד שׁוּב כְּבוֹדוֹ, וְעַד יִבְנֶה גְּדֵרָיִךְ.
נַפְשִׁי מְאֹד נִכְסְפָה, לִרְאוֹת בְּזִיו זָהֳרֵךְ. שָׁלוֹם יְהִי לָךְ, וְרֹב שָׁלוֹם לְעוֹזְרָיִךְ.

לח | ציון עטרת צבי

"כִּי אַעֲלֶה אֲרֻכָה לָךְ וּמִמַּכּוֹתַיִךְ אֶרְפָּאֵךְ נְאֻם ה', כִּי נִדָּחָה קָרְאוּ לָךְ, צִיּוֹן הִיא דֹּרֵשׁ אֵין לָהּ" (ירמיה ל, יז). דורש אין לה - מכלל דבעיא דרישה" (סוכה מא ע"א; ובמקביל בראש השנה ל ע"א). פיוט זה מתאר את דורשי ציון, ואף המשורר עצמו (ר' אלעזר בן משה מווירצבורג, בן אחותו של ר' יהודה החסיד) קורא לה לשלום. הוא מתמקד במיוחד בכבודה של ירושלים בעבר, כמושבם של מלכי בית דוד, הכוהנים והנביאים.

צִיּוֹן עֲטֶרֶת צְבִי, שִׂמְחַת הֲמוֹנָיִךְ. שָׁלוֹם כְּנָהָר קְחִי מֵאֵת אֲדוֹנָיִךְ.
אֵלֵי שְׁחָקִים אֲשֶׁר שׁוֹמְרִים לְחוֹמוֹת וָחֵל, לַיְלָה וְיוֹם יִדְרְשׁוּן שָׁלוֹם לְמַחֲנָיִךְ.
גַּם הַנְּפוֹצִים בְּכָל אַרְבַּע קְצָוֹת, וְהֵם דּוֹרְשֵׁי שְׁלוֹמֵךְ, בְּנוֹתַיִךְ וּבָנָיִךְ.
שׁוֹכְנֵי קְבָרִים, מְחַכִּים וּמְצַפִּים לְיוֹם יִשְׁעֵךְ, וְאָז יִצְמְחוּ יִחְיוּ יְשֵׁנָיִךְ.
וַאֲנִי בְּשָׁאֲלִי שְׁלוֹמֵךְ, אֶקְרָא קוֹל בְּרֹאשׁ הָרִים, וְאֶדְמֶה לְעוֹף עַל רַעֲנַנָּיִךְ.

שָׁלוֹם לְצִיּוֹן נְוֵה צֶדֶק, וְשָׁלוֹם עֲלֵי חֵילֵךְ וְחוֹמוֹת, יְקַר אַבְנֵי פְּנִינָיִךְ.
שָׁלוֹם לְאֶרֶץ צְבִי, שָׁלוֹם לְכָל הַגְּבוּל, גִּלְעָד וְשׁוֹמְרוֹן, וְכָל יֶתֶר שְׁכֵנָיִךְ.
צִיּוֹן, לְפָנִים הֲלֹא הָיִית יְפַת מַרְאֶה, אֵיךְ נֶהְפְּכוּ לִשְׁחוֹר תָּאֳרֵךְ וּפָנָיִךְ.
כִּבְנוֹת מְלָכִים, יְקַר עֲטִית תְּהִלָּה, וְאֵיךְ שַׂק תַּחְגְּרִי עַל חֲלָצַיִךְ וּמָתְנָיִךְ.
לַחְמִי אֲנָחָה, בְּעֵת תַּעְדִּי לְתַחַת פְּאֵר אֵפֶר, וְאֶשְׁתֶּה יְגוֹנִי עַל יְגוֹנָיִךְ.
קוּמִי וְנִשָּׂא נְהִי, נִבְכֶּה דְּמָעוֹת כַּיָּם, יִזְּלוּ נְהָרוֹת לְמַן עֵינַי לְעֵינָיִךְ.
עַל אַלְמְנוּתֵךְ, אֲשֶׁר הָלַךְ יְדִידֵךְ. וְהוּא הֶחֱרִיב דְּבִירוֹ, וְכָל סִתְרֵי צְפוּנָיִךְ.
עֵת אֶרְאֶה יָפְיֵךְ, אֶקְרָא מְשׁוֹרְרִים בְּשִׁיר. עֵת אֶחֱזֶה עָנְיֵךְ, אֶקְרָא מְקוֹנְנָיִךְ.
אֶבְחַר לְקָאַת וְקִפּוֹד יִשְׁכְּנוּ בָךְ. וְאוֹי לִי, אִם אֱדוֹם וַעֲרָב קִנְּנוּ בְּקִנָּיִךְ.

עִיר הַמְּלוּכָה לְדָוִד וּשְׁלֹמֹה בְּנוֹ הָיִית בְּנוּיָה, וְהֵם קֶדֶם מְכוֹנָיִךְ.
אַתְּ הִיא לְמִקְדָּשׁ לְאֵל, אַתְּ הִיא מְנוּחָה לְצוּר.
אַתְּ הִיא, אֲשֶׁר יוֹם בְּיוֹם יָרַד לְגַנָּיִךְ.
שָׁם שֻׁלְחָן וּמְנוֹרָה וַאֲרוֹן הַבְּרִית. אֵל בֵּין שְׁדֵי אַהֲבָה, לָן בִּמְלוֹנָיִךְ.
עַל מִזְבְּחֵךְ, כֹּהֲנִים עָמְדוּ מְשָׁרְתִים, בְּמוֹ זֶבַח וְעוֹלָה, לְכַפֵּר עַל עֲוֹנָיִךְ.
רֹאשׁ הַכְּהֻנָּה, אֲשֶׁר אֵפוֹד לְבוּשֵׁי יְקָר. נִשְׁמַע בְּשׁוּלֵי מְעִיל, קוֹל פַּעֲמוֹנָיִךְ.
אַחַת בְּשָׁנָה, פְּנִים הָלַךְ לְחַדְרֵי דְבִיר. הֵבִיא קְטֹרֶת מְלֹא קֻמְצוֹ וְחָפְנָיִךְ.
קִדָּה וְקָנֶה וְכָל רָאשֵׁי בְשָׂמִים, עֲדֵי עִיר הַתְּמָרִים, בְּבוֹא רֵיחַ שְׁמָנָיִךְ.
אַף הַלְוִיִּם אֲשֶׁר שׁוֹמְרִים שְׁעָרִים, וְגַם הַמְשׁוֹרְרִים שִׁיר בְּפֶה, עִם כָּל רְנָנָיִךְ.
נֶגְדָּם בְּנֵי מַעֲמָד עוֹרְכִים תְּפִלָּה. וְלָךְ יַעֲלֶה הֲמוֹנֵךְ, בְּכָל פַּעֲמֵי זְמַנָּיִךְ.
בָּךְ הַנְּבִיאִים כְּבָר הָיוּ בְּסוֹד אֵל. וּבָךְ חַכְמֵי תְכוּנָה, וּבָךְ שִׁבְעִים זְקֵנָיִךְ.
אַרְצֵךְ מְלֵאָה בְּמוֹ עֶשֶׂר קְדֻשּׁוֹת, וְכָל מַעֲשַׂר תְּרוּמָה, וְגַם מִבְחַר דְּגָנָיִךְ.
עַתָּה שְׁמָמָה בְּלִי בָנִים וּבָנוֹת. וְאָן מַלְכֵּךְ, נְבִיאֵךְ, לְוִיֵּךְ וְכֹהֲנָיִךְ.

מָתַי יְשׁוּבוּן וְיָבֹאוּ בְּתוֹךְ אָהֳלֵךְ, הַמִּתְאַוִּים שְׁכֹן תַּחַת עֲנָנָיִךְ.
מִי יִתְּנֵנִי לְעֵת תֵּלְדִי יְלָדִים, כְּמוֹ שִׁפְרָה וּפוּעָה, מְיַלֶּדֶת בְּאָבְנָיִךְ.
מִי יִתְּנֵנִי לְעֵת אִתָּאוּ, לְיוֹם יָבוֹא חֲתָנֵךְ. וְאַתְּ כַּלָּה, וְהִתְפָּאֲרִי בַּעֲדִי עֲדָנָיִךְ.
לִבִּי יְאַוֶּה לְחַבֵּק בִּזְרוֹעוֹת עֲפַר אַרְצֵךְ, וְאֶחְשֹׁק בְּפִי נַשֵּׁק אֲבָנָיִךְ.
לוּ אֶרְאֵךְ, בִּהְיוֹת נִבְנֵית בְּנֹפֶךְ וּפוּךְ, יִרְאוּ לְצָפוֹן וְיָם, גֹּבַהּ קְרָנָיִךְ.
אֶכְסֹף וְאֶחְמֹד לְנֶחָמָה וְתִשְׁמַעְנָה, דִּבְרֵי מְבַשֵּׂר בְּקוֹל אָזְנַי וְאָזְנָיִךְ.
הִתְעוֹרְרִי לִקְרַאת דּוֹדֵךְ, וְהִתְנַעֲרִי מִן הָאֲדָמָה, בְּשׁוּבוֹ אֶל מְעוֹנָיִךְ.

לט | ציון תקונני עלי

פיוט זה חובר בידי ר' אשר הכהן, פייטן בן המאה החמש עשרה שפרט לשמו אינו ידוע לנו. פיוט זה הוא מסוג ה'ציונים', אך בתוכנו הוא קינה על החורבן. בסוף הקינה הוא פונה לציון ומבקש ממנה שתלך היא אל מערת המכפלה ותעורר את האבות שיבקשו רחמים על בניהם, כפי שציון שלחה את ירמיה בקינתו של הקליר 'אָז בִּמְלֹאת סְפָק' (עמ' 170). וכמו בקינה 'אָז בַּהֲלֹךְ יִרְמְיָהוּ' (עמ' 168), אף כאן, הקב"ה נעתר דווקא לבכיין של האימהות – וכמו הקליר, הוא מזכיר את בלהה וזלפה עם רחל ולאה.

צִיּוֹן תְּקוֹנְנִי עֲלֵי בֵּיתֵךְ אֲשֶׁר נִשְׂרַף, צָוְחִי בְּמֶֽרֶר עֲלֵי שׁוֹמְמוּת גְּפָנַֽיִךְ.
צִיּוֹן תְּעוֹרְרִי כְּאַלְמָנָה, אֲשֶׁר הָיְתָה לָמַס לְכָל עוֹבְרִים, מֵרֹב עֲוֹנָֽיִךְ.
עַל הַגְּבָעוֹת שְׂאִי קִינָה וְתַמְרוּר, וְגַם נֶֽהִי בְּקוֹל רָם, אֲשֶׁר הֻכּוּ הֲמוֹנָֽיִךְ.
אֵיכָה לְמוֹאָב בְּנֵי צִיּוֹן, בְּאַף חוֹלְלוּ עַל רֹב גְּאוֹנֵךְ. וְקִרְאִי אֶל מְקוֹנְנָֽיִךְ.
הֵילֵל וְקִינָה שְׂאִי צִיּוֹן, בְּמַר וּנְהִי, וּבְכִי שְׁמָמוֹת עֲלֵי שׁוֹמְמוּת מְעוֹנָֽיִךְ.
קוֹנְנִי וְאַל תִּדְּמִי, קוֹלֵךְ בְּבֶֽכִי שְׂאִי. דֶּֽבֶר וְחֶֽרֶב אֲשֶׁר שֻׁלַּח לְמַחֲנָֽיִךְ.
צָדוּ כְּצִפּוֹר, וְאֵין עוֹזֵר לְנֶגְדּוֹ. אֲשֶׁר פֵּרְשׂוּ רְשָׁתוֹת לְגַלּוֹת אֶת קְלוֹנָֽיִךְ.
אֵיךְ הִשְׁלִיךְ תִּפְאֶֽרֶת יִשְׂרָאֵל, וְלֹא זָכַר שְׁבוּעָה אֲשֶׁר כָּרַת לְאוּמְנָֽיִךְ.
קוֹלֵךְ כְּקוֹל נַהֲמַת תַּנִּים, נְאוֹת יַעֲקֹב. בֶּֽכִי וְקִינָה שְׂאִי, עַל רֹב תְּלוּנָֽיִךְ.
גָּזִי נִזְרֵךְ, וְהַשְׁלִיכִי לְרֹאשֵׁךְ עֲלֵי אֶֽרֶץ. וְשַׂק תִּקְשְׁרִי עִצְרִי בְּמָתְנָֽיִךְ.
קוֹנְנִי בְּפֶֽשַׁע, וְאַל תִּתְּנִי מְנוּחָה. וְקִינָה עַל שְׁפָיִים שְׂאִי, מֵרֹב מְעַנָּֽיִךְ.
אֶֽרֶץ צְבִי צִבְאוֹת, קִינָה וְנֶֽהִי תְּעוֹרְרִי אֶל שְׁפָיִים, הֲלֹא תַּֽחַת שְׂשׂוֹנָֽיִךְ.
קוֹנְנוּ מְלָכִים וְהֵילִילוּ קְצִינִים, וְכָל מִזְרָח וְכָל מַעֲרָב, עַל שִׁמְלוֹנָֽיִךְ.
פִּשְׁטִי מְעִילֵךְ וְהַשְׁלִיכִי לָאֶֽרֶץ, וְחִגְרִי שַׂק, וְגַם תֶּהֱמִי תַּֽחַת סְדִינָֽיִךְ.
בָּחוּר וְזָקֵן, וְגַם עוֹלֵל וְיוֹנֵק, שְׂאוּ תַּמְרוּר לְנֶֽפֶשׁ, לְעֵינֵי כָּל זְקֵנָֽיִךְ.

צִיּוֹן, שְׂשׂוֹנֵךְ הֲלֹא עָבַר כְּקוֹצִים עֲלֵי מַֽיִם, וְנֶהֶפְכוּ מֵרֹב זְדוֹנָֽיִךְ.
חָשְׁכוּ מְאוֹרוֹת, וְגַם כָּל הַשְּׁחָקִים, וְכָל דֶּֽרֶךְ מְאֹד נֶחְשַׁךְ, סָתוּם לְפָנָֽיִךְ.
כִּי הַשְּׁחָקִים מְאֹד זֹרוּ, וְאָסְפוּ לְאוֹרָם לִפְנֵי כָּל שָׁאוֹן, עַל רֹב יְגוֹנָֽיִךְ.

צִיּוֹן בְּשׁוֹפָר תְּקַע, עַל הַר וְגֶֽבַע רְאִי, צָוְחִי בְּמַר וּבְכִי, עַל מוֹת סְרָנָֽיִךְ.
שִׁלְחוּ שְׁלָלֵךְ בְּאֵשׁ, צִיּוֹן לְמִרְמָס. הֲלֹא טָבְעוּ שְׁעָרַיִךְ בְּתוֹךְ אֶֽרֶץ אֲדָנָֽיִךְ.
הִנֵּה לְמִרְמָס נְתוּנָה בַּת יְהוּדָה, וְאֵין מֵשִׁיב לְנַפְשָׁהּ, עֲלֵי שׁוֹמְמוּת שְׁמָנָֽיִךְ.

צִיּוֹן, בְּמַר תִּבְכִּי מֵאֵין מְנַחֵם, אֲשֶׁר רָחַק מְאֹד מִקְּרֹב, נַחֵם בְּחוּנָֽיִךְ.
קוֹלֵךְ כְּקוֹל יָם, וְגַם תַּנִּין וְיַעֲנָה, וְקוֹל נֶֽהִי וּבְכִי, אֲשֶׁר תַּֽחַת סְלוֹנָֽיִךְ.

צִיּוֹן, לְמָרוֹם שְׂאִי עֵינַיִךְ. וְגַם תִּרְאִי, סִפְדִי וְהֵילִילִי, עֲלֵי עָזְבָךְ תּוֹאֲנַיִךְ.
צִיּוֹן, תְּקוֹנְנִי עֲלֵי אָבוֹת, וְשַׁאֲלִי מְכוֹן בֵּיתֵךְ. וְגַם עֶזְרֵךְ, חֲסֹן קְצִינַיִךְ.
אֶל הַמְּעָרָה לְכִי, צָרְחִי בְּמַר וּבְכִי. עֲנוּ בָּנַיִךְ וּבְנוֹתַיִךְ וְנִינַיִךְ.
שָׂרָה כְּשָׁמְעָהּ לְקוֹלֵךְ, גַּם מְבַכָּה עֲלֵי בָנִים, אֲשֶׁר נִשְׁבּוּ אֶל כָּל שְׁכֵנַיִךְ.
רָחֵל וְלֵאָה בְּכוּ, בִּלְהָה וְזִלְפָּה הֲלֹא קוֹנְנוּ. וְקִרְאוּ בְּקוֹל, מְחִי בְּפָנַיִךְ.
כִּי הָאֱלֹהִים הֲלֹא לָנֶצַח, וְלֹא יִזְנַח. כִּי תִקְוָה הִיא, וְרֹב שָׁלוֹם לְבָנַיִךְ.

מ | ציון, ידידות ידיד

מחברו של פיוט זה אינו ידוע פרט לשמו יעקב. הוא מתאר את ירושלים בתפארתה – בעיקר בחגים כאשר עלו ישראל לרגל, ורומז לדברי המדרש: "מעולם לא לן אדם בירושלים ובידו עוון, כיצד? תמיד של שחר היה מכפר על עבירות שנעשו בלילה, ותמיד של בין הערבים היה מכפר על עבירות שנעשו ביום... שנאמר (ישעיה א, כא): 'צֶדֶק יָלִין בָּהּ'" (פסיקתא רבתי, טז; תנחומא פינחס, יג). תיאור מעורר השראה זה אינו מניח לפייטן להשלים עם החורבן, והוא מסיים בנימת ביטחון בגאולה העתידה.

צִיּוֹן, יְדִידוּת יְדִיד צָעִיר לְשָׂרָיִךְ. שָׁכַנְתְּ כְּתֵפָיו בְּרֹב עֲנוֹת הֲדָרָיִךְ.
צִיּוֹן, הֲדַר כֹּל חֲדַר מִטּוֹת, וְכָל מִשְׁכַּב דּוֹדִים. יְדִידֵךְ בְּבוֹא חַדְרֵי חֲדָרָיִךְ.
צִיּוֹן, בְּרוּכָה בְּרָכָה עֶלְיוֹנָה עֲלֵי רֹאשֵׁךְ, לְמוּלֵךְ מְחֻטָּבִים שְׁעָרָיִךְ.
צִיּוֹן, יָרְשַׁת זְאֵב עֶרֶב, שְׁבִי פְּאֵרֵךְ בַּעֲדִי עֲדָנִים, עֲדֵי עָלוּ כְתָרָיִךְ.

יָפִית בְּרֹב הוֹן, וְחֵן רָבִית בְּדֵעוֹת, וְהֵן מִזִּקְנֵי צוֹעֲנִים חָכְמוּ נְעָרָיִךְ.
הָיִית יְפֵי מִכְלָל, נָאוָה בְּכָל מַהֲלָל, עָלִית וְשָׁבִית שְׁלַל מַלְכֵי מְגוּרָיִךְ.
בָּךְ בְּרוּחָה, אֱנוֹשׁ לָן מִבְּלִי חֵטְא. וּבָךְ כֹּפֶר, בְּקָרְבַּן תְּמִידִין חֵטְא מְכַפְּרָיִךְ.
יָסַדְתְּ בְּזִיו לְפָאֵר, חָרַבְתְּ בְּתוֹךְ אָב בְּאַף,
אֶשְׁאַף לְזֹאת אֶשְׁאַב מֵימֵי תַמְרוּרָיִךְ.
נִרְאוּ בְּעִירֵךְ בְּנֵי קוֹנֵה פְּנֵי מַחֲנֶה, רָצוֹן לְשֹׁכְנִי סְנֶה, בִּשְׁנֵי חֲצֵרָיִךְ.
עוֹשֵׂי מְלַאכְתֵּךְ בְּחוּט הִתְעַשְּׁרוּ בְּרְכוּשׁ, כָּל הוֹן יְקַר נִמְצָא לִקְהַל עֲשִׁירָיִךְ.
נִבְחַר מְקוֹמֵךְ לְצוּר, בָּחַר בְּאֹם בּוֹחֲרָיו, בָּחַר בִּמְוֹצָאֵךְ וּבַכֹּהֲנִים בְּחִירָיִךְ.
בָּךְ דָּר בְּגִיל נֶהְדָּר, אַדִּירֵךְ בְּכָל דּוֹר וָדוֹר, עָרְכֵּךְ בְּבוֹא לַעֲדוֹר עֶדְרֵי חֲבֵרָיִךְ.
עָלָה גְּבוּלֵךְ דְּבִיר, צֶלַע יְבוּס. לֹא לְעֵין עֵיטָם, לְבִלְתִּי שְׂאֵת כְּתֵפוֹת דְּבִירָיִךְ.
קָרָא יהוה שְׁמֵךְ עַל שֵׁם שְׁנֵי כֹּהֲנִים. דָּוִד מְצָאֵךְ בְּחַיִל, בִּשְׂדֵי יְעָרָיִךְ.
בָּנָה מְעוֹנֵךְ בְּנוֹ, וַיְחַנְּכֵךְ שֵׁם בְּשֵׁם אָבִיו אֲשֶׁר קִדְּמוֹ, נֶחְתַּם בְּשִׁירָיִךְ.

וּבְמַחְשְׁבוֹת בּוֹרְאֵךְ עָלִית, בְּטֶרֶם בְּרֹא תֵבֵל וְשַׁחַק וְעוֹלָם, עַל עֲפָרָיִךְ.
וּבְמֵי מְרִיבָה בְּיוֹם זַעַם, אֲזַי טְהֹרָה אַרְצֵךְ, וְלֹא גֻשְׁמָה בִּכְלוֹת יְצוּרָיִךְ.
יָרַד בְּעִתּוֹ מְטַר אַרְצֵךְ, וּזְמַן לַיְלָה בָּא לִבְרָכָה, וְטַל לָן בִּקְצִירָיִךְ.
הָיִית לְשִׁית חוּג יְסוֹד, מִמֵּךְ תְּעוּדָה. וְסוֹד קִדּוּשׁ יַרְחֵךְ, לְפִי עֵדִים מְעַבְּרָיִךְ.
בָּנִים וּבָנוֹת תְּשׁוּקָה, בַּשּׁוּק שׁוֹקְקוּ, שָׂחֲקוּ וְהִשְׁתַּקְשְׁקוּ בְּסַךְ עֲבָרָיִךְ.
בְּחַג פֶּסַח נִפְלְאוּ, בַּפָּז סֻלְּאוּ, טַל אוֹר וְחֵן נִמְלְאוּ, זַכּוּ נְזִירָיִךְ.

אֵיךְ אֶשְׂמְחָה עוֹד בְּחַג, אֵיךְ אֶעֱלֹז עוֹד בְּפוּר,
עַד כִּי יְבוֹאוּן יְמֵי שָׂשׂוֹן לְפוּרָיִךְ.
אַרְצֵךְ חֲמוּדָה מְאֹד, לֹא נֶחְמָדָה.
בַּעֲלוֹת בָּנִים חֲמוּדִים, לְבֵית מַחְמַד מְגוּרָיִךְ.
נַעֲלָה עֲנַן הַקְּטֹרֶת מִמְּקוֹם מִקְדָּשֵׁךְ, יָצָא מְקוֹמוֹ עֲשַׁן אֵשׁ מְנַחֲרָיִךְ.
בְּקִרְבּוֹ מְרֵעִים בְּעִיר, שִׁלְּחוּ בְּכַרְמֵךְ בְּעִיר. עָרוּ וְעוֹרְרוּ בְּעִיר וְקַדִּישׁ בְּעָרָיִךְ.
בַּרְזֶל בְּלִי נִשְׁמַע קוֹלוֹ בְּעֵת נִבְנֵית. אֵיךְ חַרְבוֹת צוּר, בָּךְ תָּקְעוּ מְצָרָיִךְ.
עַל זֹאת בְּשַׂק עוֹבְרִים עִבְרִים, אֲבָל בּוֹטְחִים
כִּי יִשְׂמְחוּ אַחֲרֵי חִתּוּךְ בְּתָרָיִךְ.
לֵב מְדוּוֶה יָחִלָה, לְתַאֲוָה יִכְלֶה. יִישַׁן עֲדֵי יַעֲלֶה עַמּוּד שַׁחֲרָיִךְ.
בִּילֵל לְקוֹלִי אֵלִי, אֵיךְ תִּתְאַפְּקִי. הֲלֹא קָרָא לְשַׂק וּבְכִי, אַלּוּף נְעוּרָיִךְ.

אָקוּם חֲצוֹת לַיְלָה עַל מִשְׁמְרוֹת מַאֲפֵל,
לִשְׁמוֹר לָאוֹר, יֶאֱתֶה בֹּקֶר לְשׁוֹמְרָיִךְ.
אָז תִּמְצְאִי צוּף דְּבַשׁ, אָז לֹא תְקוֹנְנִי בְּרֹאשׁ, כִּי תִתְכּוֹנְנִי בְּרֹאשׁ הָרֵי הֲרָרָיִךְ.
יָבוֹא כְּבוֹד הַלְּבָנוֹן לָךְ, וְתִתְלַבְּנִי כִּבְנֵי עֲדָרִים, בְּנֵי אֶדֶר גְּדֵרָיִךְ.
עוּרִי וְהִתְנַעֲרִי, עֶרְךְּ יַעַר נוֹעָרִים. נַעַר יִתְּנוּ אוֹת, לְעֵץ יַעַר חֲזִירָיִךְ.
קוּמִי וְאוֹרִי לְכָל חוֹשְׁקֵי מְאוֹרֵךְ, וְהֵם הוֹלְכֵי בְחֹשֶׁךְ, עֲדֵי אוֹרוּ מְאוֹרָיִךְ.

צִיּוֹן לְצִיּוּן וְאוֹת, עֹז עוֹד תְּהִי, וּלְנֵס עַמִּים. וְתִגְבַּהְנָה רַגְלֵי מְבַשְּׂרָיִךְ.
נִצְלִי עֲדֵי הֶעֱנִי, וּתְנִי לְבוּשֵׁךְ שְׁנִי תוֹלָע, כְּכַלָּה עֲדֵי לִקְשׁוֹר קִשֻּׁרָיִךְ.
אַל תֹּאמְרִי לִי, אֲשֶׁר זָקַנְתְּ הֱיוֹתֵךְ לְאִישׁ. עוֹד תִּתְעַדְּנִי, חֲלֹץ הַשַּׁד לְגוּרָיִךְ.
תֵּלְדִי בְּנֵי שַׁעֲשׁוּעַיִךְ בְּעֵת עֶדְנָה, תִּתְחַדְּשִׁי בִּנְעוּרִים כִּנְשָׁרָיִךְ.
יִשֶׁה לְטוֹב יִצְרֵךְ, צוּר יוֹצְרֵךְ יְצָרֵךְ. תְּהִי נְצוּרָה, כְּעִיר חֻבְּרָה לְמוֹרָיִךְ.
יִגְאַל בְּעֹז מִשְׁבִּי, לְהָשִׁיב מִיַּד חֲזִיר הַצְּבִי. וִיהִי עֲטֶרֶת צְבִי, לִשְׁאָר עֲדָרָיִךְ.

מא | שאלי, שרופה באש

"ובענין שריפת התורה, כתבנו זה לזכר על מה שאירע בימינו על רוב עוונותינו אשר גרמו לנו, ונשרפה תורת אלהינו בשנת ה' אלפים וד' שנים לבריאת עולם ביום ו' פרשת 'זאת חֻקַּת הַתּוֹרָה', כעשרים וארבעה קרונות מלאים ספרי תלמוד והלכות והגדות נשרפו בצרפת כאשר שמענו לשמע אוזן" ('שיבולי הלקט' רסג). בעקבות טענותיו של המומר ניקולס דונין, הורו ראשי הכנסייה לערוך ויכוח פומבי בינו לבין חכמי ישראל, ובראשם ר' יחיאל מפריז. לאחר הוויכוח אספו השלטונות בצרפת את כל כתבי היד של התלמוד שהצליחו לשים עליהם את ידם, ושרפום. בעקבות אירוע זה ר' יחיאל ותלמידיו עלו לארץ ישראל ('אוהל מועד' הל' סוכה ולולב ב, ח; ויש שטענו שלא הצליח להגיע אליה). מהר"ם מרוטנברג, ששהה אז בצרפת כתלמיד בישיבתו של ר' יחיאל, כתב על המאורע את הקינה 'שַׁאֲלִי שְׂרוּפָה בָאֵשׁ'. הקינה בנויה בסגנונה ובמשקלה על מתכונת 'צִיּוֹן הֲלֹא תִשְׁאֲלִי', ולכן נוהגים לומר אותה במסגרת ה'ציונים'.

שַׁאֲלִי, שְׂרוּפָה בָאֵשׁ, לִשְׁלוֹם אֲבֵלָיִךְ. הַמִּתְאַוִּים שְׁכֹן בַּחֲצַר זְבוּלָיִךְ.
הַשּׁוֹאֲפִים בַּעֲפַר אֶרֶץ, וְהַכּוֹאֲבִים הַמִּשְׁתּוֹמְמִים עֲלֵי מוֹקַד גְּוִילָיִךְ.
הוֹלְכִים חֲשֵׁכִים וְאֵין נֹגַהּ, וְקוֹוִים לְאוֹר יוֹמָם, עֲלֵיהֶם אֲשֶׁר יִזְרַח וְעָלָיִךְ.
וּשְׁלוֹם אֱנוֹשׁ נֶאֱנָח, בּוֹכֶה בְּלֵב נִשְׁבָּר, תָּמִיד מְקוֹנֵן עֲלֵי צִירֵי חֲבָלָיִךְ.
וַיִּתְאוֹנֵן כְּתַנִּים וּבְנוֹת יַעֲנָה, וַיִּקְרָא מִסְפֵּד מַר בִּגְלָלָיִךְ.

אֵיכָה נְתוּנָה בְּאֵשׁ אוֹכְלָה, תְּאֻכַּל בְּאֵשׁ בָּשָׂר, וְלֹא נִכְווּ זָרִים בְּגַחֲלָיִךְ.
עַד אָן עֲדִינָה, תְּהִי שׁוֹכְנָה בְּרֹב הַשְׁקֵט, וּפְנֵי פְרָחַי הֲלֹא כָסּוּ חֲרֻלָיִךְ.
תֵּשֵׁב בְּרֹב גַּאֲוָה לִשְׁפֹּט בְּנֵי אֵל בְּכָל הַמִּשְׁפָּטִים, וְתָבִיא בִּפְלִילָיִךְ.
עוֹד תִּגְזֹר לִשְׂרֹף דָּת אֵשׁ וְחֻקִּים, וְלָכֵן אַשְׁרֵי שֶׁיְּשַׁלֶּם לָךְ גְּמוּלָיִךְ.

צוּרִי, בְּלַפִּיד וָאֵשׁ הַלְבַעֲבוּר זֶה נְתָנֵךְ, כִּי בְאַחֲרִיתֵךְ תְּלַהֵט אֵשׁ בְּשׁוּלָיִךְ.
סִינַי, הַעַל כֵּן בְּךָ בָּחַר אֱלֹהִים, וּמָאַס בִּגְדוֹלִים וְזָרַח בִּגְבוּלָיִךְ.
לִהְיוֹת לְמוֹפֵת, לְדָת כִּי תִתְמַעֵט וְתֵרֵד מִכְּבוֹדָהּ. וְהֵן אֶמְשֹׁל מְשָׁלָיִךְ.
מָשָׁל לְמֶלֶךְ אֲשֶׁר בָּכָה לְמִשְׁתֵּה בְנוֹ, צָפָה אֲשֶׁר יִגְוַע. כֵּן אַתְּ בְּמִלָּיִךְ.
תַּחַת מְעִיל, תִּתְכַּס סִינַי לְבוּשֵׁךְ בְּשַׂק,
תַּעְטֶה לְבוּשׁ אַלְמְנוּת, תַּחֲלִיף שְׂמָלָיִךְ.

אוֹרִיד דְּמָעוֹת, עֲדֵי יִהְיוּ כְנַחַל, וְיַגִּיעוּ לְקִבְרוֹת שְׁנֵי שָׂרֵי אֲצִילָיִךְ.
מֹשֶׁה וְאַהֲרֹן בְּהֹר הָהָר. וְאֶשְׁאַל, הֲיֵשׁ תּוֹרָה חֲדָשָׁה, בְּכֵן נִשְׂרְפוּ גְלִילָיִךְ.
חֹדֶשׁ שְׁלִישִׁי, וְהַקֶּשֶׁר הָרְבִיעִי לְהַשְׁחִית חֶמְדָּתֵךְ, וְכָל יְפִי כְלִילָיִךְ.
גָּדַע לְלוּחוֹת, וְעוֹד שָׁנָה בְּאִוַּלְתּוֹ, לִשְׂרֹף בְּאֵשׁ דָּת. הֲזֶה תַּשְׁלוּם כְּפָלָיִךְ.

אֶתְמַהּ לְנַפְשִׁי. וְאֵיךְ יֶעֱרַב לְחִכִּי אֱכֹל, אַחֲרֵי רְאוֹתִי אֲשֶׁר אָסְפוּ שְׁלָלָיִךְ.
אֶל תּוֹךְ רְחוֹבָהּ כְּנִדַּחַת, וְשָׂרְפוּ שְׁלַל עֶלְיוֹן, אֲשֶׁר תִּמְאַס לָבוֹא קְהָלָיִךְ.
לֹא אֵדְעָה לִמְצֹא דֶּרֶךְ סְלוּלָה, הֲכִי הָיוּ אֲבֵלוֹת נְתִיב יֹשֶׁר מְסִלָּיִךְ.
יִמְתַּק בְּפִי מִדְּבַשׁ, לִמְסֹךְ בְּמַשְׁקֶה דְּמָעוֹת. וּלְרַגְלַי, הֱיוֹת כָּבוּל כְּבָלָיִךְ.

יֶעֱרַב לְעֵינַי, שְׁאֹב מֵימֵי דְמָעַי, עֲדֵי כָלוּ לְכָל מַחֲזִיק בִּכְנַף מְעִילָיִךְ.
אַךְ יֶחֶרְבוּ בְּרִדְתָּם עַל לְחָיַי, עֲבוּר כִּי נִכְמְרוּ רַחֲמַי לְנוֹד בְּעָלָיִךְ.
לָקַח צְרוֹר כַּסְפּוֹ, הָלַךְ בְּדֶרֶךְ לְמֵרָחוֹק, וְעִמּוֹ הֲלֹא נָסוּ צְלָלָיִךְ.
וַאֲנִי כְשָׁכוּל וְגַלְמוּד נִשְׁאַרְתִּי לְבַד מֵהֶם, כְּתֹרֶן בְּרֹאשׁ הַר מִגְדָּלָיִךְ.
לֹא אֶשְׁמַע עוֹד לְקוֹל שָׁרִים וְשָׁרוֹת, עָלַי כִּי נִתְּקוּ מֵיתְרֵי תֻפֵּי חֲלִילָיִךְ.
אֶלְבַּשׁ וְאֶתְכַּס בְּשַׂק, כִּי לִי מְאֹד יָקְרוּ. עָצְמוּ כְחוֹל יִרְבְּיוּן נַפְשׁוֹת חֲלָלָיִךְ.
אֶתְמַהּ מְאֹד עַל מְאוֹר הַיּוֹם, אֲשֶׁר יִזְרַח אֶל כֹּל, אֲבָל יֶחְשַׁךְ אֵלַי וְאֵלָיִךְ.

זַעֲקִי בְּקוֹל מַר לְצוּר, עַל שִׁבְרוֹנֵךְ וְעַל חָלְיֵךְ. וְלוֹ יִזְכֹּר אַהֲבַת כְּלוּלָיִךְ.
חִגְרִי לְבוּשׁ שַׂק, עֲלֵי הַהַבְעָרָה אֲשֶׁר יָצְאָה לְחַלֵּק, וְסָפְתָה אֶת תְּלוּלָיִךְ.
כִּימוֹת עֱנוּתֵךְ יְנַחֲמֵךְ צוּר, וְיָשִׁיב שְׁבוּת שִׁבְטֵי יְשֻׁרוּן, וְיָרִים אֶת שְׁפָלָיִךְ.
עוֹד תַּעְדִּי בַּעֲדִי שָׁנִי. וְתֹף תִּקְחִי, תֵּלְכִי בְמָחוֹל וְצַהֲלִי בִּמְחוֹלָיִךְ.
יָרוּם לְבָבִי, בְּעֵת צוּרִי לְאוֹר לָךְ, וְיַגִּיהַּ לְחָשְׁכֵךְ וְיָאִירוּ אֲפֵלָיִךְ.

מב | ציון צפירת פאר

בשני הפיוטים הבאים נוסף לצורת ה'ציון' גם אקרוסטיכון. כאן הפייטן (ר' מאיר בן אלעזר הדרשן מלומברדיה, חי בסביבות שנת 1200 לסה"נ) משתמש באקרוסטיכון כפול – בתחילת כל שורה ובסיומה. הוא פונה לציון חמש פעמים – בפתיחת הפיוט, שוב לאחר השורה העשרים ושלוש (לאחר שסיים את אותיות הא"ב), ובשלוש השורות האחרונות. בחלק הראשון הוא מתאר את ציון כאישה גלמודה, עזובה מאישה ומילדיה (בעקבות פרק א במגילת איכה); בחלק השני הוא מתאר אותה כאישה היושבת על המשבר ומתקשה ללדת – משל לגאולה המיוחלת, כדברי הנביא (ישעיה סו, ח): "כִּי־חָלָה גַּם־יָלְדָה צִיּוֹן אֶת־בָּנֶיהָ". בשורות החתימה הוא מתאר את יופייה של ציון לאחר שתיגאל.

סימן: א"ב מאיר חזק (כפול)

צִיּוֹן צְפִירַת פְּאֵר, חֶדְוַת אֲגוּדָיִךְ.
זַעֲקִי בְּרָמָה בְּקוֹלֵךְ עַל אֲבוּדָיִךְ.

אֶל הַבְּנוּיָה, לְבַקֵּשׁ וּלְחַנֵּן לָאֵל. שָׁלוֹם שְׁפֹת לָךְ, וְגַם לִבְנֵי בְחִירָיִךְ.
בַּעַל בְּחִירֵךְ, אֲשֶׁר לָךְ אַהֲבָתוֹ, לְזָר נֶהְפַּךְ לְנֶגְדֵּךְ, וְגַם נֶגֶד גְּדוּדָיִךְ.

גַּלֵּף וּפַתַּח בְּלוּחַ לֵב, אֵנִי נִשְׁקֶטֶת בֶּטַח בְּשַׁלְוָה, שְׁדוּכָה עַל דּוֹדָיִךְ.
דַּבְּרִי נְכוֹחוֹת לְרֵעַיִךְ לְהָלִיץ עֲבוּרֵךְ, אַף תְּצַפְצְפִי לְהָרִים קוֹל הֲדָרָיִךְ.
הָשֵׁב יְדִידֵךְ לְמִטָּתֵךְ, וְלָלוּן בְּצִלֵּךְ, וּלְטַיֵּל בְּסוּגַת גַּן וְרָדָיִךְ.
וָעַד בְּמֹהַר וְקִדּוּשִׁין וְגַם בִּכְתֻבָּה לָךְ לְעָזְרֵךְ, וְהֵם בֵּרוּר זְבָדָיִךְ.
זֶרַע וּבָנִים מְחֻטָּבִים, לְאִישֵׁךְ הֲלֹא יָלַדְתְּ. וְאֵיךְ נִשְׁכַּלְתְּ מִכָּל חֲסִידָיִךְ.
חָמַק וְעָבַר וְגָז מִמֵּךְ, וְלֹא נִשְׁלַחַתְּ, לֹא בָא בְּיָדֵךְ שְׁטָר סֵפֶר טְרוּדָיִךְ.
טוֹעֵן בְּטַעֲנַת מְמָאֶנֶת בְּמֶרֶד, עָלַי כֵּן נִתְקַלַּסְתְּ, וְהֻשְׁפַּל עַם יְדִידָיִךְ.
יוֹשַׁבְתְּ בְּדוּדָה דְּמוּיָה, כִּי חֲשׂוּפָה קְלוֹן שׁוּלַיִךְ, וְנִגְלֵית וְנִדַּלְּלוּ כְּבוּדָיִךְ.
כָּל מַחֲזִיקִים בְּנִזְרֵךְ, הֵם יְצָאוּךְ דְּחוּפִים וּבְהוּלִים, וְהֵם הָיוּ לְבוֹדָיִךְ.
לִבִּי הֲלֹא נֶחֱלָל מֵאֵין הֲפוּגוֹת, אֲשֶׁר הוּמַר וְנֶחְלַף לְמַר, מֶתֶק מְגָדָיִךְ.
מָלֵא דְמָעוֹת כְּמַיִם נִשְׁטְפוּ, נִמְלְאוּ דְמָעוֹת לְחָיַי, וְכָל עֵינֵי נְגִידָיִךְ.
נַפְשִׁי עֲטוּפָה, בְּעֵת זָכְרִי לְאִישֵׁךְ. הֲלֹא נִכְבָּה, וְלֹא יָכְלוּ לְאֶפוֹת סְמִידָיִךְ.
סֶמֶךְ אֲשִׁישֵׁי עֵנָב מֵהוּל בְּמַיִם, וּפַס מִן הָרְפָתִים בְּקַר זִבְחֵי עוֹבְדָיִךְ.
עֻדַּר וְנֶחֱרַשׁ יְסוֹדֵךְ לְשָׂדֶה בּוּר וָנִיר, לְחָכָּה וְאָכְלָה סְבִיבֵךְ אֵשׁ פְּלָדָיִךְ.
פֶּלֶץ וְשָׁבָץ לְבָשׁוּנִי, בְּעֵת אֶחֱזֶה מוֹנֵי שְׁקֵטִים, וְהֵם צָדוּ צְעָדָיִךְ.
צוֹעֵק אֲנִי לַמְקוֹנְנוֹת לִבְכּוֹת, וּבְמַר לִזְעֹק נְהִי נִהְיָה הוֹי, עַל קְפָדָיִךְ.
קַלּוּ יְמֵי עָנְיִי, עֵת אֶחֱזֶה עָנְיֵךְ. שׁוֹמְרִים מִצְּאוּךְ, וְהֵם נָשְׂאוּ רְדִידָיִךְ.
רָחֲפוּ עֲצָמַי עָלַי בָּנִים יְקָרִים, אֲשֶׁר כְּסִיד שְׂרוּפִים, בְּאוּר אוּדֵי שְׂרִידָיִךְ.
שָׁקְדוּ וְיָקְדוּ גּוֹיֵלֵי דָת, מְשַׂנְאַי. וְאוֹי, אֵיךְ נִמְשַׁלְתְּ לְפַטִּישׁ, תְּעוּדָיִךְ.
תּוֹהֶה לְבָבִי, אֲשֶׁר נִרְצָה בְּאֶרֶץ טְמֵאָה לִנְדָבָה, לְנַסּוֹךְ יַיִן תְּמִידָיִךְ.

צִיּוֹן, עֲדֵי אָן מְשִׂימָה אַתְּ לְפֶה אֶת יָדֵךְ
אֵיכָה בְּיַד אוֹיְבֵךְ נָפְלוּ נְגִידָיִךְ.

מִמֵּךְ אֲבוּדִים יְלָדַיִךְ, חֲמוּדִים כְּפָז. עַל זֹאת בְּמֶרֶר בְּכִי, יְלָלַת מְרוּדָיִךְ.
אֵיכָה מְעֻכָּב זְמַן לְדָתֵךְ, וְעַד אָן תְּהִי אַתְּ נִקְשֶׁרֶת בְּחִיל צִירֵי אֲחוּדָיִךְ.
יוֹלְדוֹת לְתִשְׁעָה יְרָחִים, עֵת נְשֵׁי כֹּל. וְאֵיךְ רַבּוּ שְׁנוֹתַיִךְ, אֲשֶׁר הָרִית יְלָדָיִךְ.
רָנִּי לְשׁוֹמֵר לְאַיָּלָה חֲבָלִים, וְהוּא יַתִּיר לְצִירֵךְ עֲלֵי רֶגֶד וּפִידָיִךְ.
חוֹשֵׁב זְמַן יַעֲלֵי סֶלַע לְהַתִּיר. וְלֹא חָשַׁב זְמַנֵּךְ, לְהָסִיר כָּל חֲרָדָיִךְ.
זְמַן בְּיָדוֹ פִּתְחֵי אַרְבַּע נְעוּלִים, וְגַם כֵּן יִפְתַּח גִּנְזֵי אוֹצַר זְבוּלָיִךְ.
קוֹל יַשְׁמִיעַ לְקַבֵּץ הָאֱמוּנִים. וְאָז דְּלָתָיו פְּתוּחַ, יַפְקִידֵם עַל קְלִידָיִךְ.

צִיּוֹן, מְעֻשִּׁים בְּצַעֲרֵךְ, וּבְיָפְיֵךְ מְעֻשָּׁתִים, אֲשֶׁר יִזְרַח חֶרֶס חֲדוּדָיִךְ.
צִיּוֹן בְּמִנְחָה יְכַפְּרוּן אֶת פְּנֵי זַעְמֵךְ. אָז יִשְׁתַּחֲווּ לְכַף רַגְלֵךְ חֲרֵדָיִךְ.
צִיּוֹן, עֲדִי עֶדְיֵךְ וְרִקְמַת בְּגָדַיִךְ, עֹז וּזְרוֹעַ וּפְאֵר, בִּגְדֵי חֲמוּדָיִךְ.

מג | ציון במשפט לכי לך

שני הפיוטים הבאים נכנסו למחזור הקינות האשכנזי בערך במאה השש עשרה, ומחבריהם אינם ידועים. בשש השורות האחרונות של קינה זו נרמז ששם הפייטן שכתב אותה הוא יוסף בן חיים הכהן. הפייטן מדגיש את עוונות ירושלים ומייחס אותם לישראל ששמעו לקול 'מְעוֹנְנַיִךְ' והעדיפו את דבריהם על תוכחות נביאי ה'. 'מְעוֹנְנַיִךְ' אלו נביאי השקר, אשר הרגיעו אותם בהבטחות שווא ולא עודדו אותם לחזור בתשובה (בעקבות יחזקאל פרק יג). מהשורה המתחילה 'נֹכַח פְּנֵי עֶלְיוֹן' הוא מעודד את ציון להתפלל אל ה' בבכי ובקינה (בעקבות איכה ב, יח). בשש השורות האחרונות הפייטן מדבר על תקופת הגאולה, קורא לירושלים לחדול מבכיה, כבישעיה נב, א: "עוּרִי עוּרִי לִבְשִׁי עֻזֵּךְ צִיּוֹן, לִבְשִׁי בִּגְדֵי תִפְאַרְתֵּךְ יְרוּשָׁלַםִ עִיר הַקֹּדֶשׁ".

סימן: א"ב יוסף

צִיּוֹן בְּמִשְׁפָּט לְכִי לָךְ עִם מְעוֹנְנָיִךְ.
הִתְעוּךְ בְּכָזָב, וְלֹא גִלּוּ עֲוֹנָיִךְ.

אָכֵן בְּנֵי עַוְלָה עִנּוּךְ וִירָשׁוּךְ. נְוֵה צֶדֶק הָיִית אֶל כָּל שְׁכֵנָיִךְ.
בָּזִית מַמְלִיכֵךְ, וְלֹא הִקְשַׁבְתְּ לְמוֹרֵךְ לְטוֹב,
בְּשָׁכְנוֹ בְּאַרְצֵךְ קְדוֹשֵׁךְ בִּמְלוֹנָיִךְ.
גִּלִּית קְלוֹנֵךְ וְטֻמְאָתֵךְ בְּשׁוּלַיִךְ, וְגַם שָׁפַכְתְּ נְחֻשְׁתֵּךְ. מְאֹד הִרְבֵּית זְנוּנָיִךְ.
דֶּרֶךְ אֲחוֹתֵךְ הֲלֹא הָלַכְתְּ, וְזָנִית בְּתַזְנוּתָהּ, וְהִזְנֵית בְּנוֹתַיִךְ וּבָנָיִךְ.
הֻכֵּית וְנִגַּפְתְּ לְאֵין מַרְפֵּא, וְהָיִית כְּטִיט חוּצוֹת, וְהִנָּךְ שְׂחוֹק לִבְנֵי מְעַנָּיִךְ.
וַתְּהִי נְגִינָה בְּפִי זֵדִים אֲרוּרִים, אֲשֶׁר אָמְרוּ לְנַפְשֵׁךְ שְׁחִי, הָרוֹס לְשִׁנָּיִךְ.
זִכְרִי עֲנִיָּה בְּלֵב נִשְׁבָּר, וְזַעֲקִי עֲלֵי מַכֵּךְ וְנוֹגְשֵׂךְ, אֲשֶׁר גָּדַע קְרָנָיִךְ.
חַכִּי בֶּאֱמֶת לְאֵל צוֹרֵךְ וּבוֹרְאֵךְ, וְהוֹחִילִי לְמַלְכֵּךְ לְבַד, כִּי הוּא אֲדוֹנָיִךְ.
טַהֲרִי לְבָבֵךְ וְכַפַּיִךְ, וְשׁוּבִי עֲדֵי אִישֵׁךְ קְדוֹשֵׁךְ, וְלוֹ הַרְבִּי רְנָנָיִךְ.
יוֹמָם וָלַיְלָה תְּנִי קוֹל בִּבְכִי מַר, עֲלֵי קִרְיַת מְלוּכָה, וְעַל תֵּל אַרְמוֹנָיִךְ.
כָּבוֹד וְהָדָר וְרֹב יֳפִי בְּתוֹכֵךְ, הֲלֹא נִמְצָא פְּנֵי קְדוֹשֵׁךְ, וְהֵן נִתַּן לְעוֹיְנָיִךְ.
לָמָּה לְגַלִּים מְעוֹן תַּנִּים, וּמוֹרַשׁ קָאַת וְקִפּוֹד, וְגַם אַגְמֵי מַיִם מַעְיָנָיִךְ.
מֵאַנְתְּ שְׁמֹעַ לְקוֹל מוּסַר מְיַסְּרֵךְ, בְּכֵן שָׁתִית וּמָצִית שְׁמָרַיִךְ שְׁמָרָיִךְ.

נֹכַח פְּנֵי עֶלְיוֹן, שִׁפְכִי לְבָבֵךְ כְּמֵי נָהָר. וְאַל תִּתְּנִי פוּגַת לְעֵינָיִךְ.
סֹבִּי וְהֹמִּי בָּעִיר, קִרְאִי מְקוֹנְנוֹת וְכָל נָשִׁים מְבַכּוֹת, בְּכִי גָדוֹל מְקוֹנְנָיִךְ.
עֲלֵי צְנִיף מַלְכֵּךְ, עַד אָן לְמִרְמָס יְהִי. עַד מֶה בְּיַד צַר, בְּנֵי שָׂרִים, סְגָנָיִךְ.
פְּתַח לְבָנוֹן שְׁעָרַיִךְ, אֲשֶׁר טָבְעוּ בְּאֶרֶץ נְשִׁיָּה, וְאֵין מָלוֹן לְכֹהֲנָיִךְ.
צִיּוֹן עֲלֵיהֶם נְהִי נִהְיָה, וְלֹא תֶחֱשִׁי, אִסְפִי וְקַבְּצִי זְקֵנוֹת וּזְקֵנָיִךְ.
קָרְחִי וָגֹזִּי כְּנֶשֶׁר עַל בְּנֵי תַעֲנוּגַיִךְ, וְעַל כָּל נְשִׂיאַיִךְ וְרוֹזְנָיִךְ.
רָמוּ וְגָדְלוּ כְּמוֹ גַלִּים בְּלֶב יָם מְזוֹרַיִךְ, בְּלֵיל שֻׁדְּדוּ טוּרֵי אֲבָנָיִךְ.
שֻׁדַּד מְלוֹנֵךְ וְכָל מַחְמַד יְקָרֵךְ, בְּאֵין אוּרִים וְתֻמִּים אֲשֶׁר גִּלּוּ צְפוּנָיִךְ.
תָּבוֹר וְכַרְמֶל כְּהָרֵי גִלְבֹּעַ, בְּלִי טַלֵּךְ וּמְטָרֵךְ, וְלֹא אוֹר עֲנָנָיִךְ.

צִיּוֹן יְגוֹנֵךְ נְשִׁי, טַהֲרִי וְהִתְקַדְּשִׁי, עֲדִי יְקָר לִבְשִׁי, תַּמְרוּק שְׁמָנָיִךְ.
צִיּוֹן, וְשָׁלְמוּ יְמֵי אֶבְלֵךְ בְּשָׂשׂוֹן וְגִיל, כִּי תַם עֲוֹנֵךְ וּמִשְׁנֶה שִׁבְרוֹנָיִךְ.
צִיּוֹן, סְגֻלַּת מְלָכִים וּמְדִינוֹת תְּהִי, עוֹד יִזְּלוּ מֵי מְנוּחוֹת מַעְיָנָיִךְ.
צִיּוֹן, פְּדוּתֵךְ צְפִי. עוֹד יִקְרָאוּךְ צְפִירַת תִּפְאֶרֶת, בְּפִי יְשָׁרִים וְנוֹגְנָיִךְ.
צִיּוֹן, בְּרָכָה וְחַיִּים בָּךְ אֲבִיר יַעֲקֹב צִוָּה לְעוֹלָם, וְעוֹד יֹאמְרוּ בְאָזְנָיִךְ.
צִיּוֹן, הֲמוֹן כֹּהֲנִים הֵמָּה יְשָׁרְתוּנֵךְ, וְגַם יוֹסִיף יהוה קְנוֹת שֵׁנִית קְצִינָיִךְ.

מד | צִיּוֹן, גְּבִרַת לְמַמְלָכוֹת מְצִירַיִךְ

"ודברי המשורר 'ציון גברת לממלכות מצריך, רב שלומות שאי מאת אסיריך', יאמר כי גם בחרבנה יש לה להרים ראש ולדעת, כי עומדת היא במעלה הכי נשגבה מכל מעניה ומציקיה מכל הארצות... כי עמי הארצות האלה קשורים הם לארצם רק בחבל הכסף והטוב החמרי אשר ימצאו למכביר בארצותיהם הפוריות, ואולם לו חרבו הארצות האלה, כי אז כבר נשכחו כמת מלבותם ולא זכרון עוד. ואלם את ציון – שאי עיניך וראי, כי גם בצר לך, בעת אדמתך תשאה שממה ושועלים הלכו בך, גם אז בניך קשורים אליך בקשר רוחני, קשר פנימי אשר לא ינתק לנצח" (הרב י"י ריינס, 'אור חדש על ציון תאיר', י, א).

צִיּוֹן, גְּבֶרֶת לְמַמְלָכוֹת מְצִירָיִךְ, רְבִי שְׁלוֹמִים שְׂאִי מֵאֵת אֲסִירָיִךְ.
יְחַמֵּץ לְבָבִי, לְקוֹל נָתְנוּ רְאֵמִים, בְּנֵי שֵׂעִיר וּמוֹאָב, בְּתוֹךְ הֵיכַל דְּבִירָיִךְ.
לְבַסֵּס מְשִׁיחֵי בְּדַם קָדְקֹד סְגָנִים, טְרוֹף שׁוֹעַ וְקוֹעַ, רְמֹס עַמֵּי בְּחִירָיִךְ.
עָרִים בְּצוּרוֹת תְּפֹשׂ, דָּיֵק וְסוֹלְלָה שְׁפֹךְ, אַרְזֵי לְבָנוֹן כְּרֹת מֵעֲצֵי יְעָרָיִךְ.
חָזוּ נְבִיאִים בְּשָׁוְא, דַּבֵּר בְּשֵׁם עִיר קָדוֹשׁ יַעֲקֹב, לְשָׁלוֹם. וְלֹא חָבְשׁוּ מְזוֹרָיִךְ.

יִתַּר לְבָבִי עֲלֵי אָרוֹן וּמִשְׁכָּן, וְצִיץ זָהָב וְאֵפוֹד, וְשֵׁם קֹדֶשׁ סְתָרָיִךְ.
אִיִּים יְחַוּוּ לְרָז אוֹת צַח וּמוֹפֵת, עֲלֵי שִׁבְרֵךְ יְרַפְּאוּ, אֱלֵי מִשְׁנֶה שְׁבָרָיִךְ.
שֶׁמֶשׁ וְכָל כּוֹכְבֵי שַׁחַק, בְּעֵמֶק דֹּמוּ. קוֹלֵךְ בְּרָמָה שְׂאִי, קוֹל תַּמְרוּרָיִךְ.
סַהַר וְכִימָה וְעָשׁ וּכְסִיל לְזֹאת יִבְכּוּ, נָגְהָם אֲשֶׁר אָסְפוּ, כּוֹכְבֵי שְׁחָרָיִךְ.
מַטֵּה רְשָׁעִים כְּקָם, שָׂרִים בְּיָדָם תְּלוּת, שָׁבַת מְשׂוֹשֵׂךְ, גִּיל וּכְלֵי זְמָרָיִךְ.
אָבַל לְבָנוֹן, וְגִיל כַּרְמֶל בְּלִי נִשְׁמַע. חָפְרוּ סְגָנִים, בְּבוֹא צַר בִּשְׁעָרָיִךְ.
חָכְמַת נְבוֹנִים בְּיוֹם אָבְדָה, וְאָסְרוּ קְצִינַיִךְ, וְשַׁחוּ בְּנֵי צִיּוֹן יְקָרָיִךְ.
מִכְלוּל מְלָכִים, לְבוּשׁ בְּנוֹת עֲרֵלוֹת. פְּאֵר רָאמוֹת וְגָבִישׁ, וְאַף סַפִּיר גְּזִירָיִךְ.
בָּזְאוּ נְהָרִים בְּתוֹךְ קִרְיָה עֲלִיזָה, לְאֵין קֵץ לַתְּכוּנָה וְסוֹף, פָּרְצוּ גְדֵרָיִךְ.
גִּבְעָה וְעֵץ רַעֲנָן, אֵלָה עֲבֻתָּה, מְקוֹם פִּגּוּל. מְלֵאִים מְחַלֵּל פְּגָרָיִךְ.
יֶהֱמוּ קְרָבַי כַּיָּם, יִזְּלוּ דִמְעֵי כְּמֵי נִמְרִים, לְבָאִים בְּיוֹם טָרְפוּ כְּפִירָיִךְ.
יִסְעַר לְבָבִי כְּמוֹ סוּפָה וָסַעַר, כְּמֹץ גֹּרֶן יְסֹעַר, עֲלֵי אַשְׁמוֹת כְּמָרָיִךְ.
סָמַר בְּשָׂרִי, לְיוֹם נֵאַר קְדוֹשׁ יַעֲקֹב, מִקְדָּשׁ וּמִזְבְּחוֹ, בְּלִי בוֹא בַּחֲצֵרָיִךְ.
שׂוֹרֵק נֶטַע נַעֲמָן הָיִית, וּבֹקֶר כְּצִיץ פֶּרַח וְנִצָּה, תְּשַׂגְשְׂגִי זְמוֹרָיִךְ.

שׁוּבִי צְבִיָּה, לְאֵל יוֹצְרֵךְ יְכוֹנְנֵךְ. לְדוֹר וָדוֹר בְּתוֹכֵךְ שְׁכֹן בַּעַל נְעוּרָיִךְ.
אַרְיֵה בְּנֵוךְ, לְבַל יַעֲלֶה מְסִלּוֹת. וְצִי אַדִּיר וְשַׁיִט, לְבַל יַעֲבֹר יְאוֹרָיִךְ.
נַפְשִׁי שְׁלוֹמֵךְ דְּרֹשׁ, אוֹתָהּ כְּחֹם צַח עֲלֵי אוֹרוֹת.
כְּעָב טַל בְּחֹם יוֹם, נֵד קְצִירָיִךְ.
אֶשְׂמַח וְאָשִׂישׂ, בְּיוֹם אֶשְׁמַע מְבַשֵּׂר בְּקוֹל.
שָׁלוֹם מְנוּחָה דְּרֹשׁ, וּשְׁלוֹם אֲסִירָיִךְ.

יש נוהגים לומר כאן קינות על השואה (עמ׳ 275–283).

מה | אלי ציון ועריה

נוהגים לקום ולומר קינה זו בעמידה, ויש שאינם קמים עד 'עַד אָנָה בְּכִיָּה בְּצִיּוֹן' בעמוד הבא. יש החוזרים על הבית הראשון לאחר כל בית, כפזמון.

"'בָּכוֹ תִבְכֶּה בַּלַּיְלָה' (איכה א, ב) – שתי בכיות הללו למה? אמר רבה אמר רבי יוחנן: אחד על מקדש ראשון ואחד על מקדש שני... 'וְדִמְעָתָהּ עַל לֶחֱיָהּ' (שם) - אמר רבא אמר ר' יוחנן: כאשה שבוכה על בעל נעוריה, שנאמר (יואל א, ח): 'אֱלִי כִּבְתוּלָה חֲגֻרַת־שַׂק עַל־בַּעַל נְעוּרֶיהָ'" (סנהדרין קד ע"ב). הפייטן מפרש שהבכי הכפול הנזכר בפסוק מבטא כאב פיזי מחד, ואבלות רוחנית מאידך. אך יש בהשוואה הראשונה גם מן הנחמה, שכן האישה היולדת יודעת שהכאב הוא זמני והיא מתנחמת בתקווה לעתיד (השווה ל'צִיּוֹן צְפִירַת פְּאֵר' בעמ' 198). מחבר קינה זו אינו ידוע; יש שזיהו שמחברה הוא ריה"ל מההקבלה בין השורה 'וְעַל יָפְיָם אֲשֶׁר חָשַׁךְ' לדברי ריה"ל ב'ספר הכוזרי' ח"ב, סב: "זה מחקי כחות השכינה, כי היתה בישראל במעלת הרוח בגוף האדם... ובעת שמתרחקת מהם, מסתכלת עצתם ויתכערו גופיהם וישתנה יפים". הקינה אינה מסתיימת בנחמה פרט לתפילה שהקב"ה ישמע את קינתה; הגרי"ד סולובייצ'יק ('הררי קדם' קנב, א) כתב שקינה זו, שאין בה נחמה, נאמרת בסוף הקינות כדי להדגיש שגם לאחר תשעה באב יש להמשיך ולהתאבל על החורבן, עד שתבוא הגאולה.

סימן: א"ב (לאחר המילים 'עֲלֵי' וְ'וְעַל')

אֱלִי צִיּוֹן וְעָרֶיהָ / כְּמוֹ אִשָּׁה בְּצִירֶיהָ.
וְכִבְתוּלָה חֲגוּרַת שַׂק / עַל בַּעַל נְעוּרֶיהָ:

עֲלֵי אַרְמוֹן אֲשֶׁר נִטַּשׁ / בְּאַשְׁמַת צֹאן עֲדָרֶיהָ.
וְעַל בִּיאַת מְחָרְפֵי אֵל / בְּתוֹךְ מִקְדַּשׁ חֲדָרֶיהָ.

עֲלֵי גָלוּת מְשָׁרְתֵי אֵל / מַנְעִימֵי שִׁיר זְמָרֶיהָ.
וְעַל דָּמָם אֲשֶׁר שֻׁפַּךְ / כְּמוֹ מֵימֵי יְאוֹרֶיהָ.

עֲלֵי הֶגְיוֹן מְחוֹלֶיהָ / אֲשֶׁר דָּמַם בְּעָרֶיהָ.
וְעַל וַעַד אֲשֶׁר שָׁמֵם / וּבִטּוּל סַנְהֶדְרֶיהָ.

עֲלֵי זִבְחֵי תְמִידֶיהָ / וּפִדְיוֹנֵי בְכוֹרֶיהָ.
וְעַל חִלּוּל כְּלֵי הֵיכָל / וּמִזְבַּח קְטוֹרֶיהָ.

עֲלֵי טַפֵּי מְלָכֶיהָ / בְּנֵי דָוִד גְּבִירֶיהָ.
וְעַל יָפְיָם אֲשֶׁר חָשַׁךְ / בְּעֵת סָרוּ כְתָרֶיהָ.

עֲלֵי כְבוֹד אֲשֶׁר גָּלָה / בְּעֵת חָרְבַּן דְּבִירֶיהָ.
וְעַל לוֹחֵץ אֲשֶׁר לָחַץ / וְשָׂם שַׂקִּים חֲגוֹרֶיהָ.

עֲלֵי מַחַץ וְרֹב מַכּוֹת / אֲשֶׁר הֻכּוּ נְזִירֶיהָ.
וְעַל נִפּוּץ אֱלֵי סֶלַע / עוֹלָלֶיהָ נְעָרֶיהָ.

עֲלֵי שִׂמְחַת אוֹיְבֶיהָ / בְּשָׂחֲקָם עַל שְׁבָרֶיהָ.
וְעַל עִנּוּי בְּנֵי חוֹרִין / נְדִיבֶיהָ טְהוֹרֶיהָ.

עֲלֵי פֶּשַׁע אֲשֶׁר עָוְתָה / סְלֹל דֶּרֶךְ אֲשׁוּרֶיהָ.
וְעַל צִבְאוֹת קְהָלֶיהָ / שְׁזוּפֶיהָ שְׁחוֹרֶיהָ.

עֲלֵי קוֹלוֹת מְחָרְפֶיהָ / בְּעֵת רַבּוּ פְגָרֶיהָ.
וְעַל רִגְשַׁת מְגַדְּפֶיהָ / בְּתוֹךְ מִשְׁכַּן חֲצֵרֶיהָ.

עֲלֵי שִׁמְךָ אֲשֶׁר חֻלַּל / בְּפִי קָמֵי מְצֵרֶיהָ.
וְעַל תַּחַן יְצַוְּחוּ לָךְ / קְשֹׁב וּשְׁמַע אֲמָרֶיהָ.

אֱלִי צִיּוֹן וְעָרֶיהָ / כְּמוֹ אִשָּׁה בְּצִירֶיהָ.
וְכִבְתוּלָה חֲגוּרַת שַׂק / עַל בַּעַל נְעוּרֶיהָ.

יש נוהגים לומר כאן את הקינה ׳שׁוֹמְרוֹן קוֹל תִּתֵּן׳ בעמ׳ 37.

בסיום הקינות הקהל אומר:

עַד אָנָה בְּכִיָּה בְּצִיּוֹן, וּמִסְפֵּד בִּירוּשָׁלָיִם.
תְּרַחֵם צִיּוֹן וְתִבְנֶה חוֹמוֹת יְרוּשָׁלָיִם.

תְּרַחֵם צִיּוֹן כַּאֲשֶׁר אָמַרְתָּ / וּתְכוֹנְנֶהָ כַּאֲשֶׁר דִּבַּרְתָּ /
תְּמַהֵר יְשׁוּעָה וְתָחִישׁ גְּאֻלָּה / וְתָשׁוּב לִירוּשָׁלַיִם בְּרַחֲמִים רַבִּים.

זכריה א כַּכָּתוּב עַל יַד נְבִיאֶךָ: לָכֵן כֹּה־אָמַר יהוה, שַׁבְתִּי לִירוּשָׁלַםִ בְּרַחֲמִים,
שם בֵּיתִי יִבָּנֶה בָּהּ, נְאֻם יהוה צְבָאוֹת, וְקָו יִנָּטֶה עַל־יְרוּשָׁלָםִ: וְנֶאֱמַר: עוֹד
קְרָא לֵאמֹר, כֹּה אָמַר יהוה צְבָאוֹת, עוֹד תְּפוּצֶנָה עָרַי מִטּוֹב, וְנִחַם יהוה
ישעיה נא עוֹד אֶת־צִיּוֹן, וּבָחַר עוֹד בִּירוּשָׁלָםִ: וְנֶאֱמַר: כִּי־נִחַם יהוה צִיּוֹן, נִחַם
כָּל־חָרְבֹתֶיהָ, וַיָּשֶׂם מִדְבָּרָהּ כְּעֵדֶן, וְעַרְבָתָהּ כְּגַן־יהוה, שָׂשׂוֹן וְשִׂמְחָה
יִמָּצֵא בָהּ, תּוֹדָה וְקוֹל זִמְרָה:

שליח הציבור ממשיך ׳אַשְׁרֵי׳ עד סוף התפילה.

סיום התפילה

אַשְׁרֵי יוֹשְׁבֵי בֵיתֶךָ, עוֹד יְהַלְלוּךָ סֶּלָה: תהלים פד
אַשְׁרֵי הָעָם שֶׁכָּכָה לּוֹ, אַשְׁרֵי הָעָם שֶׁיהוה אֱלֹהָיו: תהלים קמד
תְּהִלָּה לְדָוִד תהלים קמה
אֲרוֹמִמְךָ אֱלוֹהַי הַמֶּלֶךְ, וַאֲבָרְכָה שִׁמְךָ לְעוֹלָם וָעֶד:
בְּכָל־יוֹם אֲבָרְכֶךָּ, וַאֲהַלְלָה שִׁמְךָ לְעוֹלָם וָעֶד:
גָּדוֹל יהוה וּמְהֻלָּל מְאֹד, וְלִגְדֻלָּתוֹ אֵין חֵקֶר:
דּוֹר לְדוֹר יְשַׁבַּח מַעֲשֶׂיךָ, וּגְבוּרֹתֶיךָ יַגִּידוּ:
הֲדַר כְּבוֹד הוֹדֶךָ, וְדִבְרֵי נִפְלְאֹתֶיךָ אָשִׂיחָה:
וֶעֱזוּז נוֹרְאֹתֶיךָ יֹאמֵרוּ, וּגְדוּלָּתְךָ אֲסַפְּרֶנָּה:
זֵכֶר רַב־טוּבְךָ יַבִּיעוּ, וְצִדְקָתְךָ יְרַנֵּנוּ:
חַנּוּן וְרַחוּם יהוה, אֶרֶךְ אַפַּיִם וּגְדָל־חָסֶד:
טוֹב־יהוה לַכֹּל, וְרַחֲמָיו עַל־כָּל־מַעֲשָׂיו:
יוֹדוּךָ יהוה כָּל־מַעֲשֶׂיךָ, וַחֲסִידֶיךָ יְבָרְכוּכָה:
כְּבוֹד מַלְכוּתְךָ יֹאמֵרוּ, וּגְבוּרָתְךָ יְדַבֵּרוּ:
לְהוֹדִיעַ לִבְנֵי הָאָדָם גְּבוּרֹתָיו, וּכְבוֹד הֲדַר מַלְכוּתוֹ:
מַלְכוּתְךָ מַלְכוּת כָּל־עֹלָמִים, וּמֶמְשַׁלְתְּךָ בְּכָל־דּוֹר וָדֹר:
סוֹמֵךְ יהוה לְכָל־הַנֹּפְלִים, וְזוֹקֵף לְכָל־הַכְּפוּפִים:
עֵינֵי־כֹל אֵלֶיךָ יְשַׂבֵּרוּ, וְאַתָּה נוֹתֵן־לָהֶם אֶת־אָכְלָם בְּעִתּוֹ:
פּוֹתֵחַ אֶת־יָדֶךָ, וּמַשְׂבִּיעַ לְכָל־חַי רָצוֹן:
צַדִּיק יהוה בְּכָל־דְּרָכָיו, וְחָסִיד בְּכָל־מַעֲשָׂיו:
קָרוֹב יהוה לְכָל־קֹרְאָיו, לְכֹל אֲשֶׁר יִקְרָאֻהוּ בֶאֱמֶת:
רְצוֹן־יְרֵאָיו יַעֲשֶׂה, וְאֶת־שַׁוְעָתָם יִשְׁמַע, וְיוֹשִׁיעֵם:
שׁוֹמֵר יהוה אֶת־כָּל־אֹהֲבָיו, וְאֵת כָּל־הָרְשָׁעִים יַשְׁמִיד:
◂ תְּהִלַּת יהוה יְדַבֶּר פִּי, וִיבָרֵךְ כָּל־בָּשָׂר שֵׁם קָדְשׁוֹ לְעוֹלָם וָעֶד:
וַאֲנַחְנוּ נְבָרֵךְ יָהּ מֵעַתָּה וְעַד־עוֹלָם, הַלְלוּיָהּ: תהלים קטו

מדלגים על הפסוק 'וַאֲנִי זֹאת בְּרִיתִי', כיוון שפסוק זה נאמר על התורה,
ותשעה באב אסור בתלמוד תורה (ראבי"ה, תתצ).

ישעיה נט וּבָא לְצִיּוֹן גּוֹאֵל, וּלְשָׁבֵי פֶשַׁע בְּיַעֲקֹב, נְאֻם יהוה:

תהלים כב ◂ וְאַתָּה קָדוֹשׁ יוֹשֵׁב תְּהִלּוֹת יִשְׂרָאֵל: וְקָרָא זֶה אֶל־זֶה וְאָמַר
ישעיה ו קָדוֹשׁ, קָדוֹשׁ, קָדוֹשׁ, יהוה צְבָאוֹת, מְלֹא כָל־הָאָרֶץ כְּבוֹדוֹ:
תרגום יונתן ישעיה ו וּמְקַבְּלִין דֵּין מִן דֵּין וְאָמְרִין, קַדִּישׁ בִּשְׁמֵי מְרוֹמָא עִלָּאָה בֵּית שְׁכִינְתֵהּ,
קַדִּישׁ עַל אַרְעָא עוֹבַד גְּבוּרְתֵהּ, קַדִּישׁ לְעָלַם וּלְעָלְמֵי עָלְמַיָּא, יהוה צְבָאוֹת,
מַלְיָא כָל אַרְעָא זִיו יְקָרֵהּ.

יחזקאל ג ◂ וַתִּשָּׂאֵנִי רוּחַ, וָאֶשְׁמַע אַחֲרַי קוֹל רַעַשׁ גָּדוֹל
בָּרוּךְ כְּבוֹד־יהוה מִמְּקוֹמוֹ:
תרגום יונתן יחזקאל ג וּנְטָלַתְנִי רוּחָא, וּשְׁמָעִית בַּתְרַי קָל זִיעַ סַגִּיא, דִּמְשַׁבְּחִין וְאָמְרִין, בְּרִיךְ יְקָרָא
דַיהוה מֵאֲתַר בֵּית שְׁכִינְתֵהּ.

שמות טו יהוה יִמְלֹךְ לְעֹלָם וָעֶד:
תרגום אונקלוס שמות טו יהוה מַלְכוּתֵהּ קָאֵם לְעָלַם וּלְעָלְמֵי עָלְמַיָּא.

דברי הימים א׳ כט יהוה אֱלֹהֵי אַבְרָהָם יִצְחָק וְיִשְׂרָאֵל אֲבֹתֵינוּ, שָׁמְרָה־זֹּאת לְעוֹלָם
תהלים עח לְיֵצֶר מַחְשְׁבוֹת לְבַב עַמֶּךָ, וְהָכֵן לְבָבָם אֵלֶיךָ: וְהוּא רַחוּם יְכַפֵּר עָוֹן
תהלים פו וְלֹא־יַשְׁחִית, וְהִרְבָּה לְהָשִׁיב אַפּוֹ, וְלֹא־יָעִיר כָּל־חֲמָתוֹ: כִּי־אַתָּה אֲדֹנָי
תהלים קיט טוֹב וְסַלָּח, וְרַב־חֶסֶד לְכָל־קֹרְאֶיךָ: צִדְקָתְךָ צֶדֶק לְעוֹלָם וְתוֹרָתְךָ
מיכה ז אֱמֶת: תִּתֵּן אֱמֶת לְיַעֲקֹב, חֶסֶד לְאַבְרָהָם, אֲשֶׁר־נִשְׁבַּעְתָּ לַאֲבֹתֵינוּ
תהלים סח מִימֵי קֶדֶם: בָּרוּךְ אֲדֹנָי יוֹם יוֹם יַעֲמָס־לָנוּ, הָאֵל יְשׁוּעָתֵנוּ סֶלָה: יהוה
תהלים מו צְבָאוֹת עִמָּנוּ, מִשְׂגָּב לָנוּ אֱלֹהֵי יַעֲקֹב סֶלָה: יהוה צְבָאוֹת, אַשְׁרֵי
תהלים פד אָדָם בֹּטֵחַ בָּךְ: יהוה הוֹשִׁיעָה, הַמֶּלֶךְ יַעֲנֵנוּ בְיוֹם־קָרְאֵנוּ:
תהלים כ

בָּרוּךְ הוּא אֱלֹהֵינוּ שֶׁבְּרָאָנוּ לִכְבוֹדוֹ, וְהִבְדִּילָנוּ מִן הַתּוֹעִים, וְנָתַן
לָנוּ תּוֹרַת אֱמֶת, וְחַיֵּי עוֹלָם נָטַע בְּתוֹכֵנוּ. הוּא יִפְתַּח לִבֵּנוּ בְּתוֹרָתוֹ,
וְיָשֵׂם בְּלִבֵּנוּ אַהֲבָתוֹ וְיִרְאָתוֹ וְלַעֲשׂוֹת רְצוֹנוֹ וּלְעָבְדוֹ בְּלֵבָב שָׁלֵם,
לְמַעַן לֹא נִיגַע לָרִיק וְלֹא נֵלֵד לַבֶּהָלָה.

יְהִי רָצוֹן מִלְּפָנֶיךָ יהוה אֱלֹהֵינוּ וֵאלֹהֵי אֲבוֹתֵינוּ, שֶׁנִּשְׁמֹר חֻקֶּיךָ
בָּעוֹלָם הַזֶּה, וְנִזְכֶּה וְנִחְיֶה וְנִרְאֶה וְנִירַשׁ טוֹבָה וּבְרָכָה, לִשְׁנֵי יְמוֹת
הַמָּשִׁיחַ וּלְחַיֵּי הָעוֹלָם הַבָּא. לְמַעַן יְזַמֶּרְךָ כָבוֹד וְלֹא יִדֹּם, יהוה תהלים ל
אֱלֹהַי, לְעוֹלָם אוֹדֶךָּ: בָּרוּךְ הַגֶּבֶר אֲשֶׁר יִבְטַח בַּיהוה, וְהָיָה יהוה ירמיה יז
מִבְטַחוֹ: בִּטְחוּ בַיהוה עֲדֵי־עַד, כִּי בְּיָהּ יהוה צוּר עוֹלָמִים: ׀ וְיִבְטְחוּ ישעיה כו תהלים ט
בְךָ יוֹדְעֵי שְׁמֶךָ, כִּי לֹא־עָזַבְתָּ דֹרְשֶׁיךָ, יהוה: יהוה חָפֵץ לְמַעַן צִדְקוֹ, ישעיה מב
יַגְדִּיל תּוֹרָה וְיַאְדִּיר:

אומרים קדיש שלם, אך אין אומרים בו ׳תִּתְקַבַּל צְלוֹתְהוֹן׳ (רמ״א תקנט, ד בשם ראבי״ה).

קדיש שלם

ש״ץ: יִתְגַּדַּל וְיִתְקַדַּשׁ שְׁמֵהּ רַבָּא (קהל: אָמֵן)
בְּעָלְמָא דִּי בְרָא כִרְעוּתֵהּ
וְיַמְלִיךְ מַלְכוּתֵהּ וְיַצְמַח פֻּרְקָנֵהּ וִיקָרֵב מְשִׁיחֵהּ (קהל: אָמֵן)
בְּחַיֵּיכוֹן וּבְיוֹמֵיכוֹן וּבְחַיֵּי דְכָל בֵּית יִשְׂרָאֵל
בַּעֲגָלָא וּבִזְמַן קָרִיב, וְאִמְרוּ אָמֵן. (קהל: אָמֵן)

קהל וש״ץ: יְהֵא שְׁמֵהּ רַבָּא מְבָרַךְ לְעָלַם וּלְעָלְמֵי עָלְמַיָּא.

ש״ץ: יִתְבָּרַךְ וְיִשְׁתַּבַּח וְיִתְפָּאַר וְיִתְרוֹמַם וְיִתְנַשֵּׂא
וְיִתְהַדָּר וְיִתְעַלֶּה וְיִתְהַלָּל שְׁמֵהּ דְּקֻדְשָׁא בְּרִיךְ הוּא (קהל: אָמֵן)
לְעֵלָּא מִן כָּל בִּרְכָתָא וְשִׁירָתָא, תֻּשְׁבְּחָתָא וְנֶחֱמָתָא
דַּאֲמִירָן בְּעָלְמָא, וְאִמְרוּ אָמֵן. (קהל: אָמֵן)

יְהֵא שְׁלָמָא רַבָּא מִן שְׁמַיָּא
וְחַיִּים טוֹבִים עָלֵינוּ וְעַל כָּל יִשְׂרָאֵל, וְאִמְרוּ אָמֵן. (קהל: אָמֵן)

כורע ופוסע שלוש פסיעות לאחור. קד לשמאל, לימין ולפנים באמירת:

עֹשֶׂה שָׁלוֹם בִּמְרוֹמָיו
הוּא יַעֲשֶׂה שָׁלוֹם
עָלֵינוּ וְעַל כָּל יִשְׂרָאֵל, וְאִמְרוּ אָמֵן. (קהל: אָמֵן)

אין אומרים שיר של יום ולא 'אין כֵּאלֹהֵינוּ' בשחרית, אלא במנחה (לבוש' תקנ"ט, ו).

אומרים 'עָלֵינוּ' בעמידה (טור, קל"ג) ומשתחווים במקום המסומן ב'.

עָלֵינוּ לְשַׁבֵּחַ לַאֲדוֹן הַכֹּל, לָתֵת גְּדֻלָּה לְיוֹצֵר בְּרֵאשִׁית
שֶׁלֹּא עָשָׂנוּ כְּגוֹיֵי הָאֲרָצוֹת, וְלֹא שָׂמָנוּ כְּמִשְׁפְּחוֹת הָאֲדָמָה
שֶׁלֹּא שָׂם חֶלְקֵנוּ כָּהֶם וְגוֹרָלֵנוּ כְּכָל הֲמוֹנָם.
שֶׁהֵם מִשְׁתַּחֲוִים לְהֶבֶל וָרִיק וּמִתְפַּלְּלִים אֶל אֵל לֹא יוֹשִׁיעַ.
ּוַאֲנַחְנוּ כּוֹרְעִים וּמִשְׁתַּחֲוִים וּמוֹדִים
לִפְנֵי מֶלֶךְ מַלְכֵי הַמְּלָכִים, הַקָּדוֹשׁ בָּרוּךְ הוּא
שֶׁהוּא נוֹטֶה שָׁמַיִם וְיוֹסֵד אָרֶץ, וּמוֹשַׁב יְקָרוֹ בַּשָּׁמַיִם מִמַּעַל
וּשְׁכִינַת עֻזּוֹ בְּגָבְהֵי מְרוֹמִים.
הוּא אֱלֹהֵינוּ, אֵין עוֹד.
אֱמֶת מַלְכֵּנוּ, אֶפֶס זוּלָתוֹ

דברים ד כַּכָּתוּב בְּתוֹרָתוֹ, וְיָדַעְתָּ הַיּוֹם וַהֲשֵׁבֹתָ אֶל־לְבָבֶךָ
כִּי יְהוָה הוּא הָאֱלֹהִים בַּשָּׁמַיִם מִמַּעַל וְעַל־הָאָרֶץ מִתָּחַת, אֵין עוֹד:

וְעַל כֵּן נְקַוֶּה לְּךָ יְהוָה אֱלֹהֵינוּ, לִרְאוֹת מְהֵרָה בְּתִפְאֶרֶת עֻזֶּךָ
לְהַעֲבִיר גִּלּוּלִים מִן הָאָרֶץ, וְהָאֱלִילִים כָּרוֹת יִכָּרֵתוּן
לְתַקֵּן עוֹלָם בְּמַלְכוּת שַׁדַּי.
וְכָל בְּנֵי בָשָׂר יִקְרְאוּ בִשְׁמֶךָ לְהַפְנוֹת אֵלֶיךָ כָּל רִשְׁעֵי אָרֶץ.
יַכִּירוּ וְיֵדְעוּ כָּל יוֹשְׁבֵי תֵבֵל
כִּי לְךָ תִּכְרַע כָּל בֶּרֶךְ, תִּשָּׁבַע כָּל לָשׁוֹן.
לְפָנֶיךָ יְהוָה אֱלֹהֵינוּ יִכְרְעוּ וְיִפֹּלוּ, וְלִכְבוֹד שִׁמְךָ יְקָר יִתֵּנוּ
וִיקַבְּלוּ כֻלָּם אֶת עֹל מַלְכוּתֶךָ, וְתִמְלֹךְ עֲלֵיהֶם מְהֵרָה לְעוֹלָם וָעֶד.
כִּי הַמַּלְכוּת שֶׁלְּךָ הִיא וּלְעוֹלְמֵי עַד תִּמְלֹךְ בְּכָבוֹד

שמות טו כַּכָּתוּב בְּתוֹרָתֶךָ, יְהוָה יִמְלֹךְ לְעֹלָם וָעֶד:

זכריה יד ◀ וְנֶאֱמַר, וְהָיָה יְהוָה לְמֶלֶךְ עַל־כָּל־הָאָרֶץ
בַּיּוֹם הַהוּא יִהְיֶה יְהוָה אֶחָד וּשְׁמוֹ אֶחָד:

יש מוסיפים:

אַל־תִּירָא מִפַּחַד פִּתְאֹם וּמִשֹּׁאַת רְשָׁעִים כִּי תָבֹא: משלי ג

עֻצוּ עֵצָה וְתֻפָר, דַּבְּרוּ דָבָר וְלֹא יָקוּם, כִּי עִמָּנוּ אֵל: ישעיה ח

וְעַד־זִקְנָה אֲנִי הוּא, וְעַד־שֵׂיבָה אֲנִי אֶסְבֹּל, אֲנִי עָשִׂיתִי וַאֲנִי אֶשָּׂא וַאֲנִי אֶסְבֹּל וַאֲמַלֵּט: ישעיה מו

קדיש יתום

אבל: יִתְגַּדַּל וְיִתְקַדַּשׁ שְׁמֵהּ רַבָּא (קהל: אָמֵן)
בְּעָלְמָא דִּי בְרָא כִרְעוּתֵהּ
וְיַמְלִיךְ מַלְכוּתֵהּ וְיַצְמַח פֻּרְקָנֵהּ וִיקָרֵב מְשִׁיחֵהּ (קהל: אָמֵן)
בְּחַיֵּיכוֹן וּבְיוֹמֵיכוֹן וּבְחַיֵּי דְכָל בֵּית יִשְׂרָאֵל
בַּעֲגָלָא וּבִזְמַן קָרִיב, וְאִמְרוּ אָמֵן. (קהל: אָמֵן)

קהל ואבל: יְהֵא שְׁמֵהּ רַבָּא מְבָרַךְ לְעָלַם וּלְעָלְמֵי עָלְמַיָּא.

אבל: יִתְבָּרַךְ וְיִשְׁתַּבַּח וְיִתְפָּאַר וְיִתְרוֹמַם וְיִתְנַשֵּׂא
וְיִתְהַדָּר וְיִתְעַלֶּה וְיִתְהַלָּל
שְׁמֵהּ דְּקֻדְשָׁא בְּרִיךְ הוּא (קהל: אָמֵן)
לְעֵלָּא מִן כָּל בִּרְכָתָא וְשִׁירָתָא, תֻּשְׁבְּחָתָא וְנֶחֱמָתָא
דַּאֲמִירָן בְּעָלְמָא, וְאִמְרוּ אָמֵן. (קהל: אָמֵן)

יְהֵא שְׁלָמָא רַבָּא מִן שְׁמַיָּא
וְחַיִּים טוֹבִים עָלֵינוּ וְעַל כָּל יִשְׂרָאֵל, וְאִמְרוּ אָמֵן. (קהל: אָמֵן)

כורע ופוסע שלוש פסיעות לאחור. קד לשמאל, לימין ולפנים באמירת:

עֹשֶׂה שָׁלוֹם בִּמְרוֹמָיו
הוּא יַעֲשֶׂה שָׁלוֹם
עָלֵינוּ וְעַל כָּל יִשְׂרָאֵל, וְאִמְרוּ אָמֵן. (קהל: אָמֵן)

אם עדיין לא הגיע חצות היום, יש נוהגים לקרוא
מגילת איכה (עמ׳ 21) שוב (משנ״ב תקנט, ב בשם השל״ה);
וקוראים בלי ברכה אפילו אם קוראים אותה מקלף (לוח א״י).

מנחה לתשעה באב

מנחה לתשעה באב

מתפללים מנחה בטלית ובתפילין (טור, תקנה).

עטיפת טלית

לפני עטיפה בטלית גדול יש נוהגים לומר גם בתשעה באב
את הפסוקים המלווים את ההתעטפות בטלית והנחת תפילין:

בָּרְכִי נַפְשִׁי אֶת־יהוה, יהוה אֱלֹהַי גָּדַלְתָּ מְּאֹד, הוֹד וְהָדָר לָבָשְׁתָּ: תהלים קד
עֹטֶה־אוֹר כַּשַּׂלְמָה, נוֹטֶה שָׁמַיִם כַּיְרִיעָה:

יש אומרים:

לְשֵׁם יִחוּד קֻדְשָׁא בְּרִיךְ הוּא וּשְׁכִינְתֵּהּ בִּדְחִילוּ וּרְחִימוּ, לְיַחֵד שֵׁם
י״ה בו״ה בְּיִחוּדָא שְׁלִים בְּשֵׁם כָּל יִשְׂרָאֵל.

הֲרֵינִי מִתְעַטֵּף בְּצִיצִית. כֵּן תִּתְעַטֵּף נִשְׁמָתִי וּרְמַ״ח אֵבָרַי וּשְׁסָ״ה גִּידַי
בְּאוֹר הַצִּיצִית הָעוֹלָה תַּרְיַ״ג. וּכְשֵׁם שֶׁאֲנִי מִתְכַּסֶּה בְּטַלִּית בָּעוֹלָם
הַזֶּה, כָּךְ אֶזְכֶּה לַחֲלוּקָא דְרַבָּנָן וּלְטַלִּית נָאָה לָעוֹלָם הַבָּא בְּגַן עֵדֶן.
וְעַל יְדֵי מִצְוַת צִיצִית תִּנָּצֵל נַפְשִׁי רוּחִי וְנִשְׁמָתִי וּתְפִלָּתִי מִן הַחִיצוֹנִים.
וְהַטַּלִּית תִּפְרֹשׂ כְּנָפֶיהָ עֲלֵיהֶם וְתַצִּילֵם, כְּנֶשֶׁר יָעִיר קִנּוֹ עַל־גּוֹזָלָיו יְרַחֵף: דברים לב
וּתְהֵא חֲשׁוּבָה מִצְוַת צִיצִית לִפְנֵי הַקָּדוֹשׁ בָּרוּךְ הוּא, כְּאִלּוּ קִיַּמְתִּיהָ
בְּכָל פְּרָטֶיהָ וְדִקְדּוּקֶיהָ וְכַוָּנוֹתֶיהָ וְתַרְיַ״ג מִצְוֹת הַתְּלוּיוֹת בָּהּ, אָמֵן סֶלָה.

עומד ומברך:

בָּרוּךְ אַתָּה יהוה אֱלֹהֵינוּ מֶלֶךְ הָעוֹלָם
אֲשֶׁר קִדְּשָׁנוּ בְּמִצְוֹתָיו, וְצִוָּנוּ לְהִתְעַטֵּף בַּצִּיצִית.

נוהגים להתעטף בטלית אחר הברכה.

מתעטף ואומר (סידור השל״ה):

מַה־יָּקָר חַסְדְּךָ אֱלֹהִים, וּבְנֵי אָדָם בְּצֵל כְּנָפֶיךָ יֶחֱסָיוּן: תהלים לו
יִרְוְיֻן מִדֶּשֶׁן בֵּיתֶךָ, וְנַחַל עֲדָנֶיךָ תַשְׁקֵם:
כִּי־עִמְּךָ מְקוֹר חַיִּים, בְּאוֹרְךָ נִרְאֶה־אוֹר:
מְשֹׁךְ חַסְדְּךָ לְיֹדְעֶיךָ, וְצִדְקָתְךָ לְיִשְׁרֵי־לֵב:

הנחת תפילין

לפני הנחת תפילין יש אומרים:

לְשֵׁם יִחוּד קֻדְשָׁא בְּרִיךְ הוּא וּשְׁכִינְתֵּהּ בִּדְחִילוּ וּרְחִימוּ, לְיַחֵד שֵׁם י״ה בו״ה בְּיִחוּדָא שְׁלִים בְּשֵׁם כָּל יִשְׂרָאֵל.

הִנְנִי מְכַוֵּן בַּהֲנָחַת תְּפִלִּין לְקַיֵּם מִצְוַת בּוֹרְאִי, שֶׁצִּוָּנוּ לְהָנִיחַ תְּפִלִּין, כַּכָּתוּב
דברים ו בְּתוֹרָתוֹ: וּקְשַׁרְתָּם לְאוֹת עַל־יָדֶךָ, וְהָיוּ לְטֹטָפֹת בֵּין עֵינֶיךָ: וְהֵם אַרְבַּע
פָּרָשִׁיּוֹת אֵלּוּ, שְׁמַע, וְהָיָה אִם שָׁמֹעַ, קַדֶּשׁ לִי, וְהָיָה כִּי יְבִאֲךָ, שֶׁיֵּשׁ בָּהֶם יִחוּדוֹ
וְאַחְדוּתוֹ יִתְבָּרַךְ שְׁמוֹ בָּעוֹלָם, וְשֶׁנִּזְכֹּר נִסִּים וְנִפְלָאוֹת שֶׁעָשָׂה עִמָּנוּ בְּהוֹצִיאוֹ
אוֹתָנוּ מִמִּצְרַיִם, וַאֲשֶׁר לוֹ הַכֹּחַ וְהַמֶּמְשָׁלָה בָּעֶלְיוֹנִים וּבַתַּחְתּוֹנִים לַעֲשׂוֹת
בָּהֶם כִּרְצוֹנוֹ. וְצִוָּנוּ לְהָנִיחַ עַל הַיָּד לְזִכְרוֹן זְרוֹעַ הַנְּטוּיָה, וְשֶׁהִיא נֶגֶד הַלֵּב,
לְשַׁעְבֵּד בָּזֶה תַּאֲווֹת וּמַחְשְׁבוֹת לִבֵּנוּ לַעֲבוֹדָתוֹ יִתְבָּרַךְ שְׁמוֹ. וְעַל הָרֹאשׁ
נֶגֶד הַמֹּחַ, שֶׁהַנְּשָׁמָה שֶׁבְּמֹחִי עִם שְׁאָר חוּשַׁי וְכֹחוֹתַי כֻּלָּם יִהְיוּ מְשֻׁעְבָּדִים
לַעֲבוֹדָתוֹ יִתְבָּרַךְ שְׁמוֹ. וּמִשֶּׁפַע מִצְוַת תְּפִלִּין יִתְמַשֵּׁךְ עָלַי לִהְיוֹת לִי חַיִּים
אֲרוּכִים וְשֶׁפַע קֹדֶשׁ וּמַחֲשָׁבוֹת קְדוֹשׁוֹת בְּלִי הִרְהוּר חֵטְא וְעָוֹן כְּלָל, וְשֶׁלֹּא
יְפַתֵּנוּ וְלֹא יִתְגָּרֶה בָּנוּ יֵצֶר הָרָע, וְיַנִּיחֵנוּ לַעֲבֹד אֶת יהוה כַּאֲשֶׁר עִם לְבָבֵנוּ.

וִיהִי רָצוֹן מִלְּפָנֶיךָ, יהוה אֱלֹהֵינוּ וֵאלֹהֵי אֲבוֹתֵינוּ, שֶׁתְּהֵא חֲשׁוּבָה מִצְוַת הֲנָחַת תְּפִלִּין לִפְנֵי הַקָּדוֹשׁ בָּרוּךְ הוּא, כְּאִלּוּ קִיַּמְתִּיהָ בְּכָל פְּרָטֶיהָ וְדִקְדּוּקֶיהָ וְכַוָּנוֹתֶיהָ וְתַרְיַ״ג מִצְוֹת הַתְּלוּיוֹת בָּהּ, אָמֵן סֶלָה.

עומד, מניח תפילין של יד על השריר העליון של הזרוע השמאלית (איטר מניחן על זרועו הימנית) ומברך:

בָּרוּךְ אַתָּה יהוה אֱלֹהֵינוּ מֶלֶךְ הָעוֹלָם
אֲשֶׁר קִדְּשָׁנוּ בְּמִצְוֹתָיו וְצִוָּנוּ לְהָנִיחַ תְּפִלִּין.

מהדק את הרצועה, וכורך אותה שבע פעמים סביב זרועו, ומיד מניח תפילין של ראש.
מקום תפילין של ראש הוא מעל עיקרי השערות שבמרכז המצח.

מניח ומברך:

בָּרוּךְ אַתָּה יהוה אֱלֹהֵינוּ מֶלֶךְ הָעוֹלָם
אֲשֶׁר קִדְּשָׁנוּ בְּמִצְוֹתָיו וְצִוָּנוּ עַל מִצְוַת תְּפִלִּין.

מהדק את הרצועה ואומר:

בָּרוּךְ שֵׁם כְּבוֹד מַלְכוּתוֹ לְעוֹלָם וָעֶד

יש אומרים:

וּמֵחָכְמָתְךָ אֵל עֶלְיוֹן תַּאֲצִיל עָלַי, וּמִבִּינָתְךָ תְּבִינֵנִי
וּבְחַסְדְּךָ תַּגְדִּיל עָלַי, וּבִגְבוּרָתְךָ תַּצְמִית אוֹיְבַי וְקָמַי.
וְשֶׁמֶן הַטּוֹב תָּרִיק עַל שִׁבְעָה קְנֵי הַמְּנוֹרָה
לְהַשְׁפִּיעַ טוּבְךָ לִבְרִיּוֹתֶיךָ.
פּוֹתֵחַ אֶת־יָדֶךָ וּמַשְׂבִּיעַ לְכָל־חַי רָצוֹן:

תהלים קמה

כורך ברצועה של יד שלוש כריכות סביב האצבע האמצעית ואומר:

הושע ב

וְאֵרַשְׂתִּיךְ לִי לְעוֹלָם
וְאֵרַשְׂתִּיךְ לִי בְּצֶדֶק וּבְמִשְׁפָּט וּבְחֶסֶד וּבְרַחֲמִים:
וְאֵרַשְׂתִּיךְ לִי בֶּאֱמוּנָה, וְיָדַעַתְּ אֶת־יהוה:

יש נוהגים לומר שתי פרשות אלה, שנזכרת בהן מצוות הנחת תפילין (ויש שאינם
אומרים בתשעה באב, כיוון שאינן מסדר היום – ראה בה"ט ומשנ"ב תקנה, ה):

שמות יג

וַיְדַבֵּר יהוה אֶל־מֹשֶׁה לֵּאמֹר: קַדֶּשׁ־לִי כָל־בְּכוֹר, פֶּטֶר כָּל־רֶחֶם
בִּבְנֵי יִשְׂרָאֵל, בָּאָדָם וּבַבְּהֵמָה, לִי הוּא: וַיֹּאמֶר מֹשֶׁה אֶל־הָעָם,
זָכוֹר אֶת־הַיּוֹם הַזֶּה, אֲשֶׁר יְצָאתֶם מִמִּצְרַיִם מִבֵּית עֲבָדִים,
כִּי בְּחֹזֶק יָד הוֹצִיא יהוה אֶתְכֶם מִזֶּה, וְלֹא יֵאָכֵל חָמֵץ: הַיּוֹם
אַתֶּם יֹצְאִים, בְּחֹדֶשׁ הָאָבִיב: וְהָיָה כִי־יְבִיאֲךָ יהוה אֶל־אֶרֶץ
הַכְּנַעֲנִי וְהַחִתִּי וְהָאֱמֹרִי וְהַחִוִּי וְהַיְבוּסִי, אֲשֶׁר נִשְׁבַּע לַאֲבֹתֶיךָ
לָתֶת לָךְ, אֶרֶץ זָבַת חָלָב וּדְבַשׁ, וְעָבַדְתָּ אֶת־הָעֲבֹדָה הַזֹּאת
בַּחֹדֶשׁ הַזֶּה: שִׁבְעַת יָמִים תֹּאכַל מַצֹּת, וּבַיּוֹם הַשְּׁבִיעִי חַג לַיהוה:
מַצּוֹת יֵאָכֵל אֵת שִׁבְעַת הַיָּמִים, וְלֹא־יֵרָאֶה לְךָ חָמֵץ וְלֹא־יֵרָאֶה
לְךָ שְׂאֹר, בְּכָל־גְּבֻלֶךָ: וְהִגַּדְתָּ לְבִנְךָ בַּיּוֹם הַהוּא לֵאמֹר, בַּעֲבוּר
זֶה עָשָׂה יהוה לִי בְּצֵאתִי מִמִּצְרָיִם: וְהָיָה לְךָ לְאוֹת עַל־יָדְךָ
וּלְזִכָּרוֹן בֵּין עֵינֶיךָ, לְמַעַן תִּהְיֶה תּוֹרַת יהוה בְּפִיךָ, כִּי בְּיָד חֲזָקָה
הוֹצִאֲךָ יהוה מִמִּצְרָיִם: וְשָׁמַרְתָּ אֶת־הַחֻקָּה הַזֹּאת לְמוֹעֲדָהּ,
מִיָּמִים יָמִימָה:

וְהָיָה כִּי־יְבִאֲךָ יהוה אֶל־אֶרֶץ הַכְּנַעֲנִי כַּאֲשֶׁר נִשְׁבַּע לְךָ וְלַאֲבֹתֶיךָ,
וּנְתָנָהּ לָךְ: וְהַעֲבַרְתָּ כָל־פֶּטֶר־רֶחֶם לַיהוה, וְכָל־פֶּטֶר שֶׁגֶר בְּהֵמָה
אֲשֶׁר יִהְיֶה לְךָ הַזְּכָרִים, לַיהוה: וְכָל־פֶּטֶר חֲמֹר תִּפְדֶּה בְשֶׂה, וְאִם־
לֹא תִפְדֶּה וַעֲרַפְתּוֹ, וְכֹל בְּכוֹר אָדָם בְּבָנֶיךָ תִּפְדֶּה: וְהָיָה כִּי־יִשְׁאָלְךָ
בִנְךָ מָחָר, לֵאמֹר מַה־זֹּאת, וְאָמַרְתָּ אֵלָיו, בְּחֹזֶק יָד הוֹצִיאָנוּ יהוה
מִמִּצְרַיִם מִבֵּית עֲבָדִים: וַיְהִי כִּי־הִקְשָׁה פַרְעֹה לְשַׁלְּחֵנוּ, וַיַּהֲרֹג
יהוה כָּל־בְּכוֹר בְּאֶרֶץ מִצְרַיִם, מִבְּכֹר אָדָם וְעַד־בְּכוֹר בְּהֵמָה, עַל־
כֵּן אֲנִי זֹבֵחַ לַיהוה כָּל־פֶּטֶר רֶחֶם הַזְּכָרִים, וְכָל־בְּכוֹר בָּנַי אֶפְדֶּה:
וְהָיָה לְאוֹת עַל־יָדְכָה וּלְטוֹטָפֹת בֵּין עֵינֶיךָ, כִּי בְּחֹזֶק יָד הוֹצִיאָנוּ
יהוה מִמִּצְרָיִם:

יש נוהגים לקרוא קריאת שמע שוב כדי לאומרה בטלית ותפילין,
ויש שאינם אומרים (ראה 'אשי ישראל' מד, מח, ובהערה קמה).

במקום המסומן ב° ימשש בתפילין של יד,
ובמקום המסומן ב°° ימשש בתפילין של ראש (דרך החיים).

לפני שיקרא, אומר 'אֵל מֶלֶךְ נֶאֱמָן' כדי להשלים
לרמ"ח תיבות (רמ"א סא, ג על פי ספר חסידים):

אֵל מֶלֶךְ נֶאֱמָן

מכסה את עיניו בידו ואומר בכוונה ובקול רם:

דברים ו # שְׁמַע יִשְׂרָאֵל, יהוה אֱלֹהֵינוּ, יהוה ׀ אֶחָד:

בלחש: בָּרוּךְ שֵׁם כְּבוֹד מַלְכוּתוֹ לְעוֹלָם וָעֶד.

דברים ו וְאָהַבְתָּ אֵת יהוה אֱלֹהֶיךָ, בְּכָל־לְבָבְךָ וּבְכָל־נַפְשְׁךָ וּבְכָל־מְאֹדֶךָ:
וְהָיוּ הַדְּבָרִים הָאֵלֶּה, אֲשֶׁר אָנֹכִי מְצַוְּךָ הַיּוֹם, עַל־לְבָבֶךָ: וְשִׁנַּנְתָּם
לְבָנֶיךָ וְדִבַּרְתָּ בָּם, בְּשִׁבְתְּךָ בְּבֵיתֶךָ וּבְלֶכְתְּךָ בַדֶּרֶךְ, וּבְשָׁכְבְּךָ
וּבְקוּמֶךָ: °וּקְשַׁרְתָּם לְאוֹת עַל־יָדֶךָ °°וְהָיוּ לְטֹטָפֹת בֵּין עֵינֶיךָ:
וּכְתַבְתָּם עַל־מְזֻזוֹת בֵּיתֶךָ וּבִשְׁעָרֶיךָ:

וְהָיָה אִם־שָׁמֹעַ תִּשְׁמְעוּ אֶל־מִצְוֹתַי אֲשֶׁר אָנֹכִי מְצַוֶּה אֶתְכֶם דברים יא
הַיּוֹם, לְאַהֲבָה אֶת־יהוה אֱלֹהֵיכֶם וּלְעָבְדוֹ, בְּכָל־לְבַבְכֶם וּבְכָל־
נַפְשְׁכֶם: וְנָתַתִּי מְטַר־אַרְצְכֶם בְּעִתּוֹ, יוֹרֶה וּמַלְקוֹשׁ, וְאָסַפְתָּ
דְגָנֶךָ וְתִירשְׁךָ וְיִצְהָרֶךָ: וְנָתַתִּי עֵשֶׂב בְּשָׂדְךָ לִבְהֶמְתֶּךָ, וְאָכַלְתָּ
וְשָׂבָעְתָּ: הִשָּׁמְרוּ לָכֶם פֶּן־יִפְתֶּה לְבַבְכֶם, וְסַרְתֶּם וַעֲבַדְתֶּם
אֱלֹהִים אֲחֵרִים וְהִשְׁתַּחֲוִיתֶם לָהֶם: וְחָרָה אַף־יהוה בָּכֶם, וְעָצַר
אֶת־הַשָּׁמַיִם וְלֹא־יִהְיֶה מָטָר, וְהָאֲדָמָה לֹא תִתֵּן אֶת־יְבוּלָהּ,
וַאֲבַדְתֶּם מְהֵרָה מֵעַל הָאָרֶץ הַטֹּבָה אֲשֶׁר יהוה נֹתֵן לָכֶם:
וְשַׂמְתֶּם אֶת־דְּבָרַי אֵלֶּה עַל־לְבַבְכֶם וְעַל־נַפְשְׁכֶם, °וּקְשַׁרְתֶּם
אֹתָם לְאוֹת עַל־יֶדְכֶם, °°וְהָיוּ לְטוֹטָפֹת בֵּין עֵינֵיכֶם: וְלִמַּדְתֶּם
אֹתָם אֶת־בְּנֵיכֶם לְדַבֵּר בָּם, בְּשִׁבְתְּךָ בְּבֵיתֶךָ וּבְלֶכְתְּךָ בַדֶּרֶךְ,
וּבְשָׁכְבְּךָ וּבְקוּמֶךָ: וּכְתַבְתָּם עַל־מְזוּזוֹת בֵּיתֶךָ וּבִשְׁעָרֶיךָ: לְמַעַן
יִרְבּוּ יְמֵיכֶם וִימֵי בְנֵיכֶם עַל הָאֲדָמָה אֲשֶׁר נִשְׁבַּע יהוה לַאֲבֹתֵיכֶם
לָתֵת לָהֶם, כִּימֵי הַשָּׁמַיִם עַל־הָאָרֶץ:

וַיֹּאמֶר יהוה אֶל־מֹשֶׁה לֵּאמֹר: דַּבֵּר אֶל־בְּנֵי יִשְׂרָאֵל וְאָמַרְתָּ במדבר טו
אֲלֵהֶם, וְעָשׂוּ לָהֶם צִיצִת עַל־כַּנְפֵי בִגְדֵיהֶם לְדֹרֹתָם, וְנָתְנוּ
°עַל־צִיצִת הַכָּנָף פְּתִיל תְּכֵלֶת: וְהָיָה לָכֶם לְצִיצִת, וּרְאִיתֶם
אֹתוֹ וּזְכַרְתֶּם אֶת־כָּל־מִצְוֹת יהוה וַעֲשִׂיתֶם אֹתָם, וְלֹא תָתוּרוּ
אַחֲרֵי לְבַבְכֶם וְאַחֲרֵי עֵינֵיכֶם, אֲשֶׁר־אַתֶּם זֹנִים אַחֲרֵיהֶם: לְמַעַן
תִּזְכְּרוּ וַעֲשִׂיתֶם אֶת־כָּל־מִצְוֹתָי, וִהְיִיתֶם קְדֹשִׁים לֵאלֹהֵיכֶם: אֲנִי
יהוה אֱלֹהֵיכֶם, אֲשֶׁר הוֹצֵאתִי אֶתְכֶם מֵאֶרֶץ מִצְרַיִם, לִהְיוֹת
לָכֶם לֵאלֹהִים, אֲנִי יהוה אֱלֹהֵיכֶם:

אֱמֶת

לפני תפילת מנחה נוהגים לומר שיר של יום ו'אֵין כֵּאלֹהֵינוּ',
השלמה לשחרית, ויש האומרים אותם בסוף התפילה.

שיר של יום

ליום א׳ הַיּוֹם יוֹם רִאשׁוֹן בְּשַׁבָּת, שֶׁבּוֹ הָיוּ הַלְוִיִּם אוֹמְרִים בְּבֵית הַמִּקְדָּשׁ:

תהלים כד לְדָוִד מִזְמוֹר, לַיהוה הָאָרֶץ וּמְלוֹאָהּ, תֵּבֵל וְיֹשְׁבֵי בָהּ: כִּי־הוּא עַל־יַמִּים יְסָדָהּ, וְעַל־נְהָרוֹת יְכוֹנְנֶהָ: מִי־יַעֲלֶה בְהַר־יהוה, וּמִי־יָקוּם בִּמְקוֹם קָדְשׁוֹ: נְקִי כַפַּיִם וּבַר־לֵבָב, אֲשֶׁר לֹא־נָשָׂא לַשָּׁוְא נַפְשִׁי, וְלֹא נִשְׁבַּע לְמִרְמָה: יִשָּׂא בְרָכָה מֵאֵת יהוה, וּצְדָקָה מֵאֱלֹהֵי יִשְׁעוֹ: זֶה דּוֹר דֹּרְשָׁו, מְבַקְשֵׁי פָנֶיךָ יַעֲקֹב סֶלָה: שְׂאוּ שְׁעָרִים רָאשֵׁיכֶם, וְהִנָּשְׂאוּ פִּתְחֵי עוֹלָם, וְיָבוֹא מֶלֶךְ הַכָּבוֹד: מִי זֶה מֶלֶךְ הַכָּבוֹד, יהוה עִזּוּז וְגִבּוֹר, יהוה גִּבּוֹר מִלְחָמָה: שְׂאוּ שְׁעָרִים רָאשֵׁיכֶם, וּשְׂאוּ פִּתְחֵי עוֹלָם, וְיָבֹא מֶלֶךְ הַכָּבוֹד: ◂ מִי הוּא זֶה מֶלֶךְ הַכָּבוֹד, יהוה צְבָאוֹת הוּא מֶלֶךְ הַכָּבוֹד סֶלָה:

'הוֹשִׁיעֵנוּ' וקדיש יתום (בעמוד הבא)

ליום ג׳ הַיּוֹם יוֹם שְׁלִישִׁי בְּשַׁבָּת, שֶׁבּוֹ הָיוּ הַלְוִיִּם אוֹמְרִים בְּבֵית הַמִּקְדָּשׁ:

תהלים פב מִזְמוֹר לְאָסָף, אֱלֹהִים נִצָּב בַּעֲדַת־אֵל, בְּקֶרֶב אֱלֹהִים יִשְׁפֹּט: עַד־מָתַי תִּשְׁפְּטוּ־עָוֶל, וּפְנֵי רְשָׁעִים תִּשְׂאוּ־סֶלָה: שִׁפְטוּ־דַל וְיָתוֹם, עָנִי וָרָשׁ הַצְדִּיקוּ: פַּלְּטוּ־דַל וְאֶבְיוֹן, מִיַּד רְשָׁעִים הַצִּילוּ: לֹא יָדְעוּ וְלֹא יָבִינוּ, בַּחֲשֵׁכָה יִתְהַלָּכוּ, יִמּוֹטוּ כָּל־מוֹסְדֵי אָרֶץ: אֲנִי־אָמַרְתִּי אֱלֹהִים אַתֶּם, וּבְנֵי עֶלְיוֹן כֻּלְּכֶם: אָכֵן כְּאָדָם תְּמוּתוּן, וּכְאַחַד הַשָּׂרִים תִּפֹּלוּ: ◂ קוּמָה אֱלֹהִים שָׁפְטָה הָאָרֶץ, כִּי־אַתָּה תִנְחַל בְּכָל־הַגּוֹיִם:

'הוֹשִׁיעֵנוּ' וקדיש יתום (בעמוד הבא)

ליום ה׳ הַיּוֹם יוֹם חֲמִישִׁי בְּשַׁבָּת, שֶׁבּוֹ הָיוּ הַלְוִיִּם אוֹמְרִים בְּבֵית הַמִּקְדָּשׁ:

תהלים פא לַמְנַצֵּחַ עַל־הַגִּתִּית לְאָסָף: הַרְנִינוּ לֵאלֹהִים עוּזֵּנוּ, הָרִיעוּ לֵאלֹהֵי יַעֲקֹב: שְׂאוּ־זִמְרָה וּתְנוּ־תֹף, כִּנּוֹר נָעִים עִם־נָבֶל: תִּקְעוּ בַחֹדֶשׁ שׁוֹפָר, בַּכֵּסֶה לְיוֹם חַגֵּנוּ: כִּי חֹק לְיִשְׂרָאֵל הוּא, מִשְׁפָּט לֵאלֹהֵי יַעֲקֹב: עֵדוּת בִּיהוֹסֵף שָׂמוֹ, בְּצֵאתוֹ עַל־אֶרֶץ מִצְרָיִם, שְׂפַת לֹא־יָדַעְתִּי אֶשְׁמָע: הֲסִירוֹתִי מִסֵּבֶל שִׁכְמוֹ, כַּפָּיו מִדּוּד תַּעֲבֹרְנָה: בַּצָּרָה קָרָאתָ וָאֲחַלְּצֶךָּ,

אֶעֶנְךָ בְּסֵתֶר רַעַם, אֶבְחָנְךָ עַל־מֵי מְרִיבָה סֶלָה: שְׁמַע עַמִּי וְאָעִידָה בָּךְ, יִשְׂרָאֵל אִם־תִּשְׁמַע־לִי: לֹא־יִהְיֶה בְךָ אֵל זָר, וְלֹא תִשְׁתַּחֲוֶה לְאֵל נֵכָר: אָנֹכִי יהוה אֱלֹהֶיךָ, הַמַּעַלְךָ מֵאֶרֶץ מִצְרָיִם, הַרְחֶב־פִּיךָ וַאֲמַלְאֵהוּ: וְלֹא־שָׁמַע עַמִּי לְקוֹלִי, וְיִשְׂרָאֵל לֹא־אָבָה לִי: וָאֲשַׁלְּחֵהוּ בִּשְׁרִירוּת לִבָּם, יֵלְכוּ בְּמוֹעֲצוֹתֵיהֶם: לוּ עַמִּי שֹׁמֵעַ לִי, יִשְׂרָאֵל בִּדְרָכַי יְהַלֵּכוּ: כִּמְעַט אוֹיְבֵיהֶם אַכְנִיעַ, וְעַל־צָרֵיהֶם אָשִׁיב יָדִי: מְשַׂנְאֵי יהוה יְכַחֲשׁוּ־לוֹ, וִיהִי עִתָּם לְעוֹלָם: ‹ וַיַּאֲכִילֵהוּ מֵחֵלֶב חִטָּה, וּמִצּוּר, דְּבַשׁ אַשְׂבִּיעֶךָ:

בכל יום מוסיפים (סידור הרמ"ק):

תהלים קו הוֹשִׁיעֵנוּ יהוה אֱלֹהֵינוּ, וְקַבְּצֵנוּ מִן־הַגּוֹיִם, לְהוֹדוֹת לְשֵׁם קָדְשֶׁךָ,
לְהִשְׁתַּבֵּחַ בִּתְהִלָּתֶךָ: בָּרוּךְ יהוה אֱלֹהֵי יִשְׂרָאֵל מִן־הָעוֹלָם וְעַד הָעוֹלָם,
תהלים קלה וְאָמַר כָּל־הָעָם אָמֵן, הַלְלוּיָהּ: בָּרוּךְ יהוה מִצִּיּוֹן, שֹׁכֵן יְרוּשָׁלָםִ, הַלְלוּיָהּ:
תהלים עב בָּרוּךְ יהוה אֱלֹהִים אֱלֹהֵי יִשְׂרָאֵל, עֹשֵׂה נִפְלָאוֹת לְבַדּוֹ: וּבָרוּךְ שֵׁם
כְּבוֹדוֹ לְעוֹלָם, וְיִמָּלֵא כְבוֹדוֹ אֶת־כָּל־הָאָרֶץ, אָמֵן וְאָמֵן:

קדיש יתום

אבל: יִתְגַּדַּל וְיִתְקַדַּשׁ שְׁמֵהּ רַבָּא (קהל: אָמֵן)
בְּעָלְמָא דִּי בְרָא כִרְעוּתֵהּ
וְיַמְלִיךְ מַלְכוּתֵהּ וְיַצְמַח פֻּרְקָנֵהּ וִיקָרֵב מְשִׁיחֵהּ (קהל: אָמֵן)
בְּחַיֵּיכוֹן וּבְיוֹמֵיכוֹן וּבְחַיֵּי דְכָל בֵּית יִשְׂרָאֵל
בַּעֲגָלָא וּבִזְמַן קָרִיב, וְאִמְרוּ אָמֵן. (קהל: אָמֵן)

קהל ואבל: יְהֵא שְׁמֵהּ רַבָּא מְבָרַךְ לְעָלַם וּלְעָלְמֵי עָלְמַיָּא.

אבל: יִתְבָּרַךְ וְיִשְׁתַּבַּח וְיִתְפָּאַר וְיִתְרוֹמַם וְיִתְנַשֵּׂא
וְיִתְהַדָּר וְיִתְעַלֶּה וְיִתְהַלָּל
שְׁמֵהּ דְּקֻדְשָׁא בְּרִיךְ הוּא (קהל: אָמֵן)
לְעֵלָּא מִן כָּל בִּרְכָתָא וְשִׁירָתָא, תֻּשְׁבְּחָתָא וְנֶחֱמָתָא
דַּאֲמִירָן בְּעָלְמָא, וְאִמְרוּ אָמֵן. (קהל: אָמֵן)

יְהֵא שְׁלָמָא רַבָּא מִן שְׁמַיָּא
וְחַיִּים טוֹבִים, עָלֵינוּ וְעַל כָּל יִשְׂרָאֵל, וְאִמְרוּ אָמֵן. (קהל: אָמֵן)

כורע ופוסע שלוש פסיעות לאחור. קד לשמאל, לימין ולפנים באמירת:

עֹשֶׂה שָׁלוֹם בִּמְרוֹמָיו
הוּא יַעֲשֶׂה שָׁלוֹם, עָלֵינוּ וְעַל כָּל יִשְׂרָאֵל, וְאִמְרוּ אָמֵן. (קהל: אָמֵן)

תהלים כז קַוֵּה אֶל־יהוה, חֲזַק וְיַאֲמֵץ לִבֶּךָ, וְקַוֵּה אֶל־יהוה:
שמואל א׳ ב אֵין־קָדוֹשׁ כַּיהוה, כִּי־אֵין בִּלְתֶּךָ, וְאֵין צוּר כֵּאלֹהֵינוּ:
תהלים יח כִּי מִי אֱלוֹהַּ מִבַּלְעֲדֵי יהוה, וּמִי צוּר זוּלָתִי אֱלֹהֵינוּ:

בסדר רב עמרם גאון מובא פיוט זה כפתיחה לסדר ׳פִּטּוּם הַקְּטֹרֶת׳.

אֵין כֵּאלֹהֵינוּ, אֵין כַּאדוֹנֵינוּ, אֵין כְּמַלְכֵּנוּ, אֵין כְּמוֹשִׁיעֵנוּ.
מִי כֵאלֹהֵינוּ, מִי כַאדוֹנֵינוּ, מִי כְמַלְכֵּנוּ, מִי כְמוֹשִׁיעֵנוּ.
נוֹדֶה לֵאלֹהֵינוּ, נוֹדֶה לַאדוֹנֵינוּ, נוֹדֶה לְמַלְכֵּנוּ, נוֹדֶה לְמוֹשִׁיעֵנוּ.
בָּרוּךְ אֱלֹהֵינוּ, בָּרוּךְ אֲדוֹנֵינוּ, בָּרוּךְ מַלְכֵּנוּ, בָּרוּךְ מוֹשִׁיעֵנוּ.
אַתָּה הוּא אֱלֹהֵינוּ, אַתָּה הוּא אֲדוֹנֵינוּ,
אַתָּה הוּא מַלְכֵּנוּ, אַתָּה הוּא מוֹשִׁיעֵנוּ.
אַתָּה תוֹשִׁיעֵנוּ.
תהלים קב אַתָּה תָקוּם תְּרַחֵם צִיּוֹן, כִּי־עֵת לְחֶנְנָהּ, כִּי־בָא מוֹעֵד:

כריתות ו. פִּטּוּם הַקְּטֹרֶת: הַצֳּרִי, וְהַצִּפֹּרֶן, וְהַחֶלְבְּנָה, וְהַלְּבוֹנָה מִשְׁקַל שִׁבְעִים שִׁבְעִים מָנֶה, מוֹר, וּקְצִיעָה, שִׁבֹּלֶת נֵרְדְּ, וְכַרְכֹּם מִשְׁקַל שִׁשָּׁה עָשָׂר שִׁשָּׁה עָשָׂר מָנֶה, הַקֹּשְׁטְ שְׁנֵים עָשָׂר, קִלּוּפָה שְׁלֹשָׁה, וְקִנָּמוֹן תִּשְׁעָה, בֹּרִית כַּרְשִׁינָה תִּשְׁעָה קַבִּין, יֵין קַפְרִיסִין סְאִין תְּלָת וְקַבִּין תְּלָתָא, וְאִם אֵין לוֹ יֵין קַפְרִיסִין, מֵבִיא חֲמַר חִוַּרְיָן עַתִּיק. מֶלַח סְדוֹמִית רֹבַע, מַעֲלֶה עָשָׁן כָּל שֶׁהוּא. רַבִּי נָתָן הַבַּבְלִי אוֹמֵר: אַף כִּפַּת הַיַּרְדֵּן כָּל שֶׁהוּא, וְאִם נָתַן בָּהּ דְּבַשׁ פְּסָלָהּ, וְאִם חִסַּר אֶחָד מִכָּל סַמָּנֶיהָ, חַיָּב מִיתָה.

רַבָּן שִׁמְעוֹן בֶּן גַּמְלִיאֵל אוֹמֵר: הַצֳּרִי אֵינוֹ אֶלָּא שְׂרָף הַנּוֹטֵף מֵעֲצֵי הַקְּטָף. בֹּרִית כַּרְשִׁינָה שֶׁשָּׁפִין בָּהּ אֶת הַצִּפֹּרֶן כְּדֵי שֶׁתְּהֵא נָאָה, יֵין קַפְרִיסִין שֶׁשּׁוֹרִין בּוֹ אֶת הַצִּפֹּרֶן כְּדֵי שֶׁתְּהֵא עַזָּה, וַהֲלֹא מֵי רַגְלַיִם יָפִין לָהּ, אֶלָּא שֶׁאֵין מַכְנִיסִין מֵי רַגְלַיִם בַּמִּקְדָּשׁ מִפְּנֵי הַכָּבוֹד.

תַּנְיָא, רַבִּי נָתָן אוֹמֵר: כְּשֶׁהוּא שׁוֹחֵק אוֹמֵר, הָדֵק הֵיטֵב הֵיטֵב הָדֵק, מִפְּנֵי שֶׁהַקּוֹל יָפֶה לַבְּשָׂמִים. פִּטְּמָהּ לַחֲצָאִין כְּשֵׁרָה, לְשָׁלִישׁ וְלִרְבִיעַ לֹא שָׁמַעְנוּ. אָמַר רַבִּי יְהוּדָה: זֶה הַכְּלָל, אִם כְּמִדָּתָהּ כְּשֵׁרָה לַחֲצָאִין, וְאִם חִסַּר אֶחָד מִכָּל סַמָּנֶיהָ חַיָּב מִיתָה.

תַּנְיָא, בַּר קַפָּרָא אוֹמֵר: אַחַת לְשִׁשִּׁים אוֹ לְשִׁבְעִים שָׁנָה הָיְתָה בָאָה ירושלמי
שֶׁל שִׁירַיִם לַחֲצָאִין. וְעוֹד תָּנֵי בַּר קַפָּרָא: אִלּוּ הָיָה נוֹתֵן בָּהּ קָרְטוֹב שֶׁל יומא ד, הלכה ה
דְּבַשׁ אֵין אָדָם יָכוֹל לַעֲמֹד מִפְּנֵי רֵיחָהּ, וְלָמָּה אֵין מְעָרְבִין בָּהּ דְּבַשׁ, מִפְּנֵי
שֶׁהַתּוֹרָה אָמְרָה: כִּי כָל־שְׂאֹר וְכָל־דְּבַשׁ לֹא־תַקְטִירוּ מִמֶּנּוּ אִשֶּׁה לַיהוה: ויקרא ב

אומרים כל פסוק שלוש פעמים (האר״י, על פי הירושלמי במסכת ברכות):

יהוה צְבָאוֹת עִמָּנוּ, מִשְׂגָּב לָנוּ אֱלֹהֵי יַעֲקֹב סֶלָה: תהלים מו
יהוה צְבָאוֹת, אַשְׁרֵי אָדָם בֹּטֵחַ בָּךְ: תהלים פד
יהוה הוֹשִׁיעָה, הַמֶּלֶךְ יַעֲנֵנוּ בְיוֹם־קָרְאֵנוּ: תהלים כ

אַתָּה סֵתֶר לִי, מִצַּר תִּצְּרֵנִי, רָנֵּי פַלֵּט תְּסוֹבְבֵנִי סֶלָה: תהלים לב
וְעָרְבָה לַיהוה מִנְחַת יְהוּדָה וִירוּשָׁלָםִ, כִּימֵי עוֹלָם וּכְשָׁנִים קַדְמֹנִיּוֹת: מלאכי ג

תָּנָא דְבֵי אֵלִיָּהוּ: כָּל הַשּׁוֹנֶה הֲלָכוֹת בְּכָל יוֹם, מֻבְטָח לוֹ שֶׁהוּא בֶּן עוֹלָם מגילה כח:
הַבָּא, שֶׁנֶּאֱמַר הֲלִיכוֹת עוֹלָם לוֹ: אַל תִּקְרֵי הֲלִיכוֹת אֶלָּא הֲלָכוֹת. חבקוק ג

אָמַר רַבִּי אֶלְעָזָר, אָמַר רַבִּי חֲנִינָא: תַּלְמִידֵי חֲכָמִים מַרְבִּים שָׁלוֹם בָּעוֹלָם, ברכות סד.
שֶׁנֶּאֱמַר וְכָל־בָּנַיִךְ לִמּוּדֵי יהוה, וְרַב שְׁלוֹם בָּנָיִךְ: אַל תִּקְרֵי בָּנָיִךְ, אֶלָּא ישעיה נד
בּוֹנָיִךְ. שָׁלוֹם רָב לְאֹהֲבֵי תוֹרָתֶךָ, וְאֵין־לָמוֹ מִכְשׁוֹל: יְהִי־שָׁלוֹם בְּחֵילֵךְ, תהלים קיט, תהלים קכב
שַׁלְוָה בְּאַרְמְנוֹתָיִךְ: לְמַעַן אַחַי וְרֵעָי אֲדַבְּרָה־נָּא שָׁלוֹם בָּךְ: לְמַעַן בֵּית־
יהוה אֱלֹהֵינוּ אֲבַקְשָׁה טוֹב לָךְ: ◂ יהוה עֹז לְעַמּוֹ יִתֵּן, יהוה יְבָרֵךְ אֶת־עַמּוֹ תהלים כט
בַשָּׁלוֹם:

קדיש דרבנן

אבל: יִתְגַּדַּל וְיִתְקַדַּשׁ שְׁמֵהּ רַבָּא (קהל: אָמֵן)
בְּעָלְמָא דִּי בְרָא כִרְעוּתֵהּ
וְיַמְלִיךְ מַלְכוּתֵהּ
וְיַצְמַח פֻּרְקָנֵהּ וִיקָרֵב מְשִׁיחֵהּ (קהל: אָמֵן)
בְּחַיֵּיכוֹן וּבְיוֹמֵיכוֹן וּבְחַיֵּי דְכָל בֵּית יִשְׂרָאֵל
בַּעֲגָלָא וּבִזְמַן קָרִיב, וְאִמְרוּ אָמֵן. (קהל: אָמֵן)

קהל ואבל: יְהֵא שְׁמֵהּ רַבָּא מְבָרַךְ לְעָלַם וּלְעָלְמֵי עָלְמַיָּא.

אבל: יִתְבָּרַךְ וְיִשְׁתַּבַּח וְיִתְפָּאַר וְיִתְרוֹמַם וְיִתְנַשֵּׂא
וְיִתְהַדָּר וְיִתְעַלֶּה וְיִתְהַלָּל
שְׁמֵהּ דְּקֻדְשָׁא בְּרִיךְ הוּא (קהל: אָמֵן)
לְעֵלָּא מִן כָּל בִּרְכָתָא וְשִׁירָתָא, תֻּשְׁבְּחָתָא וְנֶחֱמָתָא
דַּאֲמִירָן בְּעָלְמָא, וְאִמְרוּ אָמֵן. (קהל: אָמֵן)

עַל יִשְׂרָאֵל וְעַל רַבָּנָן
וְעַל תַּלְמִידֵיהוֹן וְעַל כָּל תַּלְמִידֵי תַלְמִידֵיהוֹן
וְעַל כָּל מָאן דְּעָסְקִין בְּאוֹרַיְתָא
דִּי בְּאַתְרָא קַדִּישָׁא הָדֵין, וְדִי בְּכָל אֲתַר וַאֲתַר
יְהֵא לְהוֹן וּלְכוֹן שְׁלָמָא רַבָּא
חִנָּא וְחִסְדָּא, וְרַחֲמֵי, וְחַיֵּי אֲרִיכֵי
וּמְזוֹנֵי רְוִיחֵי
וּפֻרְקָנָא מִן קֳדָם אֲבוּהוֹן דִּי בִשְׁמַיָּא וְאַרְעָא
וְאִמְרוּ אָמֵן. (קהל: אָמֵן)

יְהֵא שְׁלָמָא רַבָּא מִן שְׁמַיָּא
וְחַיִּים טוֹבִים עָלֵינוּ וְעַל כָּל יִשְׂרָאֵל, וְאִמְרוּ אָמֵן. (קהל: אָמֵן)

כורע ופוסע שלוש פסיעות לאחור. קד לשמאל, לימין ולפנים באמירת:

עֹשֶׂה שָׁלוֹם בִּמְרוֹמָיו
הוּא בְּרַחֲמָיו יַעֲשֶׂה שָׁלוֹם, עָלֵינוּ וְעַל כָּל יִשְׂרָאֵל
וְאִמְרוּ אָמֵן. (קהל: אָמֵן)

ראוי לומר גם לפני תפילת מנחה את פרשת קרבן התמיד (איגרת התשובה לר׳ יונה, ע).
רבים נוהגים לומר את סדר הקרבנות שלפני תפילת שחרית (עמ׳ 62–65).
פרט לפרשת תרומת הדשן ולסדר המערכה.

״אמר רבי אלעזר אמר רבי אבינא:
כל האומר ׳תהלה לדוד׳ בכל יום שלש פעמים – מובטח לו שהוא בן העולם הבא״ (ברכות ד ע״ב).

אַשְׁרֵי יוֹשְׁבֵי בֵיתֶךָ, עוֹד יְהַלְלוּךָ סֶּלָה: תהלים פד
אַשְׁרֵי הָעָם שֶׁכָּכָה לּוֹ, אַשְׁרֵי הָעָם שֶׁיהוה אֱלֹהָיו: תהלים קמד
תְּהִלָּה לְדָוִד תהלים קמה

אֲרוֹמִמְךָ אֱלוֹהַי הַמֶּלֶךְ, וַאֲבָרְכָה שִׁמְךָ לְעוֹלָם וָעֶד:
בְּכָל־יוֹם אֲבָרְכֶךָּ, וַאֲהַלְלָה שִׁמְךָ לְעוֹלָם וָעֶד:
גָּדוֹל יהוה וּמְהֻלָּל מְאֹד, וְלִגְדֻלָּתוֹ אֵין חֵקֶר:
דּוֹר לְדוֹר יְשַׁבַּח מַעֲשֶׂיךָ, וּגְבוּרֹתֶיךָ יַגִּידוּ:
הֲדַר כְּבוֹד הוֹדֶךָ, וְדִבְרֵי נִפְלְאֹתֶיךָ אָשִׂיחָה:
וֶעֱזוּז נוֹרְאֹתֶיךָ יֹאמֵרוּ, וּגְדוּלָּתְךָ אֲסַפְּרֶנָּה:
זֵכֶר רַב־טוּבְךָ יַבִּיעוּ, וְצִדְקָתְךָ יְרַנֵּנוּ:
חַנּוּן וְרַחוּם יהוה, אֶרֶךְ אַפַּיִם וּגְדָל־חָסֶד:
טוֹב־יהוה לַכֹּל, וְרַחֲמָיו עַל־כָּל־מַעֲשָׂיו:
יוֹדוּךָ יהוה כָּל־מַעֲשֶׂיךָ, וַחֲסִידֶיךָ יְבָרְכוּכָה:
כְּבוֹד מַלְכוּתְךָ יֹאמֵרוּ, וּגְבוּרָתְךָ יְדַבֵּרוּ:
לְהוֹדִיעַ לִבְנֵי הָאָדָם גְּבוּרֹתָיו, וּכְבוֹד הֲדַר מַלְכוּתוֹ:
מַלְכוּתְךָ מַלְכוּת כָּל־עֹלָמִים, וּמֶמְשַׁלְתְּךָ בְּכָל־דּוֹר וָדֹר:
סוֹמֵךְ יהוה לְכָל־הַנֹּפְלִים, וְזוֹקֵף לְכָל־הַכְּפוּפִים:

עֵינֵי־כֹל אֵלֶיךָ יְשַׂבֵּרוּ, וְאַתָּה נוֹתֵן־לָהֶם אֶת־אָכְלָם בְּעִתּוֹ:
פּוֹתֵחַ אֶת־יָדֶךָ, וּמַשְׂבִּיעַ לְכָל־חַי רָצוֹן:
צַדִּיק יהוה בְּכָל־דְּרָכָיו, וְחָסִיד בְּכָל־מַעֲשָׂיו:
קָרוֹב יהוה לְכָל־קֹרְאָיו, לְכֹל אֲשֶׁר יִקְרָאֻהוּ בֶאֱמֶת:
רְצוֹן־יְרֵאָיו יַעֲשֶׂה, וְאֶת־שַׁוְעָתָם יִשְׁמַע, וְיוֹשִׁיעֵם:
שׁוֹמֵר יהוה אֶת־כָּל־אֹהֲבָיו, וְאֵת כָּל־הָרְשָׁעִים יַשְׁמִיד:
› תְּהִלַּת יהוה יְדַבֶּר פִּי, וִיבָרֵךְ כָּל־בָּשָׂר שֵׁם קָדְשׁוֹ לְעוֹלָם וָעֶד:
תהלים קטו וַאֲנַחְנוּ נְבָרֵךְ יָהּ מֵעַתָּה וְעַד־עוֹלָם, הַלְלוּיָהּ:

חצי קדיש

ש״ץ: יִתְגַּדַּל וְיִתְקַדַּשׁ שְׁמֵהּ רַבָּא (קהל: אָמֵן)
בְּעָלְמָא דִּי בְרָא כִרְעוּתֵהּ
וְיַמְלִיךְ מַלְכוּתֵהּ
וְיַצְמַח פֻּרְקָנֵהּ וִיקָרֵב מְשִׁיחֵהּ (קהל: אָמֵן)
בְּחַיֵּיכוֹן וּבְיוֹמֵיכוֹן וּבְחַיֵּי דְכָל בֵּית יִשְׂרָאֵל
בַּעֲגָלָא וּבִזְמַן קָרִיב
וְאִמְרוּ אָמֵן. (קהל: אָמֵן)

קהל וש״ץ: יְהֵא שְׁמֵהּ רַבָּא מְבָרַךְ לְעָלַם וּלְעָלְמֵי עָלְמַיָּא.

ש״ץ: יִתְבָּרַךְ וְיִשְׁתַּבַּח וְיִתְפָּאַר וְיִתְרוֹמַם וְיִתְנַשֵּׂא
וְיִתְהַדָּר וְיִתְעַלֶּה וְיִתְהַלָּל
שְׁמֵהּ דְּקֻדְשָׁא בְּרִיךְ הוּא (קהל: אָמֵן)
לְעֵלָּא מִן כָּל בִּרְכָתָא וְשִׁירָתָא תֻּשְׁבְּחָתָא וְנֶחֱמָתָא
דַּאֲמִירָן בְּעָלְמָא
וְאִמְרוּ אָמֵן. (קהל: אָמֵן)

הוצאת ספר תורה

פותחים את ארון הקודש. הקהל עומד על רגליו.

במדבר י

וַיְהִי בִּנְסֹעַ הָאָרֹן וַיֹּאמֶר מֹשֶׁה
קוּמָה יהוה וְיָפֻצוּ אֹיְבֶיךָ וְיָנֻסוּ מְשַׂנְאֶיךָ מִפָּנֶיךָ:

ישעיה ב

כִּי מִצִּיּוֹן תֵּצֵא תוֹרָה וּדְבַר־יהוה מִירוּשָׁלָםִ:
בָּרוּךְ שֶׁנָּתַן תּוֹרָה לְעַמּוֹ יִשְׂרָאֵל בִּקְדֻשָּׁתוֹ.

כתוב בספר הזוהר שכאשר מוציאים את ספר התורה לקרוא בו בציבור,
נפתחים שערי השמים, וראוי לומר תחינה זו.

זוהר ויקהל

בְּרִיךְ שְׁמֵהּ דְּמָרֵא עָלְמָא, בְּרִיךְ כִּתְרָךְ וְאַתְרָךְ. יְהֵא רְעוּתָךְ עִם עַמָּךְ
יִשְׂרָאֵל לְעָלַם, וּפֻרְקַן יְמִינָךְ אַחֲזֵי לְעַמָּךְ בְּבֵית מַקְדְּשָׁךְ, וּלְאַמְטוֹיֵי לָנָא
מִטּוּב נְהוֹרָךְ, וּלְקַבֵּל צְלוֹתָנָא בְּרַחֲמִין. יְהֵא רַעֲוָא קֳדָמָךְ דְּתוֹרִיךְ לָן חַיִּין
בְּטִיבוּ, וְלֶהֱוֵי אֲנָא פְּקִידָא בְּגוֹ צַדִּיקַיָּא, לְמִרְחַם עֲלַי וּלְמִנְטַר יָתִי וְיָת כָּל
דִּי לִי וְדִי לְעַמָּךְ יִשְׂרָאֵל. אַנְתְּ הוּא זָן לְכֹלָּא וּמְפַרְנֵס לְכֹלָּא, אַנְתְּ הוּא
שַׁלִּיט עַל כֹּלָּא, אַנְתְּ הוּא דְּשַׁלִּיט עַל מַלְכַיָּא, וּמַלְכוּתָא דִּילָךְ הִיא. אֲנָא
עַבְדָּא דְּקֻדְשָׁא בְּרִיךְ הוּא, דְּסָגִדְנָא קַמֵּהּ וּמִקַּמֵּי דִּיקַר אוֹרַיְתֵהּ בְּכָל עִדָּן
וְעִדָּן. לָא עַל אֱנָשׁ רְחִיצְנָא וְלָא עַל בַּר אֱלָהִין סָמִיכְנָא, אֶלָּא בֶּאֱלָהָא
דִשְׁמַיָּא, דְּהוּא אֱלָהָא קְשׁוֹט, וְאוֹרַיְתֵהּ קְשׁוֹט, וּנְבִיאוֹהִי קְשׁוֹט, וּמַסְגֵּא
לְמֶעְבַּד טָבְוָן וּקְשׁוֹט. ‹ בֵּהּ אֲנָא רְחִיץ, וְלִשְׁמֵהּ קַדִּישָׁא יַקִּירָא אֲנָא אֵמַר
תֻּשְׁבְּחָן. יְהֵא רַעֲוָא קֳדָמָךְ דְּתִפְתַּח לִבַּאי בְּאוֹרַיְתָא, וְתַשְׁלִים מִשְׁאֲלִין
דְּלִבַּאי וְלִבָּא דְכָל עַמָּךְ יִשְׂרָאֵל לְטָב וּלְחַיִּין וְלִשְׁלָם.

שליח הציבור מקבל את ספר התורה בימינו (רמ"א קלד, ב בשם מהריי"ל), ואומר:

תהלים לד

גַּדְּלוּ לַיהוה אִתִּי וּנְרוֹמְמָה שְׁמוֹ יַחְדָּו:

סוגרים את ארון הקודש. כאשר שליח הציבור הולך אל הבימה, הקהל אומר
(סדר הפסוקים לקוח מסדר רב עמרם גאון, ו'אב הָרַחֲמִים' ממחזור ויטרי):

דברי הימים
א' כט

לְךָ יהוה הַגְּדֻלָּה וְהַגְּבוּרָה וְהַתִּפְאֶרֶת וְהַנֵּצַח וְהַהוֹד, כִּי־כֹל בַּשָּׁמַיִם
וּבָאָרֶץ, לְךָ יהוה הַמַּמְלָכָה וְהַמִּתְנַשֵּׂא לְכֹל לְרֹאשׁ:

תהלים צט רוֹמְמוּ יהוה אֱלֹהֵינוּ וְהִשְׁתַּחֲווּ לַהֲדֹם רַגְלָיו, קָדוֹשׁ הוּא: רוֹמְמוּ יהוה אֱלֹהֵינוּ וְהִשְׁתַּחֲווּ לְהַר קָדְשׁוֹ, כִּי־קָדוֹשׁ יהוה אֱלֹהֵינוּ:

אַב הָרַחֲמִים הוּא יְרַחֵם עַם עֲמוּסִים, וְיִזְכֹּר בְּרִית אֵיתָנִים, וְיַצִּיל נַפְשׁוֹתֵינוּ מִן הַשָּׁעוֹת הָרָעוֹת, וְיִגְעַר בְּיֵצֶר הָרָע מִן הַנְּשׂוּאִים, וְיָחֹן אוֹתָנוּ לִפְלֵיטַת עוֹלָמִים, וִימַלֵּא מִשְׁאֲלוֹתֵינוּ בְּמִדָּה טוֹבָה יְשׁוּעָה וְרַחֲמִים.

מניח את ספר התורה על הבימה, והגבאי מכריז (מחזור ויטרי):

וְתִגָּלֶה וְתֵרָאֶה מַלְכוּתוֹ עָלֵינוּ בִּזְמַן קָרוֹב, וְיָחֹן פְּלֵיטָתֵנוּ וּפְלֵיטַת עַמּוֹ בֵּית יִשְׂרָאֵל לְחֵן וּלְחֶסֶד וּלְרַחֲמִים וּלְרָצוֹן וְנֹאמַר אָמֵן. הַכֹּל הָבוּ גֹדֶל לֵאלֹהֵינוּ וּתְנוּ כָבוֹד לַתּוֹרָה. *כֹּהֵן קְרַב, יַעֲמֹד (פלוני בֶּן פלוני) הַכֹּהֵן.

*אם אין כוהן, הגבאי קורא ללוי או לישראל ואומר:

/אֵין כָּאן כֹּהֵן, יַעֲמֹד (פלוני בֶּן פלוני) בִּמְקוֹם כֹּהֵן./

בָּרוּךְ שֶׁנָּתַן תּוֹרָה לְעַמּוֹ יִשְׂרָאֵל בִּקְדֻשָּׁתוֹ.

הקהל ואחריו הגבאי (סידור השל״ה, סידור יעב״ץ):

דברים ד וְאַתֶּם הַדְּבֵקִים בַּיהוה אֱלֹהֵיכֶם חַיִּים כֻּלְּכֶם הַיּוֹם:

קודם הברכה על העולה לראות היכן קוראים (מגילה לב ע״א) ולנשק את ספר התורה (ערוה״ש קלט, טו). בשעת הברכה אוחז בעמודי הספר (שו״ע קלט, יא על פי הראבי״ה וספר המנהיג).

עולה: בָּרְכוּ אֶת יהוה הַמְבֹרָךְ.

קהל: בָּרוּךְ יהוה הַמְבֹרָךְ לְעוֹלָם וָעֶד.

עולה: בָּרוּךְ יהוה הַמְבֹרָךְ לְעוֹלָם וָעֶד.

בָּרוּךְ אַתָּה יהוה, אֱלֹהֵינוּ מֶלֶךְ הָעוֹלָם
אֲשֶׁר בָּחַר בָּנוּ מִכָּל הָעַמִּים וְנָתַן לָנוּ אֶת תּוֹרָתוֹ.
בָּרוּךְ אַתָּה יהוה, נוֹתֵן הַתּוֹרָה.

לאחר הקריאה, העולה מנשק את ספר התורה (מג״א קלט, יד בשם ספר חסידים) ומברך:

עולה: בָּרוּךְ אַתָּה יהוה אֱלֹהֵינוּ מֶלֶךְ הָעוֹלָם
אֲשֶׁר נָתַן לָנוּ תּוֹרַת אֱמֶת וְחַיֵּי עוֹלָם נָטַע בְּתוֹכֵנוּ.
בָּרוּךְ אַתָּה יהוה, נוֹתֵן הַתּוֹרָה.

קריאת התורה וההפטרה במנחה הן כבכל תענית ציבור (טור, תקנט):

בעליית הכהן נהגים שהקהל אומר בקול את חצי הפסוק "שוּב מֵחֲרוֹן אַפֶּךָ,
וְהִנָּחֵם עַל־הָרָעָה לְעַמֶּךָ"; בעליית השלישי, את י"ג מידות הרחמים עד "וְנַקֵּה"
ואת סוף שמות ל"ד, ט: "וְסָלַחְתָּ לַעֲוֹנֵנוּ וּלְחַטָּאתֵנוּ וּנְחַלְתָּנוּ". אחרי שהציבור קורא,
שליח הציבור חוזר וקורא אחריו (משנ״ב תקסו, ג).

קריאת התורה

שמות לב,
יא–יד
וַיְחַל מֹשֶׁה אֶת־פְּנֵי יהוה אֱלֹהָיו וַיֹּאמֶר לָמָה יהוה יֶחֱרֶה אַפְּךָ
בְּעַמֶּךָ אֲשֶׁר הוֹצֵאתָ מֵאֶרֶץ מִצְרַיִם בְּכֹחַ גָּדוֹל וּבְיָד חֲזָקָה:
לָמָּה יֹאמְרוּ מִצְרַיִם לֵאמֹר בְּרָעָה הוֹצִיאָם לַהֲרֹג אֹתָם בֶּהָרִים
וּלְכַלֹּתָם מֵעַל פְּנֵי הָאֲדָמָה שׁוּב מֵחֲרוֹן אַפֶּךָ וְהִנָּחֵם עַל־הָרָעָה
לְעַמֶּךָ: זְכֹר לְאַבְרָהָם לְיִצְחָק וּלְיִשְׂרָאֵל עֲבָדֶיךָ אֲשֶׁר נִשְׁבַּעְתָּ
לָהֶם בָּךְ וַתְּדַבֵּר אֲלֵהֶם אַרְבֶּה אֶת־זַרְעֲכֶם כְּכוֹכְבֵי הַשָּׁמָיִם וְכָל־
הָאָרֶץ הַזֹּאת אֲשֶׁר אָמַרְתִּי אֶתֵּן לְזַרְעֲכֶם וְנָחֲלוּ לְעֹלָם: וַיִּנָּחֶם
יהוה עַל־הָרָעָה אֲשֶׁר דִּבֶּר לַעֲשׂוֹת לְעַמּוֹ:

לוי שמות
לד, א–י
וַיֹּאמֶר יהוה אֶל־מֹשֶׁה פְּסָל־לְךָ שְׁנֵי־לֻחֹת אֲבָנִים כָּרִאשֹׁנִים
וְכָתַבְתִּי עַל־הַלֻּחֹת אֶת־הַדְּבָרִים אֲשֶׁר הָיוּ עַל־הַלֻּחֹת הָרִאשֹׁנִים
אֲשֶׁר שִׁבַּרְתָּ: וֶהְיֵה נָכוֹן לַבֹּקֶר וְעָלִיתָ בַבֹּקֶר אֶל־הַר סִינַי
וְנִצַּבְתָּ לִי שָׁם עַל־רֹאשׁ הָהָר: וְאִישׁ לֹא־יַעֲלֶה עִמָּךְ וְגַם־אִישׁ
אַל־יֵרָא בְּכָל־הָהָר גַּם־הַצֹּאן וְהַבָּקָר אַל־יִרְעוּ אֶל־מוּל הָהָר
הַהוּא: *וַיִּפְסֹל שְׁנֵי־לֻחֹת אֲבָנִים כָּרִאשֹׁנִים וַיַּשְׁכֵּם מֹשֶׁה בַבֹּקֶר

ישראל
(מפטיר)
וַיַּעַל אֶל־הַר סִינַי כַּאֲשֶׁר צִוָּה יהוה אֹתוֹ וַיִּקַּח בְּיָדוֹ שְׁנֵי לֻחֹת
אֲבָנִים: וַיֵּרֶד יהוה בֶּעָנָן וַיִּתְיַצֵּב עִמּוֹ שָׁם וַיִּקְרָא בְשֵׁם יהוה:
וַיַּעֲבֹר יהוה ׀ עַל־פָּנָיו וַיִּקְרָא יהוה ׀ יהוה אֵל רַחוּם וְחַנּוּן אֶרֶךְ
אַפַּיִם וְרַב־חֶסֶד וֶאֱמֶת: נֹצֵר חֶסֶד לָאֲלָפִים נֹשֵׂא עָוֹן וָפֶשַׁע
וְחַטָּאָה וְנַקֵּה לֹא יְנַקֶּה פֹּקֵד ׀ עֲוֹן אָבוֹת עַל־בָּנִים וְעַל־בְּנֵי בָנִים
עַל־שִׁלֵּשִׁים וְעַל־רִבֵּעִים: וַיְמַהֵר מֹשֶׁה וַיִּקֹּד אַרְצָה וַיִּשְׁתָּחוּ:

וַיֹּאמֶר אִם־נָא מָצָאתִי חֵן בְּעֵינֶיךָ אֲדֹנָי יֵלֶךְ־נָא אֲדֹנָי בְּקִרְבֵּנוּ
כִּי עַם־קְשֵׁה־עֹרֶף הוּא וְסָלַחְתָּ לַעֲוֺנֵנוּ וּלְחַטָּאתֵנוּ וּנְחַלְתָּנוּ:
וַיֹּאמֶר הִנֵּה אָנֹכִי כֹּרֵת בְּרִית נֶגֶד כָּל־עַמְּךָ אֶעֱשֶׂה נִפְלָאֹת אֲשֶׁר
לֹא־נִבְרְאוּ בְכָל־הָאָרֶץ וּבְכָל־הַגּוֹיִם וְרָאָה כָל־הָעָם אֲשֶׁר־אַתָּה
בְקִרְבּוֹ אֶת־מַעֲשֵׂה יהוה כִּי־נוֹרָא הוּא אֲשֶׁר אֲנִי עֹשֶׂה עִמָּךְ:

הגבהה וגלילה

כאשר מגביהים את ספר התורה (רמב״ן, דברים כז, כו), הקהל אומר:

דברים ד וְזֹאת הַתּוֹרָה אֲשֶׁר־שָׂם מֹשֶׁה לִפְנֵי בְּנֵי יִשְׂרָאֵל:

במדבר ט (עַל־פִּי יהוה בְּיַד־מֹשֶׁה:)

ויש מוסיפים (סידור השל״ה):

דברים לג תּוֹרָה צִוָּה־לָנוּ מֹשֶׁה, מוֹרָשָׁה קְהִלַּת יַעֲקֹב:
משלי ג עֵץ־חַיִּים הִיא לַמַּחֲזִיקִים בָּהּ וְתֹמְכֶיהָ מְאֻשָּׁר:
דְּרָכֶיהָ דַרְכֵי־נֹעַם וְכָל־נְתִיבוֹתֶיהָ שָׁלוֹם:
אֹרֶךְ יָמִים בִּימִינָהּ, בִּשְׂמֹאולָהּ עֹשֶׁר וְכָבוֹד:
ישעיה מב יהוה חָפֵץ לְמַעַן צִדְקוֹ יַגְדִּיל תּוֹרָה וְיַאְדִּיר:

ברכות ההפטרה

לפני קריאת ההפטרה בנביא, המפטיר מברך:

בָּרוּךְ אַתָּה יהוה אֱלֹהֵינוּ מֶלֶךְ הָעוֹלָם אֲשֶׁר בָּחַר בִּנְבִיאִים טוֹבִים, וְרָצָה בְדִבְרֵיהֶם הַנֶּאֱמָרִים בֶּאֱמֶת. בָּרוּךְ אַתָּה יהוה, הַבּוֹחֵר בַּתּוֹרָה וּבְמֹשֶׁה עַבְדּוֹ וּבְיִשְׂרָאֵל עַמּוֹ וּבִנְבִיאֵי הָאֱמֶת וָצֶדֶק.

הפטרה

ישעיה נה,ו–ט,ח דִּרְשׁוּ יהוה בְּהִמָּצְאוֹ קְרָאֻהוּ בִּהְיוֹתוֹ קָרוֹב: יַעֲזֹב רָשָׁע דַּרְכּוֹ
וְאִישׁ אָוֶן מַחְשְׁבֹתָיו וְיָשֹׁב אֶל־יהוה וִירַחֲמֵהוּ וְאֶל־אֱלֹהֵינוּ
כִּי־יַרְבֶּה לִסְלוֹחַ: כִּי לֹא מַחְשְׁבוֹתַי מַחְשְׁבוֹתֵיכֶם וְלֹא דַרְכֵיכֶם
דְּרָכָי נְאֻם יהוה: כִּי־גָבְהוּ שָׁמַיִם מֵאָרֶץ כֵּן גָּבְהוּ דְרָכַי מִדַּרְכֵיכֶם

וּמַחְשְׁבֹתַי מִמַּחְשְׁבֹתֵיכֶם: כִּי כַּאֲשֶׁר יֵרֵד הַגֶּשֶׁם וְהַשֶּׁלֶג מִן־
הַשָּׁמַיִם וְשָׁמָּה לֹא יָשׁוּב כִּי אִם־הִרְוָה אֶת־הָאָרֶץ וְהוֹלִידָהּ
וְהִצְמִיחָהּ וְנָתַן זֶרַע לַזֹּרֵעַ וְלֶחֶם לָאֹכֵל: כֵּן יִהְיֶה דְבָרִי אֲשֶׁר יֵצֵא
מִפִּי לֹא־יָשׁוּב אֵלַי רֵיקָם כִּי אִם־עָשָׂה אֶת־אֲשֶׁר חָפַצְתִּי וְהִצְלִיחַ
אֲשֶׁר שְׁלַחְתִּיו: כִּי־בְשִׂמְחָה תֵצֵאוּ וּבְשָׁלוֹם תּוּבָלוּן הֶהָרִים
וְהַגְּבָעוֹת יִפְצְחוּ לִפְנֵיכֶם רִנָּה וְכָל־עֲצֵי הַשָּׂדֶה יִמְחֲאוּ־כָף: תַּחַת
הַנַּעֲצוּץ יַעֲלֶה בְרוֹשׁ תַּחַת הַסִּרְפַּד יַעֲלֶה הֲדַס וְהָיָה לַיהוָה לְשֵׁם לְאוֹת עוֹלָם לֹא יִכָּרֵת: וְתַחַת

כֹּה אָמַר יְהוָה שִׁמְרוּ
מִשְׁפָּט וַעֲשׂוּ צְדָקָה כִּי־קְרוֹבָה יְשׁוּעָתִי לָבוֹא וְצִדְקָתִי לְהִגָּלוֹת:
אַשְׁרֵי אֱנוֹשׁ יַעֲשֶׂה־זֹּאת וּבֶן־אָדָם יַחֲזִיק בָּהּ שֹׁמֵר שַׁבָּת מֵחַלְּלוֹ
וְשֹׁמֵר יָדוֹ מֵעֲשׂוֹת כָּל־רָע: וְאַל־יֹאמַר בֶּן־הַנֵּכָר הַנִּלְוָה אֶל־
יְהוָה לֵאמֹר הַבְדֵּל יַבְדִּילַנִי יְהוָה מֵעַל עַמּוֹ וְאַל־יֹאמַר הַסָּרִיס
הֵן אֲנִי עֵץ יָבֵשׁ: כִּי־כֹה ׀ אָמַר יְהוָה לַסָּרִיסִים אֲשֶׁר
יִשְׁמְרוּ אֶת־שַׁבְּתוֹתַי וּבָחֲרוּ בַּאֲשֶׁר חָפָצְתִּי וּמַחֲזִיקִים בִּבְרִיתִי:
וְנָתַתִּי לָהֶם בְּבֵיתִי וּבְחוֹמֹתַי יָד וָשֵׁם טוֹב מִבָּנִים וּמִבָּנוֹת שֵׁם
עוֹלָם אֶתֶּן־לוֹ אֲשֶׁר לֹא יִכָּרֵת: וּבְנֵי הַנֵּכָר הַנִּלְוִים
עַל־יְהוָה לְשָׁרְתוֹ וּלְאַהֲבָה אֶת־שֵׁם יְהוָה לִהְיוֹת לוֹ לַעֲבָדִים
כָּל־שֹׁמֵר שַׁבָּת מֵחַלְּלוֹ וּמַחֲזִיקִים בִּבְרִיתִי: וַהֲבִיאוֹתִים אֶל־
הַר קָדְשִׁי וְשִׂמַּחְתִּים בְּבֵית תְּפִלָּתִי עוֹלֹתֵיהֶם וְזִבְחֵיהֶם לְרָצוֹן
עַל־מִזְבְּחִי כִּי בֵיתִי בֵּית־תְּפִלָּה יִקָּרֵא לְכָל־הָעַמִּים: נְאֻם אֲדֹנָי
יְהוִֹה מְקַבֵּץ נִדְחֵי יִשְׂרָאֵל עוֹד אֲקַבֵּץ עָלָיו לְנִקְבָּצָיו:

אחר קריאת ההפטרה המפטיר מברך:

בָּרוּךְ אַתָּה יְהוָה אֱלֹהֵינוּ מֶלֶךְ הָעוֹלָם, צוּר כָּל הָעוֹלָמִים, צַדִּיק
בְּכָל הַדּוֹרוֹת, הָאֵל הַנֶּאֱמָן, הָאוֹמֵר וְעוֹשֶׂה, הַמְדַבֵּר וּמְקַיֵּם,

שֶׁכָּל דְּבָרָיו אֱמֶת וָצֶדֶק. נֶאֱמָן אַתָּה הוּא יהוה אֱלֹהֵינוּ וְנֶאֱמָנִים
דְּבָרֶיךָ, וְדָבָר אֶחָד מִדְּבָרֶיךָ אָחוֹר לֹא יָשׁוּב רֵיקָם, כִּי אֵל מֶלֶךְ
נֶאֱמָן וְרַחֲמָן אָתָּה. בָּרוּךְ אַתָּה יהוה, הָאֵל הַנֶּאֱמָן בְּכָל דְּבָרָיו.

רַחֵם עַל צִיּוֹן כִּי הִיא בֵּית חַיֵּינוּ, וְלַעֲלוּבַת נֶפֶשׁ תּוֹשִׁיעַ בִּמְהֵרָה
בְיָמֵינוּ. בָּרוּךְ אַתָּה יהוה, מְשַׂמֵּחַ צִיּוֹן בְּבָנֶיהָ.

שַׂמְּחֵנוּ יהוה אֱלֹהֵינוּ בְּאֵלִיָּהוּ הַנָּבִיא עַבְדֶּךָ, וּבְמַלְכוּת בֵּית דָּוִד
מְשִׁיחֶךָ, בִּמְהֵרָה יָבוֹא וְיָגֵל לִבֵּנוּ. עַל כִּסְאוֹ לֹא יֵשֶׁב זָר, וְלֹא יִנְחֲלוּ
עוֹד אֲחֵרִים אֶת כְּבוֹדוֹ, כִּי בְשֵׁם קָדְשְׁךָ נִשְׁבַּעְתָּ לּוֹ שֶׁלֹּא יִכְבֶּה
נֵרוֹ לְעוֹלָם וָעֶד. בָּרוּךְ אַתָּה יהוה, מָגֵן דָּוִד.

הכנסת ספר תורה

פותחים את ארון הקודש. שליח הציבור לוקח את ספר התורה בימינו ואומר (סידור הרוקח):

תהלים קמח

יְהַלְלוּ אֶת־שֵׁם יהוה, כִּי־נִשְׂגָּב שְׁמוֹ, לְבַדּוֹ

הקהל עונה:

הוֹדוֹ עַל־אֶרֶץ וְשָׁמָיִם:
וַיָּרֶם קֶרֶן לְעַמּוֹ
תְּהִלָּה לְכָל־חֲסִידָיו
לִבְנֵי יִשְׂרָאֵל עַם קְרֹבוֹ, הַלְלוּיָהּ:

מלווים את ספר התורה לארון הקודש באמירת (סידור השל"ה):

תהלים כד

לְדָוִד מִזְמוֹר, לַיהוה הָאָרֶץ וּמְלוֹאָהּ, תֵּבֵל וְיֹשְׁבֵי בָהּ: כִּי־הוּא עַל־
יַמִּים יְסָדָהּ, וְעַל־נְהָרוֹת יְכוֹנְנֶהָ: מִי־יַעֲלֶה בְהַר־יהוה, וּמִי־יָקוּם
בִּמְקוֹם קָדְשׁוֹ: נְקִי כַפַּיִם וּבַר־לֵבָב, אֲשֶׁר לֹא־נָשָׂא לַשָּׁוְא נַפְשִׁי
וְלֹא נִשְׁבַּע לְמִרְמָה: יִשָּׂא בְרָכָה מֵאֵת יהוה, וּצְדָקָה מֵאֱלֹהֵי יִשְׁעוֹ:
זֶה דּוֹר דֹּרְשָׁו, מְבַקְשֵׁי פָנֶיךָ, יַעֲקֹב, סֶלָה: שְׂאוּ שְׁעָרִים רָאשֵׁיכֶם,

וְהִנָּשְׂאוּ פִּתְחֵי עוֹלָם, וְיָבוֹא מֶלֶךְ הַכָּבוֹד: מִי זֶה מֶלֶךְ הַכָּבוֹד,
יהוה עִזּוּז וְגִבּוֹר, יהוה גִּבּוֹר מִלְחָמָה: שְׂאוּ שְׁעָרִים רָאשֵׁיכֶם,
וּשְׂאוּ פִּתְחֵי עוֹלָם, וְיָבֹא מֶלֶךְ הַכָּבוֹד: מִי הוּא זֶה מֶלֶךְ הַכָּבוֹד,
יהוה צְבָאוֹת הוּא מֶלֶךְ הַכָּבוֹד, סֶלָה:

מכניסים את ספר התורה לארון הקודש ואומרים (ספר המחכים, סידור ׳מלאה הארץ דעה׳):

וּבְנֻחֹה יֹאמַר, שׁוּבָה יהוה רִבְבוֹת אַלְפֵי יִשְׂרָאֵל: קוּמָה יהוה במדבר י / תהלים קלב
לִמְנוּחָתֶךָ, אַתָּה וַאֲרוֹן עֻזֶּךָ: כֹּהֲנֶיךָ יִלְבְּשׁוּ־צֶדֶק, וַחֲסִידֶיךָ יְרַנֵּנוּ:
בַּעֲבוּר דָּוִד עַבְדֶּךָ אַל־תָּשֵׁב פְּנֵי מְשִׁיחֶךָ: כִּי לֶקַח טוֹב נָתַתִּי משלי ד
לָכֶם, תּוֹרָתִי אַל־תַּעֲזֹבוּ: עֵץ־חַיִּים הִיא לַמַּחֲזִיקִים בָּהּ, וְתֹמְכֶיהָ משלי ג
מְאֻשָּׁר: דְּרָכֶיהָ דַרְכֵי־נֹעַם וְכָל־נְתִיבֹתֶיהָ שָׁלוֹם: ‹ הֲשִׁיבֵנוּ יהוה איכה ה
אֵלֶיךָ וְנָשׁוּבָה, חַדֵּשׁ יָמֵינוּ כְּקֶדֶם:

סוגרים את ארון הקודש.

חצי קדיש

ש״ץ: יִתְגַּדַּל וְיִתְקַדַּשׁ שְׁמֵהּ רַבָּא (קהל: אָמֵן)
בְּעָלְמָא דִּי בְרָא כִרְעוּתֵהּ
וְיַמְלִיךְ מַלְכוּתֵהּ
וְיַצְמַח פֻּרְקָנֵהּ וִיקָרֵב מְשִׁיחֵהּ (קהל: אָמֵן)
בְּחַיֵּיכוֹן וּבְיוֹמֵיכוֹן וּבְחַיֵּי דְכָל בֵּית יִשְׂרָאֵל
בַּעֲגָלָא וּבִזְמַן קָרִיב, וְאִמְרוּ אָמֵן. (קהל: אָמֵן)

קהל וש״ץ: יְהֵא שְׁמֵהּ רַבָּא מְבָרַךְ לְעָלַם וּלְעָלְמֵי עָלְמַיָּא.

ש״ץ: יִתְבָּרַךְ וְיִשְׁתַּבַּח וְיִתְפָּאַר וְיִתְרוֹמַם וְיִתְנַשֵּׂא
וְיִתְהַדָּר וְיִתְעַלֶּה וְיִתְהַלָּל
שְׁמֵהּ דְּקֻדְשָׁא בְּרִיךְ הוּא (קהל: אָמֵן)
לְעֵלָּא מִן כָּל בִּרְכָתָא וְשִׁירָתָא תֻּשְׁבְּחָתָא וְנֶחֱמָתָא
דַּאֲמִירָן בְּעָלְמָא, וְאִמְרוּ אָמֵן. (קהל: אָמֵן)

עמידה

"המתפלל צריך שיכוין בלבו פירוש המלות שמוציא בשפתיו;
ויחשוב כאלו שכינה כנגדו ויסיר כל המחשבות הטורדות אותו
עד שתשאר מחשבתו וכוונתו זכה בתפלתו" (שו"ע צח, א).

פוסע שלוש פסיעות לפנים כמי שנכנס לפני המלך.
עומד ומתפלל בלחש מכאן ועד 'וּכְשָׁנִים קַדְמֹנִיּוֹת' בעמ' 243.

כורע במקומות המסומנים ב׳, קד לפנים במילה הבאה וזוקף בשם (סידור השל"ה).

דברים לב כִּי שֵׁם יהוה אֶקְרָא, הָבוּ גֹדֶל לֵאלֹהֵינוּ:
תהלים נא אֲדֹנָי, שְׂפָתַי תִּפְתָּח, וּפִי יַגִּיד תְּהִלָּתֶךָ:

אבות

׳בָּרוּךְ אַתָּה יהוה, אֱלֹהֵינוּ וֵאלֹהֵי אֲבוֹתֵינוּ
אֱלֹהֵי אַבְרָהָם, אֱלֹהֵי יִצְחָק, וֵאלֹהֵי יַעֲקֹב
הָאֵל הַגָּדוֹל הַגִּבּוֹר וְהַנּוֹרָא, אֵל עֶלְיוֹן
גּוֹמֵל חֲסָדִים טוֹבִים, קוֹנֵה הַכֹּל
וְזוֹכֵר חַסְדֵי אָבוֹת
וּמֵבִיא גוֹאֵל לִבְנֵי בְנֵיהֶם לְמַעַן שְׁמוֹ בְּאַהֲבָה.
מֶלֶךְ עוֹזֵר וּמוֹשִׁיעַ וּמָגֵן.
׳בָּרוּךְ אַתָּה יהוה, מָגֵן אַבְרָהָם.

גבורות

אַתָּה גִּבּוֹר לְעוֹלָם, אֲדֹנָי
מְחַיֵּה מֵתִים אַתָּה, רַב לְהוֹשִׁיעַ
בארץ ישראל: מוֹרִיד הַטָּל
מְכַלְכֵּל חַיִּים בְּחֶסֶד, מְחַיֵּה מֵתִים בְּרַחֲמִים רַבִּים
סוֹמֵךְ נוֹפְלִים, וְרוֹפֵא חוֹלִים, וּמַתִּיר אֲסוּרִים
וּמְקַיֵּם אֱמוּנָתוֹ לִישֵׁנֵי עָפָר.

מִי כָמְוֹךָ, בַּעַל גְּבוּרוֹת
וּמִי דּוֹמֶה לָּךְ
מֶלֶךְ, מֵמִית וּמְחַיֶּה וּמַצְמִיחַ יְשׁוּעָה.
וְנֶאֱמָן אַתָּה לְהַחֲיוֹת מֵתִים.
בָּרוּךְ אַתָּה יהוה, מְחַיֵּה הַמֵּתִים.

בתפילת לחש ממשיך 'אַתָּה קָדוֹשׁ' בעמוד הבא.

קדושה

בחזרת הש"ץ הקהל עומד ואומר קדושה.

במקומות המסומנים ב·, המתפלל מתרומם על קצות אצבעותיו (מג"א קכה, א בשם השל"ה).

קהל, ואחריו שליח הציבור.

נַקְדִּישָׁךְ וְנַעֲרִיצָךְ כְּנֹעַם שִׂיחַ סוֹד שַׂרְפֵי קֹדֶשׁ, הַמְשַׁלְּשִׁים לְךָ קְדֻשָּׁה
כַּכָּתוּב עַל יַד נְבִיאֶךָ, וְקָרָא זֶה אֶל־זֶה וְאָמַר ישעיה ו

קהל ואחריו שליח הציבור:

·קָדוֹשׁ, ·קָדוֹשׁ, ·קָדוֹשׁ, יהוה צְבָאוֹת, מְלֹא כָל־הָאָרֶץ כְּבוֹדוֹ:
לְעֻמָּתָם מְשַׁבְּחִים וְאוֹמְרִים

קהל ואחריו שליח הציבור:

·בָּרוּךְ כְּבוֹד־יהוה מִמְּקוֹמוֹ: יחזקאל ג
וּבְדִבְרֵי קָדְשְׁךָ כָּתוּב לֵאמֹר

קהל ואחריו שליח הציבור:

·יִמְלֹךְ יהוה לְעוֹלָם, אֱלֹהַיִךְ צִיּוֹן לְדֹר וָדֹר, הַלְלוּיָהּ: תהלים קמו

שליח הציבור ממשיך 'אַתָּה קָדוֹשׁ' בעמוד הבא.

בבתי כנסת המתפללים בנוסח אשכנז, שליח הציבור אומר 'לְדוֹר וָדוֹר'.

לְדוֹר וָדוֹר נַגִּיד גָּדְלֶךָ, וּלְנֵצַח נְצָחִים קְדֻשָּׁתְךָ נַקְדִּישׁ
וְשִׁבְחֲךָ אֱלֹהֵינוּ מִפִּינוּ לֹא יָמוּשׁ לְעוֹלָם וָעֶד
כִּי אֵל מֶלֶךְ גָּדוֹל וְקָדוֹשׁ אָתָּה.
בָּרוּךְ אַתָּה יהוה, הָאֵל הַקָּדוֹשׁ.

שליח הציבור ממשיך 'אַתָּה חוֹנֵן' בעמוד הבא.

קדושת השם

אַתָּה קָדוֹשׁ וְשִׁמְךָ קָדוֹשׁ
וּקְדוֹשִׁים בְּכָל יוֹם יְהַלְלוּךָ סֶּלָה
כִּי אֵל מֶלֶךְ גָּדוֹל וְקָדוֹשׁ אָתָּה.
בָּרוּךְ אַתָּה יהוה, הָאֵל הַקָּדוֹשׁ.

דעת

אַתָּה חוֹנֵן לְאָדָם דַּעַת, וּמְלַמֵּד לֶאֱנוֹשׁ בִּינָה.
חָנֵּנוּ מֵאִתְּךָ חָכְמָה בִּינָה וָדָעַת.
בָּרוּךְ אַתָּה יהוה, חוֹנֵן הַדָּעַת.

תשובה

הֲשִׁיבֵנוּ אָבִינוּ לְתוֹרָתֶךָ, וְקָרְבֵנוּ מַלְכֵּנוּ לַעֲבוֹדָתֶךָ
וְהַחֲזִירֵנוּ בִּתְשׁוּבָה שְׁלֵמָה לְפָנֶיךָ.
בָּרוּךְ אַתָּה יהוה, הָרוֹצֶה בִּתְשׁוּבָה.

סליחה

נוהגים להכות כנגד הלב במקומות המסומנים ב° (סידור יעב״ץ).

סְלַח לָנוּ אָבִינוּ כִּי °חָטָאנוּ
מְחַל לָנוּ מַלְכֵּנוּ כִּי °פָשָׁעְנוּ
כִּי אֵל טוֹב וְסַלָּח אָתָּה.
בָּרוּךְ אַתָּה יהוה, חַנּוּן הַמַּרְבֶּה לִסְלֹחַ.

גאולה

רְאֵה נָא בְעָנְיֵנוּ, וְרִיבָה רִיבֵנוּ
וּגְאָלֵנוּ גְּאֻלָּה שְׁלֵמָה מְהֵרָה לְמַעַן שְׁמֶךָ
כִּי אֵל גּוֹאֵל חָזָק אָתָּה.
בָּרוּךְ אַתָּה יהוה, גּוֹאֵל יִשְׂרָאֵל.

בחזרת הש״ץ שליח הציבור מוסיף:

עֲנֵנוּ יהוה עֲנֵנוּ בְּיוֹם צוֹם תַּעֲנִיתֵנוּ, כִּי בְצָרָה גְדוֹלָה אֲנָחְנוּ. אַל תֵּפֶן
אֶל רִשְׁעֵנוּ, וְאַל תַּסְתֵּר פָּנֶיךָ מִמֶּנּוּ, וְאַל תִּתְעַלַּם מִתְּחִנָּתֵנוּ. הֱיֵה
נָא קָרוֹב לְשַׁוְעָתֵנוּ, יְהִי נָא חַסְדְּךָ לְנַחֲמֵנוּ, טֶרֶם נִקְרָא אֵלֶיךָ עֲנֵנוּ,
כַּדָּבָר שֶׁנֶּאֱמַר: וְהָיָה טֶרֶם יִקְרָאוּ וַאֲנִי אֶעֱנֶה, עוֹד הֵם מְדַבְּרִים וַאֲנִי ישעיה סה
אֶשְׁמָע: כִּי אַתָּה יהוה הָעוֹנֶה בְּעֵת צָרָה, פּוֹדֶה וּמַצִּיל בְּכָל עֵת צָרָה
וְצוּקָה. בָּרוּךְ אַתָּה יהוה, הָעוֹנֶה לְעַמּוֹ יִשְׂרָאֵל בְּעֵת צָרָה.

רפואה

רְפָאֵנוּ יהוה וְנֵרָפֵא
הוֹשִׁיעֵנוּ וְנִוָּשֵׁעָה, כִּי תְהִלָּתֵנוּ אָתָּה
וְהַעֲלֵה אֲרוּכָה וּמַרְפֵּא לְכָל תַּחֲלוּאֵינוּ וּלְכָל מַכְאוֹבֵינוּ
רְפוּאָה שְׁלֵמָה לְכָל מַכּוֹתֵינוּ

המתפלל על חולה מוסיף:

יְהִי רָצוֹן מִלְּפָנֶיךָ יהוה אֱלֹהַי וֵאלֹהֵי אֲבוֹתַי, שֶׁתִּשְׁלַח מְהֵרָה רְפוּאָה
שְׁלֵמָה מִן הַשָּׁמַיִם, רְפוּאַת הַנֶּפֶשׁ וּרְפוּאַת הַגּוּף, לַחוֹלֶה/לַחוֹלָה
פלוני/ת בֶּן/בַּת פלונית בְּתוֹךְ שְׁאָר חוֹלֵי יִשְׂרָאֵל.

כִּי אֵל מֶלֶךְ רוֹפֵא נֶאֱמָן וְרַחֲמָן אָתָּה.
בָּרוּךְ אַתָּה יהוה, רוֹפֵא חוֹלֵי עַמּוֹ יִשְׂרָאֵל.

ברכת השנים

בָּרֵךְ עָלֵינוּ יהוה אֱלֹהֵינוּ אֶת הַשָּׁנָה הַזֹּאת
וְאֶת כָּל מִינֵי תְבוּאָתָהּ, לְטוֹבָה
וְתֵן בְּרָכָה עַל פְּנֵי הָאֲדָמָה, וְשַׂבְּעֵנוּ מִטּוּבָהּ
וּבָרֵךְ שְׁנָתֵנוּ כַּשָּׁנִים הַטּוֹבוֹת לִבְרָכָה
כִּי אֵל טוֹב וּמֵטִיב אַתָּה וּמְבָרֵךְ הַשָּׁנִים.
בָּרוּךְ אַתָּה יהוה, מְבָרֵךְ הַשָּׁנִים.

קיבוץ גלויות

תְּקַע בְּשׁוֹפָר גָּדוֹל לְחֵרוּתֵנוּ

וְשָׂא נֵס לְקַבֵּץ גָּלֻיּוֹתֵינוּ

וְקַבְּצֵנוּ יַחַד מְהֵרָה מֵאַרְבַּע כַּנְפוֹת הָאָרֶץ לְאַרְצֵנוּ.

בָּרוּךְ אַתָּה יהוה, מְקַבֵּץ נִדְחֵי עַמּוֹ יִשְׂרָאֵל.

השבת המשפט

הָשִׁיבָה שׁוֹפְטֵינוּ כְּבָרִאשׁוֹנָה, וְיוֹעֲצֵינוּ כְּבַתְּחִלָּה

וְהָסֵר מִמֶּנּוּ יָגוֹן וַאֲנָחָה

וּמְלֹךְ עָלֵינוּ מְהֵרָה אַתָּה יהוה לְבַדְּךָ

בְּחֶסֶד וּבְרַחֲמִים, בְּצֶדֶק וּבְמִשְׁפָּט.

בָּרוּךְ אַתָּה יהוה, מֶלֶךְ אוֹהֵב צְדָקָה וּמִשְׁפָּט.

ברכת המינים

וְלַמַּלְשִׁינִים אַל תְּהִי תִקְוָה

וְכָל הַמִּינִים כְּרֶגַע יֹאבֵדוּ

וְכָל אוֹיְבֵי עַמְּךָ מְהֵרָה יִכָּרֵתוּ

וְהַזֵּדִים מְהֵרָה תְעַקֵּר וּתְשַׁבֵּר וּתְמַגֵּר

וּתְכַלֵּם וְתַשְׁפִּילֵם וְתַכְנִיעֵם

בִּמְהֵרָה בְיָמֵינוּ.

בָּרוּךְ אַתָּה יהוה, שׁוֹבֵר אוֹיְבִים וּמַכְנִיעַ זֵדִים.

על הצדיקים

עַל הַצַּדִּיקִים וְעַל הַחֲסִידִים

וְעַל זִקְנֵי שְׁאֵרִית עַמְּךָ בֵּית יִשְׂרָאֵל

וְעַל פְּלֵיטַת בֵּית סוֹפְרֵיהֶם, וְעַל גֵּרֵי הַצֶּדֶק, וְעָלֵינוּ

יֶהֱמוּ נָא רַחֲמֶיךָ, יהוה אֱלֹהֵינוּ

וְתֵן שָׂכָר טוֹב לְכָל הַבּוֹטְחִים בְּשִׁמְךָ בֶּאֱמֶת
וְשִׂים חֶלְקֵנוּ עִמָּהֶם
וּלְעוֹלָם לֹא נֵבוֹשׁ, כִּי בְךָ בָּטָחְנוּ
וְעַל חַסְדְּךָ הַגָּדוֹל בֶּאֱמֶת נִשְׁעָנְנוּ.
בָּרוּךְ אַתָּה יהוה, מִשְׁעָן וּמִבְטָח לַצַּדִּיקִים.

בניין ירושלים
וְלִירוּשָׁלַיִם עִירְךָ בְּרַחֲמִים תָּשׁוּב
וְתִשְׁכֹּן בְּתוֹכָהּ כַּאֲשֶׁר דִּבַּרְתָּ
וּבְנֵה אוֹתָהּ בְּקָרוֹב בְּיָמֵינוּ בִּנְיַן עוֹלָם
וְכִסֵּא דָוִד עַבְדְּךָ מְהֵרָה לְתוֹכָהּ תָּכִין.

מנהג אשכנז ״שאין אומרים ׳נַחֵם׳, רק בתפילת מנחה של תשעה באב, לפי שאז הציתו במקדש אש, ולכן מתפללים אז על הנחמה״ (רמ״א תקנז, א בשם הרוקח ואבודרהם).
גם מי שאינו מתענה, אומר ׳נַחֵם׳ (׳אשי ישראל׳ פמ״ד, נב).

נַחֵם יהוה אֱלֹהֵינוּ אֶת אֲבֵלֵי צִיּוֹן וְאֶת אֲבֵלֵי יְרוּשָׁלָיִם
*וְאֶת הָעִיר הָאֲבֵלָה וְהֶחֲרֵבָה וְהַבְּזוּיָה וְהַשּׁוֹמֵמָה.
הָאֲבֵלָה מִבְּלִי בָנֶיהָ, וְהֶחֲרֵבָה מִמְּעוֹנוֹתֶיהָ
וְהַבְּזוּיָה מִכְּבוֹדָהּ, וְהַשּׁוֹמֵמָה מֵאֵין יוֹשֵׁב.
וְהִיא יוֹשֶׁבֶת וְרֹאשָׁהּ חָפוּי, כְּאִשָּׁה עֲקָרָה שֶׁלֹּא יָלָדָה.

יש שכתבו שהיום, בחסדי ה׳, המוני בית ישראל מתגוררים בירושלים, ויש לשנות את נוסח הברכה כדי לשקף מציאות זו. הרב חיים דוד הלוי כתב (׳עשה לך רב׳ ח״א, יד) שהוא נהג לומר נוסח זה:
*וְאֶת הָעִיר שֶׁהָיְתָה אֲבֵלָה, חֲרֵבָה בְּזוּיָה וְשׁוֹמֵמָה מִבְּלִי בָנֶיהָ
וְהִיא יָשְׁבָה וְרֹאשָׁהּ חָפוּי, כְּאִשָּׁה עֲקָרָה שֶׁלֹּא יָלָדָה.
וממשיך ׳וַיְבַלְּעוּהָ לִגְיוֹנוֹת׳ בעמוד הבא.

אך רוב הפוסקים כתבו שיש להמשיך לומר את הנוסח הרגיל, משום שכל עוד המקדש חרב אף ירושלים נחשבת חרבה (יחו״ד ח״א, מג; הרי״ד סולובייצ׳יק, ׳מסורה׳ ז, תשנב).

וַיְבַלְּעוּהָ לִגְיוֹנוֹת, וַיִּירָשׁוּהָ עוֹבְדֵי פְסִילִים
וַיָּטִילוּ אֶת עַמְּךָ יִשְׂרָאֵל לֶחָרֶב
וַיַּהַרְגוּ בְזָדוֹן חֲסִידֵי עֶלְיוֹן.
עַל כֵּן צִיּוֹן בְּמַר תִּבְכֶּה, וִירוּשָׁלַיִם תִּתֵּן קוֹלָהּ.
לִבִּי לִבִּי עַל חַלְלֵיהֶם, מֵעַי מֵעַי עַל חַלְלֵיהֶם
כִּי אַתָּה יהוה בָּאֵשׁ הִצַּתָּהּ
וּבָאֵשׁ אַתָּה עָתִיד לִבְנוֹתָהּ.
כָּאָמוּר:
זכריה ב וַאֲנִי אֶהְיֶה־לָּהּ, נְאֻם־יהוה, חוֹמַת אֵשׁ סָבִיב
וּלְכָבוֹד אֶהְיֶה בְתוֹכָהּ:
בָּרוּךְ אַתָּה יהוה, מְנַחֵם צִיּוֹן וּבוֹנֵה יְרוּשָׁלָיִם.

מלכות בית דוד

אֶת צֶמַח דָּוִד עַבְדְּךָ מְהֵרָה תַצְמִיחַ
וְקַרְנוֹ תָּרוּם בִּישׁוּעָתֶךָ
כִּי לִישׁוּעָתְךָ קִוִּינוּ כָּל הַיּוֹם.
בָּרוּךְ אַתָּה יהוה, מַצְמִיחַ קֶרֶן יְשׁוּעָה.

שומע תפילה

אָב הָרַחֲמָן
שְׁמַע קוֹלֵנוּ יהוה אֱלֹהֵינוּ
חוּס וְרַחֵם עָלֵינוּ, וְקַבֵּל בְּרַחֲמִים וּבְרָצוֹן אֶת תְּפִלָּתֵנוּ
כִּי אֵל שׁוֹמֵעַ תְּפִלּוֹת וְתַחֲנוּנִים אָתָּה
וּמִלְּפָנֶיךָ מַלְכֵּנוּ רֵיקָם אַל תְּשִׁיבֵנוּ
חָנֵּנוּ וַעֲנֵנוּ וּשְׁמַע תְּפִלָּתֵנוּ

בתפילת לחש היחיד אומר 'עֲנֵנוּ' (שו"ע תקסה, א על פי תענית יג ע"ב),
אך מי שלא התענה אינו אומר (בה"ל תקסה, א).

עֲנֵנוּ יהוה עֲנֵנוּ בְּיוֹם צוֹם תַּעֲנִיתֵנוּ
כִּי בְצָרָה גְדוֹלָה אֲנָחְנוּ.
אַל תֵּפֶן אֶל רִשְׁעֵנוּ, וְאַל תַּסְתֵּר פָּנֶיךָ מִמֶּנּוּ
וְאַל תִּתְעַלַּם מִתְּחִנָּתֵנוּ.
הֱיֵה נָא קָרוֹב לְשַׁוְעָתֵנוּ
יְהִי נָא חַסְדְּךָ לְנַחֲמֵנוּ
טֶרֶם נִקְרָא אֵלֶיךָ עֲנֵנוּ
כַּדָּבָר שֶׁנֶּאֱמַר:
וְהָיָה טֶרֶם יִקְרָאוּ וַאֲנִי אֶעֱנֶה ישעיה סה
עוֹד הֵם מְדַבְּרִים וַאֲנִי אֶשְׁמָע:
כִּי אַתָּה יהוה הָעוֹנֶה בְּעֵת צָרָה
פּוֹדֶה וּמַצִּיל בְּכָל עֵת צָרָה וְצוּקָה.

כִּי אַתָּה שׁוֹמֵעַ תְּפִלַּת כָּל פֶּה.
בָּרוּךְ אַתָּה יהוה, שׁוֹמֵעַ תְּפִלָּה.

עבודה

רְצֵה יהוה אֱלֹהֵינוּ בְּעַמְּךָ יִשְׂרָאֵל, וְלִתְפִלָּתָם שְׁעֵה
וְהָשֵׁב אֶת הָעֲבוֹדָה לִדְבִיר בֵּיתֶךָ
וְאִשֵּׁי יִשְׂרָאֵל וּתְפִלָּתָם, מְהֵרָה בְּאַהֲבָה תְקַבֵּל בְּרָצוֹן
וּתְהִי לְרָצוֹן תָּמִיד עֲבוֹדַת יִשְׂרָאֵל עַמֶּךָ.
וְתֶחֱזֶינָה עֵינֵינוּ בְּשׁוּבְךָ לְצִיּוֹן בְּרַחֲמִים.
בָּרוּךְ אַתָּה יהוה, הַמַּחֲזִיר שְׁכִינָתוֹ לְצִיּוֹן.

הודאה

כורע ב׳מוֹדים׳ ואינו זוקף עד אמירת השם (סידור השל״ה).

ˈמוֹדִים אֲנַחְנוּ לָךְ
שָׁאַתָּה הוּא יהוה אֱלֹהֵינוּ
וֵאלֹהֵי אֲבוֹתֵינוּ לְעוֹלָם וָעֶד.
צוּר חַיֵּינוּ, מָגֵן יִשְׁעֵנוּ
אַתָּה הוּא לְדוֹר וָדוֹר.
נוֹדֶה לְּךָ וּנְסַפֵּר תְּהִלָּתֶךָ
עַל חַיֵּינוּ הַמְּסוּרִים בְּיָדֶךָ
וְעַל נִשְׁמוֹתֵינוּ הַפְּקוּדוֹת לָךְ
וְעַל נִסֶּיךָ שֶׁבְּכָל יוֹם עִמָּנוּ
וְעַל נִפְלְאוֹתֶיךָ וְטוֹבוֹתֶיךָ
שֶׁבְּכָל עֵת
עֶרֶב וָבֹקֶר וְצָהֳרָיִם.
הַטּוֹב, כִּי לֹא כָלוּ רַחֲמֶיךָ
וְהַמְרַחֵם, כִּי לֹא תַמּוּ חֲסָדֶיךָ
כִּי מֵעוֹלָם קִוִּינוּ לָךְ.

כששליח הציבור אומר ׳מוֹדים׳, הקהל אומר בלחש (סוטה מ ע״א):

ˈמוֹדִים אֲנַחְנוּ לָךְ
שָׁאַתָּה הוּא יהוה אֱלֹהֵינוּ
וֵאלֹהֵי אֲבוֹתֵינוּ
אֱלֹהֵי כָל בָּשָׂר
יוֹצְרֵנוּ, יוֹצֵר בְּרֵאשִׁית.
בְּרָכוֹת וְהוֹדָאוֹת
לְשִׁמְךָ הַגָּדוֹל וְהַקָּדוֹשׁ
עַל שֶׁהֶחֱיִיתָנוּ וְקִיַּמְתָּנוּ.
כֵּן תְּחַיֵּנוּ וּתְקַיְּמֵנוּ
וְתֶאֱסֹף גָּלֻיּוֹתֵינוּ
לְחַצְרוֹת קָדְשֶׁךָ
לִשְׁמֹר חֻקֶּיךָ
וְלַעֲשׂוֹת רְצוֹנֶךָ וּלְעָבְדְךָ
בְּלֵבָב שָׁלֵם
עַל שֶׁאָנוּ מוֹדִים לָךְ.
בָּרוּךְ אֵל הַהוֹדָאוֹת.

וְעַל כֻּלָּם
יִתְבָּרַךְ וְיִתְרוֹמַם וְיִתְנַשֵּׂא שִׁמְךָ מַלְכֵּנוּ תָּמִיד לְעוֹלָם וָעֶד.
וְכָל הַחַיִּים יוֹדוּךָ סֶּלָה
וִיהַלְלוּ וִיבָרְכוּ אֶת שִׁמְךָ הַגָּדוֹל בֶּאֱמֶת לְעוֹלָם כִּי טוֹב
הָאֵל יְשׁוּעָתֵנוּ וְעֶזְרָתֵנוּ סֶלָה, הָאֵל הַטּוֹב.
ˈבָּרוּךְ אַתָּה יהוה
הַטּוֹב שִׁמְךָ וּלְךָ נָאֶה לְהוֹדוֹת.

אם מתפללים לאחר פלג המנחה, אומרים ברכת כוהנים.

אם יותר מכוהן אחד עולה לדוכן, הגבאי קורא:

כֹּהֲנִים

הכוהנים מברכים:

בָּרוּךְ אַתָּה יהוה אֱלֹהֵינוּ מֶלֶךְ הָעוֹלָם, אֲשֶׁר קִדְּשָׁנוּ בִּקְדֻשָּׁתוֹ שֶׁל אַהֲרֹן, וְצִוָּנוּ לְבָרֵךְ אֶת עַמּוֹ יִשְׂרָאֵל בְּאַהֲבָה.

השׁ״ץ מקריא מילה במילה, והכוהנים אחריו:

יְבָרֶכְךָ יהוה וְיִשְׁמְרֶךָ: קהל: אָמֵן במדבר ו

יָאֵר יהוה פָּנָיו אֵלֶיךָ וִיחֻנֶּךָּ: קהל: אָמֵן

יִשָּׂא יהוה פָּנָיו אֵלֶיךָ וְיָשֵׂם לְךָ שָׁלוֹם: קהל: אָמֵן

שליח הציבור ממשיך ׳שִׂים שָׁלוֹם׳.

הקהל אומר:

אַדִּיר בַּמָּרוֹם שׁוֹכֵן בִּגְבוּרָה, אַתָּה שָׁלוֹם וְשִׁמְךָ שָׁלוֹם. יְהִי רָצוֹן שֶׁתָּשִׂים עָלֵינוּ וְעַל כָּל עַמְּךָ בֵּית יִשְׂרָאֵל חַיִּים וּבְרָכָה לְמִשְׁמֶרֶת שָׁלוֹם.

הכוהנים אומרים:

רִבּוֹנוֹ שֶׁל עוֹלָם, עָשִׂינוּ מַה שֶּׁגָּזַרְתָּ עָלֵינוּ, אַף אַתָּה עֲשֵׂה עִמָּנוּ כְּמוֹ שֶׁהִבְטַחְתָּנוּ. הַשְׁקִיפָה מִמְּעוֹן קָדְשְׁךָ מִן־הַשָּׁמַיִם, וּבָרֵךְ אֶת־עַמְּךָ אֶת־יִשְׂרָאֵל, וְאֵת הָאֲדָמָה אֲשֶׁר נָתַתָּה לָנוּ, כַּאֲשֶׁר נִשְׁבַּעְתָּ לַאֲבֹתֵינוּ, אֶרֶץ זָבַת חָלָב וּדְבָשׁ: דברים כו

אם הכוהנים אינם עולים לדוכן, כי אין כוהנים המתענים
או מפני שמתפללים לפני פלג המנחה, שליח הציבור אומר:

אֱלֹהֵינוּ וֵאלֹהֵי אֲבוֹתֵינוּ, בָּרְכֵנוּ בַּבְּרָכָה הַמְשֻׁלֶּשֶׁת בַּתּוֹרָה, הַכְּתוּבָה עַל יְדֵי מֹשֶׁה עַבְדֶּךָ, הָאֲמוּרָה מִפִּי אַהֲרֹן וּבָנָיו כֹּהֲנִים עַם קְדוֹשֶׁיךָ, כָּאָמוּר

יְבָרֶכְךָ יהוה וְיִשְׁמְרֶךָ: קהל: כֵּן יְהִי רָצוֹן במדבר ו

יָאֵר יהוה פָּנָיו אֵלֶיךָ וִיחֻנֶּךָּ: קהל: כֵּן יְהִי רָצוֹן

יִשָּׂא יהוה פָּנָיו אֵלֶיךָ וְיָשֵׂם לְךָ שָׁלוֹם: קהל: כֵּן יְהִי רָצוֹן

שלום

שִׂים שָׁלוֹם טוֹבָה וּבְרָכָה
חַיִּים חֵן וָחֶסֶד וְרַחֲמִים, עָלֵינוּ וְעַל כָּל יִשְׂרָאֵל עַמֶּךָ.
בָּרְכֵנוּ אָבִינוּ כֻּלָּנוּ כְּאֶחָד בְּאוֹר פָּנֶיךָ
כִּי בְאוֹר פָּנֶיךָ נָתַתָּ לָּנוּ יהוה אֱלֹהֵינוּ
תּוֹרַת חַיִּים וְאַהֲבַת חֶסֶד
וּצְדָקָה וּבְרָכָה וְרַחֲמִים וְחַיִּים וְשָׁלוֹם.

וְטוֹב יִהְיֶה בְּעֵינֶיךָ לְבָרְכֵנוּ
וּלְבָרֵךְ אֶת כָּל עַמְּךָ יִשְׂרָאֵל
בְּכָל עֵת וּבְכָל שָׁעָה בִּשְׁלוֹמֶךָ.
בָּרוּךְ אַתָּה יהוה, הַמְבָרֵךְ אֶת עַמּוֹ יִשְׂרָאֵל בַּשָּׁלוֹם.

שליח הציבור מסיים באמירת הפסוק הבא בלחש,
ויש הנוהגים לאומרו גם בסוף תפילת לחש של יחיד.

תהלים יט יִהְיוּ לְרָצוֹן אִמְרֵי פִי וְהֶגְיוֹן לִבִּי לְפָנֶיךָ, יהוה צוּרִי וְגֹאֲלִי:

ברכות יז. אֱלֹהַי
נְצֹר לְשׁוֹנִי מֵרָע וּשְׂפָתַי מִדַּבֵּר מִרְמָה
וְלִמְקַלְלַי נַפְשִׁי תִדֹּם, וְנַפְשִׁי כֶּעָפָר לַכֹּל תִּהְיֶה.
פְּתַח לִבִּי בְּתוֹרָתֶךָ
וְאַחֲרֵי מִצְוֹתֶיךָ תִּרְדֹּף נַפְשִׁי.
וְכָל הַקָּמִים וְהַחוֹשְׁבִים עָלַי רָעָה
מְהֵרָה הָפֵר עֲצָתָם וְקַלְקֵל מַחֲשַׁבְתָּם.
יש המוסיפים תחינה זו (קיצור של״ה, ׳אור הישר׳):
יְהִי רָצוֹן מִלְּפָנֶיךָ
יהוה אֱלֹהַי וֵאלֹהֵי אֲבוֹתַי
שֶׁלֹּא תַעֲלֶה קִנְאַת אָדָם עָלַי, וְלֹא קִנְאָתִי עַל אֲחֵרִים
וְשֶׁלֹּא אֶכְעֹס הַיּוֹם, וְשֶׁלֹּא אַכְעִיסֶךָ
וְתַצִּילֵנִי מִיֵּצֶר הָרָע, וְתֵן בְּלִבִּי הַכְנָעָה וַעֲנָוָה.
מַלְכֵּנוּ וֵאלֹהֵינוּ, יַחֵד שִׁמְךָ בְּעוֹלָמֶךָ
בְּנֵה עִירְךָ, יַסֵּד בֵּיתְךָ וְשַׁכְלֵל הֵיכָלֶךָ
וְקַבֵּץ קִבּוּץ גָּלֻיּוֹת, וּפְדֵה צֹאנְךָ וְשַׂמַּח עֲדָתֶךָ.

עֲשֵׂה לְמַעַן שְׁמֶךָ, עֲשֵׂה לְמַעַן יְמִינֶךָ
עֲשֵׂה לְמַעַן תּוֹרָתֶךָ, עֲשֵׂה לְמַעַן קְדֻשָּׁתֶךָ.
תהלים ס לְמַעַן יֵחָלְצוּן יְדִידֶיךָ, הוֹשִׁיעָה יְמִינְךָ וַעֲנֵנִי:
תהלים יט יִהְיוּ לְרָצוֹן אִמְרֵי פִי וְהֶגְיוֹן לִבִּי לְפָנֶיךָ, יהוה צוּרִי וְגֹאֲלִי:

כורע ופוסע שלוש פסיעות לאחור. קד לשמאל, לימין ולפנים באמירת:

עֹשֶׂה שָׁלוֹם בִּמְרוֹמָיו
הוּא יַעֲשֶׂה שָׁלוֹם, עָלֵינוּ וְעַל כָּל יִשְׂרָאֵל, וְאִמְרוּ אָמֵן.

יְהִי רָצוֹן מִלְּפָנֶיךָ יהוה אֱלֹהֵינוּ וֵאלֹהֵי אֲבוֹתֵינוּ
שֶׁיִּבָּנֶה בֵּית הַמִּקְדָּשׁ בִּמְהֵרָה בְיָמֵינוּ
וְתֵן חֶלְקֵנוּ בְּתוֹרָתֶךָ
וְשָׁם נַעֲבָדְךָ בְּיִרְאָה כִּימֵי עוֹלָם וּכְשָׁנִים קַדְמֹנִיּוֹת.
וְעָרְבָה לַיהוה מִנְחַת יְהוּדָה וִירוּשָׁלָםִ כִּימֵי עוֹלָם וּכְשָׁנִים קַדְמֹנִיּוֹת: מלאכי ג

שליח הציבור חוזר על התפילה בקול רם.

קדיש שלם

ש״ץ: יִתְגַּדַּל וְיִתְקַדַּשׁ שְׁמֵהּ רַבָּא (קהל: אָמֵן)
בְּעָלְמָא דִּי בְרָא כִרְעוּתֵהּ
וְיַמְלִיךְ מַלְכוּתֵהּ וְיַצְמַח פֻּרְקָנֵהּ וִיקָרֵב מְשִׁיחֵהּ (קהל: אָמֵן)
בְּחַיֵּיכוֹן וּבְיוֹמֵיכוֹן וּבְחַיֵּי דְכָל בֵּית יִשְׂרָאֵל
בַּעֲגָלָא וּבִזְמַן קָרִיב, וְאִמְרוּ אָמֵן. (קהל: אָמֵן)

קהל וש״ץ: יְהֵא שְׁמֵהּ רַבָּא מְבָרַךְ לְעָלַם וּלְעָלְמֵי עָלְמַיָּא.

ש״ץ: יִתְבָּרַךְ וְיִשְׁתַּבַּח וְיִתְפָּאַר וְיִתְרוֹמַם וְיִתְנַשֵּׂא
וְיִתְהַדָּר וְיִתְעַלֶּה וְיִתְהַלָּל
שְׁמֵהּ דְּקֻדְשָׁא בְּרִיךְ הוּא (קהל: אָמֵן)
לְעֵלָּא מִן כָּל בִּרְכָתָא וְשִׁירָתָא, תֻּשְׁבְּחָתָא וְנֶחֱמָתָא
דַּאֲמִירָן בְּעָלְמָא, וְאִמְרוּ אָמֵן. (קהל: אָמֵן)

תִּתְקַבַּל צְלוֹתְהוֹן וּבָעוּתְהוֹן דְּכָל בֵּית יִשְׂרָאֵל
קֳדָם אֲבוּהוֹן דִּי בִשְׁמַיָּא, וְאִמְרוּ אָמֵן. (קהל: אָמֵן)

יְהֵא שְׁלָמָא רַבָּא מִן שְׁמַיָּא
וְחַיִּים טוֹבִים עָלֵינוּ וְעַל כָּל יִשְׂרָאֵל, וְאִמְרוּ אָמֵן. (קהל: אָמֵן)

כורע ופוסע שלוש פסיעות לאחור. קד לשמאל, לימין ולפנים באמירת:

עֹשֶׂה שָׁלוֹם בִּמְרוֹמָיו
הוּא יַעֲשֶׂה שָׁלוֹם
עָלֵינוּ וְעַל כָּל יִשְׂרָאֵל, וְאִמְרוּ אָמֵן. (קהל: אָמֵן)

אומרים ׳עָלֵינוּ׳ בעמידה ומשתחווים במקום המסומן ב־°.

עָלֵינוּ לְשַׁבֵּחַ לַאֲדוֹן הַכֹּל, לָתֵת גְּדֻלָּה לְיוֹצֵר בְּרֵאשִׁית
שֶׁלֹּא עָשָׂנוּ כְּגוֹיֵי הָאֲרָצוֹת, וְלֹא שָׂמָנוּ כְּמִשְׁפְּחוֹת הָאֲדָמָה
שֶׁלֹּא שָׂם חֶלְקֵנוּ כָּהֶם וְגוֹרָלֵנוּ כְּכָל הֲמוֹנָם.
שֶׁהֵם מִשְׁתַּחֲוִים לְהֶבֶל וָרִיק וּמִתְפַּלְלִים אֶל אֵל לֹא יוֹשִׁיעַ.
°וַאֲנַחְנוּ כּוֹרְעִים וּמִשְׁתַּחֲוִים וּמוֹדִים
לִפְנֵי מֶלֶךְ מַלְכֵי הַמְּלָכִים, הַקָּדוֹשׁ בָּרוּךְ הוּא
שֶׁהוּא נוֹטֶה שָׁמַיִם וְיוֹסֵד אָרֶץ, וּמוֹשַׁב יְקָרוֹ בַּשָּׁמַיִם מִמַּעַל
וּשְׁכִינַת עֻזּוֹ בְּגָבְהֵי מְרוֹמִים.
הוּא אֱלֹהֵינוּ, אֵין עוֹד.
אֱמֶת מַלְכֵּנוּ, אֶפֶס זוּלָתוֹ
דברים ד כַּכָּתוּב בְּתוֹרָתוֹ, וְיָדַעְתָּ הַיּוֹם וַהֲשֵׁבֹתָ אֶל־לְבָבֶךָ
כִּי יהוה הוּא הָאֱלֹהִים בַּשָּׁמַיִם מִמַּעַל וְעַל־הָאָרֶץ מִתָּחַת, אֵין עוֹד:

וְעַל כֵּן נְקַוֶּה לְּךָ יהוה אֱלֹהֵינוּ, לִרְאוֹת מְהֵרָה בְּתִפְאֶרֶת עֻזֶּךָ
לְהַעֲבִיר גִּלּוּלִים מִן הָאָרֶץ, וְהָאֱלִילִים כָּרוֹת יִכָּרֵתוּן
לְתַקֵּן עוֹלָם בְּמַלְכוּת שַׁדַּי.
וְכָל בְּנֵי בָשָׂר יִקְרְאוּ בִשְׁמֶךָ, לְהַפְנוֹת אֵלֶיךָ כָּל רִשְׁעֵי אָרֶץ.
יַכִּירוּ וְיֵדְעוּ כָּל יוֹשְׁבֵי תֵבֵל כִּי לְךָ תִּכְרַע כָּל בֶּרֶךְ, תִּשָּׁבַע כָּל לָשׁוֹן.
לְפָנֶיךָ יהוה אֱלֹהֵינוּ יִכְרְעוּ וְיִפֹּלוּ, וְלִכְבוֹד שִׁמְךָ יְקָר יִתֵּנוּ
וִיקַבְּלוּ כֻלָּם אֶת עֹל מַלְכוּתֶךָ, וְתִמְלֹךְ עֲלֵיהֶם מְהֵרָה לְעוֹלָם וָעֶד.
כִּי הַמַּלְכוּת שֶׁלְּךָ הִיא וּלְעוֹלְמֵי עַד תִּמְלֹךְ בְּכָבוֹד
שמות טו כַּכָּתוּב בְּתוֹרָתֶךָ, יהוה יִמְלֹךְ לְעֹלָם וָעֶד:

◂ וְנֶאֱמַר, וְהָיָה יהוה לְמֶלֶךְ עַל־כָּל־הָאָרֶץ זכריה יד
בַּיּוֹם הַהוּא יִהְיֶה יהוה אֶחָד וּשְׁמוֹ אֶחָד:

יש מוסיפים:

אַל־תִּירָא מִפַּחַד פִּתְאֹם וּמִשֹּׁאַת רְשָׁעִים כִּי תָבֹא: משלי ג
עֻצוּ עֵצָה וְתֻפָר, דַּבְּרוּ דָבָר וְלֹא יָקוּם, כִּי עִמָּנוּ אֵל: ישעיה ח
וְעַד־זִקְנָה אֲנִי הוּא, וְעַד־שֵׂיבָה אֲנִי אֶסְבֹּל ישעיה מו
אֲנִי עָשִׂיתִי וַאֲנִי אֶשָּׂא וַאֲנִי אֶסְבֹּל וַאֲמַלֵּט:

קדיש יתום

אבל: יִתְגַּדַּל וְיִתְקַדַּשׁ שְׁמֵהּ רַבָּא (קהל: אָמֵן)
בְּעָלְמָא דִּי בְרָא כִרְעוּתֵהּ
וְיַמְלִיךְ מַלְכוּתֵהּ וְיַצְמַח פֻּרְקָנֵהּ וִיקָרֵב מְשִׁיחֵהּ (קהל: אָמֵן)
בְּחַיֵּיכוֹן וּבְיוֹמֵיכוֹן וּבְחַיֵּי דְכָל בֵּית יִשְׂרָאֵל
בַּעֲגָלָא וּבִזְמַן קָרִיב, וְאִמְרוּ אָמֵן. (קהל: אָמֵן)

קהל ואבל: יְהֵא שְׁמֵהּ רַבָּא מְבָרַךְ לְעָלַם וּלְעָלְמֵי עָלְמַיָּא.

אבל: יִתְבָּרַךְ וְיִשְׁתַּבַּח וְיִתְפָּאַר וְיִתְרוֹמַם וְיִתְנַשֵּׂא
וְיִתְהַדָּר וְיִתְעַלֶּה וְיִתְהַלָּל
שְׁמֵהּ דְּקֻדְשָׁא בְּרִיךְ הוּא (קהל: אָמֵן)
לְעֵלָּא מִן כָּל בִּרְכָתָא וְשִׁירָתָא, תֻּשְׁבְּחָתָא וְנֶחֱמָתָא
דַּאֲמִירָן בְּעָלְמָא, וְאִמְרוּ אָמֵן. (קהל: אָמֵן)

יְהֵא שְׁלָמָא רַבָּא מִן שְׁמַיָּא
וְחַיִּים טוֹבִים עָלֵינוּ וְעַל כָּל יִשְׂרָאֵל, וְאִמְרוּ אָמֵן. (קהל: אָמֵן)

כורע ופוסע שלוש פסיעות לאחור. קד לשמאל, לימין ולפנים באמירת:

עֹשֶׂה שָׁלוֹם בִּמְרוֹמָיו
הוּא יַעֲשֶׂה שָׁלוֹם
עָלֵינוּ וְעַל כָּל יִשְׂרָאֵל, וְאִמְרוּ אָמֵן. (קהל: אָמֵן)

ערבית למוצאי תשעה באב

ערבית לחול

"זָכַרְתִּי בַלַּיְלָה שִׁמְךָ ה׳ וָאֶשְׁמְרָה תּוֹרָתֶךָ" (תהלים קיט, נה).

נוהגים לומר מזמור קלד ופסוקים אחריו כדי להגיע לקריאת שמע מתוך דברי תורה
(פסקי ריא״ז ריש ברכות). בבתי כנסת המתפללים בנוסח אשכנז, מתחילים ׳וְהוּא רַחוּם׳
בעמוד הבא, וגם בקרב מתפללי נוסח ספרד, יש המדלגים על ׳שִׁיר הַמַּעֲלוֹת׳
ומתחילים ׳וְהוּא רַחוּם׳ במוצאי שבת (ליקוטי מהרי״ח).

שִׁיר הַמַּעֲלוֹת, הִנֵּה בָּרְכוּ אֶת־יהוה כָּל־עַבְדֵי יהוה, הָעֹמְדִים בְּבֵית־יהוה תהלים קלד
בַּלֵּילוֹת: שְׂאוּ־יְדֵכֶם קֹדֶשׁ, וּבָרְכוּ אֶת־יהוה: יְבָרֶכְךָ יהוה מִצִּיּוֹן, עֹשֵׂה שָׁמַיִם
וָאָרֶץ:

אומרים כל פסוק שלוש פעמים:

יהוה צְבָאוֹת עִמָּנוּ, מִשְׂגָּב לָנוּ אֱלֹהֵי יַעֲקֹב סֶלָה: תהלים מו
יהוה צְבָאוֹת, אַשְׁרֵי אָדָם בֹּטֵחַ בָּךְ: תהלים פד
יהוה הוֹשִׁיעָה, הַמֶּלֶךְ יַעֲנֵנוּ בְיוֹם־קָרְאֵנוּ: תהלים כ

הוֹשִׁיעָה אֶת־עַמֶּךָ וּבָרֵךְ אֶת־נַחֲלָתֶךָ, וּרְעֵם וְנַשְּׂאֵם עַד־הָעוֹלָם: מִי יִתֵּן מִצִּיּוֹן תהלים כח תהלים יד
יְשׁוּעַת יִשְׂרָאֵל, בְּשׁוּב יהוה שְׁבוּת עַמּוֹ, יָגֵל יַעֲקֹב, יִשְׂמַח יִשְׂרָאֵל: בְּשָׁלוֹם תהלים ד
יַחְדָּו אֶשְׁכְּבָה וְאִישָׁן, כִּי־אַתָּה יהוה לְבָדָד, לָבֶטַח תּוֹשִׁיבֵנִי: יוֹמָם יְצַוֶּה יהוה תהלים מב
חַסְדּוֹ, וּבַלַּיְלָה שִׁירֹה עִמִּי, תְּפִלָּה לְאֵל חַיָּי: וּתְשׁוּעַת צַדִּיקִים מֵיהוה, מָעוּזָּם תהלים לז
בְּעֵת צָרָה: וַיַּעְזְרֵם יהוה וַיְפַלְּטֵם, יְפַלְּטֵם מֵרְשָׁעִים וְיוֹשִׁיעֵם כִּי־חָסוּ בוֹ:

האר״י הנהיג לומר חצי קדיש לפני תפילת ערבית. יש שכתבו לומר אותו אחרי ׳וְהוּא רַחוּם׳
(סידור בעל התניא, ׳אשל אברהם׳), ובסידורים של תלמידי האר״י הוא מובא לפני ׳וְהוּא רַחוּם׳.

חצי קדיש

ש״ץ: יִתְגַּדַּל וְיִתְקַדַּשׁ שְׁמֵהּ רַבָּא (קהל: אָמֵן)
בְּעָלְמָא דִּי בְרָא כִרְעוּתֵהּ
וְיַמְלִיךְ מַלְכוּתֵהּ וְיַצְמַח פֻּרְקָנֵהּ וִיקָרֵב מְשִׁיחֵהּ (קהל: אָמֵן)
בְּחַיֵּיכוֹן וּבְיוֹמֵיכוֹן וּבְחַיֵּי דְכָל בֵּית יִשְׂרָאֵל
בַּעֲגָלָא וּבִזְמַן קָרִיב, וְאִמְרוּ אָמֵן. (קהל: אָמֵן)

קהל וש״ץ: יְהֵא שְׁמֵהּ רַבָּא מְבָרַךְ לְעָלַם וּלְעָלְמֵי עָלְמַיָּא.

ש״ץ: יִתְבָּרַךְ וְיִשְׁתַּבַּח וְיִתְפָּאַר וְיִתְרוֹמַם וְיִתְנַשֵּׂא
וְיִתְהַדָּר וְיִתְעַלֶּה וְיִתְהַלָּל, שְׁמֵהּ דְּקֻדְשָׁא בְּרִיךְ הוּא (קהל: אָמֵן)
לְעֵלָּא מִן כָּל בִּרְכָתָא וְשִׁירָתָא, תֻּשְׁבְּחָתָא וְנֶחֱמָתָא
דַּאֲמִירָן בְּעָלְמָא, וְאִמְרוּ אָמֵן. (קהל: אָמֵן)

שליח הציבור אומר 'וְהוּא רַחוּם' (סדר רב עמרם גאון)
מכיוון שבערבית אין קרבנות ציבור שיכפרו עלינו, כבשחרית ובמנחה (מחזור ויטרי).

תהלים עח **וְהוּא רַחוּם, יְכַפֵּר עָוֹן וְלֹא־יַשְׁחִית**
וְהִרְבָּה לְהָשִׁיב אַפּוֹ, וְלֹא־יָעִיר כָּל־חֲמָתוֹ:
תהלים כ **יהוה הוֹשִׁיעָה, הַמֶּלֶךְ יַעֲנֵנוּ בְיוֹם־קָרְאֵנוּ:**

קריאת שמע וברכותיה

שליח הציבור כורע בתיבת 'בָּרְכוּ' וזוקף בשם.
הקהל כורע בתיבת 'בָּרוּךְ' וזוקף בשם. ושליח הציבור כורע שוב כאשר הוא חוזר אחריהם.

ש״ץ: **בָּרְכוּ**
אֶת יהוה הַמְבֹרָךְ.

קהל: **בָּרוּךְ יהוה הַמְבֹרָךְ לְעוֹלָם וָעֶד.**
ש״ץ: **בָּרוּךְ יהוה הַמְבֹרָךְ לְעוֹלָם וָעֶד.**

מזכירים את היום בלילה ואת הלילה ביום (ברכות יא ע״ב),
והאבחנה בין היום ללילה היא עדות על נאמנות הקב״ה בדבריו
ועל קיום בריתו עם ישראל (סידור הרוקח על פי ירמיה לא, לד).

בָּרוּךְ אַתָּה יהוה אֱלֹהֵינוּ מֶלֶךְ הָעוֹלָם
אֲשֶׁר בִּדְבָרוֹ מַעֲרִיב עֲרָבִים, בְּחָכְמָה פּוֹתֵחַ שְׁעָרִים
וּבִתְבוּנָה מְשַׁנֶּה עִתִּים וּמַחֲלִיף אֶת הַזְּמַנִּים
וּמְסַדֵּר אֶת הַכּוֹכָבִים בְּמִשְׁמְרוֹתֵיהֶם בָּרָקִיעַ כִּרְצוֹנוֹ.
בּוֹרֵא יוֹם וָלָיְלָה, גּוֹלֵל אוֹר מִפְּנֵי חֹשֶׁךְ וְחֹשֶׁךְ מִפְּנֵי אוֹר
◄ **וּמַעֲבִיר יוֹם וּמֵבִיא לָיְלָה, וּמַבְדִּיל בֵּין יוֹם וּבֵין לָיְלָה**
יהוה צְבָאוֹת שְׁמוֹ.

אֵל חַי וְקַיָּם תָּמִיד, יִמְלֹךְ עָלֵינוּ לְעוֹלָם וָעֶד.
בָּרוּךְ אַתָּה יהוה, הַמַּעֲרִיב עֲרָבִים.

אַהֲבַת עוֹלָם בֵּית יִשְׂרָאֵל עַמְּךָ אָהָבְתָּ
תּוֹרָה וּמִצְוֹת, חֻקִּים וּמִשְׁפָּטִים, אוֹתָנוּ לִמַּדְתָּ
עַל כֵּן יהוה אֱלֹהֵינוּ
בְּשָׁכְבֵנוּ וּבְקוּמֵנוּ נָשִׂיחַ בְּחֻקֶּיךָ
וְנִשְׂמַח בְּדִבְרֵי תַלְמוּד תּוֹרָתֶךָ וּבְמִצְוֹתֶיךָ לְעוֹלָם וָעֶד
◂ כִּי הֵם חַיֵּינוּ וְאֹרֶךְ יָמֵינוּ
וּבָהֶם נֶהְגֶּה יוֹמָם וָלָיְלָה.
וְאַהֲבָתְךָ אַל תָּסִיר מִמֶּנּוּ לְעוֹלָמִים.
בָּרוּךְ אַתָּה יהוה, אוֹהֵב עַמּוֹ יִשְׂרָאֵל.

״יקרא קריאת שמע בכוונה – באימה, ביראה, ברתת וזיע״ (שו״ע סא, א).

המתפלל ביחידות אומר:

אֵל מֶלֶךְ נֶאֱמָן

מכסה את עיניו בידו ואומר בכוונה ובקול רם:

דברים ו **שְׁמַע יִשְׂרָאֵל, יהוה אֱלֹהֵינוּ, יהוה ׀ אֶחָד:**

בלחש: בָּרוּךְ שֵׁם כְּבוֹד מַלְכוּתוֹ לְעוֹלָם וָעֶד.

דברים ו וְאָהַבְתָּ אֵת יהוה אֱלֹהֶיךָ, בְּכָל־לְבָבְךָ וּבְכָל־נַפְשְׁךָ וּבְכָל־
מְאֹדֶךָ: וְהָיוּ הַדְּבָרִים הָאֵלֶּה, אֲשֶׁר אָנֹכִי מְצַוְּךָ הַיּוֹם, עַל־לְבָבֶךָ:
וְשִׁנַּנְתָּם לְבָנֶיךָ וְדִבַּרְתָּ בָּם, בְּשִׁבְתְּךָ בְּבֵיתֶךָ וּבְלֶכְתְּךָ בַדֶּרֶךְ,
וּבְשָׁכְבְּךָ וּבְקוּמֶךָ: וּקְשַׁרְתָּם לְאוֹת עַל־יָדֶךָ, וְהָיוּ לְטֹטָפֹת בֵּין
עֵינֶיךָ: וּכְתַבְתָּם עַל־מְזֻזוֹת בֵּיתֶךָ וּבִשְׁעָרֶיךָ:

דברים יא וְהָיָה אִם־שָׁמֹעַ תִּשְׁמְעוּ אֶל־מִצְוֺתַי אֲשֶׁר אָנֹכִי מְצַוֶּה אֶתְכֶם הַיּוֹם, לְאַהֲבָה אֶת־יהוה אֱלֹהֵיכֶם וּלְעָבְדוֹ, בְּכָל־לְבַבְכֶם וּבְכָל־נַפְשְׁכֶם: וְנָתַתִּי מְטַר־אַרְצְכֶם בְּעִתּוֹ, יוֹרֶה וּמַלְקוֹשׁ, וְאָסַפְתָּ דְגָנֶךָ וְתִירֹשְׁךָ וְיִצְהָרֶךָ: וְנָתַתִּי עֵשֶׂב בְּשָׂדְךָ לִבְהֶמְתֶּךָ, וְאָכַלְתָּ וְשָׂבָעְתָּ: הִשָּׁמְרוּ לָכֶם פֶּן־יִפְתֶּה לְבַבְכֶם, וְסַרְתֶּם וַעֲבַדְתֶּם אֱלֹהִים אֲחֵרִים וְהִשְׁתַּחֲוִיתֶם לָהֶם: וְחָרָה אַף־יהוה בָּכֶם, וְעָצַר אֶת־הַשָּׁמַיִם וְלֹא־יִהְיֶה מָטָר, וְהָאֲדָמָה לֹא תִתֵּן אֶת־יְבוּלָהּ, וַאֲבַדְתֶּם מְהֵרָה מֵעַל הָאָרֶץ הַטֹּבָה אֲשֶׁר יהוה נֹתֵן לָכֶם: וְשַׂמְתֶּם אֶת־דְּבָרַי אֵלֶּה עַל־לְבַבְכֶם וְעַל־נַפְשְׁכֶם, וּקְשַׁרְתֶּם אֹתָם לְאוֹת עַל־יֶדְכֶם, וְהָיוּ לְטוֹטָפֹת בֵּין עֵינֵיכֶם: וְלִמַּדְתֶּם אֹתָם אֶת־בְּנֵיכֶם לְדַבֵּר בָּם, בְּשִׁבְתְּךָ בְּבֵיתֶךָ וּבְלֶכְתְּךָ בַדֶּרֶךְ, וּבְשָׁכְבְּךָ וּבְקוּמֶךָ: וּכְתַבְתָּם עַל־מְזוּזוֹת בֵּיתֶךָ וּבִשְׁעָרֶיךָ: לְמַעַן יִרְבּוּ יְמֵיכֶם וִימֵי בְנֵיכֶם עַל הָאֲדָמָה אֲשֶׁר נִשְׁבַּע יהוה לַאֲבֹתֵיכֶם לָתֵת לָהֶם, כִּימֵי הַשָּׁמַיִם עַל־הָאָרֶץ:

במדבר טו וַיֹּאמֶר יהוה אֶל־מֹשֶׁה לֵּאמֹר: דַּבֵּר אֶל־בְּנֵי יִשְׂרָאֵל וְאָמַרְתָּ אֲלֵהֶם, וְעָשׂוּ לָהֶם צִיצִת עַל־כַּנְפֵי בִגְדֵיהֶם לְדֹרֹתָם, וְנָתְנוּ עַל־צִיצִת הַכָּנָף פְּתִיל תְּכֵלֶת: וְהָיָה לָכֶם לְצִיצִת, וּרְאִיתֶם אֹתוֹ וּזְכַרְתֶּם אֶת־כָּל־מִצְוֺת יהוה וַעֲשִׂיתֶם אֹתָם, וְלֹא תָתֻרוּ אַחֲרֵי לְבַבְכֶם וְאַחֲרֵי עֵינֵיכֶם, אֲשֶׁר־אַתֶּם זֹנִים אַחֲרֵיהֶם: לְמַעַן תִּזְכְּרוּ וַעֲשִׂיתֶם אֶת־כָּל־מִצְוֺתָי, וִהְיִיתֶם קְדֹשִׁים לֵאלֹהֵיכֶם: אֲנִי יהוה אֱלֹהֵיכֶם, אֲשֶׁר הוֹצֵאתִי אֶתְכֶם מֵאֶרֶץ מִצְרַיִם, לִהְיוֹת לָכֶם לֵאלֹהִים, אֲנִי יהוה אֱלֹהֵיכֶם:

אֱמֶת

שליח הציבור חוזר ואומר:

◂ יהוה אֱלֹהֵיכֶם אֱמֶת

בבוקר האדם מתפנה לענייניו החברתיים, והוא מתפלל על היציבות לבל ייסחף הרחק מעבודת ה׳.
ובערב, כשהוא נח בצל קורת ביתו, הוא מבקש אמונה כדי שיהיה לו כוח
לקדש את חייו הפרטיים (עולת ראי״ה).

וֶאֱמוּנָה כָּל זֹאת וְקַיָּם עָלֵינוּ
כִּי הוּא יהוה אֱלֹהֵינוּ וְאֵין זוּלָתוֹ, וַאֲנַחְנוּ יִשְׂרָאֵל עַמּוֹ.
הַפּוֹדֵנוּ מִיַּד מְלָכִים, מַלְכֵּנוּ הַגּוֹאֲלֵנוּ מִכַּף כָּל הֶעָרִיצִים.
הָאֵל הַנִּפְרָע לָנוּ מִצָּרֵינוּ
הַמְשַׁלֵּם גְּמוּל לְכָל אוֹיְבֵי נַפְשֵׁנוּ.
הָעוֹשֶׂה גְדוֹלוֹת עַד אֵין חֵקֶר
נִסִּים וְנִפְלָאוֹת עַד אֵין מִסְפָּר.
הַשָּׂם נַפְשֵׁנוּ בַּחַיִּים, וְלֹא־נָתַן לַמּוֹט רַגְלֵנוּ: תהלים סו
הַמַּדְרִיכֵנוּ עַל בָּמוֹת אוֹיְבֵינוּ
וַיָּרֶם קַרְנֵנוּ עַל כָּל שׂוֹנְאֵינוּ.
הָעוֹשֶׂה לָּנוּ נִסִּים וּנְקָמָה בְּפַרְעֹה
אוֹתוֹת וּמוֹפְתִים בְּאַדְמַת בְּנֵי חָם.
הַמַּכֶּה בְעֶבְרָתוֹ כָּל בְּכוֹרֵי מִצְרָיִם
וַיּוֹצֵא אֶת עַמּוֹ יִשְׂרָאֵל מִתּוֹכָם לְחֵרוּת עוֹלָם.
הַמַּעֲבִיר בָּנָיו בֵּין גִּזְרֵי יַם סוּף
אֶת רוֹדְפֵיהֶם וְאֶת שׂוֹנְאֵיהֶם בִּתְהוֹמוֹת טִבַּע
וְרָאוּ בָנָיו גְּבוּרָתוֹ, שִׁבְּחוּ וְהוֹדוּ לִשְׁמוֹ
◄ וּמַלְכוּתוֹ בְּרָצוֹן קִבְּלוּ עֲלֵיהֶם.
מֹשֶׁה וּבְנֵי יִשְׂרָאֵל, לְךָ עָנוּ שִׁירָה בְּשִׂמְחָה רַבָּה
וְאָמְרוּ כֻלָּם
מִי־כָמֹכָה בָּאֵלִם יהוה שמות טו
מִי כָּמֹכָה נֶאְדָּר בַּקֹּדֶשׁ
נוֹרָא תְהִלֹּת עֹשֵׂה פֶלֶא:

◂ מַלְכוּתְךָ רָאוּ בָנֶיךָ, בּוֹקֵעַ יָם לִפְנֵי מֹשֶׁה
זֶה אֵלִי עָנוּ, וְאָמְרוּ
שמות טו יהוה יִמְלֹךְ לְעֹלָם וָעֶד:
◂ וְנֶאֱמַר
ירמיה לא כִּי־פָדָה יהוה אֶת־יַעֲקֹב, וּגְאָלוֹ מִיַּד חָזָק מִמֶּנּוּ:
בָּרוּךְ אַתָּה יהוה, גָּאַל יִשְׂרָאֵל.

"כיון דתקינו רבנן השכיבנו, כגאולתא אריכתא דמיא" (ברכות ד ע״ב). ופירש ר׳ יצחק בן מרואן הלוי שהביטחון בשמירתו של הקב״ה הוא יסוד האמונה בגאולה, כפי שבליל יציאת מצרים בני ישראל הקריבו פסח ואכלו מצות, מוכנים לרגע שבו ייגאלו (שיבולי הלקט).

הַשְׁכִּיבֵנוּ יהוה אֱלֹהֵינוּ לְשָׁלוֹם
וְהַעֲמִידֵנוּ מַלְכֵּנוּ לְחַיִּים טוֹבִים וּלְשָׁלוֹם
וּפְרֹשׂ עָלֵינוּ סֻכַּת שְׁלוֹמֶךָ, וְתַקְּנֵנוּ בְּעֵצָה טוֹבָה מִלְּפָנֶיךָ
וְהוֹשִׁיעֵנוּ מְהֵרָה לְמַעַן שְׁמֶךָ.
וְהָגֵן בַּעֲדֵנוּ, וְהָסֵר מֵעָלֵינוּ אוֹיֵב, דֶּבֶר וְחֶרֶב וְרָעָב וְיָגוֹן
וְהָסֵר שָׂטָן מִלְּפָנֵינוּ וּמֵאַחֲרֵינוּ, וּבְצֵל כְּנָפֶיךָ תַּסְתִּירֵנוּ.
כִּי אֵל שׁוֹמְרֵנוּ וּמַצִּילֵנוּ אָתָּה, כִּי אֵל מֶלֶךְ חַנּוּן וְרַחוּם אָתָּה.
◂ וּשְׁמֹר צֵאתֵנוּ וּבוֹאֵנוּ לְחַיִּים וּלְשָׁלוֹם מֵעַתָּה וְעַד עוֹלָם.
בָּרוּךְ אַתָּה יהוה, שׁוֹמֵר עַמּוֹ יִשְׂרָאֵל לָעַד.

בארץ ישראל ממשיכים את התפילה בחצי קדיש בעמוד הבא.
בחו״ל יש אומרים:

תהלים פט תהלים קלה בָּרוּךְ יהוה לְעוֹלָם, אָמֵן וְאָמֵן: בָּרוּךְ יהוה מִצִּיּוֹן, שֹׁכֵן יְרוּשָׁלָםִ, הַלְלוּיָהּ:
תהלים עב בָּרוּךְ יהוה אֱלֹהִים אֱלֹהֵי יִשְׂרָאֵל, עֹשֵׂה נִפְלָאוֹת לְבַדּוֹ: וּבָרוּךְ שֵׁם כְּבוֹדוֹ
תהלים קד לְעוֹלָם, וְיִמָּלֵא כְבוֹדוֹ אֶת־כָּל־הָאָרֶץ, אָמֵן וְאָמֵן: יְהִי כְבוֹד יהוה לְעוֹלָם,
תהלים קיג שמואל א׳ יב יִשְׂמַח יהוה בְּמַעֲשָׂיו: יְהִי שֵׁם יהוה מְבֹרָךְ מֵעַתָּה וְעַד־עוֹלָם: כִּי לֹא־
יִטֹּשׁ יהוה אֶת־עַמּוֹ בַּעֲבוּר שְׁמוֹ הַגָּדוֹל, כִּי הוֹאִיל יהוה לַעֲשׂוֹת אֶתְכֶם
מלכים א׳ יח לוֹ לְעָם: וַיַּרְא כָּל־הָעָם וַיִּפְּלוּ עַל־פְּנֵיהֶם, וַיֹּאמְרוּ, יהוה הוּא הָאֱלֹהִים,
זכריה יד יהוה הוּא הָאֱלֹהִים: וְהָיָה יהוה לְמֶלֶךְ עַל־כָּל־הָאָרֶץ, בַּיּוֹם הַהוּא
תהלים לג יִהְיֶה יהוה אֶחָד וּשְׁמוֹ אֶחָד: יְהִי־חַסְדְּךָ יהוה עָלֵינוּ, כַּאֲשֶׁר יִחַלְנוּ לָךְ:

הוֹשִׁיעֵנוּ יהוה אֱלֹהֵינוּ, וְקַבְּצֵנוּ מִן־הַגּוֹיִם, לְהוֹדוֹת לְשֵׁם קָדְשֶׁךָ, תהלים קו
לְהִשְׁתַּבֵּחַ בִּתְהִלָּתֶךָ: כָּל־גּוֹיִם אֲשֶׁר עָשִׂיתָ, יָבוֹאוּ וְיִשְׁתַּחֲווּ לְפָנֶיךָ, אֲדֹנָי תהלים פו
וִיכַבְּדוּ לִשְׁמֶךָ: כִּי־גָדוֹל אַתָּה וְעֹשֵׂה נִפְלָאוֹת, אַתָּה אֱלֹהִים לְבַדֶּךָ:
וַאֲנַחְנוּ עַמְּךָ וְצֹאן מַרְעִיתֶךָ, נוֹדֶה לְּךָ לְעוֹלָם, לְדוֹר וָדֹר נְסַפֵּר תְּהִלָּתֶךָ: תהלים עט

בָּרוּךְ יהוה בַּיּוֹם, בָּרוּךְ יהוה בַּלָּיְלָה. בָּרוּךְ יהוה בְּשָׁכְבֵנוּ, בָּרוּךְ יהוה
בְּקוּמֵנוּ. כִּי בְיָדְךָ נַפְשׁוֹת הַחַיִּים וְהַמֵּתִים. אֲשֶׁר בְּיָדוֹ נֶפֶשׁ כָּל־חָי, וְרוּחַ איוב יב
כָּל־בְּשַׂר־אִישׁ: בְּיָדְךָ אַפְקִיד רוּחִי, פָּדִיתָה אוֹתִי יהוה אֵל אֱמֶת: אֱלֹהֵינוּ תהלים לא
שֶׁבַּשָּׁמַיִם, יַחֵד שִׁמְךָ וְקַיֵּם מַלְכוּתְךָ תָּמִיד, וּמְלֹךְ עָלֵינוּ לְעוֹלָם וָעֶד.

יִרְאוּ עֵינֵינוּ וְיִשְׂמַח לִבֵּנוּ, וְתָגֵל נַפְשֵׁנוּ בִּישׁוּעָתְךָ בֶּאֱמֶת, בֶּאֱמֹר לְצִיּוֹן מָלַךְ אֱלֹהָיִךְ. יהוה מֶלֶךְ, יהוה מָלָךְ, יהוה יִמְלֹךְ לְעֹלָם וָעֶד. › כִּי הַמַּלְכוּת שֶׁלְּךָ הִיא, וּלְעוֹלְמֵי עַד תִּמְלֹךְ בְּכָבוֹד, כִּי אֵין לָנוּ מֶלֶךְ אֶלָּא אָתָּה. בָּרוּךְ אַתָּה יהוה, הַמֶּלֶךְ בִּכְבוֹדוֹ תָּמִיד, יִמְלֹךְ עָלֵינוּ לְעוֹלָם וָעֶד, וְעַל כָּל מַעֲשָׂיו.

חצי קדיש

ש״ץ: יִתְגַּדַּל וְיִתְקַדַּשׁ שְׁמֵהּ רַבָּא (קהל: אָמֵן)
בְּעָלְמָא דִּי בְרָא כִרְעוּתֵהּ
וְיַמְלִיךְ מַלְכוּתֵהּ וְיַצְמַח פֻּרְקָנֵהּ וִיקָרֵב מְשִׁיחֵהּ (קהל: אָמֵן)
בְּחַיֵּיכוֹן וּבְיוֹמֵיכוֹן וּבְחַיֵּי דְכָל בֵּית יִשְׂרָאֵל
בַּעֲגָלָא וּבִזְמַן קָרִיב, וְאִמְרוּ אָמֵן. (קהל: אָמֵן)

קהל וש״ץ: יְהֵא שְׁמֵהּ רַבָּא מְבָרַךְ לְעָלַם וּלְעָלְמֵי עָלְמַיָּא.

ש״ץ: יִתְבָּרַךְ וְיִשְׁתַּבַּח וְיִתְפָּאַר וְיִתְרוֹמַם וְיִתְנַשֵּׂא
וְיִתְהַדָּר וְיִתְעַלֶּה וְיִתְהַלָּל
שְׁמֵהּ דְּקֻדְשָׁא בְּרִיךְ הוּא (קהל: אָמֵן)
לְעֵלָּא מִן כָּל בִּרְכָתָא וְשִׁירָתָא, תֻּשְׁבְּחָתָא וְנֶחֱמָתָא
דַּאֲמִירָן בְּעָלְמָא, וְאִמְרוּ אָמֵן. (קהל: אָמֵן)

עמידה

״המתפלל צריך שיכוין בלבו פירוש המלות שמוציא בשפתיו; ויחשוב כאלו שכינה כנגדו ויסיר כל המחשבות הטורדות אותו עד שתשאר מחשבתו וכוונתו זכה בתפלתו״ (שו״ע צח, א).

פוסע שלוש פסיעות לפנים כמי שנכנס לפני המלך.
עומד ומתפלל בלחש מכאן ועד ׳וְכְשָׁנִים קַדְמֹנִיּוֹת׳ בעמ׳ 263.

כורע במקומות המסומנים ב׳, קד לפנים במילה הבאה וזוקף בשם.

תהלים נא אֲדֹנָי, שְׂפָתַי תִּפְתָּח, וּפִי יַגִּיד תְּהִלָּתֶךָ:

אבות

׳בָּרוּךְ אַתָּה יהוה, אֱלֹהֵינוּ וֵאלֹהֵי אֲבוֹתֵינוּ
אֱלֹהֵי אַבְרָהָם, אֱלֹהֵי יִצְחָק, וֵאלֹהֵי יַעֲקֹב
הָאֵל הַגָּדוֹל הַגִּבּוֹר וְהַנּוֹרָא, אֵל עֶלְיוֹן
גּוֹמֵל חֲסָדִים טוֹבִים, קוֹנֵה הַכֹּל, וְזוֹכֵר חַסְדֵי אָבוֹת
וּמֵבִיא גוֹאֵל לִבְנֵי בְנֵיהֶם לְמַעַן שְׁמוֹ בְּאַהֲבָה.
מֶלֶךְ עוֹזֵר וּמוֹשִׁיעַ וּמָגֵן.
׳בָּרוּךְ אַתָּה יהוה, מָגֵן אַבְרָהָם.

גבורות

אַתָּה גִּבּוֹר לְעוֹלָם, אֲדֹנָי
מְחַיֵּה מֵתִים אַתָּה, רַב לְהוֹשִׁיעַ
בארץ ישראל: מוֹרִיד הַטָּל
מְכַלְכֵּל חַיִּים בְּחֶסֶד, מְחַיֵּה מֵתִים בְּרַחֲמִים רַבִּים
סוֹמֵךְ נוֹפְלִים, וְרוֹפֵא חוֹלִים, וּמַתִּיר אֲסוּרִים
וּמְקַיֵּם אֱמוּנָתוֹ לִישֵׁנֵי עָפָר.
מִי כָמוֹךָ, בַּעַל גְּבוּרוֹת, וּמִי דּוֹמֶה לָּךְ
מֶלֶךְ, מֵמִית וּמְחַיֶּה וּמַצְמִיחַ יְשׁוּעָה.
וְנֶאֱמָן אַתָּה לְהַחֲיוֹת מֵתִים.
בָּרוּךְ אַתָּה יהוה, מְחַיֵּה הַמֵּתִים.

קדושת השם

אַתָּה קָדוֹשׁ וְשִׁמְךָ קָדוֹשׁ
וּקְדוֹשִׁים בְּכָל יוֹם יְהַלְלְוּךָ סֶּלָה
כִּי אֵל מֶלֶךְ גָּדוֹל וְקָדוֹשׁ אָתָּה.
בָּרוּךְ אַתָּה יהוה, הָאֵל הַקָּדוֹשׁ.

דעת

אַתָּה חוֹנֵן לְאָדָם דַּעַת, וּמְלַמֵּד לֶאֱנוֹשׁ בִּינָה.
חָנֵּנוּ מֵאִתְּךָ חָכְמָה בִּינָה וָדָעַת.
בָּרוּךְ אַתָּה יהוה, חוֹנֵן הַדָּעַת.

תשובה

הֲשִׁיבֵנוּ אָבִינוּ לְתוֹרָתֶךָ, וְקָרְבֵנוּ מַלְכֵּנוּ לַעֲבוֹדָתֶךָ
וְהַחֲזִירֵנוּ בִּתְשׁוּבָה שְׁלֵמָה לְפָנֶיךָ.
בָּרוּךְ אַתָּה יהוה, הָרוֹצֶה בִּתְשׁוּבָה.

סליחה

נוהגים להכות כנגד הלב במקומות המסומנים ב°.

סְלַח לָנוּ אָבִינוּ כִּי °חָטָאנוּ
מְחַל לָנוּ מַלְכֵּנוּ כִּי °פָשָׁעְנוּ
כִּי אֵל טוֹב וְסַלָּח אָתָּה.
בָּרוּךְ אַתָּה יהוה, חַנּוּן הַמַּרְבֶּה לִסְלֹחַ.

גאולה

רְאֵה נָא בְעָנְיֵנוּ, וְרִיבָה רִיבֵנוּ
וּגְאָלֵנוּ גְּאֻלָּה שְׁלֵמָה מְהֵרָה לְמַעַן שְׁמֶךָ
כִּי אֵל גּוֹאֵל חָזָק אָתָּה.
בָּרוּךְ אַתָּה יהוה, גּוֹאֵל יִשְׂרָאֵל.

רפואה

רְפָאֵנוּ יהוה וְנֵרָפֵא

הוֹשִׁיעֵנוּ וְנִוָּשֵׁעָה, כִּי תְהִלָּתֵנוּ אָתָּה

וְהַעֲלֵה אֲרוּכָה וּמַרְפֵּא לְכָל תַּחֲלוּאֵינוּ וּלְכָל מַכְאוֹבֵינוּ

רְפוּאָה שְׁלֵמָה לְכָל מַכּוֹתֵינוּ

המתפלל על חולה מוסיף:

יְהִי רָצוֹן מִלְּפָנֶיךָ יהוה אֱלֹהַי וֵאלֹהֵי אֲבוֹתַי, שֶׁתִּשְׁלַח מְהֵרָה רְפוּאָה

שְׁלֵמָה מִן הַשָּׁמַיִם, רְפוּאַת הַנֶּפֶשׁ וּרְפוּאַת הַגּוּף, לַחוֹלֶה/לַחוֹלָה

פלוני/ת בֶּן/בַּת פלונית בְּתוֹךְ שְׁאָר חוֹלֵי יִשְׂרָאֵל.

כִּי אֵל מֶלֶךְ רוֹפֵא נֶאֱמָן וְרַחֲמָן אָתָּה.

בָּרוּךְ אַתָּה יהוה, רוֹפֵא חוֹלֵי עַמּוֹ יִשְׂרָאֵל.

ברכת השנים

בָּרֵךְ עָלֵינוּ יהוה אֱלֹהֵינוּ אֶת הַשָּׁנָה הַזֹּאת

וְאֶת כָּל מִינֵי תְבוּאָתָהּ, לְטוֹבָה

וְתֵן בְּרָכָה עַל פְּנֵי הָאֲדָמָה, וְשַׂבְּעֵנוּ מִטּוּבָהּ

וּבָרֵךְ שְׁנָתֵנוּ כַּשָּׁנִים הַטּוֹבוֹת לִבְרָכָה

כִּי אֵל טוֹב וּמֵטִיב אַתָּה, וּמְבָרֵךְ הַשָּׁנִים.

בָּרוּךְ אַתָּה יהוה, מְבָרֵךְ הַשָּׁנִים.

קיבוץ גלויות

תְּקַע בְּשׁוֹפָר גָּדוֹל לְחֵרוּתֵנוּ

וְשָׂא נֵס לְקַבֵּץ גָּלֻיּוֹתֵינוּ

וְקַבְּצֵנוּ יַחַד מְהֵרָה מֵאַרְבַּע כַּנְפוֹת הָאָרֶץ לְאַרְצֵנוּ.

בָּרוּךְ אַתָּה יהוה, מְקַבֵּץ נִדְחֵי עַמּוֹ יִשְׂרָאֵל.

השבת המשפט

הָשִׁיבָה שׁוֹפְטֵינוּ כְּבָרִאשׁוֹנָה
וְיוֹעֲצֵינוּ כְּבַתְּחִלָּה
וְהָסֵר מִמֶּנּוּ יָגוֹן וַאֲנָחָה
וּמְלֹךְ עָלֵינוּ מְהֵרָה אַתָּה יהוה לְבַדְּךָ
בְּחֶסֶד וּבְרַחֲמִים
בְּצֶדֶק וּבְמִשְׁפָּט.
בָּרוּךְ אַתָּה יהוה
מֶלֶךְ אוֹהֵב צְדָקָה וּמִשְׁפָּט.

ברכת המינים

וְלַמַּלְשִׁינִים אַל תְּהִי תִקְוָה
וְכָל הַמִּינִים כְּרֶגַע יֹאבֵדוּ
וְכָל אוֹיְבֵי עַמְּךָ מְהֵרָה יִכָּרֵתוּ
וְהַזֵּדִים מְהֵרָה תְעַקֵּר וּתְשַׁבֵּר וּתְמַגֵּר
וּתְכַלֵּם וְתַשְׁפִּילֵם וְתַכְנִיעֵם בִּמְהֵרָה בְיָמֵינוּ.
בָּרוּךְ אַתָּה יהוה
שׁוֹבֵר אוֹיְבִים וּמַכְנִיעַ זֵדִים.

על הצדיקים

עַל הַצַּדִּיקִים וְעַל הַחֲסִידִים
וְעַל זִקְנֵי שְׁאֵרִית עַמְּךָ בֵּית יִשְׂרָאֵל
וְעַל פְּלֵיטַת בֵּית סוֹפְרֵיהֶם
וְעַל גֵּרֵי הַצֶּדֶק, וְעָלֵינוּ
יֶהֱמוּ נָא רַחֲמֶיךָ, יהוה אֱלֹהֵינוּ

וְתֵן שָׂכָר טוֹב לְכָל הַבּוֹטְחִים בְּשִׁמְךָ בֶּאֱמֶת
וְשִׂים חֶלְקֵנוּ עִמָּהֶם
וּלְעוֹלָם לֹא נֵבוֹשׁ, כִּי בְךָ בָּטָחְנוּ
וְעַל חַסְדְּךָ הַגָּדוֹל בֶּאֱמֶת נִשְׁעָנְנוּ.
בָּרוּךְ אַתָּה יהוה, מִשְׁעָן וּמִבְטָח לַצַּדִּיקִים.

בניין ירושלים

וְלִירוּשָׁלַיִם עִירְךָ בְּרַחֲמִים תָּשׁוּב
וְתִשְׁכֹּן בְּתוֹכָהּ כַּאֲשֶׁר דִּבַּרְתָּ
וּבְנֵה אוֹתָהּ בְּקָרוֹב בְּיָמֵינוּ בִּנְיַן עוֹלָם
וְכִסֵּא דָוִד עַבְדְּךָ מְהֵרָה לְתוֹכָהּ תָּכִין.
בָּרוּךְ אַתָּה יהוה, בּוֹנֵה יְרוּשָׁלָיִם.

מלכות בית דוד

אֶת צֶמַח דָּוִד עַבְדְּךָ מְהֵרָה תַצְמִיחַ, וְקַרְנוֹ תָּרוּם בִּישׁוּעָתֶךָ
כִּי לִישׁוּעָתְךָ קִוִּינוּ כָּל הַיּוֹם.
בָּרוּךְ אַתָּה יהוה, מַצְמִיחַ קֶרֶן יְשׁוּעָה.

שומע תפילה

אָב הָרַחֲמָן
שְׁמַע קוֹלֵנוּ יהוה אֱלֹהֵינוּ
חוּס וְרַחֵם עָלֵינוּ, וְקַבֵּל בְּרַחֲמִים וּבְרָצוֹן אֶת תְּפִלָּתֵנוּ
כִּי אֵל שׁוֹמֵעַ תְּפִלּוֹת וְתַחֲנוּנִים אָתָּה
וּמִלְּפָנֶיךָ מַלְכֵּנוּ רֵיקָם אַל תְּשִׁיבֵנוּ
חָנֵּנוּ וַעֲנֵנוּ וּשְׁמַע תְּפִלָּתֵנוּ
כִּי אַתָּה שׁוֹמֵעַ תְּפִלַּת כָּל פֶּה.
בָּרוּךְ אַתָּה יהוה, שׁוֹמֵעַ תְּפִלָּה.

עבודה

רְצֵה יהוה אֱלֹהֵינוּ בְּעַמְּךָ יִשְׂרָאֵל, וְלִתְפִלָּתָם שְׁעֵה

וְהָשֵׁב אֶת הָעֲבוֹדָה לִדְבִיר בֵּיתֶךָ

וְאִשֵּׁי יִשְׂרָאֵל וּתְפִלָּתָם, מְהֵרָה בְּאַהֲבָה תְקַבֵּל בְּרָצוֹן

וּתְהִי לְרָצוֹן תָּמִיד עֲבוֹדַת יִשְׂרָאֵל עַמֶּךָ.

וְתֶחֱזֶינָה עֵינֵינוּ בְּשׁוּבְךָ לְצִיּוֹן בְּרַחֲמִים.

בָּרוּךְ אַתָּה יהוה, הַמַּחֲזִיר שְׁכִינָתוֹ לְצִיּוֹן.

הודאה

כורע ב׳מוֹדִים׳ ואינו זוקף עד אמירת השם (סידור השל״ה).

▾מוֹדִים אֲנַחְנוּ לָךְ

שָׁאַתָּה הוּא יהוה אֱלֹהֵינוּ וֵאלֹהֵי אֲבוֹתֵינוּ לְעוֹלָם וָעֶד.

צוּר חַיֵּינוּ, מָגֵן יִשְׁעֵנוּ אַתָּה הוּא לְדוֹר וָדוֹר.

נוֹדֶה לְּךָ וּנְסַפֵּר תְּהִלָּתֶךָ

עַל חַיֵּינוּ הַמְּסוּרִים בְּיָדֶךָ, וְעַל נִשְׁמוֹתֵינוּ הַפְּקוּדוֹת לָךְ

וְעַל נִסֶּיךָ שֶׁבְּכָל יוֹם עִמָּנוּ, וְעַל נִפְלְאוֹתֶיךָ וְטוֹבוֹתֶיךָ

שֶׁבְּכָל עֵת, עֶרֶב וָבֹקֶר וְצָהֳרָיִם.

הַטּוֹב, כִּי לֹא כָלוּ רַחֲמֶיךָ

וְהַמְרַחֵם, כִּי לֹא תַמּוּ חֲסָדֶיךָ

כִּי מֵעוֹלָם קִוִּינוּ לָךְ.

וְעַל כֻּלָּם

יִתְבָּרַךְ וְיִתְרוֹמַם וְיִתְנַשֵּׂא שִׁמְךָ מַלְכֵּנוּ תָּמִיד לְעוֹלָם וָעֶד.

וְכֹל הַחַיִּים יוֹדוּךָ סֶּלָה

וִיהַלְלוּ וִיבָרְכוּ אֶת שִׁמְךָ הַגָּדוֹל בֶּאֱמֶת לְעוֹלָם כִּי טוֹב

הָאֵל יְשׁוּעָתֵנוּ וְעֶזְרָתֵנוּ סֶלָה, הָאֵל הַטּוֹב.

▾בָּרוּךְ אַתָּה יהוה, הַטּוֹב שִׁמְךָ וּלְךָ נָאֶה לְהוֹדוֹת.

שלום

יש אומרים ׳שִׂים שָׁלוֹם׳ (עמ׳ 241).

שָׁלוֹם רָב עַל יִשְׂרָאֵל עַמְּךָ תָּשִׂים לְעוֹלָם
כִּי אַתָּה הוּא מֶלֶךְ אָדוֹן לְכָל הַשָּׁלוֹם.
וְטוֹב יִהְיֶה בְּעֵינֶיךָ לְבָרְכֵנוּ, וּלְבָרֵךְ אֶת כָּל עַמְּךָ יִשְׂרָאֵל
בְּכָל עֵת וּבְכָל שָׁעָה בִּשְׁלוֹמֶךָ.
בָּרוּךְ אַתָּה יהוה, הַמְבָרֵךְ אֶת עַמּוֹ יִשְׂרָאֵל בַּשָּׁלוֹם.

יש הנוהגים לומר את הפסוק הבא בלחש בסוף תפילת לחש של יחיד.

תהלים יט יִהְיוּ לְרָצוֹן אִמְרֵי פִי וְהֶגְיוֹן לִבִּי לְפָנֶיךָ, יהוה צוּרִי וְגֹאֲלִי:

ברכות יז. אֱלֹהַי

נְצֹר לְשׁוֹנִי מֵרָע וּשְׂפָתַי מִדַּבֵּר מִרְמָה
וְלִמְקַלְלַי נַפְשִׁי תִדֹּם, וְנַפְשִׁי כֶּעָפָר לַכֹּל תִּהְיֶה.
פְּתַח לִבִּי בְּתוֹרָתֶךָ וְאַחֲרֵי מִצְוֹתֶיךָ תִּרְדֹּף נַפְשִׁי.
וְכָל הַקָּמִים וְהַחוֹשְׁבִים עָלַי רָעָה
מְהֵרָה הָפֵר עֲצָתָם וְקַלְקֵל מַחֲשַׁבְתָּם.

יש המוסיפים תחינה זו (קיצור של״ה, ׳אור הישר׳):

יְהִי רָצוֹן מִלְּפָנֶיךָ, יהוה אֱלֹהַי וֵאלֹהֵי אֲבוֹתַי
שֶׁלֹּא תַעֲלֶה קִנְאַת אָדָם עָלַי, וְלֹא קִנְאָתִי עַל אֲחֵרִים
וְשֶׁלֹּא אֶכְעֹס הַיּוֹם, וְשֶׁלֹּא אַכְעִיסֶךָ
וְתַצִּילֵנִי מִיֵּצֶר הָרָע, וְתֵן בְּלִבִּי הַכְנָעָה וַעֲנָוָה.
מַלְכֵּנוּ וֵאלֹהֵינוּ, יַחֵד שִׁמְךָ בְּעוֹלָמֶךָ
בְּנֵה עִירְךָ, יַסֵּד בֵּיתְךָ וְשַׁכְלֵל הֵיכָלֶךָ
וְקַבֵּץ קִבּוּץ גָּלֻיּוֹת, וּפְדֵה צֹאנְךָ וְשַׂמַּח עֲדָתֶךָ.

עֲשֵׂה לְמַעַן שְׁמֶךָ, עֲשֵׂה לְמַעַן יְמִינֶךָ
עֲשֵׂה לְמַעַן תּוֹרָתֶךָ, עֲשֵׂה לְמַעַן קְדֻשָּׁתֶךָ.
תהלים ס לְמַעַן יֵחָלְצוּן יְדִידֶיךָ, הוֹשִׁיעָה יְמִינְךָ וַעֲנֵנִי:
תהלים יט יִהְיוּ לְרָצוֹן אִמְרֵי פִי וְהֶגְיוֹן לִבִּי לְפָנֶיךָ, יהוה צוּרִי וְגֹאֲלִי:

כורע ופוסע שלוש פסיעות לאחור. קד לשמאל, לימין ולפנים באמירת:

עֹשֶׂה שָׁלוֹם בִּמְרוֹמָיו
הוּא יַעֲשֶׂה שָׁלוֹם, עָלֵינוּ וְעַל כָּל יִשְׂרָאֵל, וְאִמְרוּ אָמֵן.

יְהִי רָצוֹן מִלְּפָנֶיךָ יהוה אֱלֹהֵינוּ וֵאלֹהֵי אֲבוֹתֵינוּ
שֶׁיִּבָּנֶה בֵּית הַמִּקְדָּשׁ בִּמְהֵרָה בְיָמֵינוּ, וְתֵן חֶלְקֵנוּ בְּתוֹרָתֶךָ
וְשָׁם נַעֲבָדְךָ בְּיִרְאָה כִּימֵי עוֹלָם וּכְשָׁנִים קַדְמֹנִיּוֹת.
וְעָרְבָה לַיהוה מִנְחַת יְהוּדָה וִירוּשָׁלָםִ כִּימֵי עוֹלָם וּכְשָׁנִים קַדְמֹנִיּוֹת: מלאכי ג

קדיש שלם

ש״ץ: **יִתְגַּדַּל וְיִתְקַדַּשׁ שְׁמֵהּ רַבָּא** (קהל: אָמֵן)
בְּעָלְמָא דִּי בְרָא כִרְעוּתֵהּ
וְיַמְלִיךְ מַלְכוּתֵהּ וְיַצְמַח פֻּרְקָנֵהּ וִיקָרֵב מְשִׁיחֵהּ (קהל: אָמֵן)
בְּחַיֵּיכוֹן וּבְיוֹמֵיכוֹן וּבְחַיֵּי דְכָל בֵּית יִשְׂרָאֵל
בַּעֲגָלָא וּבִזְמַן קָרִיב, וְאִמְרוּ אָמֵן. (קהל: אָמֵן)

קהל וש״ץ: **יְהֵא שְׁמֵהּ רַבָּא מְבָרַךְ לְעָלַם וּלְעָלְמֵי עָלְמַיָּא.**

ש״ץ: **יִתְבָּרַךְ וְיִשְׁתַּבַּח וְיִתְפָּאַר וְיִתְרוֹמַם וְיִתְנַשֵּׂא**
וְיִתְהַדָּר וְיִתְעַלֶּה וְיִתְהַלָּל, שְׁמֵהּ דְּקֻדְשָׁא בְּרִיךְ הוּא (קהל: אָמֵן)
לְעֵלָּא מִן כָּל בִּרְכָתָא וְשִׁירָתָא, תֻּשְׁבְּחָתָא וְנֶחֱמָתָא
דַּאֲמִירָן בְּעָלְמָא, וְאִמְרוּ אָמֵן. (קהל: אָמֵן)

תִּתְקַבַּל צְלוֹתְהוֹן וּבָעוּתְהוֹן דְּכָל בֵּית יִשְׂרָאֵל
קֳדָם אֲבוּהוֹן דִּי בִשְׁמַיָּא, וְאִמְרוּ אָמֵן. (קהל: אָמֵן)

יְהֵא שְׁלָמָא רַבָּא מִן שְׁמַיָּא
וְחַיִּים טוֹבִים עָלֵינוּ וְעַל כָּל יִשְׂרָאֵל, וְאִמְרוּ אָמֵן. (קהל: אָמֵן)

כורע ופוסע שלוש פסיעות לאחור. קד לשמאל, לימין ולפנים באמירת:

עֹשֶׂה שָׁלוֹם בִּמְרוֹמָיו
הוּא יַעֲשֶׂה שָׁלוֹם, עָלֵינוּ וְעַל כָּל יִשְׂרָאֵל, וְאִמְרוּ אָמֵן. (קהל: אָמֵן)

בבתי כנסת המתפללים בנוסח אשכנז, אין אומרים 'שִׁיר לַמַּעֲלוֹת' ולא את הקדיש שאחריו.

תהלים קכא שִׁיר לַמַּעֲלוֹת, אֶשָּׂא עֵינַי אֶל־הֶהָרִים, מֵאַיִן יָבֹא עֶזְרִי: עֶזְרִי מֵעִם יהוה, עֹשֵׂה שָׁמַיִם וָאָרֶץ: אַל־יִתֵּן לַמּוֹט רַגְלֶךָ, אַל־יָנוּם שֹׁמְרֶךָ: הִנֵּה לֹא־יָנוּם וְלֹא יִישָׁן שׁוֹמֵר יִשְׂרָאֵל: יהוה שֹׁמְרֶךָ, יהוה צִלְּךָ עַל־יַד יְמִינֶךָ: יוֹמָם הַשֶּׁמֶשׁ לֹא־יַכֶּכָּה, וְיָרֵחַ בַּלָּיְלָה: יהוה יִשְׁמָרְךָ מִכָּל־רָע, יִשְׁמֹר אֶת־נַפְשֶׁךָ: יהוה יִשְׁמָר־צֵאתְךָ וּבוֹאֶךָ, מֵעַתָּה וְעַד־עוֹלָם:

קדיש יתום

אבל: יִתְגַּדַּל וְיִתְקַדַּשׁ שְׁמֵהּ רַבָּא (קהל: אָמֵן)
בְּעָלְמָא דִּי בְרָא כִרְעוּתֵהּ
וְיַמְלִיךְ מַלְכוּתֵהּ וְיַצְמַח פֻּרְקָנֵהּ וִיקָרֵב מְשִׁיחֵהּ (קהל: אָמֵן)
בְּחַיֵּיכוֹן וּבְיוֹמֵיכוֹן וּבְחַיֵּי דְכָל בֵּית יִשְׂרָאֵל
בַּעֲגָלָא וּבִזְמַן קָרִיב, וְאִמְרוּ אָמֵן. (קהל: אָמֵן)

קהל ואבל: יְהֵא שְׁמֵהּ רַבָּא מְבָרַךְ לְעָלַם וּלְעָלְמֵי עָלְמַיָּא.

אבל: יִתְבָּרַךְ וְיִשְׁתַּבַּח וְיִתְפָּאַר וְיִתְרוֹמַם וְיִתְנַשֵּׂא
וְיִתְהַדָּר וְיִתְעַלֶּה וְיִתְהַלָּל
שְׁמֵהּ דְּקֻדְשָׁא בְּרִיךְ הוּא (קהל: אָמֵן)
לְעֵלָּא מִן כָּל בִּרְכָתָא וְשִׁירָתָא, תֻּשְׁבְּחָתָא וְנֶחֱמָתָא
דַּאֲמִירָן בְּעָלְמָא, וְאִמְרוּ אָמֵן. (קהל: אָמֵן)

יְהֵא שְׁלָמָא רַבָּא מִן שְׁמַיָּא
וְחַיִּים טוֹבִים עָלֵינוּ וְעַל כָּל יִשְׂרָאֵל, וְאִמְרוּ אָמֵן. (קהל: אָמֵן)

כורע ופוסע שלוש פסיעות לאחור. קד לשמאל, לימין ולפנים באמירת:

עֹשֶׂה שָׁלוֹם בִּמְרוֹמָיו, הוּא יַעֲשֶׂה שָׁלוֹם
עָלֵינוּ וְעַל כָּל יִשְׂרָאֵל, וְאִמְרוּ אָמֵן. (קהל: אָמֵן)

האומר קדיש, מוסיף (׳ברכי יוסף׳ בשם האר״י):

בָּרְכוּ אֶת יהוה הַמְבֹרָךְ.

הקהל עונה: בָּרוּךְ יהוה הַמְבֹרָךְ לְעוֹלָם וָעֶד.

והאומר קדיש חוזר: בָּרוּךְ יהוה הַמְבֹרָךְ לְעוֹלָם וָעֶד.

אומרים ׳עָלֵינוּ׳ בעמידה ומשתחווים במקום המסומן ב.

עָלֵינוּ לְשַׁבֵּחַ לַאֲדוֹן הַכֹּל, לָתֵת גְּדֻלָּה לְיוֹצֵר בְּרֵאשִׁית
שֶׁלֹּא עָשָׂנוּ כְּגוֹיֵי הָאֲרָצוֹת, וְלֹא שָׂמָנוּ כְּמִשְׁפְּחוֹת הָאֲדָמָה
שֶׁלֹּא שָׂם חֶלְקֵנוּ כָּהֶם וְגוֹרָלֵנוּ כְּכָל הֲמוֹנָם.
שֶׁהֵם מִשְׁתַּחֲוִים לְהֶבֶל וָרִיק וּמִתְפַּלְלִים אֶל אֵל לֹא יוֹשִׁיעַ.
▾וַאֲנַחְנוּ כּוֹרְעִים וּמִשְׁתַּחֲוִים וּמוֹדִים
לִפְנֵי מֶלֶךְ מַלְכֵי הַמְּלָכִים, הַקָּדוֹשׁ בָּרוּךְ הוּא
שֶׁהוּא נוֹטֶה שָׁמַיִם וְיוֹסֵד אָרֶץ
וּמוֹשַׁב יְקָרוֹ בַּשָּׁמַיִם מִמַּעַל, וּשְׁכִינַת עֻזּוֹ בְּגָבְהֵי מְרוֹמִים.
הוּא אֱלֹהֵינוּ, אֵין עוֹד.
אֱמֶת מַלְכֵּנוּ, אֶפֶס זוּלָתוֹ
כַּכָּתוּב בְּתוֹרָתוֹ
וְיָדַעְתָּ הַיּוֹם וַהֲשֵׁבֹתָ אֶל־לְבָבֶךָ דברים ד
כִּי יהוה הוּא הָאֱלֹהִים בַּשָּׁמַיִם מִמַּעַל וְעַל־הָאָרֶץ מִתָּחַת
אֵין עוֹד:

וְעַל כֵּן נְקַוֶּה לְּךָ יהוה אֱלֹהֵינוּ, לִרְאוֹת מְהֵרָה בְּתִפְאֶרֶת עֻזֶּךָ
לְהַעֲבִיר גִּלּוּלִים מִן הָאָרֶץ, וְהָאֱלִילִים כָּרוֹת יִכָּרֵתוּן
לְתַקֵּן עוֹלָם בְּמַלְכוּת שַׁדַּי.
וְכָל בְּנֵי בָשָׂר יִקְרְאוּ בִשְׁמֶךָ, לְהַפְנוֹת אֵלֶיךָ כָּל רִשְׁעֵי אָרֶץ.

יַכִּירוּ וְיֵדְעוּ כָּל יוֹשְׁבֵי תֵבֵל
כִּי לְךָ תִּכְרַע כָּל בֶּרֶךְ, תִּשָּׁבַע כָּל לָשׁוֹן.
לְפָנֶיךָ יהוה אֱלֹהֵינוּ יִכְרְעוּ וְיִפֹּלוּ, וְלִכְבוֹד שִׁמְךָ יְקָר יִתֵּנוּ
וִיקַבְּלוּ כֻלָּם אֶת עֹל מַלְכוּתֶךָ
וְתִמְלֹךְ עֲלֵיהֶם מְהֵרָה לְעוֹלָם וָעֶד.
כִּי הַמַּלְכוּת שֶׁלְּךָ הִיא וּלְעוֹלְמֵי עַד תִּמְלֹךְ בְּכָבוֹד
שמות טו כַּכָּתוּב בְּתוֹרָתֶךָ, יהוה יִמְלֹךְ לְעֹלָם וָעֶד:
זכריה יד ◂ וְנֶאֱמַר, וְהָיָה יהוה לְמֶלֶךְ עַל־כָּל־הָאָרֶץ
בַּיּוֹם הַהוּא יִהְיֶה יהוה אֶחָד וּשְׁמוֹ אֶחָד:

יש מוסיפים:

משלי ג אַל־תִּירָא מִפַּחַד פִּתְאֹם וּמִשֹּׁאַת רְשָׁעִים כִּי תָבֹא:
ישעיה ח עֻצוּ עֵצָה וְתֻפָר, דַּבְּרוּ דָבָר וְלֹא יָקוּם, כִּי עִמָּנוּ אֵל:
ישעיה מו וְעַד־זִקְנָה אֲנִי הוּא, וְעַד־שֵׂיבָה אֲנִי אֶסְבֹּל
אֲנִי עָשִׂיתִי וַאֲנִי אֶשָּׂא וַאֲנִי אֶסְבֹּל וַאֲמַלֵּט:

קדיש יתום (עמ׳ 264)

סדר הבדלה

אם תשעה באב חל ביום ראשון, מבדילים על הכוס –
אך לא על הבשמים או על הנר (טור, תקנו בשם בה״ג).

המבדיל לאחרים, אומר:

סַבְרִי מָרָנָן

בָּרוּךְ אַתָּה יהוה אֱלֹהֵינוּ מֶלֶךְ הָעוֹלָם, בּוֹרֵא פְּרִי הַגָּפֶן.

בָּרוּךְ אַתָּה יהוה אֱלֹהֵינוּ מֶלֶךְ הָעוֹלָם
הַמַּבְדִּיל בֵּין קֹדֶשׁ לְחֹל, בֵּין אוֹר לְחֹשֶׁךְ
בֵּין יִשְׂרָאֵל לָעַמִּים, בֵּין יוֹם הַשְּׁבִיעִי לְשֵׁשֶׁת יְמֵי הַמַּעֲשֶׂה.
בָּרוּךְ אַתָּה יהוה, הַמַּבְדִּיל בֵּין קֹדֶשׁ לְחֹל.

קידוש לבנה

נוהגים לקדש את הלבנה במוצאי תשעה באב (דה״ח רח, א).
אומרים קידוש לבנה תחת כיפת השמים בזמן שהלבנה נראית.

הַלְלוּיָהּ, הַלְלוּ אֶת־יהוה מִן־הַשָּׁמַיִם, הַלְלוּהוּ בַּמְּרוֹמִים: תהלים קמח
הַלְלוּהוּ כָל־מַלְאָכָיו, הַלְלוּהוּ כָּל־צְבָאָו: הַלְלוּהוּ שֶׁמֶשׁ וְיָרֵחַ,
הַלְלוּהוּ כָּל־כּוֹכְבֵי אוֹר: הַלְלוּהוּ שְׁמֵי הַשָּׁמָיִם, וְהַמַּיִם אֲשֶׁר
מֵעַל הַשָּׁמָיִם: יְהַלְלוּ אֶת־שֵׁם יהוה, כִּי הוּא צִוָּה וְנִבְרָאוּ:
וַיַּעֲמִידֵם לָעַד לְעוֹלָם, חָק־נָתַן וְלֹא יַעֲבוֹר:

יש הנוהגים להוסיף:

כִּי־אֶרְאֶה שָׁמֶיךָ מַעֲשֵׂה אֶצְבְּעֹתֶיךָ, יָרֵחַ וְכוֹכָבִים אֲשֶׁר כּוֹנָנְתָּה: תהלים ח
מָה־אֱנוֹשׁ כִּי־תִזְכְּרֶנּוּ, וּבֶן־אָדָם כִּי תִפְקְדֶנּוּ:

הֲרֵינִי מוּכָן וּמְזֻמָּן לְקַיֵּם הַמִּצְוָה לְקַדֵּשׁ הַלְּבָנָה, לְשֵׁם יִחוּד קֻדְשָׁא בְּרִיךְ הוּא וּשְׁכִינְתֵּהּ, עַל יְדֵי הַהוּא טָמִיר וְנֶעְלָם בְּשֵׁם כָּל יִשְׂרָאֵל.

מסתכל בלבנה ומברך:

בָּרוּךְ אַתָּה יהוה אֱלֹהֵינוּ מֶלֶךְ הָעוֹלָם
אֲשֶׁר בְּמַאֲמָרוֹ בָּרָא שְׁחָקִים, וּבְרוּחַ פִּיו כָּל צְבָאָם
חֹק וּזְמַן נָתַן לָהֶם שֶׁלֹּא יְשַׁנּוּ אֶת תַּפְקִידָם.
שָׂשִׂים וּשְׂמֵחִים לַעֲשׂוֹת רְצוֹן קוֹנָם
פּוֹעֵל אֱמֶת שֶׁפְּעֻלָּתוֹ אֱמֶת.
וְלַלְּבָנָה אָמַר שֶׁתִּתְחַדֵּשׁ
עֲטֶרֶת תִּפְאֶרֶת לַעֲמוּסֵי בָטֶן
שֶׁהֵם עֲתִידִים לְהִתְחַדֵּשׁ כְּמוֹתָהּ
וּלְפָאֵר לְיוֹצְרָם עַל שֵׁם כְּבוֹד מַלְכוּתוֹ.
בָּרוּךְ אַתָּה יהוה, מְחַדֵּשׁ חֳדָשִׁים.

אומר שלוש פעמים כל פסוק מן הפסוקים הבאים (מסכת סופרים):

בָּרוּךְ יוֹצְרֵךְ, בָּרוּךְ עוֹשֵׂךְ
בָּרוּךְ קוֹנֵךְ, בָּרוּךְ בּוֹרְאֵךְ.

מרקד כנגד הלבנה שלוש פעמים, ובכל פעם אומר:

כְּשֵׁם שֶׁאֲנִי רוֹקֵד כְּנֶגְדֵּךְ
וְאֵינִי יָכוֹל לִנְגֹּעַ בָּךְ
כָּךְ לֹא יוּכְלוּ כָּל אוֹיְבַי לִנְגֹּעַ בִּי לְרָעָה.

שמות טו תִּפֹּל עֲלֵיהֶם אֵימָתָה וָפַחַד, בִּגְדֹל זְרוֹעֲךָ יִדְּמוּ כָּאָבֶן:

אומר את הפסוק הקודם גם בסדר הפוך (סידור הרוקח):

כָּאָבֶן יִדְּמוּ זְרוֹעֲךָ בִּגְדֹל, וָפַחַד אֵימָתָה עֲלֵיהֶם תִּפֹּל.

ומזכיר את מלכות דוד, שנמשלה ללבנה (רמ״א תקכו, א, על פי רבינו בחיי לבראשית לח, ל):

דָּוִד מֶלֶךְ יִשְׂרָאֵל חַי וְקַיָּם.

מברך שלוש פעמים את חברו או שלושה אנשים שונים (מסכת סופרים):

שָׁלוֹם עֲלֵיכֶם.

ועונים לו:

עֲלֵיכֶם שָׁלוֹם.

ואומר שלוש פעמים:

סִימָן טוֹב וּמַזָּל טוֹב יְהֵא לָנוּ וּלְכָל יִשְׂרָאֵל, אָמֵן.

נהגו להוסיף פסוקים אלה, על פי מנהג ר׳ יהודה החסיד (מובא במג״א, תכו, י).

שיר השירים ב קוֹל דּוֹדִי הִנֵּה־זֶה בָּא
מְדַלֵּג עַל־הֶהָרִים, מְקַפֵּץ עַל־הַגְּבָעוֹת:
דּוֹמֶה דוֹדִי לִצְבִי אוֹ לְעֹפֶר הָאַיָּלִים
הִנֵּה־זֶה עוֹמֵד אַחַר כָּתְלֵנוּ
מַשְׁגִּיחַ מִן־הַחַלֹּנוֹת, מֵצִיץ מִן־הַחֲרַכִּים:

נוהגים להוסיף שני מזמורים אלה (מג״א שם בשם השל״ה):

תהלים קכא שִׁיר לַמַּעֲלוֹת, אֶשָּׂא עֵינַי אֶל־הֶהָרִים, מֵאַיִן יָבֹא עֶזְרִי: עֶזְרִי מֵעִם
יהוה, עֹשֵׂה שָׁמַיִם וָאָרֶץ: אַל־יִתֵּן לַמּוֹט רַגְלֶךָ, אַל־יָנוּם שֹׁמְרֶךָ:
הִנֵּה לֹא־יָנוּם וְלֹא יִישָׁן שׁוֹמֵר יִשְׂרָאֵל: יהוה שֹׁמְרֶךָ, יהוה צִלְּךָ
עַל־יַד יְמִינֶךָ: יוֹמָם הַשֶּׁמֶשׁ לֹא־יַכֶּכָּה, וְיָרֵחַ בַּלָּיְלָה: יהוה יִשְׁמָרְךָ
מִכָּל־רָע, יִשְׁמֹר אֶת־נַפְשֶׁךָ: יהוה יִשְׁמָר־צֵאתְךָ וּבוֹאֶךָ, מֵעַתָּה
וְעַד־עוֹלָם:

תהלים קנ הַלְלוּיָהּ, הַלְלוּ־אֵל בְּקָדְשׁוֹ, הַלְלוּהוּ בִּרְקִיעַ עֻזּוֹ: הַלְלוּהוּ בִּגְבוּרֹתָיו,
הַלְלוּהוּ כְּרֹב גֻּדְלוֹ: הַלְלוּהוּ בְּתֵקַע שׁוֹפָר, הַלְלוּהוּ בְּנֵבֶל וְכִנּוֹר:
הַלְלוּהוּ בְּתֹף וּמָחוֹל, הַלְלוּהוּ בְּמִנִּים וְעוּגָב: הַלְלוּהוּ בְצִלְצְלֵי־
שָׁמַע, הַלְלוּהוּ בְּצִלְצְלֵי תְרוּעָה: כֹּל הַנְּשָׁמָה תְּהַלֵּל יָהּ, הַלְלוּיָהּ:

סנהדרין מב. תָּנָא דְבֵי רַבִּי יִשְׁמָעֵאל: אִלְמָלֵי לֹא זָכוּ יִשְׂרָאֵל אֶלָּא לְהַקְבִּיל
פְּנֵי אֲבִיהֶם שֶׁבַּשָּׁמַיִם פַּעַם אַחַת בַּחֹדֶשׁ, דַּיָּם. אָמַר אַבָּיֵי:
שיר השירים ח הִלְכָּךְ צָרִיךְ לְמֵימְרָא מְעֻמָּד. מִי זֹאת עֹלָה מִן־הַמִּדְבָּר, מִתְרַפֶּקֶת
עַל־דּוֹדָהּ:

וִיהִי רָצוֹן מִלְּפָנֶיךָ יהוה אֱלֹהַי וֵאלֹהֵי אֲבוֹתַי, לְמַלֹּאת פְּגִימַת
הַלְּבָנָה וְלֹא יִהְיֶה בָּהּ שׁוּם מִעוּט. וִיהִי אוֹר הַלְּבָנָה כְּאוֹר
הַחַמָּה וּכְאוֹר שִׁבְעַת יְמֵי בְרֵאשִׁית, כְּמוֹ שֶׁהָיְתָה קֹדֶם מִעוּטָהּ,
בראשית א שֶׁנֶּאֱמַר: אֶת־שְׁנֵי הַמְּאֹרֹת הַגְּדֹלִים: וְיִתְקַיֵּם בָּנוּ מִקְרָא שֶׁכָּתוּב:
הושע ג וּבִקְשׁוּ אֶת־יהוה אֱלֹהֵיהֶם וְאֵת דָּוִיד מַלְכָּם: אָמֵן.

תהלים סז לַמְנַצֵּחַ בִּנְגִינֹת, מִזְמוֹר שִׁיר: אֱלֹהִים יְחָנֵּנוּ וִיבָרְכֵנוּ, יָאֵר פָּנָיו אִתָּנוּ
סֶלָה: לָדַעַת בָּאָרֶץ דַּרְכֶּךָ, בְּכָל־גּוֹיִם יְשׁוּעָתֶךָ: יוֹדוּךָ עַמִּים אֱלֹהִים,
יוֹדוּךָ עַמִּים כֻּלָּם: יִשְׂמְחוּ וִירַנְּנוּ לְאֻמִּים, כִּי־תִשְׁפֹּט עַמִּים מִישֹׁר,
וּלְאֻמִּים בָּאָרֶץ תַּנְחֵם סֶלָה: יוֹדוּךָ עַמִּים אֱלֹהִים, יוֹדוּךָ עַמִּים
כֻּלָּם: אֶרֶץ נָתְנָה יְבוּלָהּ, יְבָרְכֵנוּ אֱלֹהִים אֱלֹהֵינוּ: יְבָרְכֵנוּ אֱלֹהִים,
וְיִירְאוּ אוֹתוֹ כָּל־אַפְסֵי־אָרֶץ:

אומרים ׳עָלֵינוּ׳ בעמידה ומשתחווים במקום המסומן ב°.

עָלֵינוּ לְשַׁבֵּחַ לַאֲדוֹן הַכֹּל, לָתֵת גְּדֻלָּה לְיוֹצֵר בְּרֵאשִׁית
שֶׁלֹּא עָשָׂנוּ כְּגוֹיֵי הָאֲרָצוֹת, וְלֹא שָׂמָנוּ כְּמִשְׁפְּחוֹת הָאֲדָמָה
שֶׁלֹּא שָׂם חֶלְקֵנוּ כָּהֶם וְגוֹרָלֵנוּ כְּכָל הֲמוֹנָם.
שֶׁהֵם מִשְׁתַּחֲוִים לְהֶבֶל וָרִיק וּמִתְפַּלְּלִים אֶל אֵל לֹא יוֹשִׁיעַ.
°וַאֲנַחְנוּ כּוֹרְעִים וּמִשְׁתַּחֲוִים וּמוֹדִים
לִפְנֵי מֶלֶךְ מַלְכֵי הַמְּלָכִים, הַקָּדוֹשׁ בָּרוּךְ הוּא
שֶׁהוּא נוֹטֶה שָׁמַיִם וְיוֹסֵד אָרֶץ, וּמוֹשַׁב יְקָרוֹ בַּשָּׁמַיִם מִמַּעַל
וּשְׁכִינַת עֻזּוֹ בְּגָבְהֵי מְרוֹמִים.
הוּא אֱלֹהֵינוּ, אֵין עוֹד.
אֱמֶת מַלְכֵּנוּ, אֶפֶס זוּלָתוֹ
כַּכָּתוּב בְּתוֹרָתוֹ, וְיָדַעְתָּ הַיּוֹם וַהֲשֵׁבֹתָ אֶל־לְבָבֶךָ דברים ד
כִּי יהוה הוּא הָאֱלֹהִים בַּשָּׁמַיִם מִמַּעַל וְעַל־הָאָרֶץ מִתָּחַת, אֵין עוֹד:

וְעַל כֵּן נְקַוֶּה לְךָ יהוה אֱלֹהֵינוּ, לִרְאוֹת מְהֵרָה בְּתִפְאֶרֶת עֻזֶּךָ
לְהַעֲבִיר גִּלּוּלִים מִן הָאָרֶץ, וְהָאֱלִילִים כָּרוֹת יִכָּרֵתוּן
לְתַקֵּן עוֹלָם בְּמַלְכוּת שַׁדַּי.
וְכָל בְּנֵי בָשָׂר יִקְרְאוּ בִשְׁמֶךָ, לְהַפְנוֹת אֵלֶיךָ כָּל רִשְׁעֵי אָרֶץ.
יַכִּירוּ וְיֵדְעוּ כָּל יוֹשְׁבֵי תֵבֵל כִּי לְךָ תִּכְרַע כָּל בֶּרֶךְ, תִּשָּׁבַע כָּל לָשׁוֹן.
לְפָנֶיךָ יהוה אֱלֹהֵינוּ יִכְרְעוּ וְיִפֹּלוּ, וְלִכְבוֹד שִׁמְךָ יְקָר יִתֵּנוּ
וִיקַבְּלוּ כֻלָּם אֶת עֹל מַלְכוּתֶךָ, וְתִמְלֹךְ עֲלֵיהֶם מְהֵרָה לְעוֹלָם וָעֶד.
כִּי הַמַּלְכוּת שֶׁלְּךָ הִיא וּלְעוֹלְמֵי עַד תִּמְלֹךְ בְּכָבוֹד
כַּכָּתוּב בְּתוֹרָתֶךָ, יהוה יִמְלֹךְ לְעֹלָם וָעֶד: שמות טו
▸ וְנֶאֱמַר, וְהָיָה יהוה לְמֶלֶךְ עַל־כָּל־הָאָרֶץ זכריה יד
בַּיּוֹם הַהוּא יִהְיֶה יהוה אֶחָד וּשְׁמוֹ אֶחָד:

יש מוסיפים:

אַל־תִּירָא מִפַּחַד פִּתְאֹם וּמִשֹּׁאַת רְשָׁעִים כִּי תָבֹא: משלי ג
עֻצוּ עֵצָה וְתֻפָר, דַּבְּרוּ דָבָר וְלֹא יָקוּם, כִּי עִמָּנוּ אֵל: ישעיה ח
וְעַד־זִקְנָה אֲנִי הוּא, וְעַד־שֵׂיבָה אֲנִי אֶסְבֹּל, אֲנִי עָשִׂיתִי וַאֲנִי אֶשָּׂא וַאֲנִי אֶסְבֹּל וַאֲמַלֵּט: ישעיה מו

קדיש יתום

אם יש מניין, האבלים אומרים קדיש.

אבל: יִתְגַּדַּל וְיִתְקַדַּשׁ שְׁמֵהּ רַבָּא (קהל: אָמֵן)
בְּעָלְמָא דִּי בְרָא כִרְעוּתֵהּ
וְיַמְלִיךְ מַלְכוּתֵהּ
וְיַצְמַח פֻּרְקָנֵהּ וִיקָרֵב מְשִׁיחֵהּ (קהל: אָמֵן)
בְּחַיֵּיכוֹן וּבְיוֹמֵיכוֹן וּבְחַיֵּי דְכָל בֵּית יִשְׂרָאֵל
בַּעֲגָלָא וּבִזְמַן קָרִיב, וְאִמְרוּ אָמֵן. (קהל: אָמֵן)

קהל ואבל: יְהֵא שְׁמֵהּ רַבָּא מְבָרַךְ לְעָלַם וּלְעָלְמֵי עָלְמַיָּא.

אבל: יִתְבָּרַךְ וְיִשְׁתַּבַּח וְיִתְפָּאַר וְיִתְרוֹמַם וְיִתְנַשֵּׂא
וְיִתְהַדָּר וְיִתְעַלֶּה וְיִתְהַלָּל
שְׁמֵהּ דְּקֻדְשָׁא בְּרִיךְ הוּא (קהל: אָמֵן)
לְעֵלָּא מִן כָּל בִּרְכָתָא וְשִׁירָתָא, תֻּשְׁבְּחָתָא וְנֶחֱמָתָא
דַּאֲמִירָן בְּעָלְמָא, וְאִמְרוּ אָמֵן. (קהל: אָמֵן)

יְהֵא שְׁלָמָא רַבָּא מִן שְׁמַיָּא
וְחַיִּים טוֹבִים עָלֵינוּ וְעַל כָּל יִשְׂרָאֵל, וְאִמְרוּ אָמֵן. (קהל: אָמֵן)

כורע ופוסע שלוש פסיעות לאחור. קד לשמאל, לימין ולפנים באמירת:
עֹשֶׂה שָׁלוֹם בִּמְרוֹמָיו
הוּא יַעֲשֶׂה שָׁלוֹם, עָלֵינוּ וְעַל כָּל יִשְׂרָאֵל, וְאִמְרוּ אָמֵן. (קהל: אָמֵן)

נוהגים לשיר:

טוֹבִים מְאוֹרוֹת שֶׁבָּרָא אֱלֹהֵינוּ, יְצָרָם בְּדַעַת בְּבִינָה וּבְהַשְׂכֵּל
כֹּחַ וּגְבוּרָה נָתַן בָּהֶם, לִהְיוֹת מוֹשְׁלִים בְּקֶרֶב תֵּבֵל.

מְלֵאִים זִיו וּמְפִיקִים נֹגַהּ, נָאֶה זִיוָם בְּכָל הָעוֹלָם
שְׂמֵחִים בְּצֵאתָם וְשָׂשִׂים בְּבוֹאָם, עוֹשִׂים בְּאֵימָה רְצוֹן קוֹנָם.

פְּאֵר וְכָבוֹד נוֹתְנִים לִשְׁמוֹ, צָהֳלָה וְרִנָּה לְזֵכֶר מַלְכוּתוֹ
קָרָא לַשֶּׁמֶשׁ וַיִּזְרַח אוֹר, רָאָה וְהִתְקִין צוּרַת הַלְּבָנָה.

קינות על קדושי השואה

קינות על קדושי השואה

מו | הזוכר מזכיריו

קינה על החורבן האחרון מאת הרב שמעון שוואב, אב״ד דקהל עדת ישורון, ניו יורק, אשר נמלט מגרמניה לפני מלחמת העולם. זו הקינה הנפוצה בארה״ב מבין הקינות על השואה, וגם בארץ יש האומרים אותה. בקהילתו של הרב שוואב הקינה נאמרה בליל תשעה באב, אך היום נוהגים לאומרה בבוקר.

הַזּוֹכֵר מַזְכִּירָיו, דּוֹר דּוֹר וּקְדוֹשָׁיו, מֵעֵת אֲשֶׁר אָז בְּחַרְתָּנוּ
יִזְכּוֹר דֵּרָאוֹן, שֶׁל דּוֹר אַחֲרוֹן, אוֹיָה מֶה הָיָה לָנוּ
שְׁטוּפֵי מַבּוּל דָּם, שֶׁמָּסְרוּ נַפְשׁוֹתָם, כָּל שְׁקוּעֵי עִמְקֵי הַבָּכָא
יִפְקְדֵם אֱלֹהִים, בְּאַרְצוֹת הַחַיִּים, וַעֲדֵי עַד זִכְרָם לִבְרָכָה.

שְׂאוּ אֵלָיו כַּפַּיִם, אֲהָהּ אֵי שָׁמַיִם, הוֹי עַל מֵיטַב שִׁבְטֵי יִשְׂרָאֵל
עֵדוֹת וּקְהִלּוֹת, עָרִים וּגְלִילוֹת, חֲבוּרוֹת, מוֹסָדוֹת, כָּל מוֹעֲדֵי אֵל
מִי יִתֵּן פַּלְגֵי מַיִם, תֵּרַדְנָה עֵינַיִם, אֶל אַשְׁדוֹת נַחֲלֵי הַדְּמָעוֹת
עֲלֵי אַלְפֵי אֲלָפִים, גּוּפִים נִשְׂרָפִים, בְּמוֹ אֵשׁ הַחָרְבָּן וּזְוָעוֹת.

וְעַל שָׂרֵי הַתּוֹרָה, וּמַחֲזִיקֵי מְסוֹרָה, וְעַל פִּרְחֵי הַכְּהֻנָּה הַצְּעִירִים
וְעַל חוֹבְשֵׁי מִדְרָשׁוֹת, מוֹרִים וּמוֹרוֹת, תִּינוֹקוֹת בֵּית רַבָּן יַקִּירִים
עַל בָּנוֹת בּוֹטְחוֹת, סָבִים וְסָבוֹת, וְעַל זַרְעָם וְטַפָּם שֶׁיָּלְדוּ
וְגַם לְרַבּוֹת, רִבְבוֹת, נֶאֱהָבִים בְּחַיִּים, בְּמוֹתָם לֹא נִפְרָדוּ.

אֶת דָּמָם דְּרֹשׁ, כִּי תִשָּׂא אֶת רֹאשׁ, שֶׁל כָּל נִדָּף לֶעָלִים הַטְּרוּפִים
כָּל נַפְשׁוֹת מֵת, בִּימֵי שֶׁבֶר וָשֵׁאת, שִׁשָּׁה אַלְפֵי פְּעָמִים אֲלָפִים
שְׁלִישִׁיָּה לְבָעֵר, בִּבְרַק זַעַם סוֹעֵר, מִכַּרְמֵי הַחֶמֶד אֲהַבְתָּ
גּוֹאֵל הַדָּם, נָא זְכֹר צַעֲרָם, אַל תִּמְחֶה מִסֵּפֶר כָּתַבְתָּ.

זְכֹר הַנְּאָקוֹת, וְרַעַשׁ צְעָקוֹת, אָז יוּבְלוּ לָרֶצַח
יְאוֹרֵי דְמֵיהֶם, וְדִמְעוֹת פְּנֵיהֶם, לֹא תִשָּׁכַחְנָה לָנֶצַח
כָּל חִיל וּגְנִיחָה, וּנְהִי צְרִיחָה, מִשְּׁדוּדֵי לַהֲקוֹת הַכְּלָבִים
זְכֹר וּסְפֹר, בְּנֹאדְךָ צְרוֹר, עַד עֵת נְקֹם עֶלְבּוֹן עֲלוּבִים.

בְּמַחֲנוֹת הַפְּרָאִים, כְּאֵב וּנְגָעִים, וּפַחֵי נְפָשׁוֹת עֲגוּמוֹת
חֲרָפוֹת וּצְחוֹק, כְּלִמּוֹת וָרֹק, פִּצְעֵי הַכָּאוֹת אֲיֻמּוֹת
וּרְעָבוֹן, צִמָּאוֹן, שִׁגָּעוֹן, עִצָּבוֹן, וְכִשָּׁלוֹן נֶחֱלָשִׁים בְּלִי כֹחַ
וְכָל נַאֲקוֹת חָלָל, מִכָּל יָחִיד אֻמְלָל, חָלִילָה לְךָ מִלִּשְׁכֹּחַ.

וְתִימְרוֹת עָשָׁן, וְקִיטוֹר מִכִּבְשָׁן, תִּלֵּי תִלִּים עֲצָמוֹת וְגִידִים
וְחַדְרֵי הָרַעַל, קוֹל שַׁאֲגוֹת מִקָּהָל, הַנֶּחֱנָקִים תּוֹךְ תָּאֵי הָאֵדִים
וְסִרְחוֹן גּוּפוֹת, וּגְוִיּוֹת סְגוּפוֹת, גַּלַּל דֹּמֶן אַדְמַת נוֹאָצִים
אֵיךְ הָפְכוּ טוֹרְפֵיהֶם, לְבוֹרִית חֶלְבֵּיהֶם, וְעוֹר אִישׁ לְקִשּׁוּטֵי הַנָּשִׁים.

וְקִרִיצַת אֶצְבָּעוֹת, שֶׁל רָאשֵׁי הַפְּרָעוֹת,
לְיָמִין שִׁעְבּוּד פֶּרֶךְ, צַלְמָוֶת לִשְׂמֹאל
וְאֵיךְ יָרוּ יְרִיּוֹת, עַל חוֹפְרֵי הַבּוֹרוֹת, בְּיִסּוּרֵי חִבּוּט קֶבֶר הוֹרִידוּם שְׁאוֹל
אֵיךְ עִנּוּ אַחְיוֹתֵינוּ, וְסֵרְסוּ בְּנוֹתֵינוּ,
כּוֹסוֹת תַּרְעֵלָה מִידֵי רוֹפְאִים אַכְזָרִים
וּפְלִיטֵי הַשְּׂרִידִים, בִּמְחִלּוֹת וּסְתָרִים, וְטִמְיוֹן יְלָדִים בְּבָתֵּי שְׁמָד כְּמָרִים.

שֶׂה תָמִים לְעוֹלָה, דַּם בְּנֵי הַגּוֹלָה, הוֹי אֲרִיאֵל מִנִּבְלַת חֲסִידֶיךָ
צֹאן קָדָשִׁים מִי יִמְנֶה, אֲשֶׁר אֵשׁ לֹא תִכְבֶּה,
בְּחוּצֶיךָ הָיוּ מְקַדְּשֵׁי שְׁמֶךָ
בְּקוֹל שְׁמַע יִשְׂרָאֵל, מָסְרוּ נֶפֶשׁ לָאֵל, שֶׁהוּא יַאַסְפֵם, וְעַד יוֹם אַחֲרוֹן
הִצְדִּיקוּ דִין, וְאַף אֲנִי מַאֲמִין עָנוּ, וְשָׁרוּ שִׁירַת בִּטָּחוֹן.

וּבְכֵן נִשְׁאַר עָם, כְּיָתוֹם נִדְהָם, בְּלִי קְבָרִים לְהִשְׁתַּטֵּחַ
וְלֹא מַצֵּבוֹת, אֵיפֹה לִבְכּוֹת, יְבָבוֹת לֵבָב רוֹתֵחַ
רַק נִסְכֵי הַדָּם, אַזְכָּרוֹתָם, תּוֹסְסִים בְּלִי שׁוֹכֵחַ
וְהָרֵי אֶפְרֵי עֲקֵדָתָם, תְּרוּמוֹת דִּשְׁנֵי מִזְבֵּחַ.

מִי יְמַלֵּל, צַעַר יִשְׂרָאֵל, אֲשֶׁר דַּעְתּוֹ מִכְּאֵב נִטְרֶפֶת
וּשְׁאֵרִית הַפְּאֵר, כִּמְעַט מִזְעֵיר, וְאֵיךְ קוֹמָתָהּ הַיּוֹם נִכְפֶּפֶת
אֵל חַי מְרַחֵם, עֲדָתְךָ נַחֵם, אֲשֶׁר לְךָ מְאֹד נִכְסֶפֶת
אוֹר חָדָשׁ תַּזְרִיחַ, קַרְנֵי הוֹד תַּצְמִיחַ, וְרוּחַ אֱלֹהִים מְרַחֶפֶת.

מז | זכרו נא וקוננו

קינה זו חיברה הרב שלמה הלברשטם, האדמו״ר מבובוב – ניצול שואה,
אשר משפחתו נרצחה על קידוש השם.

זִכְרוּ נָא וְקוֹנְנוּ כָּל יִשְׂרָאֵל, קוֹלְכֶם יִשָּׁמַע בָּרָמָה
כִּי הִשְׁמִידָה גֶּרְמַנְיָה אֶת עַמֵּנוּ בִּימֵי זַעַם הַמִּלְחָמָה
בְּמִיתוֹת מְשֻׁנּוֹת אַכְזָרִיּוֹת, בְּרָעָב וּבַצָּמָא
אַל תִּשְׁכְּחוּ בְּכָל הַדּוֹרוֹת, עֲדֵי תִּזְכּוּ לִרְאוֹת בַּנֶּחָמָה

צַעֲקָתָם וּבְכִיּוֹתֵיהֶם, צְפוּפִים וּסְגוּרִים בַּקְּרוֹנִים
כַּצֹּאן לַטֶּבַח יוּבָלוּ לִשְׂרֵפָה בַּכִּבְשׁוֹנִים
קוֹל שַׁוְעָם יִזָּכֵר תָּמִיד לִפְנֵי שׁוֹכֵן מְעוֹנִים
בְּקָרְאָם שְׁמַע יִשְׂרָאֵל, מָסְרוּ נַפְשָׁם לַאֲדוֹנֵי הָאֲדוֹנִים

רָאשֵׁי יְשִׁיבוֹת וְתַלְמִידֵיהֶם, וַהֲמוֹנֵי עַמְּךָ שָׁמָּה
הֶעֱבִידוּם בְּעִנּוּיִים קָשִׁים, וַהֲרָגוּם בְּיָד רָמָה
דְּמֵי יְלָדִים רַכִּים צוֹעֲקִים אֵלֶיךָ מִן הָאֲדָמָה
נְקֹם נִקְמַת טַף וְנָשִׁים, לֹא תְחַיֶּה כָּל נְשָׁמָה

עַל שְׂרֵפַת אַלְפֵי מִדְרָשׁוֹת וּבָתֵּי כְנֵסִיּוֹת
רִבְבוֹת סִפְרֵי תוֹרָה וְלוֹמְדֶיהָ, נְקוֹנֵן בִּשְׁאִיּוֹת
שִׁלְּחוּ בָאֵשׁ מִקְדְּשֵׁי אֵל, הִצִּיתוּ וְעֵינֵינוּ צוֹפִיּוֹת
יְשַׁלֵּם הַמַּבְעִיר אֶת הַבְּעֵרָה, יָדִין בַּגּוֹיִם מָלֵא גְוִיּוֹת

זָעֲקוּ שָׁמַיִם וַאֲדָמָה עַל אַלְפֵי עֲיָרוֹת מִבְצְרֵי תוֹרָה
אַרְצוֹת אֵירוֹפָּה וּקְהִלּוֹתֶיהָ, נוֹחֲלֵי וּמְקַיְּמֵי מְסוֹרָה
צַדִּיקִים זְקֵנִים וַחֲסִידִים, דְּבֵקֵי אֱמוּנָה טְהוֹרָה
מִיּוֹם גָּלִינוּ מֵאַרְצֵנוּ, לֹא הָיָה כָּזֶה כִּלָּיוֹן נוֹרָא

רַחֵם עַל שְׁאֵרִיתֵנוּ, הַבֵּט נָא מִשָּׁמַיִם
לְמַחֲנוֹת הַקְּדוֹשִׁים, פִּי עֶשֶׂר כְּיוֹצְאֵי מִצְרַיִם
קוֹמֵם בֵּית קָדְשֵׁנוּ, וְנַחֲמֵנוּ בְּכִפְלַיִם
רוֹמְמֵנוּ, וַהֲבִיאֵנוּ לְצִיּוֹן וִירוּשָׁלַיִם.

מח | איכה תפארתנו

קינה לשש מאות ריבוא קדושי שואת תרצ"ט–תש"ה מאת הרב אברהם רוזנפלד,
נדפסה לראשונה בסדר קינות השלם לתשעה באב, לונדון תשכ"ה.

סימן א"ב (משולש)

אֵיכָה תִּפְאַרְתֵּנוּ מֵרָאשֵׁינוּ הִשְׁלַכְתָּ
אֵיכָה פָּנֶיךָ מִמֶּנּוּ הִסְתַּרְתָּ
אֵיכָה קָצַפְתָּ וְלֹא חָמַלְתָּ.

בְּלֵב נִשְׁבָּר וְנִדְכֶּה, בְּיוֹם צוֹם וַעֲצָרָה
בָּאנוּ לְפָנֶיךָ לִסְפֹּד וְלִבְכּוֹת בְּקִינָה וּבִילָלָה
בְּזָכְרֵנוּ אֶת קְדוֹשֵׁי הַשּׁוֹאָה תרצ"ט–תש"ה.

גְּאוֹן יַעֲקֹב אֲשֶׁר אָהַבְתָּ שִׁבַּרְתָּ.
גָּדַעְתָּ רָמֵי הַקּוֹמָה, וְהַגְּבֹהִים הִשְׁפַּלְתָּ
גַּפְנֵנוּ לְשַׁמָּה וּתְאֵנָתֵנוּ לִקְצָפָה שַׂמְתָּ.

דָּבְקוּ עַצְמֵינוּ לְעוֹרֵנוּ וּבְשָׂרֵנוּ
דַּכָּה דִּכִּיתָ לָאָרֶץ חַיֵּינוּ
דָּלְפָה מִתּוּגָה וַאֲנָחָה נַפְשֵׁנוּ.

הַנֶּאֱהָבִים וְהַנְּעִימִים, הַיְשָׁרִים וְהַתְּמִימִים
הֻטְעֲנוּ בִּקְרוֹנוֹת כִּכְבָשִׂים וּבְקָרִים
הַחֹם מְחַנֵּק, וְהַפְּתָחִים חֲתוּמִים.

וְתִיקִים יוֹשְׁבִים עַל הָאָרֶץ דּוֹמְמִים
וּמֶה הָיְתָה חַטָּאתָם, הֵם שׁוֹאֲלִים
וְלָמָּה נִגְזַר הַדִּין בְּלִי רַחֲמִים.

זָכוֹר תִּזְכֹּר אֶת צַעֲקַת הָעֲנָוִים
זַעֲקַת הַיְתוֹמִים הַגַּלְמוּדִים וְהַנֶּעֱזָבִים
וְלָזוּל חֲכָמִים, וְתַלְמִידֵיהֶם הָאֲהוּבִים.

חַיָּלִים רָאשֵׁי בֵּית אָבוֹת גִּבּוֹרִים
חֲלָלִים וּמְדֻקָּרִים נָפְלוּ מִלְיוֹנִים
חֶרְפָּה וּמְשַׁמָּה הָיְתָה לַגּוֹיִם.

טִפַּחְנוּ וְרִבִּינוּ, הָאַכְזָר כִּלָּם וְהִשְׁמָם
טָרוֹף טָרְפוּ כִּזְאֵבִים לִשְׁפֹּךְ דָּמָם
טֶבַח שֵׁשׁ מֵאוֹת רִבּוֹא מִי זָמָם.

יָרְדוּ חַיִּים שְׁאוֹלָה, בִּשְׁמַע יִשְׂרָאֵל וּבַאֲנִי מַאֲמִין
יָצְאוּ נִשְׁמוֹתֵיהֶם מְעֻטָּרִין בְּטַלִּית וּתְפִלִּין
יֵבֹשׁוּ וְיִכָּלְמוּ וְיִהְיוּ כְּאַיִן הָרוֹצְחִין.

כָּלָה שְׁאֵרֵנוּ וּלְבָבֵנוּ עַל שֶׁבֶר חֶלְקֵנוּ
כֻּלָּנוּ נוֹשְׂאִים קִינָה בְּאָבְדַן חֲצִי עַמֵּנוּ
כִּי שְׁקוּלָה הַשּׁוֹאָה כִּשְׂרֵפַת בֵּית אֱלֹהֵינוּ.

לְאוֹשְׁוִיץ בּוּכֶנְוַלְד, בֶּרְגֶן־בֶּלְזֶן, דַּאכַאוּ, מַיְדָנֶק וּטְרֶבְּלִינְקָה
לָקְחוּ וְהָדְחֲקוּ בְּחַדְרֵי גַז, וְנִשְׂרְפוּ בְּמוֹקְדוֹת הַכִּבְשָׁנִים בְּחֶרְפָּה
לָחֲמוּ הַקְּדוֹשִׁים הַטְּהוֹרִים, וְנָפְלוּ כַּגִּבּוֹרִים בְּגֵיטוֹ וַרְשָׁה.

מִכָּל פִּנָּה זוֹעֲקִים דְּמֵיהֶם הַקְּדוֹשִׁים
מָתַי יָבוֹא קֵץ לַפְּגָעִים הָאֲנוּשִׁים
מִסְפֵּד מַר וְקִינָה שְׂאוּ עַל הַקְּדוֹשִׁים.

נָאֲצוּ הַנּוֹאֲצִים אֶת הַבְּרִית וְאֶת תּוֹרָתֵנוּ
נָפְלוּ עָלֵינוּ מְחָרְפֶיךָ, וַנִּבְכֶּה בְּצוֹם נַפְשֵׁנוּ
נָפְלָה עֲטֶרֶת רֹאשֵׁנוּ, אוֹי נָא לְנַחֲלָתֵנוּ.

סִפְרֵי תוֹרָה לִגְזָרִים קָרְעוּ וְטִמְּאוּ בִּידֵיהֶם
סָרְקוּ בְּשַׂר שְׁאֵרֵינוּ, וְעוֹרָם הָפְכוּ לְקִשּׁוּטֵיהֶם
סִפְדוּ וְחִגְרוּ שַׂק, וְהֵילִילוּ עֲלֵיהֶם וְעַל טַפֵּיהֶם.

עֵינֵינוּ זוֹלְגוֹת דַּם דְּמָעוֹת
עַל שְׂרֵפַת בָּתֵּי כְנֵסִיּוֹת
עַל הֲרִיסַת יְשִׁיבוֹת וּבָתֵּי מִדְרָשׁוֹת.

פָּרְצוּ קְהִלּוֹתֵינוּ וְהָרְסוּ עֲדָתֵנוּ
פַּחַד קְרָאָנוּ וּרְעָדָה אֲחָזָתְנוּ
פָּנֵינוּ כִּסְּתָה כְלִמָּה בְּצָרוֹתֵינוּ.

צִיָּה עָרְקוּ בְּחֶסֶר וּבְכָפָן
צְנוּעוֹת בְּנַפְשָׁן שָׁלְחוּ יָדָן
צְעָקָה בְּיַם סוּף נִשְׁמַע קוֹלָן.

קְרוֹבִים וִידִידִים חֲבִיבִים, חֲסִידִים וִישָׁרִים
קְדוֹשִׁים וּטְהוֹרִים, כְּזֹהַר הָרָקִיעַ מַזְהִירִים
קַבְּלֵם וְהַסְתִּירֵם בְּסֵתֶר כְּנָפֶיךָ לְעוֹלָמִים.

רַחוּם, זְכֹר בְּרַחֲמֶיךָ אֶת שְׂרִידֵי נַחֲלָתֶךָ
רִבּוֹן הָעוֹלָמִים, הָסֵר דְּאָגָה וְתוּגָה מֵעַמֶּךָ
רִשְׁעַת הַגּוֹיִם וְשׂוֹנְאֵי יִשְׂרָאֵל תְּעַקֵּר בְּזַעְמֶךָ.

שְׁבוּיִם הַדְרֵר, וּפְקַח קוֹחַ לַאֲסוּרֵנוּ
שֶׁמֶן שָׂשׂוֹן תַּחַת אֵבֶל תְּעַטְּרֵנוּ
שָׁלוֹם וְשַׁלְוָה תָּשִׂים לָנוּ וּלְאַרְצֵנוּ.

תָּרִים קַרְנֵנוּ וְתָחִישׁ גְּאֻלָּתֵנוּ בִּמְהֵרָה בְיָמֵינוּ
תָּגֵל עֲרָבָה וְתִפְרַח כַּחֲבַצֶּלֶת יִשְׂרָאֵל מְדִינָתֵנוּ
תְּבָרְכֵנוּ בְּבִרְכַּת אַבְרָהָם יִצְחָק וְיַעֲקֹב אֲבוֹתֵינוּ.

מט | אלי, אלי

קינה זו חיברה יהודה לייב ביאלר כאשר חזר לוורשה שנה לאחר השואה.
הקינה בנויה במתכונת 'אֱלִי צִיּוֹן וְעָרֶיהָ' (עמ' 203)
ובקהילות רבות נאמרת לפניה באותו ניגון.

אֱלִי, אֱלִי, נַפְשִׁי, בְּכִי
וְזַעֲקִי, בַּת יִשְׂרָאֵל
מִסְפֵּד שְׂאִי וְהִתְיַפְּחִי
אָכְלָה הָאֵשׁ בְּיִשְׂרָאֵל.

עַל טֶבַח עָם, אֲשֶׁר הוּכַן
יִסּוּרֵי שְׁכוֹל, אַשְׁדּוֹת דָּמִים
זָקֵן גַּם טַף לֹא רִחַם
עַל עֲקֵדָה קָרְבַּן תָּמִים.

עַל עוֹלָלִים, גְּמוּלֵי חָלָב
הַמְרֻטָּשִׁים לְפִי צוּרִים
וְעַל דָּמָם, אֲשֶׁר זָב
בְּרֹאשׁ חוּצוֹת לְעֵין הוֹרִים.

עַל הַקְּהִלּוֹת הַשּׁוֹמֵמוֹת
וְעַל חֻרְבַּן מִקְדְּשֵׁי אֵל
יְקוּדֵי לַהַב שַׁלְהָבוֹת
עָרֵי פְּאֵר בְּיִשְׂרָאֵל.

עֲלֵי דּוֹרוֹת אֲשֶׁר נִגְדְּעוּ
דְּמֵי אָבוֹת עַל דְּמֵי בָנִים
בְּגֵיא אוֹשְׁוִיץ תַּמּוּ גָוְעוּ
עֲלֵי מוֹקְדוֹת הַכִּבְשָׁנִים

עֲלֵי כְּלוּאִים, חֲגוּרֵי שַׂק
הַנְּמַקִּים בְּרִבְבוֹתֵיהֶם
בִּטְרֶבְּלִינְקִי וּמֵידָנֶק
וְאֵין מְלַקֵּט עַצְמוֹתֵיהֶם.

עֲלֵי קְרוֹנוֹת, צְפוּפֵי אָדָם
אֲשֶׁר רֻפְּדוּ גָּפְרִית וָסִיד
צְחִי צָמָא, כִּכְלוֹת נַפְשָׁם
צָעֲקוּ מַיִם וְאֵין מוֹשִׁיט.

עֲלֵי בָנוֹת, אֲשֶׁר עֻלְּפוּ
רְעִיּוֹת בְּנַפְשָׁן שָׁלְחוּ יָדָן
צ"ג הַטְּהוֹרוֹת יַחְדָּו נִסְפּוּ
וְלֹא חֻלַּל תֹּם כְּבוֹדָן.

עֲלֵי קְפוּאִים בִּשְׂדוֹת שְׁלָגִים
יְלָדִים רַכִּים בְּחֵיק אִמָּהוֹת
וְעַל קְדוֹשִׁים הַשּׁוֹאֲגִים
קְבוּרֵי חַיִּים מִתּוֹךְ בּוֹרוֹת.

עֲלֵי גְוִילִים הַמְחֻלָּלִים
בִּידֵי נָאצִים מְנַאֲצֵי אֵל
טְרוּפִים, קְרוּעִים וּמְגֹאָלִים
בֵּין אַשְׁפַּתּוֹת וְאֵין גּוֹאֵל.

עַל צַדִּיקִים, עֲנָוֵי עוֹלָם
נְדִיבֵי עָם, הוֹגֵי תּוֹרָה
בְּתָאֵי רַעַל נֶחֱנַק קוֹלָם
נָפְלָה, כָּבְתָה הַמְּנוֹרָה.

עֲלֵי נֹעַר פִּרְחֵי הָעָם
חֲלוּצֵי קְרָב, כְּפִירֵי מְרִי
מוּל זֵדוֹנִים שׁוֹפְכֵי הַדָּם
הִשְׁתַּלְהֲבוּ רִשְׁפֵּי חֳרִי.

עַל נַהֲרוֹת דָּם וּבְכִי
נִקְמַת בְּרִית בַּלֵּב שְׁמוּרָה
בְּקֶרֶב גֵּטוֹ לְלֹא רֶהִי
נֶחְשַׂף הָעֹז טְמִיר גְּבוּרָה.

עֲלֵי קִדּוּשׁ הַשֵּׁם וָעָם
וְעַל נִקְמַת דַּם טְהוֹרִים
בְּתַעֲצוּמוֹת מָסְרוּ נַפְשָׁם
לָחֲמוּ, נָפְלוּ הַגִּבּוֹרִים.

עֲלֵה גִּבּוֹר עַל בָּמֳתֵי עַד
כְּנֵר תָּמִיד בְּהוֹד זָרְחִים
כָּל נֶטֶף דָּם, קָרְבָּן לְשַׁד
נִזְכֹּר עַד נֵצַח נְצָחִים.

עַל שֶׁבֶר עַם נִשָּׂא קִינָה
כִּבְוּלֵי יָגוֹן, עֲטוּיֵי שׁוֹאָה
הֲלָנֶצַח תַּאֲפִיל שִׂנְאָה
וְלֹא תִפְרֹשׁ הַנְּגֹהָה?

רְאֵה, אֱלֹהִים, עוֹרִי צָפַד
נָפַל לִבִּי, שׂוֹנְאַי קָמִים
הַקְשִׁיבָה שַׁוְעִי, חִישָׁה מִפְלָט
הַצִּילָה נַפְשִׁי מֵאַנְשֵׁי דָמִים.

אֵלִי, אֵלִי, נַפְשִׁי, בְּכִי
וְזַעֲקִי, בַּת יִשְׂרָאֵל
מִסְפֵּד שְׂאִי וְהִתְיַפְּחִי
אָכְלָה הָאֵשׁ בְּיִשְׂרָאֵל.

ציון, הלוא תשאלי

הגרסה המופיעה במחזורי אשכנז לשירו של ר׳ יהודה הלוי (עמ׳ 190).

צִיּוֹן, הֲלֹא תִשְׁאֲלִי לִשְׁלוֹם אֲסִירַיִךְ, דּוֹרְשֵׁי שְׁלוֹמֵךְ, וְהֵם יֶתֶר עֲדָרָיִךְ.
מִיָּם וּמִזְרָח וּמִצָּפוֹן וְתֵימָן, שְׁלוֹם רָחוֹק וְקָרוֹב, שְׂאִי מִכֹּל עֲבָרָיִךְ.
וּשְׁלוֹם אֲסִיר תִּקְוָה, נוֹתֵן דְּמָעָיו כְּטַל חֶרְמוֹן, וְנִכְסָף לְרִדְתָּם עַל הֲרָרָיִךְ.

לִבְכּוֹת עֱנוּתֵךְ אֲנִי תַנִּים, וְעֵת אֶחֱלֹם שִׁיבַת שְׁבוּתֵךְ, אֲנִי כִנּוֹר לְשִׁירָיִךְ.
לִבִּי לְבֵית אֵל, וְלִפְנִיאֵל מְאֹד יֶהֱמֶה, וּלְמַחֲנַיִם, וְכֹל נִגְעֵי טְהוֹרָיִךְ.
שָׁם הַשְּׁכִינָה שְׁכֵנָה לָךְ, וְהַיּוֹצְרֵךְ פָּתַח לְמוּל שַׁעֲרֵי שַׁחַק, שְׁעָרָיִךְ.
וּכְבוֹד יהוה לְבַד הָיָה מְאוֹרֵךְ, וְאֵין סַהַר וְשֶׁמֶשׁ וְכוֹכָבִים מְאוֹרָיִךְ.
אֶבְחַר לְנַפְשִׁי לְהִשְׁתַּפֵּךְ, בְּמָקוֹם אֲשֶׁר רוּחַ אֱלֹהִים שְׁפוּכָה, עַל בְּחִירָיִךְ.
אַתְּ בֵּית מְלוּכָה, וְאַתְּ כִּסֵּא כְּבוֹד אֵל,
וְאֵיךְ יֵשְׁבוּ עֲבָדִים עֲלֵי כִסְאוֹת גְּבִירָיִךְ.
מִי יִתְּנֵנִי מְשׁוֹטֵט, בַּמְּקוֹמוֹת אֲשֶׁר נִגְלוּ אֱלֹהִים לְחוֹזַיִךְ וְצִירָיִךְ.
מִי יַעֲשֶׂה לִּי כְנָפַיִם וְאַרְחִיק נְדֹד, אָנִיד לְבִתְרֵי לְבָבִי בֵּין בְּתָרָיִךְ.

אֶפּוֹל לְאַפַּי עֲלֵי אַרְצֵךְ, וְאֶרְצֶה אֲבָנַיִךְ לִמְאֹד, וַאֲחוֹנֵן אֶת עֲפָרָיִךְ.
אַף כִּי בְּעָמְדִי עֲלֵי קִבְרוֹת אֲבוֹתַי, וְאֶשְׁתּוֹמֵם בְּחֶבְרוֹן עֲלֵי מִבְחַר קְבָרָיִךְ.
הַר הָעֲבָרִים וְהֹר הָהָר, אֲשֶׁר שָׁם שְׁנֵי אוֹרִים גְּדוֹלִים, מְאִירַיִךְ וּמוֹרָיִךְ.
חַיֵּי נְשָׁמוֹת אֲוִיר אַרְצֵךְ, וּמִמָּר דְּרוֹר אַבְקַת עֲפָרֵךְ, וְנֹפֶת צוּף נְהָרָיִךְ.

יִנְעַם לְנַפְשִׁי, הֲלֹךְ עָרֹם וְיָחֵף, עֲלֵי חָרְבוֹת שְׁמָמָה, אֲשֶׁר הָיוּ דְּבִירָיִךְ.
בִּמְקוֹם אֲרוֹנֵךְ אֲשֶׁר נִגְנַז, וּבִמְקוֹם כְּרוּבַיִךְ, אֲשֶׁר שָׁכְנוּ חַדְרֵי חֲדָרָיִךְ.
אָגֹז וְאַשְׁלִיךְ פְּאֵר נִזְרִי, וְאֶקֹּב זְמַן, חִלֵּל בְּאֶרֶץ טְמֵאָה אֶת נְזִירָיִךְ.
אֵיךְ יֶעֱרַב לִי אֲכֹל וּשְׁתוֹת, בְּעֵת אֶחֱזֶה כִּי יִסְחֲבוּ הַכְּלָבִים אֶת כְּפִירָיִךְ.
אוֹ אֵיךְ מְאוֹר יוֹם יְהִי מָתוֹק לְעֵינַי, בְּעוֹד אֶרְאֶה בְּפִי עוֹרְבִים פִּגְרֵי בְּשָׂרָיִךְ.
כּוֹס הַיְגוֹנִים, לְאַט. הַרְפִּי מְעַט, כִּי כְבָר מָלְאוּ כְסָלַי וְנַפְשִׁי מַמְּרוֹרָיִךְ.
עֵת אֶזְכְּרָה אָהֳלָה אֶשְׁתֶּה חֲמָתֵךְ, וְאֶזְכֹּר אָהֳלִיבָה וְאֶמְצֶה אֶת שְׁמָרָיִךְ.

צִיּוֹן כְּלִילַת יֹפִי, אַהֲבָה וְחֵן עוֹרְרִי לִמְאֹד, וּבָךְ נִקְשְׁרוּ נַפְשׁוֹת חֲבֵרָיִךְ.

הֵם הַשְּׂמֵחִים לְשַׁלְוָתֵךְ, וְהַכּוֹאֲבִים עַל שׁוֹמְמוּתֵךְ, וּבוֹכִים עַל שְׁבָרָיִךְ.

מִבּוֹר שְׁבִי שׁוֹאֲפִים נֶגְדֵּךְ, וּמִשְׁתַּחֲוִים אִישׁ מִמְּקוֹמוֹ אֱלֵי נֹכַח שְׁעָרָיִךְ.

עֶדְרֵי הֲמוֹנֵךְ, אֲשֶׁר גָּלוּ וְנִתְפַּזְּרוּ מֵהַר לְגִבְעָה, וְלֹא שָׁכְחוּ גְדֵרָיִךְ.

הַמַּחֲזִיקִים בְּשׁוּלַיִךְ, וּמִתְאַמְּצִים לַעֲלוֹת וְלֶאֱחֹז בְּסַנְסִנֵּי תְמָרָיִךְ.

שִׁנְעָר וּפַתְרוֹס הֲיַעַרְכוּךְ בְּגָדְלָם, וְאִם הֶבְלָם יְדַמּוּ לְתֻמַּיִךְ וְאוּרָיִךְ.

אֶל מִי יְדַמּוּ מְשִׁיחַיִךְ, וְאֶל מִי נְבִיאַיִךְ, וְאֶל מִי לְוִיַּיִךְ וְשָׁרָיִךְ.

יִשְׁנֶה וְיַחֲלֹף כְּלִיל, כָּל מַמְלְכוֹת הָאֱלִיל, חָסְנֵךְ לְעוֹלָם, לְדוֹר וָדוֹר נְזָרָיִךְ.

אִוָּה לְמוֹשָׁב אֱלֹהָיִךְ. וְאַשְׁרֵי אֱנוֹשׁ, יִבְחַר וִיקָרֵב וְיִשְׁכֹּן בַּחֲצֵרָיִךְ.

אַשְׁרֵי מְחַכֶּה, וְיַגִּיעַ וְיִרְאֶה עֲלוֹת אוֹרֵךְ, וְיִבָּקְעוּ עָלָיו שְׁחָרָיִךְ.

לִרְאוֹת בְּטוֹבַת בְּחִירָיִךְ, וְלַעֲלֹז בְּשִׂמְחָתֵךְ, בְּשׁוּבֵךְ אֱלֵי קַדְמוּת נְעוּרָיִךְ.

מפתח הקינות

הקינות לפי סדר האלף בית

הקינות לפי מספרן הסידורי

כתר, ירושלים